청소년을
위한
세계사

동양편

● 일러두기

- 이 책에 나오는 외국의 인명·지명 등은 〈외래어 표기법〉에 따라 쓰는 것을 원칙으로 삼았으나, 중국어·일본어에서 외래어 표기가 일반적이지 않은 경우에는 널리 알려진 우리 한자음 읽기를 적용했다. 완리창청을 만리장성으로 적은 것이나, 《니혼쇼키》를 《일본서기》로 적은 것 등이 그런 예이다.

- 현행 〈외래어 표기법〉 대신 관행 표기를 따르기도 했다. 일본 사찰 金閣寺와 銀閣寺는 〈외래어 표기법〉에 따라 적으면 둘 모두 긴카쿠지가 되나, 구별이 어려운 점을 감안하여 관행 표기를 적용했다. 즉 金閣寺는 킨카쿠지로, 銀閣寺는 긴카쿠지로 적어 구별했다.

청소년을 위한 세계사

동양편

우경윤 지음

Humanist

보다 폭넓은 역사관을 위하여

중·고등학교 때 역사 과목을 좋아했다. 역사는 단순히 과거의 어떤 사건이 아니라 현재이자 미래였다. 역사를 가르치는 일을 하기로 결심하고 대학에 들어가서 역사 교육을 전공하여 지금껏 20년 가까이 학교에서 아이들에게 역사를 가르치고 있다.

그사이 많은 일이 있었지만 우연처럼 다가와 운명처럼 하게 된 일이 《청소년을 위한 세계사: 동양 편》 집필이다. 친구이자 《청소년을 위한 세계사: 서양 편》을 쓴 이강무 선생이 함께 역사책을 써 보자는 제안에 시작한 일이었다. 그것이 2004년이었다.

처음 시작할 땐 그동안 강의하고 공부했던 것을 정리하는 기분으로 글을 써야겠다고 생각했다. 하지만 역사라는 긴 강물의 시간과 공간을 거슬러 올라 전후좌우를 맞추어 쓰는 일은 쉽지 않았다. 그 과정에서 일반인이나 학생 들이 역사를 어렵게 느낄 수밖에 없음을 새삼 깨닫기도 했다. 그래서 좀 더 쉬운 표현을 쓰고, 풍부한 배경 설명을 넣어야겠다는 생각을 했다. 하지만 처음의 구상을 충분히 담지 못했고, 조금은 잘난 척해야 한다는 치기도 있어 어려운 표현을 쓰기도 했다. 아마도 미숙한 젊음의 시기였기에 그랬을 것이다.

그사이 세월이 꽤 흘렀고, '나'를 비롯해 주변의 많은 것이 변화했다. 처음 글을 쓸 때보다 많이 부드러워졌고, 주변을 돌아볼 수 있는 여유도 갖게 되었다. 주변의 변화와 흐름도, 나의 나이 듦도 하나의 역사이다. "변화를 어떻게 관찰하고 어떻게 받아들일 것인가?" 이를 고민하고 알아 가는 것이 역사 공부라고 생각한다.

간혹 학생들이 읽을 만한 역사책을 추천해 달라고 하는데 선뜻 권할 책이 없어 난감할 때가 있다. 시중에 나와 있는 역사책은 많으나 학생들의 눈높이에 적합한 책은 많지 않은 게 현실이다. 그러다 보니 청소년을 대상으로 한 역사책들이 좀 더 다양한 수준에서 다양한 주제로 많이 나왔으면 하는 바람이 있다.

역사 공부를 시작한다고 하면 시대순으로 사건이 정리된 책, 즉 통사류의 책을 읽어야 한다는 인식이 일반적이다. 역사를 가르치는 사람의 입장에서 보면, 모든 시대를 다 알기란 매우 힘들기 때문에 전공자가 아니라면 군이 그럴 필요가 없다는 생각이 들기도 하지만, 역사를 통사의 방식으로 접근할 필요가 있다는 점에 공감하기도 한다. 긴 흐름 속에서 역사를 파악하는 것도 중요하기 때문이다.

그래서 기존의 책을 다시 정리해 보고 싶은 마음이 컸다. 역사 공부를 하려는 청소년들이 보다 쉽게 접근할 수 있고 역사 공부의 깊은 맛을 느낄 수 있도록 하고 싶었다. 다행히 수정·보완할 기회가 생겨 한동안 이 작업에 열중했다. 쉬운 일은 아니었지만, 책을 다듬고 가꾸는 동안 마음은 어느 때보다 즐거웠다.

역사 교사로서 학생들이 동양사든 서양사든 역사를 공부하는 것을 지켜보는 것은 기쁜 일이다. 그런데 수업 중에 학생들은 서양사에 더

흥미를 갖는 듯하다. 아마도 서양의 역사가 좀 더 복잡하고 역동적이기 때문이 아닐까 짐작해 본다. 여기에 초등학교 때 접하지 못했던 새로운 역사를 배운다는 호기심도 작용하는 듯하다. 그 이유야 어떻든 그리고 무엇을 좋아하든 아무 문제가 되지 않는다.

그런데 조금은 우려스러운 점들도 있다. 우리의 일상사 대부분이 서양의 사고를 바탕으로 하고 있다는 점과, 학생들이 좋아하는 대중 매체의 상당수가 서구 문화의 영향을 받았다는 점이다. 학생들이 서구 사회를 동경한 나머지 상대적으로 동양 사회를 열등하게 여기지는 않을까 하는 걱정이 들기도 한다. 세상을 바로 보기 위해서는 균형 잡힌 사고를 통해 현상을 인지하고 분석해야 한다는 것은 두말할 필요가 없다.

동양은 문명의 탄생 이후 19세기 중반까지 세계사의 주역으로 문화와 물질문명을 발달시켜 왔다. 동양의 역사가 서양 못지않다거나, 우월하다고 이야기하려는 것은 아니다. 세상을 우열로 나누는 것은 부질없음을 떠나 잘못이다. 중요한 것은 꼬리에 꼬리를 물며 떠오르는 질문에 대한 답을 찾기 위해 어떤 노력을 할 것인가 하는 점이다. 한쪽으로 치우친 생각만으로는 올바르고 정확한 답을 찾아내기 어렵다. 우리가 동양의 역사를 소홀히 할 수 없는 이유다.

이 책을 새롭게 쓰는 동안 교사로서, 그리고 아직 배움이 끝나지 않은 사람으로서 스스로를 돌아보고 부족한 것을 채울 수 있는 기회를 가진 것은 큰 즐거움이었다. 독자 여러분과 이 즐거움을 함께 나누고 싶다.

2014년 8월
우경윤

차 례

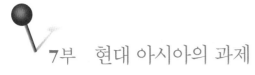

7부 현대 아시아의 과제

문명의 탄생과
국가의 성립

01

문명과 국가

역사는 문명의 탄생과 함께 시작되고, 문명은 국가의 출현을 동반한다. 그렇다면 문명은 무엇인가?

문명은 인류가 이룩한 물질적·사회적·기술적 발전을 뜻하는 것으로, 문화에 포함하기도 하고 문화와 다른 개념으로 보기도 한다. 문화와 문명을 구분하여 사용할 때는, 문화는 인류의 정신적·가치적 결과물로, 문명은 물질적·기술적 결과물로 보기도 하는데 지금 우리가 이야기해야 하는 것은 인류의 초기 문명이다. 따라서 여기서 말하는 문명은 인류가 원시적인 모습에서 벗어나 이전과 현저히 다른, 세련된 물질적·기술적 결과물을 누리는 것을 뜻한다. 즉 문화가 문명보다 더 큰 개념이다 또는 서로 다른 개념이다를 따지자는 것이 아니라 인류가 야만에서 벗어나 사람다운 삶을 살게 된 순간을 말한다고 생각하면 된다.

문명은 어떻게 생겨나는가?

사람은 맹수처럼 힘이 세지도 않고, 사슴이나 토끼처럼 빨리 달릴 수도 없기에 자연의 질서 속에서는 매우 약한 존재이다. 그래서 사람들은 여럿이 모여 살면서 험한 자연으로부터 서로를 보호했으며, 먹을거리를 함께 찾아 나누며 살았다. 또한 두려움을 이겨 내거나 생활의 편리를 위해 도구를 만들어 사용했고, 그 사용법과 제작법을 후손들에게 알려 줌으로써 삶을 유지해 나갔다. 후손들은 선조로부터 배운 기술을 발전시켜 더욱 강하고 정교한 도구를 만들었고, 이렇게 도구 제작 능력이 나아지자 자연이 주는 두려움에서 벗어날 수 있는 용기를 가지게 되었다. 이러한 용기는 새로운 도전을 할 수 있는 여건을 만들었다.

원래 구석기인들은 안전한 곳이나 먹을거리가 풍부한 곳을 찾아 돌아다니며 생활했다. 그러나 도구의 발달로 용기를 가지게 된 일부 구석기인들이 먹을거리를 찾으러 다니기보다는 키워 먹겠다는 획기적인 생각을 하고는 일정 지역에 머물러 살게 되었다. 정착 생활을 하게 된 것이다. 하지만 이런 획기적인 삶의 방식은 한 번도 경험해 본 바가 없었기에 많은 사람들이 같이하진 않았다. 아주 적은 수의 사람들만이 무리에서 뛰쳐나와 비교적 식물들이 잘 자라는 곳에 정착하여 식물을 키우는 방법에 대해 고민하며 사냥과 채집으로 근근이 살았다. 그런데 그들은 얼마 지나지 않아 식물을 키워 먹고 사는 방법, 즉 농사를 지을 줄 알게 되었다. 이제 먹을거리를 찾아 위험한 이동과 사냥을 하지 않아도 이전보다 배부르고 안정적인 삶을 살 수가 있게 된 것이다. 이러한 안전한 생활 방식은 급속히 퍼져 나갔고 사람들은 세계 곳곳에서 농사를 짓고 정착 생활을 시작하게 되었다.

한편 당시에는 농기구나 농업 기술이 매우 빈약한 상태

혼자 하려니 끝이 없네….

그래서 가족이 필요한 거야~

아이 몰라♡

였기 때문에 사람들의 힘, 즉 노동력의 많고 적음이 농사의 성패를 좌우했다. 그 때문에 아이들을 많이 낳는 것은 필수적인 일이었을 것이고 그래서 여성들은 한평생을 아이 낳고 키우는 일에 전념했을 것이다. 이렇게 아이들을 낳고 살다 보니 한두 세대가 지나면서 하나의 마을이 형성될 정도로 사람들이 늘어났다. 예를 들어 한 가구에서 10명의 자녀를 낳고 그들이 결혼해서 10명의 자녀들을 낳는다고 하면 그 구성원은 100명이 넘는다. 당시에는 농사를 짓기 위해 가족들이 모여 살았기 때문에 이 경우도 10가구 이상이 모인 마을을 형성했으리라고 추측할 수 있다. 이 마을의 특징은 같은 핏줄에 의해 구성된 것이다. 초기 농경을 위해 정착한 사람들의 마을은 이처럼 같은 핏줄, 즉 혈연을 통해 이루어졌기에 이를 씨족 사회라 한다. 가족 관계 내에서는 착취하거나 착취를 당하는 관계가 성립하기 힘드니 씨족 사회는 비교적 평등한 사회였을 것이다.

이러한 씨족 사회가 규모 면에서 빠른 속도로 확대되었다고 가정해 보자. 많아진 사람들을 먹여 살리기 위해서는 더 넓은 땅을 개간하고 농수로를 만들고 농기구를 개량해야 한다. 이러한 일들은 소규모의 씨족 사회 구성원만으로는 감당하기 힘들었을 것이다. 그래서 같은 지역에 사는 다른 씨족 사회와 손을 잡고 이 일을 해결했다. 이들의 결합은 서로에게 적대감이 없는 씨족 사회끼리 공동의 작업을 하는 형태 또는 결혼을 통해 협력하는 형태로 이루어졌으며 공동의 사업을 하면서 이들의 유대는 더욱 강화되었다. 이렇게 핏줄이 같은 사람들(혈연)과 같은 지역에 사는 사람들(지연)이 모여서 하나의 사회를 구성한 것을 부족 사회라고 한다. 다시 말해 부족 사회는 혈연과 지연을 바탕으로 구성된 것이다. 이러한 부족 사회 역시 사돈 혹은 이웃을 착취하거나 지배하려 드는 사람은 드물었기 때문에 씨족 사회와 마찬가지로 비교적 평등한 사회였다.

부족 사회에 이르게 되면 이전 시대보다 훨씬 많은 사람들이 더 많은 생산물을 만들어 내기 위해 서로 힘을 보태어 일했다. 그 결과 이전보다 풍족한 삶을 살게 되었고 전에 비해 사회가 안정되었다. 하지만 사회의 안정은 인구의 급격한 증가를 가져왔고, 농업 생산에 아무리 박차를 가해도 늘어난 사람들의 식량 문제를 해결할 수 없게 되는 상황에 처하는 경우도 있었다. 이를 해결하기 위해 전쟁을 했다. 사람들은 다시 생존을 위해 싸울 수밖에 없었다. 그러나 이번에는 자연이나 동물과 싸운 것이 아니라 사람끼리 싸우게 되었고, 단순한 주먹다짐이 아니라 승자가 모든 것을 차지하는 처절한 싸움이었다. 싸움은 승리한 자와 패배한 자로 결론이 났고, 승자들은 패자들을 자신들의 전리품으로 생각했다. 패자들을 가장 효율적으로 이용하는 방식은 그들을 대가 없이 활용하는 노동력으로 삼는 것이다. 이제 지배하는 자와 지배를 당하는 자, 착취하는 자와 착취를 당하는 자, 즉 계급이 발생했고 불평등 사회가 성립되었다.

마음껏 부릴 수 있는 노예를 소유한 사람들은 매우 편안한 생활을 즐길 수 있었는데 그들은 거기에 만족하지 않고 자신이 소유한 노예의 노동력을 최대한 짜내어 자신들이 직접 농사를 짓던 시절보다 더 많이 생산하려 했다. 그러기 위해서는 더 많은 노예들이 필요했고, 노예들을 얻기 위해서는 또다시 전쟁을 해야 했으며, 전쟁에 이기기 위해서는 새로운 무기가 필요했다. 이러한 이유로 사람들은 보다 강하고 활용도가 높은 재료로 무기를 만들기에 힘을 기울였다. 그리하여 등장한 것이 청동기다.

청동기는 금속 물질이기는 하나 기본적으로 구리로 만들기 때문에 무를 수밖에 없다. 그래서 다양한 생활 도구로

권력…,
참 달콤한 말이지….

사용되지는 못했다. 그러나 전쟁에서 무기로 사용하기에는 이전의 돌칼보다 훨씬 유용했다. 또한 청동기를 만들었다는 것은 이를 만들지 못한 지역에 비해 훨씬 우수한 기술을 가진 셈이다. 결국 청동기를 많이 가진 사회는 가지지 못한 사회를 정복하여 그들을 노예로 삼을 수 있었다. 지배자들은 더욱 많은 노예들을 농경뿐만 아니라 성을 쌓거나 도시를 만드는 데 활용했다. 이렇게 하여 상하수도·도로·상가와 주택가가 계획적으로 구성된 도시가 탄생하게 되었다.

이러한 끝없는 노동 착취는 노예들과 노동에 차출된 일반 사람들의 불만을 가져올 수밖에 없다. 이런 불만을 통제하고 지배력을 지속시키기 위해서 지배자들은 제도를 마련했다. 또 이러한 제도를 기록하기 위해 글자도 만들었다. 결국 제도와 글자로 기록된 법을 통해 사회가 운영되었다. 국가가 탄생하게 된 것이다. 도시·제도·법, 그리고 물질적 풍요 등등 이제 사람들은 문명 속에 살게 되었다.

초기 국가들은 어떤 모습이었을까?

오늘날 우리에게 잘 알려진 문명으로는 티그리스 강과 유프라테스 강 유역의 메소포타미아 문명, 이집트의 이집트 문명, 인도의 인더스 문명, 중국의 황허 문명이 있다. 이 외에도 아메리카 대륙에서 발생한 아스테카 문명·마야 문명·잉카 문명이 있다. 이 문명들은 등장 시기의 차이는 있지만 외부의 영향이나 자극 없이 독자적으로 발생했다. 문명은 대개 국가의 탄생과 동시에 진행되었다. 그러므로 초기 문명에 대해서 알아보는 것은 국가의 출현을 살펴보는 것이라 할 수 있다.

초기 국가들은 오늘날의 국가 규모와는 비교도 안 될 만큼 작았다. 작은 경우에는 인구가 수천 명, 크다 하더라도 수만 명 정도에 불과했다. 그 당시에도 사람들에게 가장 중요한 문제는 먹고사는 것이었기 때문에 생산하거나 교류를 통해 얻을 수 있는 물자의 양이 국가의 규모를

에게 문명
메소포타미아 문명
황허 문명
인더스 문명
이집트 문명
아스테카 문명
마야 문명
잉카 문명

결정할 수밖에 없었다. 비교적 물자가 많이 생산되거나 교류가 가능했던 지역에서는 도시가 건설되었는데, 도시가 건설되었다는 것은 사람들이 많이 모여 사는 도회지와 물자의 교역을 위한 시장이 있었다는 것을 의미한다. 이러한 모습으로 구성된 초기 국가를 도시 국가라 하는데 대부분의 문명들은 이런 도시 국가의 틀을 통해 문명을 유지하고 발전시켜 나갔다.

그러나 문명 발생 이외의 지역에서 문명의 영향을 받아 등장한 초기 국가의 모습은 도시 국가 형태로만 구성된 것은 아니다. 그 성격과 규모에 따라 읍제 국가와 군장 국가가 있었다.

읍제 국가는 성과 마을(읍)로 구성된 국가를 말한다. 주로 중국사에서 이렇게 불린다. 규모 면에서 볼 때 도시 국가와 별반 차이가 없지만, 시장의 기능이 발달한 도시라기보다는 종묘와 왕궁이 있어 정치적 성격이 강한 국가를 말한다.

세계 문명 발상지
매우 이른 시기에 형성된 메소포타미아·이집트·인더스·황허 문명은 세계 4대 문명으로 우리에게 잘 알려져 있다. 시간의 차이는 있지만, 그 밖에도 외부의 영향 없이 독자적으로 문명을 건설한 지역이 있었다.

특정 지역에 사람들이 모여 살면 마을이 된다. 그런데 그 마을에서 사람들의 노력을 통해 필요한 물자를 어느 정도 생산할 수 있는 단계, 즉 자급자족 단계에 들어서면서 문제가 발생했다. 외부 세계의 침략을 받게 되었기 때문이다. 그래서 사람들은 마을 외곽에 성을 쌓아 외부의 침략으로부터 마을을 보호했다. 이 과정에서 성을 쌓게 하는 권력자가 등장했고, 그 권위를 높이고 유지하기 위해 성내에 궁성과 종묘를 건설하게 되었다. 이런 형태는 우리에게도 있는데 몽촌 토성이나 풍납동 토성이 이에 해당한다. 이러한 국가들은 세계 곳곳에서 등장한다.

군장 국가는 최고 지배자의 역할을 기준으로 구분한 초기 국가의 모습을 말한다. 부족 사회에 호랑이 부족이 있다고 가정해 보자. 부족 사회는 혈연과 지연으로 구성된 사회이므로 서로 얼굴을 알고 지내는 사회다. 따라서 이 사회의 지도자는 경험이 풍부하고 지혜로우며, 나이가 많으면서 지도력이 있는 사람이었을 것이다. 어른이 곧 지도자였다. 호랑이 부족의 지도자를 호씨 어른이라 하자.

그런데 호랑이 부족이 이웃한 토끼 부족과 전쟁을 하여 승리를 하고 토끼 부족민들을 노예로 삼았다. 이때 호씨 어른은 단순히 그들 부족의 어른이기를 바랐을까? 아닐 것이다. 호씨 어른은 토끼 부족에게 자신을 통치자로 인정할 것을 요구했을 것이고, 토끼 부족민들의 통치자로 군림하려 했을 것이다.

임금에 해당하는 한자는 군君이고, 어른에 해당하는 한자는 장長이다. 최고 지배자가 임금의 역할도 하고 어른의 역할도 하면서 사회를 운영하는 국가 형태를 군장 국가라 한다. 이 역시 초기 국가의 모습이고 대체로 우리나라의 초기 국가를 이렇게 부른다.

도시 국가·성읍 국가·군장 국가 등의 초기 국가들은 청동기 시대에 등장했다. 그런데 청동기 시대라고 해서 모든 사람이 청동기를 사용했던 것은 아니다. 당시 청동기는 매우 소중한 도구였기 때문에 이것을

사용한 사람은 지배자이거나 제사를 담당하는 사람 같은
매우 귀한 신분이었다. 오늘날 무당에 해당하는 사람들이
제사를 담당하면서 때로는 지배자의 역할을 하기도 했다.

무당이 지배자의 역할까지 담당했던 이유는 초기 국가에
발달된 정치 조직이나 제도가 없었기 때문이다. 통치권자의
권위를 제도적으로 보장할 수 있는 경험이 부족했기에 지배
자는 사람들이 무서워하는 신을 이용해 자신의 권위를
확보하고자 했다. 신과 통할 수 있는 자가 바로 통치자
자신임을 내세워 사람들을 복종하게 했던 것이다. 결국
초기 국가에서는 신의 이름으로 국가를 운영했다. 이런
형태의 정치를 신정 정치라 한다. 또 이렇게 종교적 행위와
정치에 구분이 없었던 사회를 제정일치 사회라고 하는데 이런
모습은 초기 문명에서 예외 없이 나타났다.

02

메소포타미아 문명

오늘날 세계를 주도하는 것은 서구 사회이다. 그러다 보니 문명의 출발지나 중심지가 서구의 어디쯤이 아닐까 하고 생각할 수도 있다. 하지만 현재까지 발견된 문명지 중 가장 오래된 곳은 메소포타미아 문명이 발생한 티그리스 강과 유프라테스 강 유역이다. 이 메소포타미아 문명은, 이후 서아시아 지역에 등장하는 페르시아 문명과 서구 문명의 발원지인 그리스 문명에 영향을 주었다.

서아시아는 어떤 곳인가?

흔히 서아시아 하면, 아라비아와 이슬람* 그리고 중동이라는 말을 떠올리곤 한다. 그러나 이 세 단어를 비슷한 의미로 생각하면 안 된다.

아라비아는 서아시아에 사는 특정 민족을 의미한다. 서아시아에는 아라비아 족 외에도 페르시아 족과 튀르크 족 등이 있다.

이슬람은 종교를 일컫는 말이다. 따라서 이슬람 국가와 서아시아의

● 이슬람
이슬람은 신에게 복종한다는 뜻이다. 즉 알라에게 복종하고 그 뜻을 따름으로써 평화를 얻는 길을 의미한다.

국가를 동일한 개념으로 이해해서는 안 된다. 이슬람 국가는 서아시아 외에도 북아프리카 지역과 인도네시아, 말레이시아 등 세계 곳곳에 존재할 뿐 아니라 서아시아 내에서도 이스라엘처럼 이슬람 국가가 아닌 나라도 있기 때문이다.

중동이란 말은 지리적 의미와 정치적 의미를 함께 가지고 있다. 서양 인들, 특히 유럽 인들은 자국을 기준으로 거리의 가까움과 멂을 따져 아시아를 근동과 극동으로 구분했는데 그 출발은 로마로부터 비롯되었다. 로마 인들은 자신들의 동쪽 지역을 근동이라 불렀다. 여기에 포함된 지역은 아프리카 북부나 오늘날 터키와 같은 곳이다. 유럽 인들이 동쪽에 대해 관심을 가지면서 근동보다 더 동쪽 지역을 중동이라 부르게 되었다. 그런데 이 지역을 오스만 제국이 통합하면서 둘 사이의 구분이 없어졌다. 그러다가 제2차 세계 대전 때 작전 계획을 세우면서 지역 구분이 필요해서 다시 근동·중동이라는 구분이 생겼다. 특히 냉전 시대에 들어서면서 중동 지역은 지리적 의미에 정치적 의미까지 포함되었다.

20세기에는 소련을 중심으로 한 사회주의권과 미국을 중심으로 한 자본주의권이 대결을 벌였는데 이를 냉전cold war이라 부른다. 직접적으로 무력을 사용하는 전쟁을 열전hot war이라고 하는데, 냉전은 이와 달리 군비를 증강함으로써 상대를 위협하거나, 세력 확대를 위한 외교 대결, 스포츠를 통한 경쟁 등을 말한다. 즉 냉전은 무력 전쟁을 뜻하는 열전에 대비하여 나온 용어다. 20세기를 동서 냉전의 시대라 일컫기도 한다.

서아시아 지역의 정치적 색깔은 매우 모호했다. 미국에는 반대하고 소련에는 우호적이었으나, 그렇다고 공산주의 국가는 절대 아니고 소련에 종속적이지도 않는 정치적 성향을 보인 나라들이 꽤 있었다. 서방측에서 볼 때 이 지역이 사회주의권에 더 가깝게 느껴졌기에 중동이라는

얘네들은 소련이랑
친한 것 같기도 하고
아닌 것 같기도 하고….

● 대상
대隊는 무리라는 뜻이고, 상商
은 상인을 뜻한다. 대상은 보
통 수십에서 수백 명이 무리를
지어 다녔다. 이들은 주로 아
시아와 유럽 사이에서 낙타·
말 등에 물자를 싣고 교역을
했다.

용어에 그런 의미를 부여하기도 했다.

서아시아라고 하면 사막·대상●·오아시스·이슬람 등 아라비아 문
화의 내용을 먼저 떠올리지만, 사실 이 지역의 역사는 아라비아 문화
를 바탕으로 형성된 이슬람 사회의 것만은 아니다. 서아시아는 역사적
으로 볼 때 최초 문명의 탄생지였고, 지역적으로 볼 때 동서 문물 교류
의 중심지였다. 그래서 이 지역은 여러 민족과 다양한 문화가 공존했
는데, 7세기경 등장한 이슬람이라는 종교와 이를 믿는 국가들에 통합
되었다.

문명은 중동에서 시작되었다

오늘날 우리가 일상적으로 문명국이라 할 때 떠올리는 나라는 서방 국

메소포타미아 지역
메소포타미아 문명은 현재까지
가장 오래된 문명으로 알려져
있다. 메소포타미아는 강 사이
를 뜻하는 말로, 티그리스 강과
유프라테스 강 사이 및 그 주변
지역을 말한다. 지도와 같이 초
승달 모양으로 비옥한 지역이
형성되어 있어 비옥한 초승달
지역이라 표현하기도 한다.

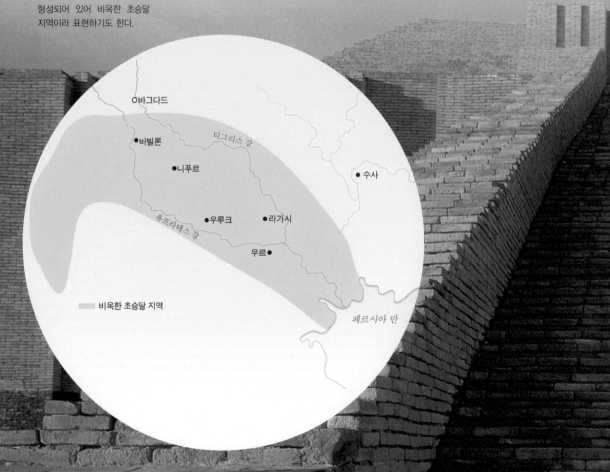

바그다드

바빌론

니푸르

티그리스 강

수사

유프라테스 강

우루크

라가시

우르

페르시아 만

비옥한 초승달 지역

가들이다. 하지만 이것은 17세기 이후 시민 혁명[*]과 18세기 산업 혁명을 통해 국력이 강성해진 서방 국가들이 해외로 진출하면서 자신들에게 굴복한 나라에 자신들의 문화의 우월성을 강요하는 과정에서 나타난 결과이다.

현재까지 알려진 가장 오래된 문명은 오늘날 시리아와 이라크를 지나는 유프라테스 강과 티그리스 강 유역에서 기원전 3500년경에 등장한 메소포타미아 문명이다. 이 문명이 탄생한 두 강 유역에는 많은 도시 국가들이 건설되었는데, 그중 수메르 인들이 하류 지역에서 문명의 주인공으로 활약했다. 당시는 종이가 등장하기 이전이었기 때문에 점토 위에 갈대나 금속으로 글자를 새겼다. 이때 글자 모양이 쐐기(▽)처럼 보인다 해서 쐐기 문자라 부른다. 그들은 이 문자로 교역과 제도를

●시민 혁명
부르주아 민주주의 혁명이라고도 한다. 자본가 계급이 중심이 되어 봉건 제도를 타파한 사회 혁명으로, 자본주의적인 정치·경제 체제를 확립했다. 영국의 명예혁명과 프랑스 혁명이 대표적이다.

지구라트
수메르·바빌로니아·아시리아에서 발견되는 고대 유적이다. 벽돌로 만든 계단을 피라미드처럼 쌓은 구조물로 신전이었을 것으로 보인다. 사진은 우르에 있는 지구라트다.

● 60진법
우리가 현재 일상에서 사용하는 진법은 10진법이다. 10진법은 0~9까지의 숫자를 써서 10배마다 윗자리로 올려 나아가는 표시법이다. 60진법은 60을 한 단위로 묶어 위의 단위로 올려 가는 것으로, 시간이나 각도의 분·초 따위가 이 법을 따른 것이다.

● 태음력
달의 공전 주기를 가지고 날짜를 세는 방법이다. 우리가 일상적으로 사용하는 음력이 바로 태음력이다.

기록하여 후대에 전해 주었다. 또 60진법*을 사용했으며 태음력*을 사용하기도 했다.

메소포타미아 지역은 주변에 큰 산맥이나 큰 강 또는 바다가 둘러싸여 있지 않은 평원이기 때문에 도시 국가 간의 전쟁이나 외부 세력의 침입이 잦았다. 그래서 정치적 변화가 자주 일어났다.

기원전 2350년경, 두 강의 중·상류 지역에 있던 아카드 인들이 메소포타미아 지역을 최초로 통일했다. 그러나 아카드 인들은 도시 국가 규모 정도를 운영하는 데에만 익숙해 있었다. 지역을 통일해 큰 국가를 만들었으나 어떻게 운영해야 하는가에 대한 연구와 경험이 없었다. 그래서 확대된 영역을 지배하는 방식은 무자비한 통제와 억압이었다. 당연히 정복당한 사람들은 그에 반발했다. 그로 인해 아카드 왕국은 약화되어 가다 외부 침입에 의해 결국 기원전 2150년경 멸망했다. 이 지역은 이후 혼란을 겪다가 기원전 19세기에 들어 아무루 인들이 주인공으로 부상했다. 이 아무루 인들은 바빌로니아 왕국을 건설했다. 이를 역사가들은 고바빌로니아로 부른다. 고바빌로니아의 지배 계급은 이전 시대보다 효율적으로 국가를 운영했다. 그 증거가 바로 함무라비 법전이다. 이전 시대의 지배 계급들이 마음대로 사람들을 지배했다면, 함무라비 법전은 왕과 정부가 정한 법에 의해 국가를 운영하고 통제하려 한 것이다.

메소포타미아 문명은 인근의 이집트와 그리스에 영향을 주기도 했다. 특히 그리스 문명은 메소포타미아 문명과 이집트 문명의 영향을 받으며 발전했고 그 문화의 내용을 로마에 전

함무라비 법전 석주
고바빌로니아 왕국의 왕인 함무라비가 서아시아 지역의 법률을 종합하여 높이 2.25미터짜리 돌기둥에 새겨 넣었다. 함무라비 법전은 이전의 왕국들보다 정치 체제가 더욱 잘 정비되었다는 것을 보여 준다. 현재 프랑스의 루브르 박물관에 보관되어 있다.

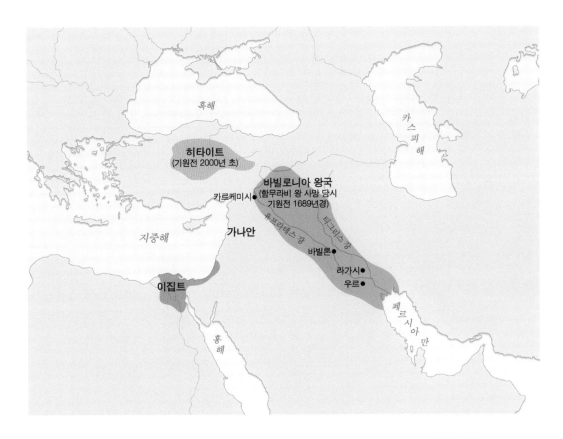

해 주었다. 그러니까 오늘날 서양 문화의 근원이라 하는 그리스·로마 문화는 메소포타미아 문명과 이집트 문명의 직접적인 영향을 받으며 발전한 것이다.

오리엔트 문명
메소포타미아 문명과 이집트 문명을 합하여 오리엔트 문명이라 한다. 이 두 지역을 처음으로 통일한 것은 아시리아였다.

여러 종족의 유입과 침입으로 문명의 내용이 다양해지다

기원전 2000년 무렵, 중앙아시아 지역에 살던 인도·유럽계 민족이 이동을 시작했다. 대표적인 종족이 아리아 족이다. 이들은 이동을 하면서 인도·서아시아·유럽 등지로 들어가 기존 원주민들을 정복하거나, 타협하면서 그 지역에 정착했다. 그중 한 부류가 서아시아에 들어왔고 그 일부가 히타이트 인들이었다. 그들은 소아시아 반도에서 나라를 세웠다.

페니키아 문자
페니키아 문자는 기원전 10세기경에 만들어진 것으로 추정한다. 이 문자는 지중해 연안 지역을 거쳐 그리스로 전해졌다. 22개의 자음만으로 되어 있는데 오늘날 로마자의 기원이기도 하다.

● **유일신 사상**
유일신 사상이 나타나기 이전에는 대부분 나라의 종교는 여러 신을 믿는 다신교였다. 그러나 유대 인들은 신은 오직 하나라는 주장을 내세웠다. 이러한 유일신 사상은 이후 등장하는 세계 여러 종교에 영향을 미쳤다.

현재까지 밝혀진 바에 의하면 히타이트 인들은 가장 먼저 철기를 사용한 민족이다. 그리고 말이 끄는 두 바퀴의 전차를 사용했다. 당시 서아시아 지역에도 전차가 있었으나 조랑말 수준의 말들이 끄는 전차였다고 한다. 따라서 히타이트 인들의 철제 무기와 전차를 당해 낼 수 없었다. 히타이트 인들은 주변 지역을 정복하면서 기반을 넓혀 갔는데 세력이 메소포타미아까지 뻗어 기원전 16세기에는 바빌로니아 왕국을 멸망시키고 메소포타미아 지역을 통일하기도 했다. 이에 따라 기원전 10세기경 메소포타미아 지역 및 이집트 지역은 철기를 일반적으로 사용하는 시대에 들어설 수 있었다.

철기 문화의 보급은 새로운 강자들이 등장할 수 있는 계기가 되었기 때문에 기원전 1200년경 히타이트와 이집드 등 이 지역 강대국들의 세력이 점차 약해졌다. 그러자 메소포타미아와 이집트를 잇는 교통 요지인 동부 지중해 연안에서 페니키아·헤브라이 등의 소국들이 활약하기 시작했다. 페니키아는 상업 활동에 능하여 지중해 연안 곳곳에 식민지를 건설했는데 대표적인 것이 카르타고였다. 또 페니키아의 상업 활동은 주로 그리스 연안의 도시 국가들과 이루어졌는데 이 과정에서 페니키아 인들이 그리스에 메소포타미아 문명을 전달했다. 특히 그들의 문자는 알파벳의 기원이 되기도 했다.

헤브라이 인은 기원전 13세기경에 모세의 지휘 아래 이집트에서 탈출한 후 팔레스타인 지방으로 이주하여 나라를 세웠다. 그리고 그들의 유일신 사상●인 유대교를 만들어 이 지역뿐 아니라 전 세계에 영향을 주었다. 당시 많은 지역은 여러 신을 함께 믿는 다신교 사회였다. 헤브라이에서 유대교가 등장하면서 크리스트교와 같이 유일신을 믿는 종교가 등장할 수 있었다. 헤브라이는 기원전 11세기경 다윗이 부족을 통일했고 솔로몬 시절에는 전성기를 맞기도 했다. 하지만 계속되는 외부 세

계와의 전쟁 때문에 통일 왕국으로서의 지배력이 약화
되면서 이스라엘 왕국과 유대 왕국으로 분열되었다
(기원전 930년경). 그 후 이스라엘 왕국은 오리엔트
지역을 통일한 아시리아에 멸망(기원전 722)당했고,
유대 왕국은 신바빌로니아에 멸망(기원전 586)당
했다. 특히 유대 왕국이 신바빌로니아에 멸망당
하자 헤브라이 인들은 바빌론으로 끌려가 노예가
되었다. 이후 헤브라이 인들은 나라를 잃고 세계
곳곳으로 흩어져 고난의 길을 겪게 되었고, 팔레스
타인 지방은 팔레스타인 인들이 새 주인공이 되었다.

03

인더스 문명

인더스 문명은 아시아 전역에 걸쳐 많은 영향을 미쳤다. 인더스 문명이 토대가 되어 불교와 힌두교가 탄생했는데, 이 두 종교의 뿌리는 인더스 문명에서 발달한 브라만교였다. 동아시아는 물론 동남아시아와 남아시아 등지에 영향을 미쳤다.

인도를 어떻게 보아야 하는가?

인도사의 지리적 범위는, 오늘날 인도 이외에도 파키스탄·방글라데시·네팔·부탄 그리고 아프가니스탄 일부를 포함할 수 있다. 이 광대한 영역은 인도를 오랫동안 지배한 영국의 약 17배에 달한다. 현재 인도의 영토만으로도 세계 7위의 면적이다. 대표적인 민족도 여섯 민족이며 그 외에도 다양한 소수 민족이 있다. 또한 180여 종의 언어가 사용되고 있고 공용어도 18종이나 된다. 이처럼 인도 사회는 복잡성과 다양성을 띠고 있다. 그럼에도 우리는 인도라는 나라와 그 역사를 단순하게 생각하는 경향이 있다. 인도를 이해하기 위해서는 그 복잡성과 다양성을 인식하는 것에서부터 시작해야 할 것이다.

인도는 지리적으로 크게 두 부분으로 나눌 수 있다. 중부의 고원 지대를 경계로 북부 지역은 건조한 지역이지만 히말라야에서 시작된 인더스 강이나 갠지스 강과 같은 큰 강이 흘러 일찍부터 농경 문화가 발달했다. 또한 서북부의 펀자브 지방에서부터 동쪽의 벵골 지방에 이르기까지 광활한 평야가 펼쳐진다. 그래서 오래전부터 인구가 집중되어 있어 인도 역사의 중심 무대였으며, 인도에 등장했던 제국들의 흥망성쇠는 대부분 이곳에서 이루어졌다. 평야가 발달한 개방된 자연조건 때문에 외부 세력이 펀자브 지방으로 진출한 경우, 벵골 지방까지 그 세력을 넓히는 데 별 어려움이 없어서 종종 강력한 왕국이 등장하기도 했다.

한편 남부 지역은 해안선을 따라 평야 지대를 중심으로 모든 게 풍요로웠다. 하지만 조그마한 나라들의 흥망이 교차했을 뿐 정치적으로 큰 세력을 떨치지는 못했다. 또 북부의 강력한 왕국들이 고원 지대를 지나 인도의 최남단까지 지배하려는 노력은 하지 않았기 때문에 비교적 고유의 전통이 지켜질 수 있었다.

최초의 문명은 인더스 강변에서 꽃피다

인도에서 최초로 사람이 살았던 흔적은 펀자브 지방에서 발견되었는데 약 50만 년 전의 것으로 알려졌다. 그 후 인도 지역은 신석기 시대를 거치면서 문명 탄생의 기반을 다졌고, 기원전 3000년경 인더스 강변에서 문명이 탄생했다.

인더스 문명은 1856년, 철도 공사 중 영국인 브룬턴 형제가 하라파 유적을 발견하면서 그 실체가 드러났다. 이후 하라파 유적은 1920년경부터 본격적으로 발굴되었는데 인더스 강을 따라 하류로 내려가면서 여러 유적이 발견되었다. 이 중 가장 큰 도시는 인더스 강 하류의 모헨조다로와 상류의 하라파였다. 두 도시의 크기는 각각 약 2.5제곱킬로미터로 두 도시 모두 도시 계획에 따라 건설되었다. 두 유적은 넓고 곧은 도로를 바둑판 모양으로 배열하고 길과 길 사이에 주택을 건축하여 정연한 도시의 모습을 갖추고 있다. 비슷한 시기 다른 문명 지역에서 발견된 집은 굽지 않은 흙벽돌을 사용했는데, 이 지역에서 발견된 집은 구운 벽돌로 지은 것이었다. 또한 밀집된 도시 생활을 했기 때문에 위생을 위한 발달된 배수 시설도 갖추고 있었다.

인더스 문명의 유적에서 철은 발견되지 않았다. 주로 구리로 만든

도구들이 발견되었고, 도장처럼 보이는 유물도 많이 나왔다. 이 유물에는 여러 동물의 모양과 더불어 고대 문자가 새겨져 있어서 당시 사람들이 문자를 사용했다는 것은 알 수 있지만, 그 내용이 무엇인지는 아직까지 판독하지 못하고 있다.

인더스 문명은 히말라야 산록에서 아라비아 해에 이르는 약 1,600킬로미터와, 동서로 펀자브 지방을 가로지르는 약 1,100킬로미터에 이르는 광대한 지역에서 발견되고 있다. 이처럼 문명의 범위가 광범위한 것은 당시 사람들이 활발한 교역을 했기 때문일 것이다.

그러나 인더스 문명은 기원전 1700년~기원전 1500년경 몰락했다. 그 원인은 아직까지 정확히 밝혀지지 않고 있다. 단지 홍수와 같은 자연재해, 강우량의 감소나 지나친 벌목에 따른 삼림 파괴와 같은 환경의 변화, 그리고 외적의 침입 등을 몰락의 원인으로 추정하는데, 특별히 어느 한 요소가 직접적인 원인이라고 이야기하기보다는 복합적인 이유로 멸망했으리라 보는 편이 옳을 것이다. 어떤 이유에서든 인더스 문명은 이렇게 역사 속으로 사라졌다.

아리아 족이 침입하다

인더스 문명의 주인공은 누구였을까? 지금까지는 드라비다 족일 것이라는 추측이 지배적이다. 아리아 족이 침입하기 전 인도 전역에서 지배적 위치를 차지했을 것으로 보인다. 그리고 이 드라비다 족은 인더스 문명의 몰락과 함께 북부 지역에서 쫓겨나 남부 지역으로 밀려났을 것으로 추정한다.

그 뒤를 이어 인도를 장악한 것은 아리아 족이다. 이들은 인도 역사의 주인공이 되었는데, 이 아리아 족에 대한 이해를 놓고 두 가지 주장이 있다.

먼저, 아리아 족은 인도·유럽 어족이며 이들은 유럽 지역에서 이주해 왔다는 주장이 있는데, 이 주장은 영국이 인도를 식민지화한 이후 유럽 학자들에 의해 제기되었다. 결국 이 주장은 영국이 인도를 지배하는 데 인도인의 거부감을 줄이기 위한 방편으로 나온 것이라 볼 수 있다.

이에 맞서 인도 학자들은 아리아 족이 히말라야 산록 지대 또는 펀자브 지방이나 갠지스 강 유역 등에서 인더스 문명 지역으로 이주해

춤추는 소녀
모헨조다로에서 출토된 청동 조각상이다. 이 소녀 조각상은 오늘날 우리가 생각하는 인도인들과 다른 모습이다. 아리아인들이 침입하기 이전에 거주한 드라비다 계통의 사람일 것으로 추정하고 있다.

아리아 족의 침입
아리아 족은 중앙아시아에 살
았는데, 기원전 1500년경 본격
적으로 인도 지역으로 들어와
기존 종족을 정복하고 인도를
지배했다.

왔다고 주장하고 있다. 이 주장 역시 민족의식을 고취하고자 하는 의도
를 가지고 있다고 볼 수 있는데, 많은 나라에서 공식적인 이론으로 받
아들이고 있는 것은 앞의 주장이다.

아리아 족이 인도 영역으로 들어오기 시작한 것은 기원전 2000년경
부터였을 것으로 추정하며, 이들이 펀자브 지방, 즉 인더스 문명권을
장악하게 된 것은 기원전 1500년경으로 본다. 아리아 족이 인도를 침
입한 것은 아리아 족의 인구가 증가했기 때문이다. 유목 생활을 하던

아리아 족은 인구가 증가하자 새로운 목초지를 찾아 동쪽으로 이주했고 그 과정에서 인도에 침입하게 된 것이다. 그런데 아리아 족은 처음에는 '평화로운 이주'를 했으나 수가 점점 늘어나고 생활 방식이 유목 생활에서 점차 정착 생활로 바뀌자 기존의 주민과 대립할 수밖에 없었다.

아리아 족은 용감했을 뿐만 아니라 오늘날 탱크에 해당하는 전차를 사용했다. 한마디로 체구도 왜소하고 평화롭게 농경 생활을 하던 드라비다 족이 맞설 수 있는 상대가 아니었다. 당연히 드라비다 족은 아리아 족과의 싸움에서 완전히 패배했고 피난처를 구하여 남부 지방으로 떠날 수밖에 없었다. 이렇게 해서 인도 역사의 주인공은 드라비다 족에서 아리아 족으로 바뀌게 되었다.

베다가 사회를 지배하다

아리아 족의 인도 침입과 그 후 그들의 생활상에 대한 기록은 아리아 족의 성전인 《베다》* 뿐이다. 그래서 이 시기를 베다 시대라고도 한다. 《베다》는 당시에 작성된 것은 아니고, 우리의 단군 신화처럼 입에서 입으로 전해지다 상당한 시간이 흐른 후 기록된 것이다. 베다는 지식이란 뜻으로 성전에는 신에 대한 찬가, 인간성의 자유, 세계의 근원과 천지 창조 및 아리아 족의 역사와 규율 등이 포함되어 있다. 《베다》를 통해 당시 인도가 신정 정치를 했음을 알 수 있다. 즉 정치권력은 종교를 장악한 계층이 주도했다.

기원전 1000년~기원전 600년경 상당히 큰 세력을 갖춘 국가들이 출현하는 과정에서 기존의 귀족들이 왕위를 두고 권력 다툼을 벌였다. 이 과정에서 왕이 된 자들은 사제의 성스러운 의식을 거침으로써 정통성을 보장받았을 뿐만 아니라 이를 통해 누구도 도전할 수 없는 신성한

● 베다
신이 인간에게 전한 메시지라는 이유로 인간들의 글로 쓰이는 것을 금지하고 오랜 세월 동안 입에서 입으로만 전승되었다. 그러다가 1,000여 년이 지난 뒤에야 비로소 문자로 기록되었다.

존재임을 확인받아 왕권을 강화할 수 있었다. 물론 승려 계급인 브라만은 왕과 동등하거나 그 이상이었을 것이다.

카스트 제도는 왜 나타났는가?

어느 지역에서든 국가가 확대되어 가는 과정에서 지배 계급 중심의 질서가 수립된다. 인도 역시 마찬가지였다. 아리아 족의 침입과 함께 신분 제도가 마련된 것은 확실하지만 그것이 언제였는가는 분명하지 않다. 기록에 의하면 기원전 4세기경에는 인도의 고유한 신분 제도인 카스트● 제도가 있었기 때문에 그보다 훨씬 이전부터 카스트 제도를 운영했을 것으로 추정한다. 카스트 제도는 정복민인 아리아 족이 피정복민인 원주민들을 차별하는 과정에서 생겼다. 처음에는 인종적 특징으로 계급을 구분했지만, 오래 시간이 흐르는 동안 혼혈이 이루어지자 인종적 구분은 사라지게 되었고 그 후로는 직업에 따라 구분을 했다.

　카스트는 대체로 4개의 계급으로 분류되었다. 승려 계급인 브라만, 정치·군사적 지배 계급인 크샤트리아, 평민 계급인 바이샤, 노예 계급인

리그 베다
고대 인도의 성전 중 하나다. 운문 형식을 띠고 있으며 신을 찬미하는 내용과 아리아 인에 의한 인도 건국의 과정이 적혀 있다. 인도 사상의 핵을 이룬다.

●카스트
카스트는 포르투갈 어로 가문·혈통을 의미한다. 포르투갈이 처음 진출하여 인도가 세상에 알려지는 과정에서 붙여진 이름이다.

수드라로 나뉘는데, 시간이 흐르고 사회가 복잡해지면서 각 계급은 직업에 따라 다시 수많은 계층으로 나뉘었다. 이 과정에서 계급의 고착화로 인해 계급 질서가 매우 엄격해졌다. 사제 계급인 브라만이 제1신분이 된 것은 초기 국가 시절의 제정일치 사회 모습을 이상으로 삼고 이를 유지하려는 신앙의 결과이다. 아리아 족은 제3신분인 바이샤까지를 차지했고, 피정복민은 주로 제4신분인 수드라가 되었다.

카스트는 순수함을 지키고 불결한 것에 오염되는 것을 경계했다. 그래서 직업과 신분이 다른 사람과 결혼이나 교류를 하지 못하게 함으로써 더욱 엄격하게 제도를 유지할 수 있었다. 또 인도의 기본적인 종교 관념인 윤회와 업 사상을 통해 개인의 구제는 자신이 소속된 신분과 직업에 최선을 다할 때만 가능하다는 논리를 펼쳤다. 다

카스트 제도
승려 계급인 브라만, 귀족과 무사 계급인 크샤트리아, 평민인 바이샤, 노예인 수드라의 네 계급이 중심을 이룬다. 현재는 2,500종 이상의 카스트와 부카스트로 나누어 있다.

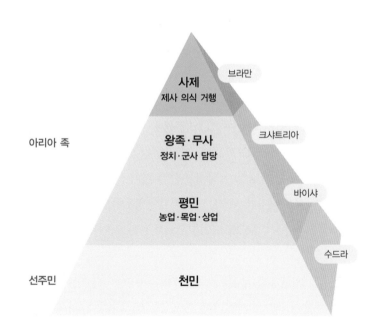

아리아 족

사제
제사 의식 거행 — 브라만

왕족·무사
정치·군사 담당 — 크샤트리아

평민
농업·목업·상업 — 바이샤

수드라

선주민

천민

시 말해 다음 세상에서 행복한 삶을 누리기 위해서는 지금 세상에서 자기의 일에 불만을 갖지 않고 최선을 다해야 한다는 논리를 통해 카스트 제도를 철저히 유지했던 것이다. 이러한 생각은 제도가 발달하지 않았던 국가와 사회를 운영하기에 효과적이었다.

카스트 제도는 브라만교에 기반을 두고 있다. 브라만교의 사상은 인도인들의 일상에 녹아들어 생활을 지배했으며 후에 힌두 사상의 기반이 되었다. 대부분의 인도인들은 힌두 사상을 오늘날까지 믿고 따르고 있다. 그 때문에 인도 공화국이 선포되면서 법적으로는 카스트 제도가 사라졌지만 현실에서는 여전히 존재하고 있다. 그래서 현대 인도는 이를 극복하기 위한 여러 제도들을 갖추고 있다.

소를 중시하는 사상이 생기다

처음에 아리아 족은 유목민의 전통을 지키며 세력을 넓혀 나갔다. 그러나 세력이 확대되어 국가 규모가 커지게 되자 유목 전통을 통해서 국가를 운영하는 것은 한계가 있었다. 그리하여 서서히 정착과 농경 문화로 전환되어 갔다.

아리아 족은 이미 철의 사용법을 알고 있었기 때문에 황무지 개간이나 관개 시설을 갖추는 데 원주민보다 훨씬 유리했다. 철제 농기구가 보다 널리 사용되고 관개 농업이 확대되자 아리아 족은 밀과 보리 등과 같은 주식을 경작할 수 있었고, 이러한 활동을 통해 정착 생활을 위한 식량을 원활하게 공급할 수 있었다. 이를 계기로 인도의 인구가 전체적으로 증가하기도 했다.

아리아 족은 정착과 농경 생활에 익숙해져 갔지만 유목민의 풍습에서 벗어나지 못하기도 했는데 목축을 대단히 중요하게 여겼던 것도 그중 하나다. 그들은 일찍부터 소·말·돼지·닭·양 등 다양한 가축을 키웠는데, 특히 소를 중요시했다. 베다 시대에도 소는 가장 귀한 재산이었기 때문에 소를 얻기 위해 전쟁을 하기도 했다. 소는 우유와 노동력을 제공했고, 소똥은 연료와 건축 재료로 사용되었다. 그 때문에 아리아 족은 소를 가장 보호해야 할 영물로 생각하게 되었다.

농경 문화에서도 소는 매우 소중한 동물이다. 아리아 족이 농경 민족화되면서 소를 중히 여기는 생각은 더욱 확대되었다. 결국 소를 중히 여기는 인도의 전통은 오랜 경험의 결과이며, 그것이 일상을 지배하는 종교에까지 포함되어 소를 숭배하는 전통은 더욱 강화되었다.

인도인과 소
힌두교 역사 초기에는 소를 신성시하지 않았다. 도축하기도 하고 소고기를 먹기도 했다. 그러다 농경 문화가 정착되면서 소의 활용 가치가 높아졌고 이것이 종교적으로 확산되어 현재처럼 소를 중요하게 여기게 되었다.

04

황허 문명

동아시아 지역 문화의 뿌리는 중국 황허 유역에서 발생한 황허 문명이다. 이 문명에서 탄생한 상나라와 주나라의 문화는 중국 한족 사상의 바탕이 되었다. 이 시기의 생각들은 이후 춘추 전국 시대를 거치면서 다양한 사상으로 발전했다. 그리고 그 사상은 동아시아 문화에 영향을 미쳤다.

삼황오제를 아는가?

중국에서 최초의 국가 출현을 의미하는 전설은 삼황오제●에 대한 기록이다. 삼황오제에 관한 중국 고전의 기록들이 통일되어 있지는 않지만, 대체로 삼황은 수인씨·복희씨·신농씨로 보고, 오제는 황제·전욱·제곡·요·순으로 본다.

수인씨는 불을 쓰는 방법을, 복희씨는 사냥의 기술을, 신농씨는 농경을 중국 사회에 알려 준 인물이다. 오제의 황제는 무력으로 중국을 통

● 삼황오제
중국 고대 전설에 따르면, 삼황은 천황씨·지황씨·인황씨로 보는 설과, 수인·복희씨·신농씨로 보는 설이 있으며, 복희씨·신농씨·헌원씨로 보는 설도 있다. 오제의 경우, 황제 대신 소호를 넣기도 한다.

● 우
중국 고대 전설상의 임금. 치수에 공을 세워 순으로부터 왕위를 물려받아 하나라를 세웠다고 한다.

● 치수
홍수나 가뭄의 재해에 대비하는 일을 말한다.

일하고 문자·역법·궁실·의상·화폐·수레 등의 문물을 만들었다고 한다. 전욱과 제곡은 황제의 후손들인데, 전욱은 천문과 관련이 있는 인물로, 제곡은 뒤를 잇는 요의 할아버지로 기록되어 있다. 요와 순은 모두 덕망으로 중국을 통치한 인물로 유명하며, 대체로 중국에선 요순이 통치하던 시대를 가장 이상적인 사회로 생각하고 있다. 요는 인자하고 관대했기 때문에 백성들의 생활은 국가의 간섭을 모를 정도로 안락했다고 하고, 순을 발탁하여 왕위를 넘겨주었다. 순 역시 선정을 베풀었다고 하는데, 특히 홍수가 발생하자 우●에게 이를 해결하라 명했고, 우는 치수●에 성공함으로써 백성들이 홍수 걱정 없이 살게 했다. 순 역시도 말년에는 우에게 왕위를 넘겨주었다 한다. 이러한 왕위 계승 방법을 선양이라고 부른다.

오늘날 삼황오제의 기록은 단지 전설로 여기고 있다. 후대에 기록된 것 말고는 삼황오제 시대를 직접적으로 증명할 수 있는 문헌 자료나 고고학적 자료가 없기 때문이기도 하지만, 그 내용이 구석기 시대에서 신석기 시대를 지나 청동기 시대에 이르는 기간의 보편적인 내용뿐이어서 역사적 사실로 받아들이기 힘든 부분이 많기 때문이기도 하다.

하지만 삼황오제 이야기 속에는 불의 사용, 음식을 익혀 먹는 방법, 수렵과 농경의 발명, 왕위의 계승 방식 등 초기 국가의 형성 과정을 설명하는 내용이 잘 나타나 있어 중국인들이 국가와 사회 조직을 어떻게 발전시켜 왔는지 이해하는 과정으로 보기에 무리가 없다.

이 삼황오제의 이야기는 중국 역사에 영향을 미치기도 한다. 중국의 춘추 전국 시대를 통일한 진의 왕인 정은 자신을 삼황오제의 덕목을 갖춘 존재라 하여 왕이 아닌 황제라 부르게 했다. 이로써 중국에 황제 제도가 처음 등장하게 되었다.

우리가 다스리던 때를 요순시대라고 한다더군요.

우리가 워낙 정치를 잘했으니까요.

요   순

요순시대
요순시대는 요임금과 순임금이 이상적인 정치를 하여 태평했던 시대를 말한다. 그들이 덕으로 천하를 다스려서 백성들의 생활은 여유가 넘쳤으며 만인이 평화롭게 지냈다고 한다. 후대 사람들이 치세의 모범으로 삼고 있다.

현실화되는 전설의 하 왕조

순으로부터 제위를 물려받은 우는 현자로 알려진 익이란 인물에게 선양했으나, 우의 아들 계가 유력자들의 지원을 받아 익을 몰아내고 왕위를 차지했다. 이렇게 되어 선양이란 방법은 사라지고 왕위가 세습되는 체제가 등장했다. 아버지가 아들에게 자연스레 왕위를 넘겨주는 방식은 아니었지만 왕위를 아들에게 물려주는 세습 체제가 수립되었고, 이러한 체제에 의해 유지되는 국가를 왕조라 부른다. 계가 왕위에 오른 것은 중국에 왕조가 등장했음을 알리는 사건이었다.

우리는 기록에 근거하여 이를 하나라 또는 하 왕조라 부른다. 중국의 여러 기록에 따르면 하 왕조는 시조인 우부터 마지막 왕인 걸까지 모두 17대에 걸쳐 470여 년 동안 존속했다고 하고, 그 시기는 기원전 21세기에서 기원전 16세기 사이로 추정한다. 위치는 황허의 중·상류 지방이다.

하 왕조는 《사기》 등의 중국 역사책에 등장하기는 하지만 이를 뒷받침할 만한 고고학적 증거가 부족한 상황이다. 중국 내에서는 인정하고 있는 분위기이지만 그 외 국가의 연구자들은 받아들이지 않으려는 경향이 있다.

하지만 최근 진행된 고고학 연구가 점차 하 왕조의 실재 가능성을 높이고 있다. 대표적인 것이 허난 성의 얼리터우에서 발견된 유적들이다. 이를 얼리터우 문화라고 하는데 이 문화의 유적과 유물들은 하나라가 있었다고 생각되는 연대와 비슷한 시기의 것이다. 그래서 점차 하나라가 실재했다는 것에 무게가 실리고 있는 상황이지만 여전히 확언을 하기는 힘들다. 하 왕조의 사례는 역사학과 고고학이 상호 보완적 관계에 있음을 보여 주는 한편, 우리가 더 발굴하고 찾아야 할 역사의 내용 또한 여전히 많다는 것을 일깨워 준다. 어찌되었든 기록에 의하면 하 왕조는 동쪽에서 등장한 상족에 의해 멸망한다.

내가 역사적으로 인정받은 최초의 중국 왕이야.

탕왕

공인된 첫 번째 국가, 상나라

기원전 1600년경에 이르러 황허의 중·상류 지역에서 최초의 왕조가 등장하는데 바로 상나라다. 기록에 따르면 하 왕조의 마지막 왕인 걸이 매우 가혹한 정치를 계속하자 상의 탕왕이 걸왕을 정벌하고 패권을 잡았다고 한다.

신석기 말기에 이르러 황허 유역에는 무수히 많은 마을과 도시가 등장한다. 이러한 마을과 도시 들은 청동기 시대에 들어 초보적인 국가의 모습을 띠게 되는데 이 초보적인 국가의 모습은 마을(읍邑)을 중심으로 주변에 토성을 쌓고 그 위에 나무 기둥인 목책을 박아 성을 만든 성읍 형태였다. 이곳에는 적게는 수천 명에서 많게는 수만 명이 거주했는데 이러한 성읍들은 내부 발전과 전쟁을 통해 인구와 영역을 넓혔다. 이 과정에서 빈부의 차이가 발생했고 계급이 형성되었으며 이를 유지하기 위해 제도가 만들어졌다. 이 과정은 사회 구조가 복잡해짐에 따라 마을이 점차 국가의 모습으로 발전함을 보여 주는 것이다.

상나라의 세력 범위
기원전 2000년경 황허 유역 및 중국 각지에서 청동기가 사용되었고, 국가 형태의 집단이 곳곳에서 출현했다. 그중 하나가 상나라다. 상나라는 기원전 1600년경 황허의 중·하류 지역 대부분을 지배하게 되었다. 당시에는 점을 쳐서 국가의 중요한 일을 결정했는데, 점을 친 후 그 결과를 기록한 것이 갑골문자이다.

황해

● 은허

상

● 낙읍(뤄양)

● 호경

양쯔 강

동중국해

상나라 역시 마찬가지였다. 상족이 처음으로 자신들의 중심지로 삼은 곳은 상商이라는 지역이었다. 그러나 상족이 세력을 확대하는 과정에서 이웃한 성읍 국가들과 연맹을 맺었고 이 과정에서 여러 차례 이동하다가 마지막 중심지로 삼은 곳이 은殷이었다. 그래서 후에 주나라 사람들은 그들을 은족이라 불렀는데 이런 이유로 상나라를 은나라라고도 한다.

상의 유적지인 은허를 발굴할 때, 거북의 등껍질과 동물의 뼈가 많이 발견되었는데 하늘에 제사를 지내기 위해 사용된 것이었다. 뼈에 날카로운 도구로 흠집을 내거나 글씨를 쓴 후 불에 달구면 흠이 난 부분이 갈라지거나 터지게 되는데 그 모양을 보고 점을 쳤다. 점은 단순히 미래를 예측하는 기능만 한 것이 아니라 신의 뜻을 파악하는 것이었고, 신의 뜻은 권력을 잡은 사람이 정치를 하는 데 이용됐다. 이를 신정 정치라 부른다. 신정 정치를 하기 위해 사용했던 거북의 등껍질이나 동물의 뼈를 갑골이라 부르고 거기에 쓰인 글자를 갑골 문자라 한다. 갑골 문자는 오늘날 한자의 기원이기도 하다.

갑골 문자
고대 중국에서, 거북의 등껍질이나 동물의 뼈 등에 새긴 상형 문자다. 주로 점치는 데 사용했다. 사진은 은허에서 발견된 갑골이다.

은허 유물
은허에서 발견된 수레와 말 그리고 사람의 뼈 화석. 당시 순장 문화가 있었음을 보여 주는 유물이다.

한편 당시 지배 계급은 죽은 후에도 살아 있었을 때와 똑같은 삶을 살기를 바랐기 때문에 자신이 죽게 되면 자신을 보필하던 사람들을 함께 묻도록 했다. 이를 순장이라 하는데, 순장되는 사람의 수가 많을수록 무덤의 주인공이 가졌던 권력이 강했다는 것을 의미한다. 이렇게 자신의 의사와는 관계없이 생을 마감해야 하는 사람이 있었고, 그렇게 죽어야 하는 사람의 수가 무덤의 주인공에 따라 다르다는 것은 당시 사회가 계급 사회였음을 말해 준다.

상나라 사람들은 어떻게 살았을까?

상나라는 황허의 중·하류 지역으로 그 세력을 확대해 나갔다. 이 지역은 비옥한 토지가 많았고 따뜻한 기후였으며 강우량도 풍부했기 때문에 농경을 하기에 유리했다. 하지만 농업 생산력이 매우 낮은 시대였기에 농업과 관련이 있는 기술을 개발하기 위해 노력했다. 현재 전하고 있는 갑골 문자를 보면, 경지 정리나 개간이 이루어지고 있었고, 새로운 작물인 밀을 재배하기 시작했음을 알 수 있다. 또한 술을 담갔다는 기록도 남아 있는데, 술을 담그기 위해서는 쌀이나 밀 같은 곡물이 필요하다. 이런 곡물들은 주식이기도 했으므로 다른 작물에 비해 많이 생산해야 했을 것이다. 인공적으로 물길을 만들어 관개 농업도 하고 있었고, 농업을 위해서 해·달·별 같은 천체의 움직임을 일일이 관찰하여 달력을 만들기도 했다. 달력을 만드는 기술 또는 방법을 역법이라 하는데 농업과 밀접한 연관이 있을 뿐만 아니라 신정 정치와도 관련이 깊다.

갑골 문자에는 비단·옷감·실·옷 등을 뜻하는 글자가 자주 등장한다. 이는 방직술 같은 수공업이 발달했다는 것을 의미한다. 또 매우 정교한 청동기가 많이 발견된다는 점으로 볼 때 금속과 관련이 있는 수공

업도 발달했음을 추측해 볼 수 있다.

천심을 등에 업은 주나라가 등장하다

황허의 지류에 해당하는 웨이수이 유역에는 상나라의 문물을 받아들이며 성장하던 주족이 있었다. 주족은 상나라의 영향권 아래 놓여 있는 속국이었다. 그들은 상이 천하의 주인임을 인정하고 정기적으로 공납을 바치면서도 조금씩 세력을 확장해 나가고 있었다. 희창(주 문왕)이 최고 지위에 오른 후에는 더 발전하여 주변에서 주족을 따르는 경우가 많았다. 희창은 강태공으로 알려진 강상과 같은 인재를 등용하며 점차 세력을 확대했다.

　이즈음 상의 주왕이 실정을 거듭하자 희창은 하늘의 명을 받았다며 상에 반기를 들고 영토를 넓혀 나가기 시작했다. 하지만 뜻을 이루지 못한 채 죽고 그의 아들인 희발(주 무왕)이 뒤를 잇게 되었다. 주변 속국들 또한 점차 상을 배반하는 일이 늘어났고, 여기에 주왕의 잔혹한 통치까지 겹쳐 민심마저 잃고 있던 상황이었다. 이에 희발은 전쟁을 일

주의 등잔(왼쪽)
주나라 시대에는 봉건 제후국이 여러 청동기를 만들었다. 사진은 등잔으로, 신분에 따라 사용이 엄격히 제한되었을 것이다.

상의 정(가운데)
정鼎은 솥이다. 특히 제사 때 사용하는 의식용 그릇으로 국가·왕위·제업을 상징했다. 권력 과시를 위해 거대한 정을 만들기도 했다.

하의 작(오른쪽)
작爵은 술잔이다. 역시 의식을 치를 때 사용했는데 새의 부리 모양을 한 주둥이와 세 개의 긴 다리는 신석기 시대부터 널리 쓰인 형식이다.

으켜 상의 수도인 은허를 점령했다(기원전 1046). 궁지에 몰린 주왕은 스스로 분신하여 상 왕조의 종말을 고했다. 무왕은 주 왕조를 세운 후 아버지 희창을 문왕으로 추존했다.

그런데 상의 세력 범위 안에서 그 영향을 받으며 발전한 주족이 상 나라를 무너뜨리고 나라를 세웠다는 것은 어찌 보면 신하의 국가가 상위 국가를 정벌한 일종의 반란이다. 당연히 주나라는 이를 무마시킬 이론이 필요했고 그래서 등장한 것이 천명사상이다. 주나라 최고의 신은 천天이었는데, 천은 우주 삼라만상을 창조하고 천지 자연의 법칙을 운행하며 인간사를 감시하고 규제한 다는 신이다. 이 천이 주족의 통치자인 문왕에게 포악한 상의 주왕을 타도하고 새로운 나라를 세우라는 천명을 내렸다는 것이 바로 천명사상이다. 이 사상에 따라 천의 명을 받아 주를 세운 통치자를 천자라 불렀고, 이 천자라는 명칭은 이후 중국의 최고 통치자들에게 정통성과 신성성을 부여 하는 명칭으로 사용되었다.

주 왕실은 왜 일가친척에게 영토를 나누어 주었을까?

주 왕실이 새로이 개국한 나라를 통치하는 데에는 많은 어려움이 있었 다. 제일 큰 문제는 주나라의 행정력이 매우 빈약했다는 것이다. 상나 라를 멸망시키고 획득한 영토는 주 왕실이 통치할 수 있는 능력을 넘어 설 만큼 광대했다. 게다가 이 광대한 영역 안에는 무수한 산맥과 높은 산, 수없이 많은 늪지와 수시로 범람하는 강, 그리고 삼림과 오지가 있 었기 때문에 이를 관리하기는 더더욱 어려운 일이었다.

주 왕실의 통치를 더 어렵게 만든 것은 주나라 사람들보다 상나라 사 람들이 문화적으로 더 우수했다는 것이다. 상나라는 군사적으로는 주 나라에 패했지만 매우 우수한 문화를 가진 선진적인 사람들이었기에

天命思想

큰일을 벌일 땐, 뭐니 뭐니 해도 '하늘'을 내세워야야….

주 문왕

주 왕실의 지배를 받아들이려 하지 않았다. 이런 상황을 극복하고 효과적으로 통치할 수 있는 방법을 모색하는 과정에서 주나라는 봉건 제도를 만들었다.

주 왕실은 종법*을 통해 왕실 친인척의 서열을 결정하고 그 서열에 따라 통치 지역을 나누어 주었다. 종법은 쉽게 설명하면 오늘날의 촌수다. 삼촌·고모·이모와 같은 가족 관계를 설정하는 것으로, 우리가 촌수를 통해 친인척 간의 가깝고 먼 관계를 규정하는 것과 같다. 주나라 왕실도 이러한 법칙에 따라 왕과의 관계를 결정했다. 가까운 친척은 많이 신뢰할 수 있으므로 중요한 지역에 제후로 임명하여 그 지역을 통치하게 하고, 먼 친척에게는 덜 중요하거나 거리가 먼 지역으로 보내 그곳을 다스리게 했다.

주나라 왕은 친인척을 제후로 임명하고 특정 지역을 독립적으로 통치할 수 있는 권리를 주었다. 다만 조회*와 순무* 제도를 이용해 제후들을 관리했는데 제후들의 독립성을 크게 훼손하진 않았다. 봉건제는 지금의 관점에서 보면 대단히 초보적인 통치 방식이지만 당시로 보면 신정 정치 방식보다 진보한 것이라 할 수 있다. 후에 이를 보완하는 정치 제도가 등장하면서 국가 운영 체제는 발전해 나간다.

토지 제도로는 정전제를 활용했다. 정전제는 국가가 토지를 소유하는 것을 기본 전제로 하되, 정# 자 모양으로 9등분하여 여덟 농가가 각각 한 구역씩 경작하고, 가운데 있는 구역은 각 농가가 공동으로 경작하여 그 수확물을 국가나 제후에게 조세로 바치는 것을 말한다. 정전제는 봉건 제도를 보다 효과적으로 운영하고 토지 관리를 효율적으로 하기 위한 장치였다. 그러나 정전제가 운영된 증거가 없기 때문에 실제로 행해졌는지에 대한 의문은 여전히 존재하고 있다.

주나라의 봉건 제도는 국가 운영을 위한 정치 제도였고 이를 위해 새로운 신분 질서가 필요했다. 그래서 지배 계급은 왕·제후·경(재상)·

● 종법
종가를 기준으로 그 관계가 가깝고 먼 것을 따져 종친 내 상하 관계를 따지는 법이다.

● 조회
각 지역의 제후들이 일정한 기간이 경과하면 최고 지배자인 왕에게 문안을 드리는 것을 말한다. 이때 지참하는 선물을 조공이라 한다.

● 순무
최고 지배자가 자신이 통치하는 지역을 순회하며 감시하는 행위를 뜻한다.

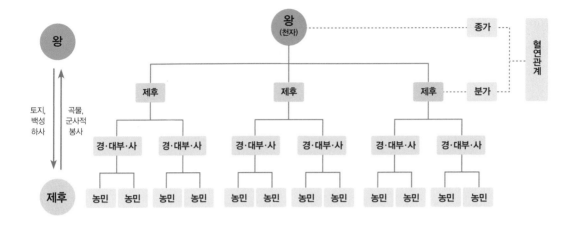

왕

토지,
백성
하사

곡물,
군사적
봉사

제후

왕
(천자)

종가

혈연관계

제후   제후   제후

분가

경·대부·사 경·대부·사 경·대부·사 경·대부·사 경·대부·사 경·대부·사

농민 농민 농민 농민 농민 농민 농민 농민 농민 농민 농민 농민

주나라 봉건 제도
주나라에서 비롯된 제도다. 천자는 제후에게 토지를 나누어 주고, 제후는 자신의 지역을 통치하는 방식이다. 제후들은 왕실을 종가로 받들며 공납과 부역을 부담했다.

대부(관리)·사(지식인층)로 세분화되었고 역할과 특권에 따라 신분의 구별이 강화되었다. 피지배 계급도 직업 또는 맡은 바 직분에 따라 그 지위가 결정되었다. 이는 주나라가 상나라에 비해 더 계급적인 사회였음을 의미한다.

봉건 질서의 한계는 무엇인가?

주나라의 봉건 제도는 초반에는 국가 운영에 매우 효율적이었지만 시간이 흐름에 따라 점차 문제가 드러나기 시작했다. 세대가 계속 교체되면서 주 왕실과 제후 세력들의 혈연적 유대감이 약해졌기 때문이다.

이런 상황에서 주나라는 안팎으로 위기를 맞이하게 된다. 안으로는 유왕이 폭정을 일삼아 백성들의 신임을 크게 잃고 있었는데, 특히 큰 지진이 일어나 농경지가 황폐해지고 많은 백성이 기아에 허덕일 때도 유왕은 여색에 빠져 정치를 돌보지 않아 원성이 잦았다. 한편 밖으로는 이민족들이 호시탐탐 주 왕실을 노리고 있었는데, 유왕의 실정이

어머, 재밌어!

깔깔깔

정말? 그럼 봉화를 최신 시스템으로 바꿀까?

거듭되며 나라의 힘이 약해지자 견융족이 침입해 왔고 이 과정에서 유왕이 전사하고 수도 호경마저 함락당했다. 새로 즉위한 평왕은 호경이 불타 버린 데다가 다시 견융족이 침입할 가능성이 있다는 이유로 수도를 동쪽의 낙읍으로 옮겼다. 이를 주의 동천(기원전 770)이라 하는데, 주의 동천 이전을 서주 시대, 그 이후를 동주 시대라고 부른다.

　제후들은 점차 독립적인 경향을 보이기 시작했는데, 경제력과 무력을 갖춘 강한 제후들은 왕실에 맞서기도 했고 스스로 왕을 칭하며 나라를 세우기도 했다. 이에 따라 많은 전란이 있었는데 이를 춘추 시대라고 한다.

유왕과 포사

유왕의 애첩인 포사는 웃는 일이 없었다. 한번은 봉화가 잘못 올라 제후들이 급히 군사를 몰아 왔다가 헛걸음을 한 일이 있는데 이를 본 포사가 비로소 웃었다고 한다. 유왕은 포사를 웃게 하기 위해 자주 거짓 봉화를 올려 제후를 모이게 했는데, 정작 견융에게 공격을 받아 봉화를 올렸을 때는 제후들이 의심해 모이지 않았다. 결국 왕은 죽고 포사는 사로잡혔다.

2부

아시아 세계의
지역 문화 형성

01

중국, 통일 제국의 등장과
고대 문화의 형성

만리장성
춘추 전국 시대 각 제후국이 북방 유목 민족의 침입을 막기 위해 쌓은 것을 진나라 시황제가 증축하여 하나로 연결했다. 명나라 때는 몽골의 침입에 대비하기 위해 대대적으로 확장했다. 만리장성은 군사 방어선인 동시에 문화의 경계 역할을 했다.

아시아 세계는 크게 동아시아 문화권·인도 문화권·이슬람 문화권으로 나눌 수 있다. 이 시기에 문명과 함께 등장한 작은 국가들이 특정 국가를 중심으로 연합하거나 통합되면서 대제국이 건설되었는데, 동아시아·인도·서아시아 지역에서 각기 대제국이 출현했다. 대제국들은 통합된 지역을 다스리기 위해 일원적인 통치 원리를 보급하려 했는데, 이 과정에서 동아시아·인도·서아시아 지역의 독특한 문화가 자리 잡게 된다.

동아시아 문화권을 대표하는 중국에도 문명의 탄생과 함께 등장한 국가들이 각자 성장하고 대립하게 된다. 이 시기가 바로 춘추 전국 시대이다. 춘추 전국 시대에는 많은 국가들이 서로 성장을 하기 위해 국가 체제를 정비하여 다른 나라와 대립하다가 통합이 이루어졌는데 그렇게 탄생한 통일 제국이 진나라와 한나라다.

새롭게 등장한 통일 국가는 방대한 지역을 하나의 지향을 가지고 통치할 원리가 필요했다. 이때 진나라와 한나라에서 활용한 것이 법가와 유가의 사상이었다. 이 두 사상은 중국의 통치 원리로 더욱 발전해 나간다.

춘추 전국은 책 이름에서 유래했다

춘추 전국 시대는, 견융족이 물러간 후에도 주 왕실이 원래 수도인 호경으로 돌아가지 않고 낙읍에 남아 왕실의 보존을 도모하던 때(기원전 770)부터 진나라가 중국을 통일(기원전 221)할 때까지 약 550년간을 말한다. 이 시기에 중국은 정치·경제·사회적으로 많은 변화를 겪는데 이러한 변화는 중국이 한 단계 발전할 수 있는 기반이 되었다.

춘추 전국 시대는 다시 춘추 시대와 전국 시대로 구분한다. 먼저 춘추 시대의 춘추는 공자가 지은 역사책인 《춘추》에서 유래했는데 이 시대는 주 왕실이 수도를 낙읍으로 옮긴 때부터 주의 제후국이었던 진晉이 세 나라로 분열하여 각각 한·위·조로 독립했던 기원전 403년까지를 말한다. 그 이후부터 진秦*이 중국을 통일하는 기원전 221년까지를 전국

●진나라
중국 역사에는 우리 한자음으로 읽었을 때, 같은 이름의 나라가 많다. 여기서 말하는 진秦은 앞에 나온 진晉과는 다른 나라다. 이 외에도 진陳이 있고, 한자가 같더라도 실제로는 다른 나라인 경우도 있다.

시대라고 하는데 전국이라는 말도 당시의 사실을 기록한 《전국책》에서 따온 것이라고 한다. 그러니까 춘추 시대나 전국 시대라는 명칭은 모두 책의 이름에서 유래한 것이다.

춘추 시대, 명분으로 패권을 장악하다

역사학자들은 춘추 시대 초기, 제후가 다스리는 제후국이 무려 100~180여 개국이 있었을 것이라 추정하고 있다. 제후국이 이렇게 많다는 것은 쉽게 말해 한 나라 안에 독자적인 권력을 가진 작은 나라가 그 수만큼 있었다는 것을 의미한다. 이러한 사실은 각 지역의 제후들이 주왕실의 약화를 틈타 독립하고자 했던 욕구가 매우 컸다는 것과, 이 시기에 중국 사회가 매우 혼란스러웠음을 의미한다.

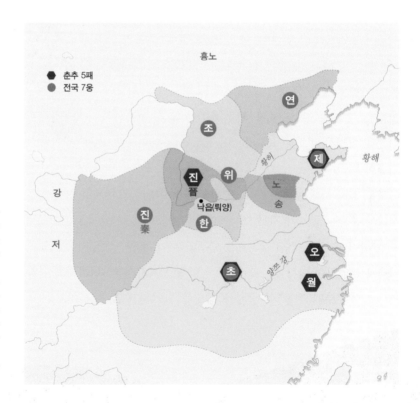

춘추 전국 시대
춘추 전국 시대는 봉건제를 통해 국가를 운영하던 주나라가 약화되고 제후들이 서로 싸우면서 세력을 키워 독립해 나가던 시기다. 여러 제후국 가운데 다섯 제후가 강력했다. 이를 춘추 5패라 한다. 전국 시대에는 강한 나라가 약한 나라를 정복하면서 일곱 개의 나라가 강자로 자리 잡았다. 이는 전국 7웅이라 부른다. 한편 춘추 5패에는 여러 설이 있는데 이 지도는 순자의 주장을 따른 것이다.

처음에는 중원●이라 불리던 황허 유역의 제후국들이 선진 문화를 바탕으로 춘추 시대의 중심국이 되었다. 그러나 이들 제후국에는 한계가 있었다. 국가가 발전하기 위해서는 넓은 영토가 필요한데 황허 유역에 서로 몰려 있다 보니 경쟁이 치열했던 것이다. 결국 다른 지역 제후국의 성장에 비해 발전 속도가 느렸던 초기 중심국은 차츰 소국으로 전락하거나 쇠망했다.

그 반면 중원 지역에서 멀리 떨어져 있는 제후국들은 중원의 전통과 관습에 얽매이지 않고 독자적인 정책을 추진하면서 주변의 황무지를 개간하거나 이민족 정복과 포섭을 통해 팽창·발전했다. 이 과정에서 새로이 춘추 시대를 이끈 나라들이 등장했는데 제·진·초·오·월이다. 이들 제후국의 패자를 춘추 5패라고 한다. 이 다섯 제후국은 주왕실의 권위를 이용하여 중국 사회의 패권을 잡으려 했다. 아직은 주왕실의 영향력이 남아 있었기 때문에 주 왕실을 이민족에게서 보호한다는 구실로 군사를 일으켜 다른 제후국을 제압하고 중국을 이끌어 나갔다. 이를 패정이라 하고, 패정을 장악한 것을 패권을 잡았다고 표현했다.

전국 시대, 힘이 곧 천하를 지배하는 원리다

아직 주 왕실의 영향력이 남아 있고, 또 그것을 하나의 명분으로 삼기도 했던 춘추 시대와 달리, 전국 시대에 들어서는 명분과 의리를 지키기보다는 자국의 실리와 부강을 먼저 생각하는 경향이 나타났다. 다시 말해 강한 국가만이 살아남을 수 있는 약육강식의 시대가 되었고, 각국 간의 대립과 연합은 더욱 치열하고 활발히 이루어졌다. 흔히 이를 하극상 시대라 표현한다.

전국 시대에는 위·한·조·연·제·초·진 7국이 중원의 패권을 장악하며 이 시대를 이끌어 나갔는데 이들을 전국 7웅이라 한다. 이들은 자

●중원
중국의 황허 중류의 남부 지역은 황허 문명의 발상지이면서 주 왕실의 근거지였다. 중국인들은 이 지역을 중히 여겨 중원이라 부르기도 했다. 중원은 군웅이 할거했던 중국의 중심부나 중국 땅을 이르기도 한다.

국의 영토 확장을 위해 적국을 멸망시켜야 했고, 그래서 대규모 전쟁을 자주 치러야 했다. 전쟁의 승리는 자국의 확장·발전을 의미하는 것이지만, 반대로 패배는 멸망을 의미하는 것이니 전쟁은 치열할 수밖에 없었다. 이렇게 춘추 전국 시대는 각 제후국들이 삶과 죽음의 기로에 서서 팽팽한 긴장감을 늦출 수 없었던 시기였다.

살아남고 패권을 장악하기 위해서는 강력한 군사력이 있어야 했고, 이를 효율적으로 관리하고 운영하기 위해 국가 조직도 새롭게 할 필요가 있었다. 여기에는 막대한 재정이 필요했기 때문에 경제력 향상은 제후국들의 지상 최대의 목표가 되었다. 이러한 목표를 달성하기 위해 그들은 기술의 개발과 보급에 힘을 기울여야 했다. 그 과정에서 경제·사회적으로 많은 변화가 일어났다.

철기의 사용이 세상을 변화시키다

한 제후국이 다른 제후국들과의 경쟁에서 살아남기 위해서는 농업 생산량을 늘리는 일이 매우 중요했다. 농업 생산량이 늘어야 국가 재정 수입이 늘어나기 때문이다. 그래서 제후들은 농기구와 농업 기술을 개발해야 했다. 제후들은 철제 농기구 및 소를 이용하여 농사를 짓는 우경과 같은 농업 기술을 자신이 통치하는 곳곳으로 보급했다. 이로 인해 철제 농기구의 보급이 중국 사회 전역에 빠른 속도로 확산되었고, 그 결과 전 시대와 비교하여 농산물의 생산량이 크게 증가했다.

생산력이 향상되자 남는 생산물이 많이 생겼다. 잉여 생산물을 처리하기 위해 사람들은 상업 활동을 확대하거나 가공을 통해 새로운 소비를 만들어 내었다. 이 때문에 수공업이나 상업 같은 산업이 이전 시대에 비해 획기적으로 발전했다. 또 많은 제후국들의 건국과 멸망은 새로운 수도(도시)를 만들어 냈는데, 이렇게 해서 생긴 많은 도시들은 수공업과 상업의 발전을 더욱 부추겼다.

수공업과 상업 그리고 도시가 발전하자 많은 양의 물자가 이동하게 되었다. 당시에는 현물을 직접 교환하는 것이 일상적이었는데 교역량이 많아지자 이는 매우 불편한 일이 되었다. 그리하여 등장한 것이 화폐다. 당시의 화폐는 국가가 신용을 보장해 주지 않았기 때문에 재료 자체가 가치를 가지고 있는 것을 사용했다. 대표적인 것이 청동이나 철이었다. 그래서 동전이나 철전을 널리 사용했다.

이러한 경제 발전은 군사 장비와 기술을 확충할 수 있는 계기가 되었다. 각 제후들은 전쟁에서 승리하기 위해 새로운 무기 개발에 전력을 기울였고, 이 과정에서 춘추 시대부터 조금씩 쓰이던 철제 무기가 전국 시대에 들어 널리 사용되었다. 철제 무기의 등장은 전쟁을 더욱 격렬하게 만들었고, 사람이 죽거나 다치는 일이 춘추 시대와 비교할 수 없을 정도로 많아졌다. 전쟁의 목적도 전리품을 획득하고 적국을 복속하여 조공을 바치게 하는 것에서 적국의 병력을 말살하고 그 영역을 직접 지배하는 방식으로 전환되었다. 적국을 강력히 지배하기 위해 새로이 차지한 영역에 지방관을 파견하여 다스리는 제도가 등장하기도 했는데 이것이 바로 군현제다. 또 이때부터 영토 국가 개념도 등장하여 중앙 집권적 정치 체제를 향한 기반이 조성되기 시작했다.

한편 경제가 발전함에 따라 부자가 된 사람과 그러지 못한 사람의 재산 차이가 점점 크게 벌어졌다. 이러한 현상은 잦은 전쟁으로 더 많은 토지를 갖거나 노예를 많이 차지한 사람들이 생기면서 더욱 두드러졌다. 결국 춘추 전국 시대를 거치면서 가진 자와 못 가진 자 사이의 구분은 더욱 뚜렷해져 계급 사회가 굳게 자리 잡았다.

아, 수준 차이 나서 같이 못 놀겠네.

벌써부터 빈부 격차, 계급 사회 고착이라니….

혼란의 시기는 통일 왕조를 위한 밑거름이었다

춘추 전국 시대는 한마디로 초기 국가 단계에서 고대 국가로 변화하는 과정이었다. 작은 규모의 영역과 인구로 구성되어 있던 초기 국가 단계에서 큰 규모의 영역과 인구, 그리고 복잡한 국가 기구를 갖춘 고대 국가로 변화하는 과정이었던 것이다.

춘추 전국 시대의 각 제후들은 자국의 발전을 위해 영토 확장에 주력했기 때문에 중국 역사의 무대는 크게 확장될 수 있었다. 황허 유역을 중심으로 한 중원의 한계에서 벗어나 북으로는 랴오허 강, 남으로는 양쯔 강 유역까지 그 세력 범위가 확대되었다.

그런데 이렇게 영토가 거대하게 확장되자, 씨족 사회와 소국 규모 단계를 기반으로 하여 운영하던 봉건 제도로는 도저히 감당할 수 없게 되었다. 이제 제후들은 확장된 새 영역을 강력히 지배할 수 있는, 즉 봉건제를 대신할 새로운 제도가 필요했다. 그래서 생각해 낸 것이 자신에게 충성하는 관리를 파견하고 그들을 수시로 관리·감독하는 것이었다. 관리들은 충성도에 따라 서열이 정해지고 그 서열에 따라 권한과 특혜가 결정되었다. 바로 관료제가 등장하게 된 것이다. 또 제후들은 이웃한 다른 제후국들을 누르고 자신의 신하들에게 항상 충성을 강요할 수 있을 만큼 강력한 군사력이 필요했기 때문에 상비군을 두어 훈련을 시키고 언제든 전쟁에 뛰어들 준비를 갖췄다.

이러한 관료제와 상비군을 유지하기 위해서는 많은 재정이 지속적으로 필요했다. 그래서 제후들은 농업 생산력이 발전할 수 있도록 노력도 했지만 그 결과물을 거둬들이는 방법을 찾기 위해서도 끊임없이 고민했다. 그 결과 나타난 것이 수취 제도*다.

이러한 제도들을 필요에 의해 하나씩 마련하는 과정에서 중국은 고대 국가의 모습을 갖추어 갔다. 중국은 춘추 전국 시대를 거치면서 진이나 한과 같은 통일 왕조가 등장할 수 있는 기반을 마련한 것이다.

● **수취 제도**
오늘날에는 화폐로 다양한 세금을 징수하지만, 과거에는 화폐 외에도 노동력이나 현물(곡식·옷감·특산물 등)을 징수했고 군대에 복무하게 했다. 국가 운영을 위해 필요한 경비를 민중들로부터 징수하는 다양한 제도를 총칭하여 수취 제도라고 한다.

위대한 스승과 제자들이 학문의 일가를 이루다

복잡한 국가 조직을 운영하기 위해서는 일관되고 효율적인 사상이 필요했다. 제후들은 뛰어난 인재를 뽑았고, 그들이 내놓은 보다 우수한 사상 체계를 이용해 국정을 운영하고 발전을 도모했다. 이에 호응한 사람들이 바로 제자백가諸子百家다. 자子는 위대한 스승에게 붙이는 존칭이고, 가家는 그들이 일군 집단을 의미한다. 즉 제자백가는 각각 자신들이 모시는 스승의 사상적 체계를 확대하고 정리하여 일가를 이룬 여러 학문 집단을 이르는 말이다.

바로 이 시기에 유가·법가·묵가·도가 등의 대표적인 사상이 등장했고, 이 외에도 음양가·농가·종횡가 등과 같은 여러 사상이 나타났다. 이 중 유가와 법가 그리고 도가의 사상이 중국에서 뿌리를 깊게 내리고 크게 성장했다. 이 제자백가들의 사상은 춘추 전국 시대뿐만 아니

대성전
공자를 모신 사당을 공묘라고 하는데, 대성전은 공묘 안에 있는 전각으로 공자의 위패가 있다. 공자와 함께 안자·증자·자사·맹자를 모시기도 한다. 사진은 산둥 성 취푸에 있는 대성전의 외경이다.

라 이후의 중국 사회에도 널리 퍼져 중국인들의 정치·사회·문화에 많은 영향을 미쳤다.

진나라, 중국을 최초로 통일하다

원래 진은 중원에서 멀리 떨어진 서쪽 변방에 위치하고 있었기 때문에 전국 7웅 중에서 문화가 제일 뒤떨어져 있었다. 그래서 중원의 제후들로부터 이민족처럼 대우받는 설움을 당하기도 했다. 그러나 황무지이긴 해도 넓은 땅을 소유하고 있었기 때문에 성장 가능성은 중원 지방보다 높았다. 또 기존의 전통과 관습의 영향에서도 비교적 자유로워 새로운 제도를 받아들이는 데에도 유연했다.

진나라는 다른 제후들이 널리 받아들인 유가 사상 대신 법가 사상을 채택하여 개혁을 단행했다. 백성들을 강력히 통제하여 국론 통일, 토지와 조세 제도의 개혁에 의한 생산 장려, 군사 공훈에 의한 지배 계급 내 질서 확립, 군현제 실시를 통한 강력한 집권 체제 수립 등에 목표를 두

병마용

병마용이란 병사와 군마를 흙 인형의 형태로 만든 것을 말한다. 진시황은 사후에 자신의 능을 지킬 군대가 필요하다고 생각해 병마용을 만들었을 것이다. 이들 병마용은 생김새나 형태가 모두 다를 정도로 정교한데, 당시 군사 편제·갑옷·무기 등을 연구하는 데 중요한 자료다.

었는데, 이를 통해 부국강병이라는 현실적 요구를 채울 수 있었다. 결국 진나라는 개혁의 성공으로 국력이 비약적으로 발전해 군사 강국으로 변모했고, 이러한 변화가 춘추 전국 시대의 혼란을 끝내고 중국을 통일할 수 있는 원동력이 되었다.

기원전 221년, 중국의 통일을 이룩한 진나라 왕인 정은 자신의 호칭이 멸망한 다른 나라의 군주들이 사용했던 왕과 같다는 것이 못마땅했다. 그래서 그는 새로운 군주의 호칭을, 삼황오제의 재능과 덕을 고루 겸비했다 하여 황제*라고 정했고, 이 호칭을 통해 진 제국 통치의 정통성과 합법성을 확보하려 했다.

시황제는 확대된 제국을 효율적으로 지배하기 위해 지배 체제 구축을 서둘렀다. 중앙 관제를 세분화하여 효율성을 증대시키는가 하면, 지방 제도로 군현 제도를 확대 실시했고, 전국 각지에 이르는 치도*를 만들어 지방에 대한 통제력을 더욱 강화했다. 또 대규모 토목 사업과 건축 사업도 전개했다. 기존 제후국들은 중국 북방 지역과 중앙아시아를 아우르는 영역을 지배했던 흉노 제국의 침입을 막기 위해 성을 쌓았는데 시황제는 이 성들을 연결하여 만리장성을 만들게 했다. 또한 황제의 권위를 밖으로 드러내기 위해 아방궁과 여산릉*을 짓도록 했다.

한편 시황제는 보다 쉽게 제국을 통치하기 위해 각 분야에서 통일 정

아방궁
시황제가 세운 궁전으로 동서 길이 약 700미터, 남북 길이 약 120미터에 이르며, 최대 1만 명을 수용할 수 있는 2층 건축물이었다고 전한다. 그러나 진시황 생전에 완성하지는 못했다. 그림은 청의 화가 원요가 그린 〈아방궁도〉이다.

● **황제**
진황이 처음으로[始] 황제라는 칭호를 사용했기 때문에 시황제始皇帝라 불리기도 한다.

● **치도**
지방과 중앙을 연결하는 도로로 지방을 관리하기 위해 만든 것이다.

● **여산릉**
시황제의 능으로 진시황릉이라고도 부른다. 산시 성에 있으며 동서 길이 약 485미터, 남북 길이 약 515미터, 높이 약 76미터로 규모가 매우 크다. 70여만 명의 인력을 동원해 만들었다고 하며, 내부에는 궁전을 세우고 온갖 진기한 물건을 채워 넣었다.

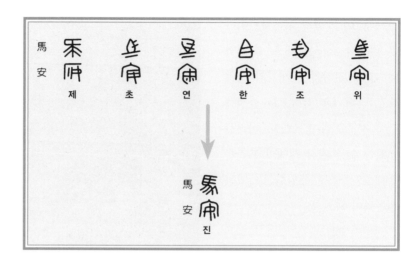

진나라의 문자 통일
한 국가 안에서는 같은 문자, 같은 화폐를 쓰는 것이 소통이나 경제 활동 면에서 유리하다. 진나라가 문자와 화폐를 통일한 것은 이런 이유에서다. 이 밖에도 진나라는 길이·부피·무게 따위의 단위를 재는 법인 도량형도 통일했다.

● 분서갱유
책[書]을 불태우고[焚], 유학자[儒]를 묻었다[坑]는 뜻이다. 아직 종이가 발명되기 전이라 책은 대나무 조각을 엮어서 만든 죽간의 형태였다.

책을 추진했다. 춘추 전국 시대 각국은 지역에 따라 언어와 문자가 달랐는데, 서로 다른 언어와 문자를 사용하는 사람을 나스린다는 것은 매우 어려운 일이다. 그래서 시황제는 각 지역에서 제각각 쓰던 문자를 금지하고 진이 사용하던 전체를 통용시켰다. 아울러 각 지역에 따라 달리 사용했던 화폐와 도량형도 통합했고, 분서갱유●를 통해 사상의 통합도 시도했다. 분서갱유는 농학이나 의학 등과 같은 실용·기술 분야를 제외한 모든 서적을 불태우고, 황제의 통일 정책을 비판하거나 국법을 어긴 460여 명의 학자를 산 채로 묻어 죽인 일을 말한다. 시황제가 이렇게 무시무시한 일을 벌인 이유는 법가 사상을 중심으로 개혁 정책을 계속 추진하기 위함이었다. 또한 유가 사상을 바탕으로 한 기존 세력을 제압함으로써 국론이 분열되는 것을 막고자 하는 의도도 있었다.

이러한 일련의 정책들을 통해 시황제는 수백 년 동안 분열되어 있던 중국 사회를 하나로 묶을 수 있었다. 하지만 그 방법이 너무 급진적이고 무자비한 것이었기 때문에 진은 곧 반발에 부딪혀 멸망하게 되었다.

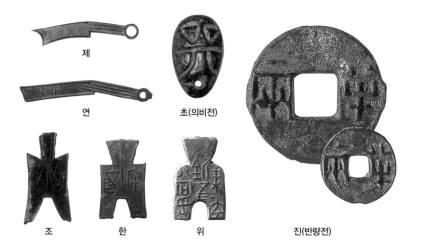

제

연

초(의비전)

조

한

위

진(반량전)

춘추 전국 시대의 화폐
제와 연에서는 칼 모양의 화폐가 쓰였고, 조·한·위 등에서는 농기구 모양을 본뜬 화폐가 쓰였다. 초의 화폐인 의비전도 특이하다. 의蟻는 개미라는 뜻이고 비鼻는 코라는 뜻인데 화폐에 개미 얼굴과 비슷한 문양이 있어 이러한 이름이 붙었다. 이들 화폐는 진의 반량전으로 통일된다.

땅은 통일했으나, 사람들의 마음은 통일하지 못하다

통일 이후, 만리장성과 같은 대규모 토목 사업과 아방궁·여산릉 같은 건축 사업의 부담은 고스란히 백성들에게 돌아갔다. 가혹한 부역과 세금을 내야 하는 백성들의 불만과 불평은 당연히 높아만 갔다. 백성들뿐만 아니라 전국 시대 제후국들의 후손들도 종래의 특권과 혜택을 누릴 수 없었다. 이는 시황제가 획일적인 군현제를 강행한 데다가 혹독한 법가의 사상을 바탕으로 한 정치를 실시했기 때문이다. 그러나 시황제가 살아 있었을 때에는 그의 위엄과 권위에 눌려 이 같은 불만과 원한이 표면화되진 못했다.

기원전 210년, 시황제가 전국을 순수●하던 도중 돌연 사망했다. 그 뒤를 호해가 이었으나, 호해는 아버지가 가지고 있는 능력을 물려받지는 못했던 듯하다. 그는 아버지 시황제 시절의 측근 세력에게 휘둘려 자신이 원하는 대로 정치를 할 수 없었다. 결국 그의 무능과 신하들의 권력욕이 맞물려 정치는 문란해졌고 이 틈을 타 여기저기서 불만과 불평이 일시에 터져 나왔다.

최초의 반란은 기원전 209년이었다. 당시 진승과 오광은 빈농 출신의

● 순수
임금이 나라 안을 두루 살피며 돌아다니던 일. 순행이라고도 한다.

지록위마 指鹿爲馬
조고는 시황제가 죽었을 때, 호해를 황제로 세웠던 환관이다. 그는 자신의 권세를 시험해 보고자 황제 호해에게 사슴을 바치며 말이라고 했는데, 조고의 위세에 겁을 먹은 신하들이 아무도 그의 말이 거짓이라 하지 못했다고 한다. 이런 이야기에서 유래한 지록위마는 윗사람을 농락하여 권세를 휘두름을 뜻하는 고사성어로, 모순된 것을 끝까지 우겨서 남을 속이려는 짓을 비유적으로 이르기도 한다.

하급 장수였는데 징발된 장정 900여 명을 인솔하여 변방을 수비하라는 명령을 받았다. 그런데 그들은 도중에 큰비를 만나 기일을 어기게 되었다. 당시 진나라에서는 기일을 어긴 장수에게 참형을 내렸기 때문에 어차피 죽을 목숨이라 생각한 진승과 오광은 군중을 선동하여 반란을 일으켰다. 그런데 이들의 반란은 뜻밖의 결과를 불러왔다. 반란군에 호응하는 지방과 병력이 순식간에 불어 그 세력이 크게 성장했을 뿐 아니라 이것이 불씨가 되어 전국 곳곳에서 수많은 반란이 일어났던 것이다.

이 무수한 반란의 무리 중에서 가장 두각을 나타낸 인물은 항우와 유방이었다. 항씨 가문은 전국 시대 때 초나라에서 대대로 장군직을 지낸 명문가로 그를 추종하는 무리가 빠르게 늘어 갔다. 그중 하나가 유방의 무리였다. 이들 세력은 진나라 군대와 일전을 벌이게 되는데 이때 유방이 먼저 내달아 진의 황제로부터 항복을 받아 냄으로써 진이 멸망하게 되었으니 진나라는 통일 제국 성립 후 불과 16년 만에 그 역사를 마감하게 되었다(기원전 206).

역사는 뒤돌아보는 자에게 기회를 주지 않는다

유방은 항우보다 먼저 진의 수도인 셴양을 차지했으나, 진의 가혹한 통치와는 달리 온건한 정책으로 민심을 얻기 시작했다. 그러나 뒤늦게 입성한 항우는 이미 항복한 진나라의 왕을 살해한 후 궁실을 불태우고 재물과 보화를 약탈하는 등 폭정을 일삼았다. 이어 진나라 토벌에 참여했던 세력들에게 영토를 나눠 줌으로써 자신의 입지를 확대했다. 이때 유방도 항우에게서 영토를 받아 한나라의 왕에 임명되었다. 이 과정에서 항우는 무원칙적으로 영토를 나누어 주었기 때문에 많은 제후들과 공신들의 불만을 샀는데 특히 유방은 더욱 그러했다. 이에 유방은 불만이 쌓인 제후들을 모아 항우에 항거하기 시작했으니, 이것이 바로 초한전이다.

항우와 유방, 두 사람의 그릇은 달랐다. 항우는 지난 시대의 제도와 방식으로 통치를 하려 했는데, 특히 지배층에게만 특권을 부여하여 국가를 운영하려는 실책을 저질렀다. 이것은 기득권층이었던 그의 태생적 한계였다. 이에 반해 유방은 비록 미천한 출신이었으나 새로운 시대를 열어 나갈 수 있는 지혜와 전망이 있었다. 그는 항우와 달리, 천대를 받고 착취당하던 농민들을 우대하는 방향으로 정책을 수립해 민심을 사로잡고자 했다.

처음에는 군사력이 강했던 항우가 유방과의 싸움에서 승리를 했지만, 시간이 지날수록 많은 백성들이 유방을 지지하고 돕기 시작했다. 이렇게 유방의 세력이 강해지자 항우를 지지했던 제후들이 유방에게 투항하기에 이르렀다. 유방은 이에 힘입어 항우를 제압하고 중국을 다시 재통일하여 새로운 왕조를 건설했다(기원전 202). 이것이 바로 한나라다.

2보 전진을 위해 1보 후퇴하다

유방은 제후들과 여러 장수의 추대를 받아 황제 자리에 올라 장안(오늘날 시안)을 수도로 정했다. 역사책에서 흔히 그를 한 고조라 부른다. 신하가 황제의 이름을 직접 부를 수는 없는 노릇이다. 그러나 황제가 죽은 후에는 황제를 칭할 이름이 필요하다. 이를 시호라 하는데 살아 있었을 때의 업적을 평가하여 짓는다. 또한 왕실의 종묘에 들어갈 신주에 쓸 이름도 필요했는데 이는 묘호라 한다. 이때 '조'나 '종'이 붙은 이름을 사용하는데 그 역시 업적에 따라 짓는다. 흔히 나라를 세운 이에게는 고조 또는 태조 같은 묘호를 붙인다. 한 고조에서의 고조 역시 묘호다.

고조와 태조
건국을 이룬 황제나 왕에게는 주로 태조 혹은 고조라는 묘호가 붙는다. 한나라뿐만 아니라, 송나라와 당나라의 1대 황제 역시 모두 고조다. 태조도 많이 쓰이는데 금나라와 명나라 등의 1대 황제가 그런 경우다.

유방이 황제가 되었다고 해서 진나라 시절과 같은 군현제를 바로 적용할 수는 없었다. 진나라가 급진적인 군현제를 실시하다가 반발에 부딪혔고 이것이 멸망의 한 원인이 되었던 것을 잘 알고 있었기 때문이다. 여기에 공신들에 대한 포상 문제도 겹쳐 있었고, 항우가 다시 실행했던 봉건제에 길들여진 사람들을 포섭해야 하는 문제도 있었다. 고심 끝에 결국 고조가 생각해 낸 것이 군국제다.

군국제는 군현제와 봉건제를 절충한 형태다. 수도인 장안을 중심으로 한 15개의 군은 황제가 직접 다스리고, 나머지 지역은 140여 명에 달하는 제후들에게 나누어 주어 통치하는 방식이었다. 군국제는 군현제라는 급진적인 제도의 실패로 멸망한 진나라를 거울삼아 내놓은 현실적인 정치 체제라고 평가할 수도 있지만, 달리 보면 고조의 통치력이 아직은 미약했기 때문에 편 정책이기도 하다. 하지만 고조가 궁극적으로 지향하고자 했던 것은 군현제였다. 이처럼 급진적인 도전을 했다가 실패하면 과거의 내용을 되짚어 현실과 절충한 후 다시 도전하는 과정을 거치는 것은 역사에서 흔히 볼 수 있는 현상이다.

한 무제의 활약으로 통일 대업을 완성하다

한나라 황제의 통치권이 확립된 것은 7대 황제인 무제 때였다. 그는 즉위와 함께 연호●를 처음으로 제정하여 이를 전국적으로 사용하게 했는데 이로 인해 연대를 계산하기 편리해졌다. 또한 연호는 중국의 종주권을 인정하는 주변 국가에서도 사용하여 동아시아에서 연대의 기준이 되었고, 이후 중국 문화권 형성에도 큰 영향을 미쳤다.

무제에 앞서 경제는 한나라 황실에 가장 걸림돌이 되었던 제후 세력을 오초7국●의 난을 계기로 완전히 제거했다. 이를 통해 힘을 얻은 무제는 새로운 인재들을 관리로 파견해 직접 지방을 다스렸다. 이는 한나라에서 군국제를 폐기하고 군현제를 전국적으로 시행했음을 의미할 뿐

● 연호
황제는 자신이 세상의 중심이라고 믿었다. 이 생각은 시간이라는 무형의 개념에도 적용됐다. 시간을 지배하기 위해 시간에 자신이 정한 이름을 붙였다. 이를 연호라 한다.

● 오초7국의 난
한나라 황제에게 가장 걸림돌이 된 것은 성이 다른 제후 세력이었다. 한 고조 시절부터 이들에 대한 탄압을 벌여 여러 제후를 없애고 그 자리에 한 황실의 친인척을 앉혔다. 그러나 세월이 지날수록 제후들은 황실의 간섭에서 벗어나 독립하고 싶어 했다. 결국 황제들은 무력으로 제후들을 제거하기 시작했고, 특히 한 경제 때 그러한 현상이 두드러졌다. 이에 제후들이 반기를 들고 일어난 사건이 오와 초 등 일곱 제후국이 일으킨 오초7국의 난(기원전 154)이다.

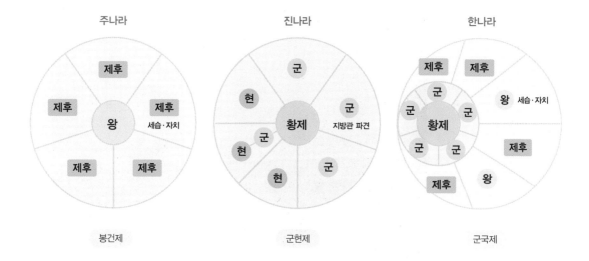

주나라
제후
제후   제후
왕
세습·자치
제후   제후
봉건제

진나라
군
현   군
황제
현   군   지방관 파견
현   군
군현제

한나라
제후   제후
군
군   왕   세습·자치
황제
군   군
제후
군   군
제후   왕
군국제

만 아니라, 황제가 모든 권한을 쥐고 자기 마음대로 정치를 할 수 있는 황제 전제 체제의 기반이 마련되었음을 보여 주는 것이다.

그 외에도 무제는 황제의 권한을 강화하기 위해 동중서의 건의를 받아들여 유학을 국학으로 채택했다. 무제는 군현제의 실시와 더불어 중앙 관제의 정비를 통해 황제권을 강화했다. 이를 위해 많은 관리를 선발하여 체계적으로 국가 운영에 나섰다. 한편 관료 계층이 방대해지면서 이들을 이끌 정치 이념과 황제의 권위를 높여 줄 사상도 필요했다. 또한 황제의 지배 체제를 순순히 받아들이게끔 백성을 교화해야 했다.

이러한 정황에 유가의 사상이 적합했다. 유가는 군주를 정점으로 한 가부장적 사회 질서의 수립을 중심으로 하고, 충효 사상과 같은 수직적이고 윤리적인 사회 질서를 강조하는 이념이기 때문이다. 국가 운영의 원리로 유학을 선택한 무제는 유학의 경전을 전국에 보급하여 가르치도록 했을 뿐만 아니라 관리 임용 시험 과목으로 지정해 유학의 윤리·도덕 및 생활 습관이 사회에 뿌리내릴 수 있도록 했다. 이를 통해

통치 구조의 비교
앞선 시대에 비해 영역이 넓어지면서 주나라는 새로운 통치 체제인 봉건제를 수립했다. 봉건제는 혈연을 중심으로 한 위계질서에 따라 넓어진 국가를 통치한다는 획기적 방식이었다. 하지만 제후에게 독자적 통치권을 주었기 때문에 시간이 흐르면서 중앙의 지배력은 약화되고 결국 주나라는 분열하고 말았다. 이를 보완하기 위해 등장한 것이 군현제인데, 진나라 때에 이르러 전국적으로 실시되었다. 군현제는 중앙 정부가 지방까지 직접 지배한다는 장점이 있었다. 그런데 진나라 때는 이를 급격히 시행함에 따라 봉건제에 익숙한 기존 지배 계급의 반발에 부딪힐 수밖에 없었다. 진나라를 이은 한나라는 이러한 정치 상황을 해결하기 위해 일시적으로 군현제와 봉건제를 모두 활용하는 군국제를 시행했다. 시간이 지나면서 군국제는 폐기되고 군현제를 시행했다.

서역으로 떠나는 장건
대월지와 동맹을 맺고 흉노를 견제하기 위해 무제는 장건을 서역으로 보냈다. 이때 장건이 흉노에게 잡혀 목적을 이루지 못하는 듯했지만, 결국 탈출하여 목적지에 다다른 후 돌아왔다. 이후 장건은 동서의 교통과 문화 교류의 길을 여는 데 크게 공헌했다.

한나라는 유학으로 사상이 통일되었고 이외의 사상은 배척했다. 동시에 유학은 이웃한 동아시아에도 전파되어 유교 문화권의 기반을 마련했다.

무제는 밖으로는 흉노 제국과 전쟁을 벌였다. 춘추 전국 시대와 진나라 시기 동안 중국 사회를 크게 위협한 세력이 흉노 제국이었다. 흉노 제국을 제압하지 않고는 중국 사회가 성장하기 힘들뿐더러 침략에 대한 걱정 때문에 항상 위태로울 수밖에 없었다. 그래서 흉노의 본거지를 공격하여 흉노 제국의 세력을 약화시켰다. 그러나 그들의 세력을 완전히 제거한 것은 아니었기에 오늘날 중앙아시아 및 서아시아 지역인 서역으로 장건을 파견해 인도 서북부 지역의 대월지라는 나라와 손잡고 흉노를 협공도 하고, 정보도 확보하려 했다. 하지만 장건이 도착해 보니, 대월지는 이미 인도 서북부 지역으로 이동한 상태였고, 그 지역은 흉노의 지배하에 있었다. 결국 장건은 흉노의 포로가 되었다. 포로 생활 10년 만에 탈출한 장건은 대월지에 연합을 제안했으나 거절당했다. 장건은 귀국길에 다시 흉노의 포로가 되었다가 1년 후 탈출하여 간신

장건의 행로
한 무제는 흉노를 토벌하기 위해 장건을 서역으로 파견했다. 장건은 임무를 마치고 중국으로 돌아와 서역의 사정을 중국에 알렸다. 이를 통해 중국은 서역과 교류를 했는데 이 과정에서 무역로인 비단길이 열리게 되었다.

히 한으로 돌아올 수 있었다. 비록 대월지와의 협력은 실패했지만 장건이 서역의 사정을 한 사회에 소개하여 흉노를 토벌할 수 있었고, 그 길을 통해 서역과의 문물 교류 또한 이루어질 수 있었다. 서역과 중국의 상인들은 이 길을 통해 물자를 교류했고, 불교와 같은 문화도 중국에 들어왔다. 15세기 서양의 신항로 개척 이전 동서양을 잇는 가장 활발한 무역로였던 이 길은 비단길 또는 실크로드라 불리게 되었다.

무제는 준비된 군사력을 바탕으로 흉노의 근거지를 직접 공격해 그 세력을 약화시킴으로써 북방의 군사 위협에서 벗어났다. 이제 무제의 팽창 욕구는 다른 쪽으로 확장되었다. 중국 남쪽에서 베트남 북부에 이르는 남월까지 정벌했고, 동으로는 고조선을 공격하여 무너뜨리기도 했다.

이렇게 황제권을 강화하기 위한 여러 정책과 대외 정복 사업을 추진하는 데에는 막대한 재정이 소요되어 당시 상권을 쥐고 있던 대상인들을 견제할 방법이 필요했다. 이를 위해 시행한 경제 정책이 전매제와 균수법 그리고 평준법이다. 전매제는 종래에 민간에서 제조하고 판매

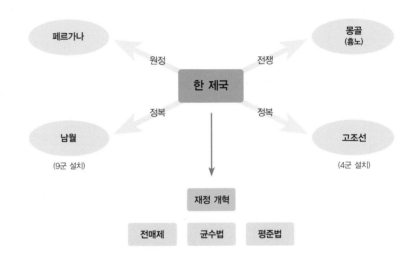

한 제국의 팽창
한나라는 주변국들과 전쟁을
벌이며 성장했다. 또한 전매
제·균수법·평준법 등의 개혁
조치를 취하며 재정을 튼튼히
하는 데 힘을 쏟았다.

하던 소금·철·술을 국가가 직접 관여해 이윤을 취하고자 한 제도였
다. 또 장기간의 대외 원정으로 많은 물자가 필요했는데 이를 상인들을
통해 구입하다 보니 많은 비용과 시간이 들자 마련한 재정 정책이 균수
법이다. 각지에 균수관이라는 관리를 두어 필요한 물자를 직접 구입해
신속히 운송하게 함으로써 문제를 해결하려고 한 것이다. 이 과정에서
물자가 풍부한 지역에서 부족한 지역으로 조달하는 일도 했다. 이때 발
생하는 시세 차익을 국가 수입으로 삼을 수 있었고, 대상인들이 물가를
올리려고 하는 행위도 견제할 수 있었다. 물자의 이동에 관여하다 보니
물자를 보관하고 저장하는 역할도 국가가 담당하게 되었고, 이를 이용
해 적절한 시기에 물자를 시장에 내놓거나 구입해 물가를 조절하면서
이윤을 추구하던 평준법도 시행했다. 이 정책들은 시행 과정에서 많은
반발과 무리가 따랐으나 재정 확보라는 측면에서는 성공적이었다.
　이러한 무제의 활약으로 통일 제국을 이룬 중국 고대의 정치 과제는
거의 완성되었다고 볼 수 있다.

한나라가 일시적으로 문을 닫고 신나라가 등장하다

강력한 통치력을 발휘하던 무제가 사망하고 뒤이어 어린 황제 소제가 즉위했다. 초기에는 어린 황제를 신하들이 보필하면서 황제의 통치력을 유지하려 했다. 그러나 시간이 흐르면서 신하들의 충성도가 약화되었고, 어린 황제를 보필 하기보다는 자신들의 권력을 강화하는 방향으로 정국을 운영해 나갔다.

어린 황제가 즉위하면 황제의 어머니 쪽 사람들, 즉 외척들이 정치를 좌우하게 되는 것이 일반적이다. 반면 황제는 이런 외척 세력과 대결하여 정치권력을 회복하고자 환관과 같은 측근 세력을 활용한다. 결국 나이가 어리거나 강한 권력을 갖지 못한 황제가 즉위하면 일반적으로 외척과 환관 사이에 권력 다툼이 발생한다.

평제 때에 이르러 한 황실에서도 그러한 일이 일어났다. 이 과정에서 승리한 세력이 외척이었던 왕망이었다. 그는 권력을 차지한 후 한나라 황실의 문을 닫고 신이라는 새로운 왕조를 열었다. 이리하여 한나라는 유방이 건국한 이래 200여 년 유지되다 일시적으로 멸망했다. 이때의 한을 후에 등장하는 한과 구분하기 위해 전한이라 한다.

신을 건국한 왕망은 정치·사회·경제 등 각 분야에서 개혁을 시도 했다. 전한 말기에 일부 호족과 대상인 등에게 부가 집중되면서 일반 백성들은 극도의 빈곤과 고통 속에서 신음하고 있었기 때문이다. 왕 망은 이러한 문제들을 농업 중심 사회로의 회귀, 봉건 제도의 부활, 토지의 국유화 추진 등과 같은 복고적인 제도를 통해 해결하려 했다. 이를 위해 여러 경제 정책을 만들었다. 그러나 그의 정책들은 시대적 변화나 상업·수공업이 성장하고 있는 현실을 고려하지 않은 것이었 다. 거기에 면밀한 계획과 준비가 없는 상황에서 진행하다 보니 번번이 실패하고 말았다. 그 결과 국가 재정은 악화되었고 백성들의 불만은 커

아니, 벌써?

백성불만

경제실패 재정악화

왕망

新

졌다. 결국 신은 건국한 지 얼마 되지 않아 전국적인 반란에 휩싸였고 반란에 참여한 한 황실의 종친에 의해 15년 만에 멸망했다.

흐트러진 사회를 회복하다

반란을 주도한 한 황실 종친 중에서 유수의 세력이 가장 강했다. 그는 적대 세력을 하나씩 평정하거나 흡수했고 결국 뤄양에 도읍을 정하고 한나라를 재건했다. 후한의 역사가 시작된 것이다.

유수는 황제가 되었고 시호●는 광무였다. 그는 왕망이 실시했던 제도를 모두 폐지하고 전한 시대의 정치 질서를 회복했다. 또 유학을 정책적으로 장려하여 유학에 조예가 깊은 이들을 관리로 임용했다. 이로 인해 유학이 크게 융성하여 사회 지도 이념으로 확고히 자리 잡게 되었다.

과거, 왕망의 실정은 사회 불안을 가져온 데다가 장기간에 걸친 기근과 전쟁으로 한나라 백성들의 삶은 피폐해졌다. 이러한 고통을 덜어 주고자 토지에 부과되는 세금인 전세를 낮추어 주었다. 그리고 경지 면적과 호구를 엄격하게 조사해 국가 재정을 확립하는 기초를 닦았다. 이로 인해 사회가 안정을 이루어 이 시기를 광무중흥이라 부르기도 한다.

후한 대에는 다시 서역 진출이 활발했다. 서역 진출의 목적은, 비록 세력이 매우 약화되었으나 여전히 중국에 위협적이었던 흉노를 토벌하기 위함이었다. 광무제를 이은 명제는 무장 반초를 보내 서역 정벌을 시도했다. 반초는 30여 년 동안 서역에 머무르면서 카스피 해 동쪽의 50여 국을 복속시켜 다스리기도 했다. 그리고 당시 대진국으로 불리던 로마와 교류하기 위해 부하 감영을 파견했으나, 파르티아 인들의 방해로 로마까지는 가지 못하고 되돌아와야 했다. 그러나 이들의 활약으로 서역의 사정이 알려지면서 서아시아 및 인도와의 교류가 활발해졌다.

● 시호
황제 또는 왕이 죽은 후 그 업적을 평가하여 붙이는 칭호이다. 유교 문화권에서는 죽은 사람에게도 예의를 표해야 한다. 따라서 죽은 사람의 이름을 함부로 부르는 것은 예의에 크게 벗어난 일이다. 그 때문에 죽은 이를 달리 부르는 호칭이 생겼다. 이는 황제뿐만 아니라 일반 사람들 중 지체 높은 사람에게도 해당한다.

기울어진 해를 다시 뜨게 할 수는 없다

후한은 이름에서 알 수 있듯 새로운 국가가 아니다. 후한의 지배 계급은 전한 시대를 회복하는 것이 목적이었지, 새로운 시대를 만들려고 했던 것은 아니었다. 그 때문에 후한은 전한 시대에 있었던 문제들을 그대로 끌어안고 있었다.

후한 시대의 가장 큰 문제는 호족이라는 지배 계급의 성장이었다. 춘추 전국 시대 이후 토지의 개발은 개인이 알아서 했고, 농업 생산력이 향상되면서 개인들은 토지에 대한 소유 욕구가 높아졌다. 그리하여 토지는 사적 소유가 일반적이었다. 그러다 보니 각 지방의 유력자들이 대토지를 소유하게 되었는데 이들을 호족이라 불렀다. 호족은 우리가 상상하는 이상의 토지를 소유했다. 이러한 경제적 부를 바탕으로 정치적 영향력도 확대해 나갔다. 호족들이 정치적으로 성장할 수 있었던 것은 향거이선제라는 관리 선발 방법의 영향이 컸다.

이 제도는 지방 말단 조직인 이里의 원로와 지방관이 추천을 한 인재를 중앙에서 등용하는 방식이었다. 물론 인재를 판단하는 기준은 한 무제가 국학으로 정의한 유학을 얼마나 많이 공부하고 알고 있는가 하는 것이었기에 기본적으로는 개인의 능력을 측정하는 것이 관리 선발 방식의 근간이었다. 하지만 추천이란 제도의 운영 방식은 집안의 영향력으로부터 자유로울 수 없다. 즉 호족들이 각 지방의 유력자로서 원로 자리를 차지하고 지방관을 매수해 자신들의 자식을 추천하게 하는 일이 어렵지 않았던 것이다. 이렇게 해서 추천된 호족의 자식들은 중앙 관직으로 진출했고 그들은 지방에 있는 가문의 이익을 보호하고 확장하면서 세력을 키워 나갔다. 이를 통해 호족은 중앙과 지방에서 강력한 힘을 가지게 되어 아무런 제재를 받지 않았고 마음대로 권력을 휘두르는 전횡을 저질러도 막을 세력이 없게 되었다.

이제 호족들은 자신들이 소유한 토지 내에서는 군주나 다름없는 영

난 누군가?
또 여긴
어딘가?

환관

외척

향력을 행사할 수 있게 되었다. 이것은 나라의 기반을 흔들 만큼 커다란 문제를 불러일으켰다. 왜냐하면 백성 한 사람 한 사람을 지배하여 세금을 징수하고 부역과 병역을 부과함으로써 국가를 운영하는 구조가 고대 국가의 모습이었는데, 호족들은 물자와 사람을 사적으로 소유하고자 소유 토지를 국가의 통제력 밖에 두려 했기 때문이다. 이로 인해 한 정부는 조세와 노동력을 거두어들일 토지와 사람이 줄어들어 국가의 재정과 군사력이 약화될 수밖에 없었다. 게다가 호족들은 한 정부의 영향으로부터 벗어나 독자적인 지배력을 갖고자 노력했다. 이러한 현상은 후한 말기에 들어 더욱 심화되어 한 정부의 국가 운영은 더욱 혼란스러워졌다. 여기에 외척과 환관 사이의 권력 다툼이란 정치 위기까지 더해져 한나라의 멸망을 재촉하고 있었다.

농민이 역사를 바꾸다

중앙은 외척과 환관의 다툼으로 정치가 극도로 혼란했고, 지방에서는 호족들이 갖은 수단을 동원해 농민들의 토지를 빼앗거나 터무니없는 소작료를 거두는 등 가혹 행위를 일삼았다. 그뿐만 아니라 호족들은 자신의 땅에 거주한다는 이유로 농민들에게 부역을 강요했다. 자신이 땅을 소유하고 경작하여 근근이 먹고 살던 자영 농민 대부분은 몰락하여 유랑민이나 도적이 될 수밖에 없었다. 따라서 농민들의 좌절과 불만은 나날이 높아졌다. 마음 둘 곳이 없었던 농민들은 당시 유행하던 태평도*와 오두미도*에 깊이 빠져들었고 이 두 신앙을 중심으로 세력을 형성하기 시작했다. 처지가 비슷한 사람들이 모여 서로의 생각을 나누는 과정에서 이들은 단단하게 결속했고 그 힘은 지배 계급에 대한 저항으로 나타났다. 이른바 황건의 난이라 불리는 농민 저항 운동이 바로

● 태평도
중국 후한 말에 생겨난 최초의 도교 교단으로 병의 치유와 함께 사람들의 마음을 얻음으로써 교세를 확장했다. 신자들이 황색[黃] 천[巾]을 표지로 삼았기 때문에 이들을 황건의 무리라 하며 이들이 일으킨 난을 황건의 난이라고 한다.

● 오두미도
중국의 도교 교파 가운데 하나로 병을 고쳐 주는 대가로 신자들로부터 쌀[米] 다섯[五] 말[斗]을 받아 오두미도라고 한다. 오두미도는 후한 말 당시 어지러웠던 사회 속에서 농민들의 불만을 달래 주는 한편 집권층에 대항할 수 있는 사상적 근거를 제공하는 역할을 했다.

그것이다.

황건 세력의 공격 대상은 자신들의 삶을 피폐하게 한 호족과 정부였고, 가장 먼저 타도해야 할 대상은 호족들이었다. 호족들은 위기감을 느끼고 정부에 황건 세력의 진압을 요구했으나 당시 후한의 정부는 들불처럼 일어나는 황건 세력을 진압할 군사적·경제적 역량이 바닥난 상태였다. 결국 한 정부는 호족들이 스스로 무장하여 황건 세력을 진압하는 것을 허락했다. 이 일은 그간 중앙 정부가 개인의 군사력 보유를 제한 또는 축소시키려 했던 노력이 수포로 돌아갔음을 의미하는 것이다. 결국 전국 곳곳에서 중앙 정부의 통제를 받지 않는 무력 집단이 다시 등장하게 되었다. 호족들은 경제력을 바탕으로 막강한 군대를 확보할 수 있었고, 이를 통해 황건의 난을 평정했다.

호족들은 황건의 난을 평정한 후에도 군대를 해산하지 않고 오히려 각 지방에서 나라를 세우며 경쟁하기 시작했다. 각 지역 세력들 중 위나라와 오나라 그리고 촉나라가 두각을 나타냈다. 이 세 나라가 서로 경쟁하며 성장·변화하던 시기를 삼국 시대라 하는데, 소설 《삼국지연의》의 시대적 배경이 되었다. 후한은 220년에 위나라 왕에게 황제의 자리를 넘겨줌으로써 190여 년의 역사를 마감한다.

우리가 알고 있는 소설 《삼국지》는 사실을 바탕으로 한 이야기야.

조조

유비

위

그렇다고 모두 진짜는 아니야.

촉

오

손권

중국과 관련된 것에는 왜 한漢 자가 많이 쓰이는가?
한 대에는 국가의 공식 학문으로 유학만을 인정했다. 그러다 보니 정부에서는 유교 교양을 갖춘 사람들을 관료로 뽑았다. 그 때문에 사람들은 유학을 공부할 수밖에 없었고 유학은 중국 사회를 운영하는 기본 원리가 되었다.

당시 유학의 주류는 훈고학이었다. 훈고학의 학문적 경향은 진시황제 시절의 분서갱유와 관련이 있다. 분서갱유로 인해 많은 유학 경전이 불타 버리고 유학자들은 살해되었다. 그래서 유학과 관련된 자료를 다시 연구하거나 찾아야 했는데 그렇게 찾아낸 자료들은 원자료에 가까운 것들이었고, 같은 자료도 여러 곳으로 흩어져 있거나 내용이 다른 경우가 많았다. 따라서 혼란스러운 자료들을 하나의 체계로 정리하고 각 내용을 해석하여 보통 사람들이 이해할 수 있는 수준의 경전을 만드는 일이 절실히 필요했다. 이를 위해 자구를 풀어 경전의 내용을 쉽게 이해할 수 있도록 역사·사회·문화적 배경을 설명하여 정리했다. 이러한 연구 경향에 의해 형성된 학문을 훈고학이라 하는데, 분서갱유라는 역사적 배경과 유학을 국가의 학문으로 삼아 일반에게 널리 보급을 해야 한다는 현실적 필요에 의해 등장하게 된 것이다. 하지만 훈고학은 우주 운영의 원리, 인간의 본질, 삶의 의미 등과 같은 철학적 깊이를 담기 힘든 학문적 한계를 보이기도 했다.

한편 역사 서술에서도 새로운 전형이 등장했다. 바로 기전체 양식이다. 이 양식은 사관이었던 사마천이 《사기》라는 역사책을 쓰면서 처음 사용했다. 《사기》는 전설의 시대인 삼황오제 시대부터 한 무제 시절까지의 역사를 기록한 책으로, 〈본기〉(12권)·〈세가〉(30권)·〈서〉(8권)·〈열전〉(70권)·〈표〉(10권), 총 130권으로 구성되었다.

〈본기〉는 황제들의 정치와 행적을 연대순으로 기록한 것이고, 〈세가〉는 제후들의 가문 내력 또는 성공과 몰락 과정을 시대순·나라별로 기록한 것이다. 〈서〉는 당시 사회상이나 문물제도의 등장 시기·내용·변화 등을 기록한 것이고, 〈열전〉은 교훈이 될 만한 사람들을 뽑아서 그들의 일생을 전기 형태로 기록하여 다양한 사람들의 삶의 모습을 생생하게 알 수 있도록 한 것이다. 〈표〉는 각 시대에 대한 역사를 요약 정리한 연표이다.

이와 같은 기전체는 시간순으로 제왕들의 즉위에서 사망까지를 기록하는 기존의 단순한 역사 서술 방식을 탈피한 것으로, 통치자를 중심으로 하여 여러 사람들의 이야기와 그 시대를 이해하기 쉽도록 다양한 제도·문물 등을 분류하여 기록하는 방식이었기 때문에 역사 서술의 모범이 되었다. 그래서 이후 왕조에서는 기전체 양식으로 왕조의 역사를 기록하게 했고, 이 영향을 받은 주변의 나라들도 이 양식을 따르게 되었다.

한 대에는 영역이 확대되면서 외국과의 교류가 빈번했다. 그래서 새로운 문화가 수입되기도 했는데 대표적인 것이 불교였다. 당시 한에 수입된 불교는 대승 불교였으며 중국과 한반도, 일본의 역사 발전에 큰 영향을 미치기도 했다.

한 대는 전 시대에 비한다면 비교적 안정된 사회를 장기간 유지했다. 이것은 학문과 기술이 발달할 수 있는 좋은 조건이었다. 또 관리를 선발하는 데 있어서도 학식이 중요했기 때문에 교육에 대한 욕구 또한 한층 커진 상태였다. 하지만 당시에 책을 만드는 재료였던 비단·나뭇조각·대나무 등이 너무 비싸거나 무겁고 부피가 커서 많은 사람들이 손쉽게 접할 수 없었기 때문에 지식을 습득하기 위한 책은 많이 부족했다. 사람들은 가격이 좀 더 쌀 뿐만 아니라 기록과 보관, 휴대가 편리한 책이 필요했고 이러한 필요가 결국 종이를 발명하게 만들었다. 105년, 환관 채륜은 이전 사람들의 경험을 바탕으로 종이를 만들어 냈다.

종이의 발명으로 중국 사회의 지식 보급률은 현저히 높아졌고 중국 사회는 크게 성장할 수 있었다. 이후 종이를 만드는 기술인 제지술은 8세기에 이슬람 세계에 전파되었다가 12세기경 유럽에 전달되어 세계의 지식 보급에 큰 기여를 하게 된다.

편년체
역사적 사실을 연대순으로 기록하는 기술 방법을 말한다.

내가 나무껍질·삼베·그물 등으로 만든 거야. 채후지라고 하지.

채륜

채후지

이렇게 한나라 시절은 전 시대에 형성되었던 문화유산을 잘 정리하여 집대성했던 시기였다. 다시 말해 이 시기에 중국의 문화가 어느 정도 완성된 상태에 이르렀다고 할 수 있다. 이 문화를 바탕으로 이후 중국 사회는 외래문화를 수용하고 재탄생시키며 중국 문화를 확대해 나갔다. 결국 중국 문화의 근원은 한나라 시절에 형성된 것이라고 말할 수 있다. 그래서 한족漢族·한자漢字·한문漢文·한화漢化 등과 같이 중국 문화와 관련이 있는 단어에 한漢 자를 많이 사용하게 되었다.

02

일본의 국가 형성

동아시아 문화권에 속하는 지역은 중국·몽골·만주 그리고 한국과 일본이
다. 이 시기에 몽골 고원에서는 흉노라는 민족이 강력한 국가를 건설하여
춘추 전국과 진·한 시대의 중국을 위협하고 있었고, 한반도 지역에서는
고조선이 건국하여 그 세력을 확장하고 있었다.

　일본은 섬이라는 지역적 특성으로 인해 대륙에 속한 동아시아 나라와
는 다른 길을 걸었다. 오늘날은 대륙과 일본 사이의 바다를 건너는 것이
쉬운 일이지만, 과거에는 목숨을 걸어야 할 만큼 위험했다. 대륙의 동아시
아 국가들이 통일 국가로 성장하고 있던 단계에 일본은 장기간의 신석기
시대를 거쳤고 이후 청동기와 철기가 동시에 도입되어 국가가 등장하기
시작했다.

지리적 특성이 일본의 역사를 만들다

유라시아 대륙 동쪽에 자리 잡고 있는 일본 열도는 크게 4개의 섬으로

구성되어 있는데, 제일 위쪽부터 홋카이도·혼슈·시코쿠·규슈이다.

일본 열도에 사람이 살기 시작한 것은 시기적으로는 20만 년~10만 년 전 사이이고 고고학적으로는 구석기 시대부터다. 남방의 해양 세력과 북방의 대륙 세력이 이 지역에 들어와 오랫동안 피를 섞으면서 오늘날의 일본 민족을 형성한 것으로 보인다. 일본 민족이 형성된 시기는 야요이 시대인 기원전 3세기~기원후 3세기 사이로 보고 있다.

일본은 대륙과 바다를 사이에 두고 떨어져 있어서 외부의 침략은 거의 받지 않았지만 선진 문물을 수용하는 면에서는 불편함이 있었다. 한편 많은 산지와 섬으로 이루어진 지형은 내부의 교류에도 방해가 되었는데 이 때문에 지역 독립성이 강해지는 경향이 나타났다. 일본 역사는 이런 지리적 특성의 영향을 받아 독특한 변화 과정을 거쳤다.

세상에서 가장 오래된 토기를 사용한 사람들은 일본인이다

규슈의 후쿠이 동굴에서 발굴한 토기의 연대를 측정한 결과, 지금으로부터 약 1만 년 전부터 일본 지역에 신석기 시대가 시작된 것으로 보인다. 이 토기는 지금까지 발굴된 것 중 세계에서 가장 오래된 것으로, 학자들은 일본 토기의 기원으로 생각하고 있다. 일본의 신석기 시대에 사용된 토기는 새끼줄[繩] 무늬[文]가 있어서 조몬繩文 토기라 한다. 그래서 이 시기를 조몬 시대라 하며, 야요이 시대가 시작되는 시기까지 약 1만여 년간 지속되었다.

조몬 시대의 대표적 유적지는 기원전 5000년~기원전 4000년경에 성립한 것으로 추정하는 아이모리의 산나이 마루야마이다. 조몬 시대 사람들은 오랜기간 동안 채집 생활을 했으나 마루야마 유적지에서는 원시적 농경을 했던 흔적이 발견되었다. 특히 길이 32미터, 폭 9미터의 큰 건물과 여러 채의 원시적 주택의 터는 마루야마에 살던 이들이 정착 생활을 했음을 의미한다. 따라서 이 시기에 다른 지역에서

조몬 토기
규슈의 후쿠이 동굴에서 신석기 시대의 것으로 추정되는 토기가 발견되었는데 새끼줄 무늬가 새겨져 있어서 조몬 토기라고 한다. 한반도 남쪽에서도 조몬 토기가 발견된 것으로 보아 당시 두 지역이 왕래했을 것으로 추측하고 있다.

도 이와 비슷한 일들이 진행되었을 것이다.

인류사에서 토기의 등장은 시사하는 바가 크다. 인류에게 먹을거리가 풍부해졌음을 뜻하는 것이기도 하고, 농경이 시작되었음을 뜻하는 것이기도 하다. 즉 농경은 인류가 이동 생활에서 정착 생활을 했음을 의미하는 것으로 문명이나 국가가 출현하기 전 단계에 들어섰음을 알려 준다.

청동기와 철기가 동시에 전달되고 국가가 출현하다

기원전 4세기~기원전 3세기경에 일본 지역에서도 벼농사가 시작되었다. 이와 더불어 청동기와 철기가 사용되었다. 이 두 가지 새로운 변화는 일본 사회를 크게 바꾸어 놓았다. 이 시기에 등장하는 토기는 조몬 시대의 토기에 비해 간결하고 소박하여 그 모습에 큰 차이가 있다. 오늘날 도쿄 야요이에서 처음 발견되어 야요이 토기라 한다.

이 시기 유적지에서 발굴되는 유골들은 기존 조몬 인들과 달리 대륙의 몽골 족과 비슷한 경우가 많은데, 대륙에 살던 사람들이 한반도를 거쳐 건너온 것으로 추정하고 있다. 그들은 청동기·철기 및 벼농사 기술을 가지고 들어와 조몬 인들을 정복하거나 조몬 인들과 어울려 살았다. 한반도나 대륙에서 온 사람들을 도래인이라 하며 이들은 야요이 시대를 열고 이끌어 갔다. 그들이 한반도 남부를 거쳐 규슈 지방에 처음 도착하여 이룩한 야요이 문화는 동쪽으로 이동하면서 교토·나라·오사카 및 그 주변을 일컫는 기나이 지방과 동북부 지방으로 확산되었다.

일본은 특이하게도 장기간 동안 신석기 시대를 거친 상태였기 때문에 청동기 시대를 거치지 않고 청동기와 철기를 동시에 수용하여 철기

야요이 토기
도쿄 야요이 마을에서 항아리 모양의 토기가 발견되었다. 이 전까지의 조몬 토기와 구별하기 위해 발견 지역의 이름을 따 야요이 토기라는 명칭을 붙였고 이 시대를 야요이 시대라고 한다. 이즈음부터 일본에서 벼농사가 시작되었다.

시대가 바로 시작되었다. 그것은 섬으로 이루어진 일본의 지형적인 조건 때문이라 판단할 수 있는데, 그렇다고 일본에서 청동기를 아예 사용하지 않았던 것은 아니다. 무기나 농기구는 철기로 만들어 사용했지만 일상생활 용품과 제사 도구는 청동기로 만들어 사용했다.

도래인에 의해 보급된 벼농사는 공동 작업을 필요로 했다. 이렇게 해서 촌락이 형성되고 확대되어 갔다. 촌락은 수 채에서 수십 채의 가구로 구성되었다. 처음 촌락 생활은 서로가 평등한 관계였다. 시간이 흐르면서 다른 문명권이나 국가의 경우와 마찬가지로 가진 자와 그렇지 않은 자가 생겨나기 시작했다. 그것은 농업 생산력이 향상되면서 좋은 기술이나 토지를 가진 자와 그렇지 못한 자 사이에 발생한 생산량의 차이가 가져온 결과였다. 가지지 못한 자들이 생활을 위해 가진 자에게 빚을 졌다가 갚을 수 없는 상황에 처하게 되면서 둘 사이의 관계가 지배하고 지배당하는 관계로 변화하게 되었다. 이런 과정을 거쳐 야요이 시대에 들어 일본에서도 계급이 발생했다.

특히 이때는 철기를 사용하던 시기였기에, 철기를 많이 가지고 있고 그를 무기로 활용할 수 있었던 촌락이 주변의 약한 촌락을 정복했다. 이 과정에서 힘이 센 촌락은 정복한 촌락을 자신의 영역에 포함시키고, 그 지역 사람들을 피지배 계급이나 노예로 삼았다. 사회 규모와 계급 체계가 확대된 것이다. 이렇게 확대된 사회를 운영하기 위해서는 제도가 필요했고 그를 마련하면서 일본에서도 국가가 출현하게 되었다. 기원전 1세기에서 기원후 3세기 사이에 일본 열도에는 수없이 많은 작은 국가가 출현하여 서로 경쟁하고 통합하는 과정을 거듭했다.

이러한 초기 국가의 지배자들을 키미라 불렀다. 후에 한자가 들어오면서 이를 왕으로 번역했다. 키미들은 우월한 지위를 갖기 위해 중국의

동해

혼슈

기나이설

기나이 지방

쓰시마 섬

규슈설

규슈

시코쿠

황제에게 인정받으려고 노력했는데 이 과정에서 일본에 대한 기록이 중국 역사책에 남게 되었다. 이에 따르면 기원후 2세기 후반까지 소국들 간의 경쟁으로 혼란스러웠다고 한다. 그런데 기원후 3세기에 들어 국가 간의 경쟁은 서서히 잦아들기 시작했고 연합 국가가 등장했는데 그것이 야마타이국*이다. 야마타이국에 대한 기록은 《위지》〈왜인전〉에 전한다. 그 기록이 미미한 탓에 아직까지는 야마타이국의 실체를 정확하게 밝혀내고 있지 못하다. 야마타이국이 규슈에 중심지가 있었다는 설과 나라의 기나이 지역에 있었다는 설이 팽팽히 맞서고 있는데, 현재는 기나이설에 좀 더 무게가 실리고 있다. 야마타이국은 30여 개의 소국이 합친 나라였다. 우리로 치면 부여나 초기 고구려 같은 연맹 국가로 볼 수 있다.

야마타이국의 위치
《위지》〈왜인전〉의 내용을 해석하는 차이에 의해 발생한 두 주장이다. 한반도에서 문화가 전래되었다는 입장에서 보면 규슈설이 유력하고, 통일 왕조의 성립 지역으로 본다면 기나이설이 유력하다. 유적·유물에 근거하는 고고학에서는 기나이설에 좀 더 무게를 두고 있다.

● 야마타이국
야마타이국은 문헌에 기록된 일본 최초의 국가다운 국가지만, 일본 국내의 문헌 자료에는 없고 중국의 《위지》〈왜인전〉에 기록이 되어 있다. 그러나 이 기록에는 오류가 있어 위치와 관련하여 여러 주장이 있다.

03

서아시아 세계, 제국의 등장과
페르시아 문화의 형성

메소포타미아 문명에서 탄생한 국가들은 서아시아 지역을 통일하기 위한 경쟁을 벌인다. 이 경쟁에서 승리한 것이 오늘날 이란 지역에서 성장한 아케메네스 왕조 페르시아였다. 아케메네스 왕조 페르시아는 지중해 연안에서 인도에 이르기까지 대제국을 건설했다. 그러나 서양의 그리스와 대결하며 약화되었고, 결국 마케도니아의 알렉산드로스에게 멸망당했다. 알렉산드로스가 서아시아 지역을 통치하면서 일부 지역에 그리스 문화가 자리 잡기도 했으나, 페르시아 인들이 다시 부흥하여 사산 왕조 페르시아를 건설했다. 페르시아 인들이 지배한 거대한 지역에서도 하나의 통치 원리가 필요했다. 그래서 아케메네스 왕조와 사산 왕조는 조로아스터교를 국교로 선택하여 통일 국가를 통치했다. 이 과정에서 페르시아 문화를 중심으로 한 독특한 서아시아 문화가 형성되었다.

서아시아 지역에 최초의 통일 제국이 등장하다

티그리스 강 중류 지역에 강력한 세력이 등장했다. 바로 아시리아 인들이었다. 아시리아는 기원전 7세기 전반에 외부의 유목 민족으로부터 기마 전술과 철제 무기, 전차를 활용한 기병술을 배워 메소포타미아와 이집트 지역을 통일했다. 이 두 지역을 오리엔트라 하는데 이곳을 최초로 통일한 것이다(기원전 671).

아시리아는 넓어진 영토를 효과적으로 통치하기 위해 군역로와 교역로를 정비하고 정복지에 총독을 보내 중앙의 통제력을 강화하려 했다. 또한 수도 니네베에 왕립 도서관을 세우고 각지에서 수집해 온 문헌과 자료를 보관하고 연구하는 것도 활발하게 진행했다. 이는 거대한 제국을 다스리기 위한 노력의 일환이었다. 하지만 피정복민에 대한 무자비

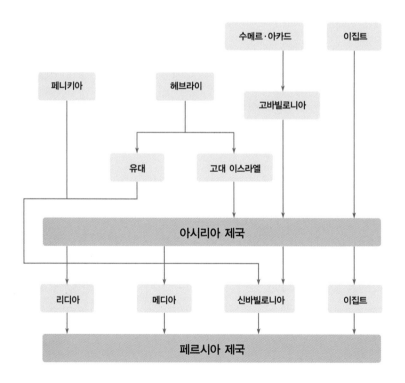

오리엔트 세계의 변천
기원전 9세기에 이르러 아시리아는 강력한 군사력을 바탕으로 오리엔트 세계를 통일하고 최초의 통일 제국을 건설했다. 하지만 제도의 미비, 무자비한 통치 등으로 멸망하고 이집트·신바빌로니아·리디아·메디아 등으로 분열되었다. 이후 페르시아 제국이 세력을 키워 아시리아를 능가하는 세계 제국을 이룩했다.

하고 강제적인 통치는 불가피했다. 세련되고 정교한 통치 제도와 통치술이 없었으니 당연한 결과이다. 이는 다른 여러 민족의 반발을 불러일으킬 수밖에 없었고, 그들의 저항과 반란으로 인해 기원전 612년에 멸망하고 만다. 아시리아 제국은 무너진 후 이집트·신바빌로니아·리디아·메디아 등으로 분열되었다.

아케메네스 페르시아가 오리엔트 세계를 재통일하다

다시 오리엔트를 통일한 세력은 오늘날 이란 인들의 조상인 페르시아 인들이었다. 그들은 아리아 족의 한 분파로 오늘날 이란의 남서부 지역에서 세력을 유지하고 있었다. 기원전 7세기 들어 아시리아가 세력을 확장하면서 이란 지역을 공략하게 되자 이 지역의 전통 지배 세력들이 약화되었다. 이 틈을 이용하여 페르시아 세력이 성장하기 시작했다. 초기에는 작은 도시 국가 수준이었으나 메디아와 결혼 동맹을 맺고 아시리아에 저항하면서 세력을 확장해 나갔다. 아케메네스 왕조가 확립된 것은 기원전 6세기 중엽인 키루스 왕 시절이다. 키루스 왕은 인더스 강에서부터 소아시아 지방에 이르는 대제국을 건설했고, 그를 뒤이은 캄비세스 2세가 이집트를 정복하여 오리엔트를 재통일(기원전 525)했다.

아케메네스 왕조가 대제국을 건설할 수 있었던 원동력은 강력한 군사력이었다. 강력한 군사력보다 더욱 중요한 것은 이를 유지할 수 있는 국가 운영 원리다. 아케메네스 왕조 페르시아는 다리우스 1세 때에 이르러 제도의 정비와 보완을 통해 중앙 집권적 국가 운영 체제를 구축했고, 이를 통해 오랫동안 강력한 군사력과 지배력을 유지할 수 있었다. 다리우스 1세는 우선 전국을 20여 개의 속주로 나누어 그 지역에 총독을 파견했다. 그리고 총독을 감시하기 위해 '왕의 눈' 또는 '왕의 귀'라 불리는 감찰관을 파견하여 총독을 제어했다. 또한 관리들이 빨리 이동하여 왕의 명을 전하고 지역의 상황을 중앙에 알릴 수 있도록 도로를 정비했다. 또 그 길에는 관리들이 말을 갈아타고 휴식을 취할 수 있도록 역참을 설치했다. 이를 통해 교통과 통신을 효율적으로 운영할 수 있게 되어 중앙의 통제력은 더욱 강화되었다. 그 외에도 화폐와 도량형을 통일하여 상업을 성장시켜 국가의 부를 더욱 확대했다.

아케메네스 왕조 페르시아가 이른 시기에 대제국을 건설할 수 있었던 것은 관용적인 정책을 펼친 때문이기도 하다. 오리엔트 지역에서 살던 사람들이 통일 제국의 지배를 받아 본 것은 아시리아의 지배뿐이었다. 아시리아의 강압적인 지배 방식이 사람들의 분노를 일으켰음은 다리우스 1세 역시 경험한 바였다. 따라서 대제국을 운영하기 위해서

크세르크세스의 문
페르세폴리스 궁전 입구에 있는 것으로, 몸은 황소인데 얼굴은 사람인 조각을 새긴 거대한 문을 말한다. 만국의 문이라고도 불린다. 페르시아 제국 내 각 민족의 대표가 왕을 알현하기 위해서나, 방문객이 국가의 큰 행사에 참가하기 위해서 지나던 출입문이다.

황소를 공격하는 사자
페르세폴리스 궁전에 새겨져 있는 조각이다. 고대 미술품을 보면 이처럼 사자가 황소를 공격하는 모습을 형상화한 작품이 많은데 이는 페르시아의 동물 우화의 영향을 받은 것이다.

는 다른 민족의 삶을 인정해 주는 바탕 위에서 전체를 하나로 묶는 방식이 효과적이란 생각을 가지고 있었다. 그래서 다리우스 1세는 다른 민족으로부터 세금과 공납품을 받는 대가로 그들의 언어나 종교 풍습을 인정해 주었다.

지금의 관점에서 보면 대제국을 운영하기 위한 너무도 당연한 방법이지만, 당시로서는 매우 획기적이고 효율적인 통치 제도였다. 이러한 관용 정책은 아케메네스 왕조 페르시아가 서아시아 세계를 약 200여 년간 지배할 수 있도록 해 주었다. 또한 페르시아가 여러 민족의 우수한 문화를 융합하여 서아시아 지역에서 페르시아 문화를 만들어 낼 수 있게 했고, 그것이 서아시아 문화의 뿌리가 되기도 했다.

서아시아 지역에 그리스 문화가 자리 잡다

중앙 집권 체제를 강화하면서 세력을 크게 확장한 페르시아는 서쪽으로 진출하기 시작했다. 그로 인해 소아시아 지역의 지중해 연안에 살던 그리스 이주민들의 도시 국가와 충돌이 빚어져 그리스 인들이 소아시아 반도 지중해 연안에 건설한 식민시들과 대결하여야 했다. 결국 식민시는 모국인 그리스에 도움을 요청했고 페르시아와 그리스는 일전을 벌였다. 이것이 바로 페르시아 전쟁이다. 그런데 이 전쟁에서 지중해와 서아시아 지역의 최강국인 페르시아는 패배를 맛보아야 했다. 전쟁은 국력과 상당한 관련이 있기 때문에 페르시아가 승리할 것으로 점쳐졌지만, 페르시아의 자신감이 그리스 인들의 절박함을 이기지 못했다. 생존을 향한 그리스 인들의 열망이 결국 페르시아라는 절대 강국을 이길 수 있었던 것이다. 결국 이때부터 페르시아의 국력은 서서히 기울었고 이후 마케도니아의 알렉산드로스에 의해 멸망에 이르게 되었다.

바빌로니아로부터 시작해 아시리아와 페르시아로 이어지는 통일 왕조의 등장은, 과거 메소포타미아 문명이나 그리스 문명의 고립적이고 소규모적인 도시 국가의 면모에서 벗어나 영토 국가로 발전하는 것을 의미하는 것이다. 이는 국가의 발전에서 필연적으로 거치는 과정이라 볼 수 있다.

서아시아 지역에 새로운 문화의 내용을 추가한 것은 알렉산드로스와 그의 군대였다. 알렉산드로스는 아케메네스 왕조 페르시아를 멸망시키고 이 지역의 새로운 지배자가 되었다. 하지만 페르시아 전 지역을 그리스의 영향 아래 둘 만한 힘과 문화를 갖고 있지 못했다. 비록 페르시아가 알렉산드로스에게 멸망을 당하기는 했지만 문화적으로는 그리스 세계보다 우수했기 때문이다. 알렉산드로스가 선택한 방법은 페르시아 문화를 바탕에 두고 곳곳에 그리스식 도시를 건설하는 것이었다. 이 과정에서 그리스의 문화가 페르시아 지역에 자리 잡게 되었고, 독창적이었으나 다소 고립적이었던 그리스 문화가 페르시아 문화를 받아들이면서 세계적이고 보편적인 경향을 띠게 된다. 물론 알렉산드로스는 30여 년의 짧은 생을 살았기 때문에 그가 살았던 당대에 이런 현상이 일어난 것은 아니다.

지도 레이블:
안티고노스 왕조
펠라
아테네
에페수스
흑해
카스피해
셀레우코스 왕조
마라칸다
박트라
안티오크
다마스쿠스
예루살렘
크테시폰
지중해
알렉산드리아
멤피스
프톨레마이오스 왕조
페르세폴리스
아라비아

→ 알렉산드로스의 원정로
■ 주요 알렉산드리아

헬레니즘 세계

헬레니즘 시대는 알렉산드로스가 페르시아를 정복하고 인더스 강 유역까지 진출하여 대제국을 성립한 후부터 로마가 이집트를 정복할 때까지의 시기를 말한다. 알렉산드로스는 정복지에 자신의 이름을 딴 도시 알렉산드리아를 70여 곳에 건설했다. 이 시기는 페르시아 문화를 바탕으로 그리스 문화가 결합되는 때였고, 아시아의 입장에서 보면 그리스로 대표되는 서양의 문화를 수용하여 이전보다 다양한 문화를 형성할 수 있게 된 시기였다.

변화는 알렉산드로스가 죽은 후 진행되었다. 대제국은 알렉산드로스 사후 4명의 부하 장수에 의해 분할되었다. 그중 오늘날 시리아에서 인도 변경에 이르는 옛 페르시아 영역의 대부분을 셀레우코스가 지배하게 되었다. 나머지 지역의 지배자들도 국가를 각기 운영해야 했기 때문에 셀레우코스는 그들과 경쟁을 벌여야 했다. 이에 따라 셀레우코스는 그리스 세계와 연결될 수 있는 상황이 아니었고, 페르시아 문화를 포용하면서 지배할 수밖에 없었다. 이를 셀레우코스 왕조 페르시아(기원전 312~기원전 64)라 부른다. 그렇지만 왕실을 차지한 것은 그리스 인이었고, 지배층 상당수가 그리스 인이었기에 그리스 문화를 보급하는 일에도 힘을 기울였다. 대표적인 것이 알렉산드로스가 그리스식 도시를 곳곳에 건설했던 일과, 그리스 어 및 철학과 과학을 이 지역에 보급하는 것이었다. 셀레우코스 왕조는 300년 가까운 기간 동안 왕조를 유지했기 때문에 안정적으로 그리스 문화와 페르시아 문화 간의 융합을 이끌

수 있었다. 이를 통해 등장한 것이 헬레니즘 문화다. 헬레니즘 문화는 서로는 로마 제국의 문화적 토대가 되었고, 동으로는 인도의 간다라 지역에 영향을 주어 간다라 미술이 태동하는 계기가 되었다.

페르시아계 왕조가 재등장하다

기원전 3세기 중엽, 페르시아계 사람들이 셀레우코스 왕조 동북부 지역에 파르티아라는 나라를 세운다. 파르티아는 기원전 2세기 중엽 이래 동서 무역의 이익을 독점하여 크게 번성했는데 셀레우코스 왕조를 약화시켜, 서로는 유프라테스 강 유역까지 진출했고 동으로는 인도 서북부의 일부를 차지했다. 이 과정에서 중국 한나라에 알려져 안식국이라 불리기도 했다.

파르티아는 셀레우코스 왕조를 멸망시키고 기원전 1세기 중엽 전성기를 맞이했지만, 이로 인해 로마와 직접 충돌하게 되는 결과를 초래하기도 했다. 파르티아는 로마와 우열을 가리기 힘들 정도의 국력을 가지

사산 왕조 페르시아
사산 왕조 페르시아는 페르시아 제국의 전통을 계승하고 부흥한 페르시아계 왕조이다. 그리스·인도 등 주변 지역의 문화를 융합하여 페르시아만의 문화를 만들어 나갔다. 사산 왕조의 세력 팽창은 비잔틴 제국과의 대립을 피할 수 없었다. 그로 인해 동서 교역로가 아라비아 반도를 통하는 길로 바뀌면서 아라비아 세계가 성장했고 그 과정에서 이슬람교가 성립했다.

■ 사산 왕조 페르시아 건국 초기의 영역
■ 사산 왕조 페르시아 제국의 최대 영역 (4세기 말)

고 있었기에 로마의 동진을 막기는 했으나 그 모습은 다분히 수세적이었다. 결국 기원전 1세기 후반 로마에 동쪽 지방을 대부분 잃고 점차 약화되었고, 결국 사산 왕조 페르시아에 멸망당했다(226).

사산 왕조 페르시아는 파르티아보다 페르시아적 정체성이 더 강했다. 그래서 아케메네스 왕조 시절의 국교인 조로아스터교를 매우 중시했다. 또한 자신들을 아케메네스 왕조의 후계자라 자처하며 당시의 정책을 계승하고 발전시키려 노력했다. 사산 왕조의 목표는 아케메네스 왕조의 전성기라 할 수 있는 다리우스 1세 시절의 번영이었다. 그래서 아케메네스 왕조처럼 중앙 집권 체제를 정비하여 지배력을 강화하고 동서 무역을 독점함으로써 국력을 크게 확대했다. 그 결과 서쪽으로는 로마군을 격파하고 동쪽으로는 중앙아시아로 진출하는 등 그 위세를 크게 떨쳤다. 그러나 로마 제국 그리고 이이진 비잔틴(동로마) 제국 같은 거대 제국과의 지속적인 전쟁으로 재정의 어려움을 겪었다. 이는 중앙의 통제력 약화로 이어져 지배 지역 내의 반란을 초래했고, 마침내 이슬람 세력의 도전을 받아 왕조의 문을 닫게 되었다(651).

페르시아 문화가 서아시아에 정착하다

오리엔트 문명을 바탕으로 성장한 서아시아 지역은 아케메네스 왕조 페르시아를 필두로 셀레우코스 왕조 페르시아·파르티아·사산 왕조 페르시아 등 페르시아 계통의 강력한 왕조들에 의해 통치되었다. 그래서 이 시기 서아시아 지역에는 페르시아 문화가 정착되었다. 페르시아 문화의 사상적 기반은 조로아스터교였다. 조로아스터교는 페르시아 인의 독창적인 종교로 중국에서도 수·당 대에 전파되어 현교 또는 배화교로 불리기도 했는데, 니체가 쓴 《자라투스트라는 이렇게 말했다》의 자라투스트라가 바로 조로아스터교의 창시자다. 이 종교는 선과 광명의 신인 아후라 마즈다를 최고의 신으로 삼고 있는데, 그가 암흑과 악의 수

장 아리만을 물리치고 종말의 세계를 구원한다고 본다. 또한
천사와 악마, 천당과 지옥, 종말론, 구세주, 일신론 등 여러
내용을 담고 있다. 그래서 조로아스터교는 이후 등장하는
크리스트교·불교·이슬람교 등에 많은 영향을 미쳤다.
또 사산 왕조 페르시아 시절에 마니가 조로아스터교를
기반으로 크리스트교와 불교 및 바빌로니아의 원시 신
앙을 가미하여 마니교를 창시하기도 했다.

한편 페르시아에서는 건축·미술·공예가 특히 발달했고,
이후 서아시아 예술의 기본적인 특징이 확립됐다. 정교한 세공술, 유리
병과 유리그릇, 화려한 모직물 등은 많은 사람의 사랑을 받아 전 세계
로 퍼져 나갔다. 대표적인 예로 신라의 고분에서 페르시아 유리 제품이
나온 것을 들 수 있다.

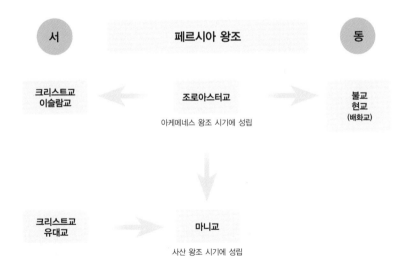

종교에 미친 페르시아의 영향
페르시아의 영향력이 건축·미
술·공예 등에서만 발휘된 것은
아니다. 다리우스 1세는 조로아
스터교를 국교로 삼았는데 서로
는 크리스트교와 이슬람교에,
동으로는 불교와 현교에 영향을
주었다. 현교는 조로아스터교를
중국에서 이르던 말이다. 배화
교라고도 한다.

04

인도, 통일 왕조의 등장과 불교문화의 형성

인더스 문명 지역에서도 여러 소국이 통일 국가를 이룩하기 위한 경쟁을 벌였다. 이런 상황에서 새로운 문화 운동이 일어났다. 바로 불교의 발생이다. 불교는 인도 지역에서 통일 제국이 등장하는 데 많은 영향을 미쳤다. 불교를 통일 국가의 운영 원리로 삼은 마우리아 왕조는 인도 중북부 지역을 통일했다. 그 뒤를 이은 쿠샨 왕조 역시 불교를 더욱 정비하여 대승 불교를 성립했고 간다라 미술을 발전시켰다.

신은 우리에게 더 많은 것을 원하신다니깐~

브라만교에서 종교 개혁 운동이 나타나다

아리아 족의 종교는 브라만교였다. 브라만교에서는 제물을 바치는 것이 중요했다. 제물이 풍성할수록 그에 대한 신의 보답이 크다고 믿었기 때문이다. 더불어 제물을 바칠 때 주문을 외는 의식을 통해 대대로 행복하고 번성할 수 있다고 믿었다. 그래서 당시 인도인들은 개인·부족 가릴 것 없이 자신들의

번성과 이익을 위해 제사를 지냈다. 이러한 아리아
족의 종교 생활에서는 풍성한 제물과 신을 찬미하는
송가를 읊을 수 있는 사제가 필요했는데, 사제들은
이러한 상황을 이용해 제사의 의식을 더욱 복잡하고 정교
하게 만들어 자신들의 권위를 높였다. 사람들은 이처럼 복잡
하고 정교한 제사 의식을 통해 영생과 권세를 얻을 수 있다고
생각하게 되었다. 결국 사람들의 관심은 종교적 신념이 아니라
제사 의식 자체로 옮겨 갔고 이를 빌미로 사제들의 횡포는 날로
심해졌다.

우주와 내가 어찌 다른 것이랴….

　이처럼 형식에 치우친 제사 의식은 일반인이 감당하기 어려웠기
때문에 곧 외면받게 되었고, 형식주의를 타파하고자 하는 우파니샤드
철학이 등장했다. 우파니샤드 철학은 창조된 세계 뒤에 숨어 있는 궁극
적인 진리에 대해 진지한 탐구를 추구했다. 권위와 인습의 속박으로부
터 개인을 해방시키려고 노력했고 이 과정에서 범아일여●의 사상이 나
타났다. 그리고 개인의 내세를 위해 풍성한 제례와 함께 경건한 행동과
선행이 필요하다는 것을 인정하면서도, 진정한 구원의 길인 열반에 들
어서기 위해서는 참된 지식이 더 중요하다고 주장하면서 브라만의 형식
주의를 비판했다. 그러나 이러한 형이상학적인 주장은 논리가 너무 어
려워 대중성을 확보하는 데 실패했다.

　비록 우파니샤드 철학의 개혁 운동은 실패했지만, 인간의 내면세계
를 깊이 통찰하려는 사변 철학으로 나아가는 데 중요한 길잡이 노릇을
했다. 또한 우주와 자연의 법칙을 규명하려는 철학적 태도를, 절대적
이고 이상적인 삶을 추구하는 인간 중심의 철학으로 인식을 바꿨다는
점에서 의의가 있다. 이를 통해 자이나교와 불교가 등장할 수 있는 바
탕도 마련되었다.

● 범아일여
범梵은 우주, 아我는 개인을
의미하는 것으로 우주와 개인
은 궁극적으로 동일하다는 사
상이다.

새로운 종교가 탄생하다

인도에서는 기원전 6세기부터 기원전 5세기 사이에 기존의 브라만교와는 다른 종교인 자이나교와 불교가 등장했다. 자이나교Jainism라는 명칭은 승리자 혹은 정복자라는 뜻을 지닌 지나Jina에서 유래한 것으로 욕망을 정복한 사람을 의미한다. 마하비라가 창시하여 한때 크게 성장하기도 했던 자이나교는 브라만교의 경전인《베다》의 가르침이나 의식 규범을 철저히 배격하고, 신의 존재를 부정하는 종교였다. 윤회와 업의 이론을 믿었던 자이나교는 인간의 구원은 자이나교에서 규정한 규율을 철저히 지켜 나쁜 업을 피하고 업의 고리를 끊음으로써 얻을 수 있다고 주장했다. 이에 따라 자이나교도들은 살생을 금할 것, 진실할 것, 재산을 갖지 말 것, 예물을 받지 말 것, 금욕 생활을 할 것 등의 계율을 철저히 지켜야 했다. 또 금욕과 고행을 매우 중요하게 여겨 단식을 통해 죽음에 이르는 것을 최고의 성스러움으로 찬양했다.

그런데 살생을 금해야 한다는 계율을 너무 중히 여긴 나머지 극단적인 방향으로 나아갔다. 자이나교도들은 사람과 동식물의 생명을 귀하게 여기는 데 그치지 않고, 광물도 성장할 능력이 있고 공기와 불까지도 영혼이 있다고 주장했다. 그들은 자신이 모르는 사이에 벌어질 수 있는 살생조차도 금했기 때문에 항상 조심스러운 행동을 해야 했다. 그 때문에 해충을 죽여야 하고 농작물을 베어 거두어야 하는 농민이나, 불을 사용하고 뾰족한 연장을 다루는 장인들은 자이나교를 받아들일 수 없었다. 결국 상대적으로 살생의 위험이 적은 상인 계층이 자이나교를 많이 받아들였는데 이 역시도 매우 제한적이어서 초기에 크게 성장하던 자이나교의 교세는 곧 쇠락의 길로 들어서게 되었다.

불교는 가우타마 싯다르타•가 창시했다. 불교 역시 인도 전통의 종교 관념인 윤회와 업 사상을 그대로 받아들였지만, 브라만교와는 다른 입장을 보여 주었다. 브라만교는 그들의 신을 윤회보다 우위에 두고 개

자이나교의 승려
자이나교는 계율이 엄격하다. 특히 살생을 금하고 있다. 그래서 승려들은 거리로 나설 때 마스크로 입과 코를 가린 채 빗자루를 들고 다닌다. 혹시나 호흡을 통해 미생물을 빨아들여 죽이거나 발로 밟아 생물을 죽일 수도 있기 때문이다.

● 가우타마 싯다르타
싯다르타는 석가모니가 출가하기 전 태자 때의 이름이고, 석가모니釋迦牟尼는 산스크리트 어 샤카무니(Śākya-muni(사카 족의 성자라는 뜻))를 음역한 것이다.

인의 운명을 결정하는 데 신이 관여한다고 믿었던 것에 비해, 불교는 개인의 운명은 전생에서 행한 일의 결과라 생각했고 누구든 선하게 산다면 신성을 획득하여 신이 될 수 있다고 주장했다. 이러한 주장은 만민 평등사상으로 발전했는데 당시로서는 매우 혁명적인 생각이었고 사회적으로는 카스트 제도를 배척하는 이론으로 활용될 수 있었다.

불교가 교세를 확장해 나갈 수 있었던 것은 불교의 만민 평등사상이 하층민에게 크게 환영받은 것도 한 원인이었지만 시대 상황과도 맞물려 있다. 당시 인도 사회는 초기 국가의 모습에서 벗어나 규모가 확대되고 있었는데, 국가 규모의 확대는 생산 활동의 증가를 가져왔고 이것은 다시 도시를 발달시켜 정치 조직의 확대로 이어졌다. 이 때문에 도시에 세력을 둔 왕과 귀족이 성장했고. 이렇게 성장한 왕과 귀족은 자신들과 경쟁 관계에 있던 브라만 계급의 권위를 약화 또는 파괴시키고자 했는데 그 역할을 불교가 해 주었던 것이다. 결국 불교는 정치 세력의 선택을 받아 그들의 성장을 뒷받침해 주는 역할을 하기도 했다.

불교를 바탕으로 통일 왕조가 등장하다

자이나교와 불교가 등장할 즈음인 기원전 6세기경, 인도에는 급격한 변화가 있었다. 종족 중심의 정치 조직체가 점차 왕국의 모습을 갖추어 가고 있었던 것이다. 이런 현상은 갠지스 강 유역의 평야 지대를 중심으로 발전한 국가들에서 나타났다. 초기 국가들은 효율적으로 국가를 운영하기 위해 많은 비용이 필요했는데 단기간에 비용을 마련할 수 있는 방법은 비교적 약한 소국들을 정복하는 것이었다. 이러한 정복 행위를 통해 강력한 국가로 부상한 것이 마가다 왕국이다.

마가다 왕국은 갠지스 강 중류 지역을 중심으로 세력을 크게 확대해 나갔다. 그러나 마가다 왕국 역시 종족 중심의 작은 국가에서부터 시작

마하비라
자이나교 창시자이다. 싯다르타와 같은 시대 인물로 엄격한 금욕주의를 실천하여 지혜를 얻었다. 고통을 견디는 것과 함께 윤리를 중요하게 여겼다.

고대 인도 사회를 연구하기 어려운 이유
브라만교의 제사 의식이 복잡해지는 과정에서 시체를 화장하는 풍습이 굳어졌다. 처음에는 매장과 화장을 병행했지만 시간이 지날수록 화장이 보편화되면서 매장 풍습이 사라졌다. 이 과정에서 무덤 형식과 부장품 등도 사라짐으로써 고대 인도 사회를 이해할 수 있는 자료를 잃었다.

알렉산드로스
그리스와 페르시아를 멸망시키고 대제국을 이루었으며 인도까지 침입했다. 그리스 문화와 오리엔트 문화를 융합한 헬레니즘 문화를 이룩한 것으로 평가받는다.

했던 터라 급격한 팽창에 비해 넓어진 영역을 효율적으로 통치할 행정력을 갖추는 일은 매우 더디었다. 결국 마가다 왕국이 선택한 통치 방법은 무자비한 억제책이었다. 그런데 이에 대한 피정복민들의 저항이 예상보다 거세어 혼란이 일었는데, 이는 지배층의 분열로 이어졌고 결국 마가다 왕실은 붕괴되었다. 그 후 하급 계층이었던 것으로 알려진 마하파드마 난다가 왕위를 차지해 난다 왕조를 성립시켰다.

이즈음 세계사적으로도 큰 변화가 일어나고 있었다. 바로 알렉산드로스가 페르시아를 멸망시키고 거대한 제국을 건설한 것이다. 알렉산드로스는 페르시아를 멸망시킨 것에 만족하지 않고 펀자브 지방에 침입하여 그 일대의 여러 왕국을 정복했다. 그러나 인도인들의 강력한 저항을 받아 퇴각할 수밖에 없었다. 알렉산드로스가 인도를 침입하여 지배한 기간은 매우 짧았지만 그로 인한 인도의 정치·군사·경제·문화적 변화는 매우 컸다. 우선 알렉산드로스는 인도 서북 지방의 여러 세력을 제압하여 하나의 정치 단위로 결합함으로써 이 지역의 통일을

가로막았던 요인을 허물어뜨렸다. 이것은 인도가 통일 제국으로 나아갈 수 있는 길을 열어 주는 역할을 했다.

펀자브 지역의 인도인 병력과 무기는 침입자인 알렉산드로스의 병력보다 수적으로나 기술적으로 월등했다. 그럼에도 인도인들은 이 침입자에게 번번이 패배했는데 그 이유는 종족 중심 국가들 간의 연계 작전이 효과적으로 이루어지지 않았기 때문이다. 이러한 경험을 통해 인도인들은 통일 제국의 필요성을 느꼈다.

알렉산드로스의 침입은 인도인의 세계관을 넓혀 주는 계기가 되었다. 서양 세계의 면모를 직접 눈으로 확인했을 뿐만 아니라 원정군이 만들어 놓은 육·해상 교통로를 통해 교역과 교류가 활발해졌다. 인도의 철학이 그리스와 로마에 전달되었고, 그리스의 천문학과 예술도 인도에 들어왔다. 또 문화 교류와 더불어 진행된 무역 활동은 펀자브 지방의 경제력을 한층 향상시켰다.

이렇게 인도의 통일 제국 건설의 준비는 끝났다. 이를 실행에 옮긴 사람은 마가다의 크샤트리아 출신인 찬드라굽타였다. 그는 기원전 4세기 말 인도인의 저항 의식을 이용해 알렉산드로스의 철군 이후 공백 상태에 있던 펀자브 지방을 차지하면서 지배력을 더욱 공고히 했다. 그후 세력을 확장하여 서로는 아프가니스탄부터 동으로는 벵골 만에 이르는 광대한 지역을 정복했다. 이것은 북인도 전역을 지배하는 인도 최초의 통일 제국이 성립되었다는 것을 의미한다. 그 왕조가 바로 마우리아 왕조(기원전 317~기원전 180년경)이다.

소승 불교가 발달하다

마우리아 왕조는 3대 아소카 왕 때가 전성기였다. 앞의 두 왕을 이어 활발한 정복 사업을 통해 인도의 거의 대부분을 차지한 아소카 왕은 광대한 영역을 지배하기 위해 행정 구역을 마련하고 지방관을 임명하여 자신의 통치 지침을 따르게 했다. 그리고 중앙 정부 조직 및 관리 사회의 위계질서를 정비하고 군사력을 강화하는 등 중앙 집권 체제를 수립해 나갔다. 아소카 왕은 이러한 체제의 정비와 더불어 뛰어난 전투 능력을 발휘하여 인도의 전 지역을 속속 정복하며 영토를 늘렸다.

그러나 정복 과정에서 수많은 사람의 희생을 지켜보면서, 또한 힘으로는 정복지의 주민들을 완전히 지배할 수 없다는 한계를 깨달으면서 전쟁에 회의를 품게 되었다. 진정한 정복은 무력으로 이루는 것이 아니라 정신적인 감화를 통해 가능하다는 생각을 했고, 결국 불교에 귀의했다. 그는 부처의 가르침을 통해 비폭력·불살생을 강조하는 덕치를

산치 대탑
아소카 왕의 지시로 세운 탑으로 부처의 생애를 새긴 부조가 있다. 탑은 인도어로 스투파라고 하는데 무덤을 의미한다. 석가모니 열반 후 화장을 했을 때 나온 사리를 인도 여러 곳과 주변 나라의 탑에 모셨다.

전면에 내세워 피정복민들이 스스로 아소카의 지배를 인정하게끔 하려 했다. 이 때문에 아소카 왕 시절 불교는 마우리아 왕조가 지배하는 곳 어디든 전해졌다.

　이 과정에서 불교는 특정 지방의 종교였던 한계를 벗어나 제국 내에 널리 통용되는 보편적 종교로서의 위상을 확립했고, 세계 종교로 발돋움할 수 있는 계기를 마련했다. 당시 아소카 왕은 피정복민들을 교화하기 위해 불교를 활용했기 때문에 관용과 진실 그리고 청렴의 마음을 가질 것, 형식적인 의식보다 덕행을 많이 할 것, 부모와 스승 및 연장자를 공경할 것, 고행자·승려·친척 및 불쌍한 사람에게 친절할 것 등 개인의 도덕적 규범을 강조했다. 이것은 불교의 이론으로 확립되어 개인 중심의 신앙 활동을 중시하는 소승 불교●가 탄생하게 되었다. 소승 불교는 오늘날 스리랑카인 실론을 거쳐 동남아시아 지역으로 전파되어 자리 잡았다.

● 소승 불교
소승小乘은 작은 수레라는 뜻이다. 이는 쿠샨 왕조 시절 등장한 불교가 앞선 불교(소승 불교를 의미)보다 우위에 있음을 보이고자 자신들을 대승大乘 불교라 칭하면서 상대적으로 붙인 명칭이다. 큰 수레로는 많은 사람들을 구원할 수 있지만 작은 수레로는 그것이 어렵다는 의미를 담고 있다. 최근에는 이런 구분이 옳지 않음을 인식하고 상좌부 불교라고 표현하기도 한다.

정신적 감화에 의한 통치는 불가능한가?

마우리아 왕조는 아소카 왕이 사망하자 급속히 몰락해 갔다. 왕조의 역량에 비해 영토가 너무 넓었기 때문에 정부가 직접 지배하는 지역은 매우 제한적이었고 나머지 지역은 대리인을 내세워 통치했다. 그런데 점차 대리인들이 독립하려는 경향이 나타났다. 지방 세력의 성장과 자립은 통치 질서를 흔들었을 뿐만 아니라 재정적인 문제도 일으켰다.

　마우리아 왕조는 이를 해결하기 위해 직접 지배가

아소카 왕 석주
석주(돌기둥)의 꼭대기에는 사자 모양의 조각이 있고 몸체에는 아소카 왕이 불교를 보호하겠다는 조칙이 새겨져 있다.

가능한 지역의 세금을 올려 징수했는데 이는 피지배 계급의 거센 저항을 불러왔다. 그 밖에도 아소카 왕의 불살생 정책으로 인한 군사력 약화, 후계자들의 무능, 브라만 계급의 반발 등 복합적인 요인으로 마우리아 왕조는 멸망했다.

대승 불교가 발달하다

마우리아 왕조가 멸망한 후 약 300여 년 동안 인도는 분열과 혼란이 계속되었다. 다만 중부 지역에 자리 잡은 안드라 왕국과 인도 서북 지역에서 중앙아시아 초입에 이르는 방대한 쿠샨 왕국이 통일 왕조의 면모를 간신히 유지하고 있었다.

쿠샨 왕국은 월지족에 의해 세워졌다. 월지족은 기원전 2세기경 중국의 한 무제가 흉노를 토벌한 사건과 관련이 있다. 한 무제의 토벌로 흉노족은 서쪽으로 이주하여 신장 성으로 들어갔고, 원래 그곳에 거주하고 있던 월지족은 흉노와의 마찰을 피해 오늘날 아프가니스탄 지역으로 이주했다. 이때 아프가니스탄 지역에 거주하던 사카 족은 월지족에 밀려 박트리아로 들어가 그들을 멸망시키고 편자브 지방에 자리를 잡았는데 이후 인도 사회에 적응하면서 인도인이 되었다.

기원전 1세기 말, 아프가니스탄 지역에 정착했던 월지족들이 서서히 부족 통합을 하면서 세력을 확장하기 시작했다. 그들은 파르티아의 지배를 물리치고 인도로 들어와 편자브 지역을 장악하여 나라를 세웠다. 바로 쿠샨 왕조의 성립이다.

쿠샨 왕조는 카니슈카 왕 때 전성기를 맞았다. 그는 군사적 재능도 뛰어났고 종교적 열정도 깊었다. 그 덕분에 인도에 침입해 온 이민족의 지배자임에도 인도인들의 인정을 받는 인물이었다. 카니슈카는 동으로는 갠지스 강 중류, 서로는 아프가니스탄 지역, 남으로는 중북부 지역의 산치까지 영역을 확대했다. 마우리아 왕조에 비하면 작은 영역이지만 뛰어난 행정 능력을 발휘하여 마우리아 왕조보다 발전된 통치술을 구축했고, 군주의 지배력 또한 이전보다 강하게 만들었다. 그가 강력한 군주로서 자리를 확립했다는 것은 쿠샨의 왕들이 대왕이나 왕의 왕 또는 중국의 천자와 비슷한 왕호를 사용했다는 것을 통해 알 수 있다.

안드라 왕조와 쿠샨 왕조
마우리아 왕조가 붕괴하고 굽타 왕조가 성립할 때까지 인도는 혼란과 분열을 거듭했다. 그 시기에 인도 북부 지역에서 비교적 강한 지배력을 발휘한 것이 쿠샨 왕조이다. 쿠샨 왕조 때에는 대승 불교가 등장하여 주변 세계는 물론 동아시아 지역에도 전파되었다.

카니슈카 왕은 왕권을 강화하기 위한 일환으로 학문과 불교를 장려했다. 이 과정에서 불교는 학문적 접근을 이루게 됨과 동시에 왕실의 통치에 협조적인 성향을 띠게 되었다. 대승 불교는 이러한 배경을 통해 등장했다. 결국 대승 불교는 종교계가 지배자의 통치 목적에 도움이 되는 역할을 하기 위해 연구하여 만들어 낸 이론이라고 볼 수 있다. 카니슈카 역시 이를 널리 보급함으로써 자신의 통치력을 강화하려 했다.

소승 불교와 대승 불교는 승려들의 규율이나 행동 규범 등에서는 별 차이가 없지만 이론에서 크게 다르다. 소승 불교는 사실상 신적인 존재가 없다. 신의 자리에 업이 있고 업을 잘 쌓아 개인이 구원되는 것을 최고의 선으로 생각했다. 반면 대승 불교에서는 석가모니를 신격화하고 그 외 아미타불·비로자나불·약사불, 미륵불 등의 신격화된 부처를 만들어 냈다. 또 큰 수레(대승)에 더 많은 이들을 태워 고통의 바다인 윤회로부터 벗어나 열반의 해안으로 인도하는 것을 중요하게 여겼다.

카니슈카 왕 역시 자신을 부처와 동일시하고 대승이라는 큰 수레를 끌어 피지배 계급을 안전한 열반의 세계로 이끌어 주는 인도자라는 인식을 대중에게 심어 줌으로써 통치력을 더욱 강화하려 했다. 이러한 대승 불교는 중앙아시아의 유목민과 비단길을 통해 중국에 전해졌고, 이어 한반도와 일본에도 전파되어 왕권의 강화와 국가 운영 원리로 사용되었다.

한편 쿠샨 왕조는 이웃한 그리스계 페르시아 국가들과 활발하게 교류했는데, 이 과정에서 인더스 강 상류 지역의 간다라 지방에서 그리스 기풍을 흡수하여 인도인의 의식 세계를 표현한 예술 작품들이 나타났다. 이를 간다라 미술이라 하는데 이역시 유목 민족을 통해 중국에 전해졌고 이어 한반도에도 들어왔다. 간다라 미술의 영향을 흔히 접할 수 있는 것이 불

나는 학문과 불교를 장려하고 …,

카니슈카 왕

나는 왕실 통치에 도움을 주고 ….

대승

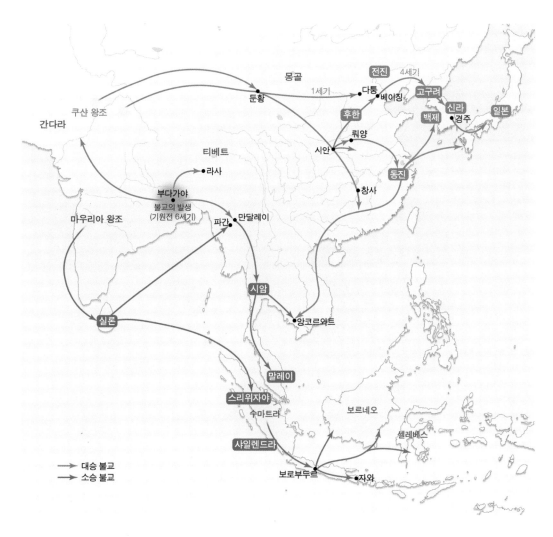

불교의 전파
기원전 6세기경 등장한 불교는 마우리아 왕조 때 크게 번성했다. 불교는 실론을 거쳐 동남아시아로 전파되어 자리 잡았다. 쿠산 왕조 때 성립한 대승 불교는 중앙아시아와 비단길을 거쳐 동아시아에 전파되었다.

상이다. 인도에서는 석가모니의 신성함을 강조하기 위해 불상을 만들지 않았는데, 그리스의 인간 중심주의와 조각 기술이 도입되면서부터 만들기 시작했다. 특히 대승 불교가 성립하여 부처가 예배와 기도의 대상이 되면서부터는 불상을 만들거나 부처의 형상을 그리는 일이 더욱 활발해졌다.

아시아 세계의
재편과 성장

01

중국, 위진 남북조 시대

위진 남북조 시대는 위·촉·오가 경합했던 삼국 시대, 북방 초원 지대의 다섯 민족이 한족과 경쟁하는 과정에서 세운 13개의 나라와 한족이 세운 3개의 나라를 이르는 5호 16국 시대, 그리고 다섯 북방 민족이 통일되어 중국 북쪽을 지배하고, 남쪽은 한족이 지배하여 서로 대립하던 남북조 시대로 구분한다.

위진 남북조 시대는, 한족 입장에서 보면 진·한 시대의 경험을 분열과 경쟁이란 과정을 통해 다시 검토해 보게 된 시대라 할 수 있다. 위진 남북조 시대는 남북으로 영역이 확대되었고, 이에 따라 한족 중심이었던 중국 사회에 북방 민족의 문화가 포함·융합되어 번영한 시기였다.

중국에도 삼국 시대가 있다

황건의 난을 계기로 무력을 가지게 된 호족 세력은 각 지역에서 나라를 건국했는데 이 중 유력한 세력은 조조·유비·손권이었다. 이들은 주변

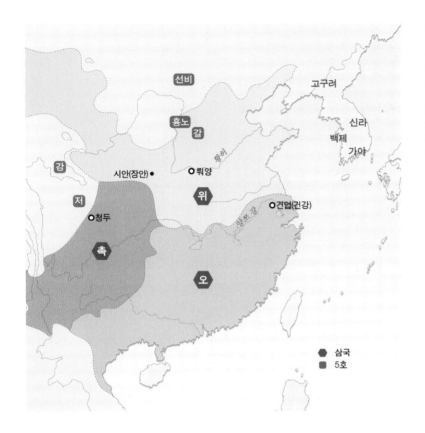

삼국과 5호
선비족·흉노족·갈족·강족·저족은 중국의 통일 왕조였던 한이 위·촉·오로 분열된 시기에 중국을 위협하던 북방 민족들이다. 이들은 중국을 재통일한 진 晉을 공격하여 남으로 밀어내고 화북 지역 곳곳에 나라를 세웠다. 이 시기를 5호 16국 시대라 한다.

세력을 통합하여 각각 위·촉·오를 세워 삼국 시대(220~280)의 문을 열었다.

　삼국 시대는 나관중이 지은 소설《삼국지연의》의 시대 배경이다. 재미있는 사실은 소설 속에서는 유비와 그의 나라인 촉이 주인공이지만, 진수가 지은 역사서인《삼국지》에서는 조조와 위나라가 중심이라는 것이다. 조조는 일찍이 후한의 마지막 황제인 헌제를 옹립했으나 실질적으로는 후한을 지배했다. 그러던 중 조조가 사망하자 그의 아들인 조비는 헌제를 끌어내리고 황제 자리에 올라 위나라를 열었다. 이렇게 해서 위나라가 당대의 실력자로 자리를 잡았고 촉나라와 오나라가 이를 견제하는 형세로 삼국 시대는 진행되었다.

삼국 시대는 전란의 시대였다. 삼국은 경쟁에서 살아남기 위해 각기 안팎으로 나라의 재정을 튼튼히 하고 군사력을 강화하기 위해 노력했다. 그래서 삼국 시대는 혼란스럽기는 했지만 한편으로는 발전의 시대라고 할 수 있다. 또 삼국 시대는 진·한 시대라는 통일 제국의 역사적 경험을 토대로 하고 있었기 때문에 그 시대의 문제점을 알고 있었고 이를 극복하기 위한 방법을 모색했다. 이러한 노력은 이후 통일 중국에서 국가 운영에 필요한 제도를 마련하는 결과를 낳았다.

이민족의 침입으로 중국의 판도가 변하다

위나라가 삼국 중 가장 약한 촉나라를 무너뜨리면서(263) 삼국 시대의 중심 추는 위나라로 기울었다. 그러나 위나라의 가장 무서운 적은 바로 내부에 있었다. 위나라 황실은 신임했던 장군인 사마염의 배신으로 황제 자리를 그에게 빼앗기고 말았다. 사마염은 당연히 국호를 바꾸었고 그것이 진晉이다. 이제 삼국 시대는 진나라와 오나라가 대치하는 양국 시대가 되었다. 그리고 그 중심에는 사마염이 있었다. 사마염은 남은 오나라를 멸하고 잠시 중국을 통일했다(280).

사마씨司馬氏의 진나라는 중국을 통일한 후 일족에게 영토를 나누어 주어 통치했다. 이렇게 영토를 받은 사마씨들은 자신들의 통제력을 강화하기 위해 각 지역의 지배 세력이 가지고 있는 군사를 해체했는데, 이것이 오히려 엉뚱한 세력을 만들어 주는 결과를 가져왔다. 부대가 해체되자 직업을 잃은 일부 군사들이 북방 유목 민족으로 넘어가 그들의 군사·정치·경제 고문이 되어 세력을 확대했던 것이다.

이런 상황에서 진나라는 내분에 휩싸인다. 각 지역에 통치자로 봉해진 사마씨 일족이 독립적인 모습을 보이며 중앙에 저항하기 시작한 것이다. 흉노는 이 혼란을 놓치지

잠깐이지만 내가 통일!

진

그래도 우리가 주인공 이었어….

손권 조조 유비

않았다. 그들은 만리장성을 넘어 진을 침입했고, 이를 막을 수 없었던 진의 일족은 건강(오늘날 난징)으로 도읍을 옮겨 그 명맥을 유지했는데, 이때부터를 동진東晉이라 하고, 이전을 서진西晉이라 부른다.

진나라가 흉노에 밀려 남동쪽으로 도망가자 화북 지역에는 흉노 이외에도 강족·선비족·갈족·저족 등의 북방 유목 민족이 들어왔다. 이들 다섯 민족과 한족은 화북 지역에서 나라를 세워 서로 경쟁을 하며 성장하고 멸망해 갔다. 한족 왕조의 명맥을 겨우 유지한 강남 지역(양쯔 강 이남 지역)의 동진은 이 화북 지역의 북방 유목민 국가들과 경쟁할 수밖에 없었다.

당시 화북에 세워진 왕조는 모두 16개였고, 다섯 북방 민족과 한족에 의해 세워졌다. 그래서 이 시대를 이민족을 의미하는 호胡 자를 써서 5호 16국 시대(304~439)라 한다. 5호 16국 시대는 130여 년 동안 지속되었다. 그사이 화북의 나라들은 각자 자신들이 한족의 황실을 계승했다고 주장하며 전 시대 한족의 왕조 명칭을 따다 나라를 세웠

동진의 벽화
위진 남북조 시대 동진의 벽화로 귀족들의 생활상이 잘 나타나 있다. 이 시기는 남방의 농경 문화와 북방의 유목 문화가 뒤섞여 다채로운 모습을 보였다.

다가 곧 망하는 일을 반복했는데, 고구려에 불교를 전했던 전진이 한때 화북 지방을 통일하기도 했다. 그 여세를 몰아 동진을 침공하기도 했지만 오히려 패배하여 화북 지방은 다시 혼란에 빠졌다. 이렇게 50여 년이 흐른 뒤 선비족인 북위가 두각을 나타내기 시작하여 439년에 나머지 국가를 평정하고 화북 지역을 통일했다.

이로써 황허를 중심으로 한 화북 지역에 북방 유목 민족의 통일 왕조가 성립하게 되었고, 북위 이후 동위·서위·북제·북주로 이어지면서 왕조가 교체되었다. 한편 양쯔 강 이남 지역을 중심으로 한 강남 지역에는 한족의 왕조가 동진 이후 송·제·양·진으로 교체되면서 유지되었다. 그래서 남쪽의 한족 왕조와 북쪽의 이민족 왕조가 대치하며 역사가 전개된 이 시기를 남북조 시대라 한다. 남북조 시대는 북주의 외척이었던 양견이 왕위를 빼앗아 수를 건국(581)하고 이후 중국을 다시 통일(589)함으로써 막을 내리게 된다.

삼국 시대부터 남북조 시대까지를 합쳐서 위진 남북조 시대라고 부른다. 삼국 중 세력이 가장 강하고 정통성이 있었던 나라가 위였고,

위진 남북조 시대
후한이 멸망한 때로부터 수가 중국을 통일하기까지의 시대를 말한다. 정치·경제 등 여러 면에서 혼란스러운 시기였으나 예술 분야는 눈부시게 발전했다. 발달한 화북의 문화가 강남으로 이동하고 강남이 경제 중심지가 되었다.

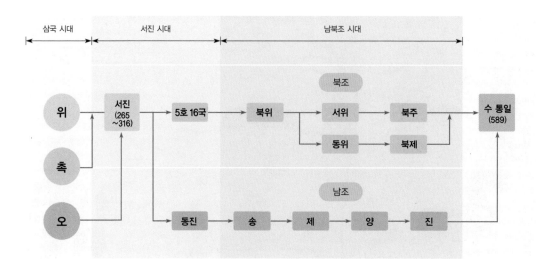

이를 계승한 나라가 진이었으며, 그 뒤를 이은 것이 남북조이기 때문
이다.

혼란 속에서도 인구와 경제는 성장하다

위진 남북조 시대는 이전의 중국 사회와 비교해 볼 때 여러 면에서 변
화가 있었다. 우선 영토가 이전 시대에 비해 남북과 서쪽 방향으로 많
이 확장·개발되었다. 이것은 수많은 국가가 생성과 소멸을 반복하던
것과 관련이 있는데, 특히 양쯔 강 유역 및 그 이남의 개발이 두드러
졌다.

　오나라에 의해 개발되기 시작한 강남 지역은 동진 시대에 들어서며
더 크게 발전했다. 그 이유는 화북 지역의 전통적인 지배 세력인 한족
이 5호의 침입을 피하여 대거 강남 지역으로 이주했고, 이들이 화북 지
역으로 복귀하기 위해 강남 개발에 힘을 기울였기 때문이다. 즉 화북
지역에서 발달했던 사회 운영 구조와 농업 기술을 강남 지역에 이식함
으로써, 과거 변방이었던 이 지역의 경제력이 크게 향상되었던 것
이다. 이 영향으로 남북조 시대 말기에 들어서면 강남 지역의
경제력은 화북 지역의 경제력과 어깨를 나란히 할 정도의
수준이 되었다.

　두 번째는 중국 문화의 내용이 다양해졌다는 것이다.
5호로 대표되는 중국 주변의 이민족들은 남북조 시대를
거치면서 한족의 풍습을 따르게 되었다. 이것은 화북
지역에 침입한 북방 유목 민족들이 한족의 문화를 높이
평가하고 존중했기 때문이다. 북방 유목 민족들은 자신
들의 문화를 배척하고 철저한 한화 정책을 추진했다.
북위의 경우 선비족 고유의 복식 제도·언어·이름의 사용을
금지하면서까지 한족식 교육을 시행했고 한족과의 결혼을

한족문화

역시 한족 문화가 최고야!

우리 건 버려!

장려했다. 이러한 한화 정책은 북방 민족 자체가 소멸되는 결과를 초래하기도 했지만, 중국 문화가 북방 민족의 다양한 문화를 수용하는 계기가 되기도 했다. 대표적인 예로 의자와 침대 사용을 들 수 있다. 그 외에도 유목 민족이 즐겨 먹던 요구르트나 치즈 만드는 법이 전해졌고, 소매가 좁고 몸에 붙는 옷도 널리 입게 되었다.

북방 민족의 한화 정책은 생활에서의 변화는 물론 정치에도 영향을 미쳤다. 이후 등장하는 통일 제국인 수와 당의 황제가 북방 유목민에서 나올 수 있었던 것도 위진 남북조 시대의 유산이다.

다시 귀족이 등장했으나 가문이 중요했다

위진 남북조 시대는 사회적으로는 문벌 귀족 사회의 기반을 형성한 시기였다. 화북 지역은 선비족인 북위가 통일했기 때문에 신비족은 정치 권력과 군사력을 장악할 수 있었다. 이들은 대토지를 소유하는 등의 특혜를 독점하며 지배 계급으로 자리를 잡았다.

하지만 유목민이었던 이들이 농경 민족인 한족을 지배하기에는 많은 어려움이 있었다. 그래서 한족의 일부를 정치적 협조자로 인정할 수밖에 없었다. 당시 북위에는 남쪽으로 도망가지 않은 한의 호족들이 있었고 이 중 일부는 북위 정권에 적극적으로 참여한 뒤 선비족과 결혼하여 자신들의 입지를 더욱 강화했다. 이 과정에서 고위 관직을 독점하고 이를 후손에게 세습하는 등 각종 특혜와 특권을 누렸다. 이 시대에 다시 귀족이 등장하게 된 것이다. 화북 지방에서 한족의 호족만이 그렇게 행동한 것은 아니었다. 정복자였던 북방 민족의 일부 가문도 한족의 호족들을 모방하여 귀족이 되었다.

한편 강남 지역은 흉노에게 몰락한 뒤 남으로 쫓겨난 진나라 사람들이 동진이란 이름으로 그 명맥을 유지했다. 이 과정에서

우리 서로
사랑하게 해 주세요!

한
호족

선비족

사마예는 함께 남하한 화북 명문 가문의 도움을 받았다. 이들은 후한 대의 호족으로 대토지를 소유한 재력가였고, 후한 말에는 군사력까지 보유하게 되었다. 이를 통해 삼국 시대와 위진 시대를 거치면서 중앙의 주요 관직을 차지했다. 따라서 강남 지역에 자리를 잡은 동진은 이들의 도움을 받을 수밖에 없었고 당연히 그들에게 중요한 관직과 권력을 주게 되었다.

이렇게 하여 중앙의 요직을 차지한 명문 집안 사람들은 정치권력과 군사력을 이용해 토지 소유를 확대하고 세금 면제의 특혜를 받았다. 이에 강남 지역의 토착 세력은 불만을 가졌고 새로 들어온 세력과 대립하기도 했다. 그런데 화북에서 내려온 명문 가문은 강남에서 안전하게 뿌리를 내리려면 토착 세력의 협조가 필요했고, 토착 세력 역시 화북 명문 가문 세력이 보유한 군사력이 두려웠기 때문에 두 세력은 협조적이었다. 이들은 서로의 기득권을 인정하면서 동진 시대는 물론 이후 등장하는 남쪽의 여러 왕조, 즉 남조 사회를 장악해 나갔다.

남조든 북조든 상관없이 이 지배 세력들은 몇 대에 걸쳐 대토지 소유를 확대해 나갔다. 하지만 이들의 신분은 법적으로 인정된 것이 아니었기 때문에 국가는 토지를 지급할 이유가 없었다. 결국 이들은 신분을 유지하기 위해 관직을 얻는 것이 중요했고, 그러기 위해 학문과 덕행으로 명성을 얻고자 노력했다. 춘추 전국 시대와 진·한 시대의 귀족들은 대부분 각 지역의 왕이었던 사람들이 세력이 약해지면서 귀족이 되었던 것이기 때문에 기본적으로 물리적인 힘, 즉 군사력을 갖고 있었다. 그러나 새로 등장한 귀족들은 군사력보다는 사회적 인정과 높은 관직을 중요하게 여겨 학문을 쌓고 덕행을 실천했다. 이렇다 보니 특정 가문의 사람이라 하면, 그 사람의 본질과 상관없이 높이 평가하는 풍토가 형성되었고, 그 몇몇 가문의 사람들이 높은 관직을 계속 유지하고 많은 토지를 소유하는 것 등을 당연하게 여기는 분위기가 이어

9품중정제

남북조 시대의 지배 세력은 9품중정제를 이용하여 정치적 지위를 획득했다. 9품중정제는 호족들의 권력 독점을 막기 위해 각 지방에 중정이라는 관리를 두고 이들을 통해 유학 지식과 교양이 있는 사람들을 발굴하여 관리로 등용하는 제도였다. 하지만 9품중정제 역시 추천이란 방식으로 관리를 선발하는 것이어서 불공정하게 변질될 소지가 많았다. 결국 호족들은 중정을 매수하거나 협조자로 만들어 자신들을 추천하게 하는 방식으로 권력을 유지했다. 원래의 목적은 호족을 약화시키려는 것이었으나 실제로는 그들의 권력 유지에 악용됐다.

졌다. 이 점이 이전 시대 귀족과 다른 부분이었는데, 가문을 중심으로 귀족이 되었다 하여 이들을 문벌 귀족이라 한다. 그렇다 하여도 정작 그들이 가장 심혈을 기울인 것은 대토지 소유와 노예 또는 예속민의 수를 늘리는 것이었다. 그래야 사회적 지위를 유지할 수 있었기 때문이다.

결국 그들은 정치·사회·경제적으로 막강한 권력과 지위를 확보했고 왕조가 교체된 후에도 지배 계급으로 살아남을 수 있었다. 특히 몇몇 가문은 정치·사회·경제·문화 특권을 독점하게 되어 어떠한 상황에서도 흔들리지 않고 자신들의 지위를 유지할 수 있었다. 결국 문벌 귀족들은 수·당 대에도 여전히 지배 계급의 자리를 차지하고 있었는데 이들의 존재는 국가에 엄청난 부담으로 작용했다.

토지는 국가가 소유하여야 한다

문벌 귀족은 대부분 호족 출신이었다. 호족들은 대토지 소유를 기반으로 성장한 세력들이었기 때문에 문벌 귀족 역시도 대토지와 노예, 예속민을 확보하려는 성향을 그대로 가지고 있었다. 또한 문벌 귀족은 높은 관직도 독차지하고 있어서 자신들이 소유한 토지에 대한 세금을 면제하는 편법을 쓰기도 했다. 위진 남북조 시대는 문벌 귀족들이 시간의 흐름에 따라 점점 많아지고 그들이 중심이 되는 사회가 자리를 잡아 가던 때였다. 사정이 이렇다 보니, 그들이 성장하면 할수록 조세와 요역을 부담하는 인구가 줄어들어 국가 재정이 매우 궁핍해졌다.

이제 국가가 살기 위해서는 대토지 소유를 억제하고 토지를 국유화하는 것이 시급한 문제가 됐다. 더불어 확보한 토지를 농민들에게 나누어 주어 자영농을 육성하는 것이 국가 운영상 매우 중요했다. 이 문제를 해결하기 위한 방안은 이전 시대부터 꾸준히 제시되었다. 위나라의 둔전제, 서진의 점전법과 과전법, 북위의 균전제가 대표적인 것이다.

둔전제는 전쟁이나 개간을 통해 새로이 확보한 토지를 농민에게 나누어 주어 생활을 안정시키려 했던 제도인데, 국가가 농민에게 토지를 준다는 의미를 성립했다. 둔전제의 또 다른 목적은 토지를 받은 농민에게 해당 지역의 군대에 필요한 경비를 조달하게 하는 역할을 맡김으로써 군사력을 강화하려는 것이기도 했다. 점전법은 관리와 일반인들이 불법적으로 막대한 토지를 차지하는 것을 제한하기 위한 제도였고, 과전법은 토지의 양에 따라 세금을 달리 징수하는 방법이었다.

이 세 가지 법은 국가가 토지를 소유한다는 것을 전제하고 토지를 관리하는 법을 제시한 것으로 이를 종합한 것이 균전제이다. 균전제는 농사를 짓는 자가 토지를 소유하여야 한다는 경자유전의 원칙에 입각하여 국가가 15세 이상의 정남에게 토지를 나누어 주는 대신 조세와 역을 부과하는 것이다. 당나라 시절 균전제와 함께 사용된 세법은 조용조였고 군역 제도는 부병제였다.

이러한 제도들의 등장은 국가가 토지를 소유한다는 토지 국유 개념을 수립했고, 이를 통해 문벌 귀족들의 대토지 소유를 일시적으로 막을 수 있었다. 그러나 당시 사회에서 가장 중요한 산업은 농업이었고 농업에서 얻을 수 있는 이익은 나날이 높아만 갔기 때문에, 토지 소유에 대한 열망을 일시적으로는 막을 수 있었지만 영구히 막을 수는 없었다.

종교와 사상의 꽃을 피우다

위진 남북조 시대의 민중들은 북방 유목민의 중국 진출에 따른 전쟁, 그리고 그로 인한 사회적 혼란으로 하루하루 생활하기가 힘들었다. 그 때문에 정신적 위안과 안식을 얻을 수 없었다. 이렇게 정신적으로 황폐

과전법의 토지 조사
실제 백성들이 소유한 토지를 조사하기가 힘들어 정남(15~60세의 남자)은 50무(6척 사방을 1보로 하고 100보를 1무라 한다.), 정녀는 20무, 차정남(13~14세의 남자)은 25무의 토지를 가지고 있는 것으로 파악하고 이를 조세액의 기준으로 삼았다.

후한 말기에 출현했던 태평도교와 오두미도교가 기원이다. 노장사상, 민간 신앙, 천체의 변화와 경서의 내용을 통해 미래를 예측하는 참위설 등을 포함한 사상이었다. 주로 불로장생이나 신선 사상, 미래 예언 같은, 민간이 크게 호응할 만한 내용을 담고 있어서 널리 보급되었다. 동진의 갈홍에 의해 도교 이론이 만들어지고 북위의 구겸지에 의해 교단이 설립되었는데 북위에서는 국교로 받아들였다.

원강 석굴
북위는 국가 차원에서 석굴을 조성했다. 대표적인 것이 원강 석굴인데 중국 최대의 불교 석굴 사원이다. 중앙아시아의 양식과 중국의 양식이 섞여 있어서 문화사 연구에 매우 중요하다.

한 민중들에겐 그들의 의식을 안정시켜 줄 사상이 필요했다. 이러한 현실을 배경으로 불교·조로아스터교가 서역을 통해 도입되었고, 도교가 교단을 구축하며 종교로서의 위상을 확립했다. 특히 불교와 도교는 민중들에게 크게 사랑을 받아 곳곳에 사원이 건축되고 불상과 신상이 조각되고 종교화가 그려졌다.

위진 남북조 시대의 사회적 혼란과 불안은 민중들에게만 위협을 준 것은 아니었다. 이민족과 소수 문벌 귀족이 관직을 독점하면서 지식인들은 관직을 얻기가 어려웠다. 그리하여 지식인들은 종래 추구하던 입신양명의 인생관을 버리고 더러운 속세를 초탈하여 은둔 생활을 하기도 했다. 이들은 술과 시, 노래를 벗 삼았고 기이하고 충동적 행동을 일삼으며 현실 세계를 조롱했다. 또한 무위자연을 주장하는 노장사상과, 속세와의 연을 끊고 은둔 생활을 주장하는 불교의 선종에 깊이 빠져들었다. 그들은 노장사상을 기본으로 삼아 일체의 현실적 욕망에서 벗어나 명예와 이익을 버리고 도덕을 경시하며 현실을 초월하는 세계관을 갖

둔황 천불동 벽화
룽먼 석굴, 윈강 석굴과 더불어 중국 3대 석굴인 둔황 석굴의 벽화다. 석굴에는 많은 벽화가 그려져 있어서 벽 위의 도서관 이라는 별칭이 따라다닌다.

게 되었다. 이러한 경향을 청담 사상이라 한다. 당시 청담 사상은 선진 적 사고로 인식되어 관리들 사이에서 유행했는데 그 결과 관리들은 무 사안일에 빠지게 되었다. 결국 청담 사상은 이 시대의 예술적 감성을 키우기도 했지만 사회·정치의 기강을 흐려 놓기도 했다.

02

중국, 수·당 통일 제국 시대

위진 남북조 시대를 지나 중국은 다시 통일 제국을 건설했다. 통일과 분열 그리고 다시 통일이란 과정을 거치면서 제국을 효율적으로 운영할 수 있는 방안을 더욱 정교하게 마련해야만 했다. 그래서 수·당 시대를 거치면서 균전제·부병제·조용조·과거제 같은 제도들이 등장하여 국가 운영 체제 가 더욱 견고하게 되었다. 이러한 국가 운영의 발달은 사회·경제적 발달 과 대외 교류의 확대를 가져왔다. 특히 당의 제도와 문화는 동아시아 지역 의 국가 운영과 문화의 공통적 특징으로 자리 잡아 동아시아 문화권을 형 성했다.

문벌 귀족 세력을 약화시키다

360여 년간 계속되었던 분열과 혼란의 위진 남북조 시대를 종식시키고 중국을 다시 통일한 것은 수의 양견(문제)이었다. 양견은 북주의 외척 으로, 나이 어린 정제에게서 제위를 물려받아 수를 창건(581)하고 남조의 진陳을 멸망시켜 중국을 재통일했다.

위진 남북조 시대를 거치면서 가장 큰 문제로 떠오른 것은 문벌 귀족의 정치권력과 경제력 독점이었다. 따라서 문벌 귀족의 세력을 약화시키는 것이 수나라 황제의 당면 과제였다. 문제는 중앙 관제를 정비하고 감찰 기구를 설치했으며, 지방 제도를 정비하고 관리를 파견하여 지방 세력의 병권을 빼앗아 지방에 대한 통제력을 강화했다. 문제의 뒤를 이은 양제는 종래의 9품중정제의 관리 임명 방식을 없애고 학과 시험을 통해 관리를 선발하는 선거제(후에 과거제)를 만들었다. 이 같은 관리 선발 방식을 통해 문벌 귀족의 관직 독점을 막고 기존의 정치 세력을 물갈이하려 했다.

수 문제
남북조 시대의 오랜 분열과 혼란을 통일하고 수나라를 세운 문제의 초상이다. 율령을 정비하는 등 황제권을 강화하여 중앙 집권 체제에 힘을 쏟았다.

전국적으로 농민에게 토지를 지급하다

2대에 걸친 개혁은 사회·경제 분야에서도 시행되었다. 특히 토지 제도 개혁이 집중적으로 이루어졌는데 토지 개혁의 목적은 대토지 소유를 해체하여 자영 농민을 육성하고 이를 통해 사회 개혁 및 군제 개혁을 하는 것이었다.

토지 제도 개혁의 내용은 균전제였는데 이 균전제는 북위의 제도를 계승·발전시킨 것이다. 북위에서는 토지를 지급할 때 소와 노예의 노동력까지 계산하여 지급했는데 이것은 소와 노예를 많이 소유한 문벌 귀족에게 유리했다. 대토지 소유를 해체하려는 정부는 이러한 계산법을 폐지하고 정남에게만 토지를 지급했다.

국가가 토지를 지급하는 대가로 농민들에게는 조세 납부와 군역의

공짜는 없는 거 알지? 나중에 입영 통지서도 갈 거니까 준비해.

국가

쌀

의무를 부과했다. 조세는 부부를 단위로 부과했는데 정남에게는 전세와 역을 부과하고, 정녀로부터는 면포나 마포(모시) 또는 견포(비단) 등을 징수했다. 이것이 바로 조용조*다.

군역은 모든 정남에게 부과되었다. 정남들은 토지를 새로 지급받은 경우도 있었지만, 이미 농민이 소유하고 있던 토지를 국가가 지급한 것처럼 한 경우도 많았다. 그렇지만 명목적으로는 국가로부터 토지를 받은 셈이었기 때문에 모두 군역의 의무를 져야만 했다. 결국 모든 농민은 병사가 되어야 했다. 이렇게 농민에게 병역의 의무를 부과하여 병사로 만드는 것을 병농일치라 하는데 이는 수나라의 군사적 기반을 공고히 하는 데 큰 도움이 되었다.

● 조용조
조租는 토지 소유 양에 따라 곡물을 징수하는 것, 용庸은 국가에서 필요한 노동력을 징발하는 것, 조調는 국가에서 필요한 물자를 조달하기 위해 토산물 또는 면포·마포·견포 등을 징수하는 것이다.

고구려 원정과 대토목 공사를 시행하다

중국을 통일한 수에게는 위협적인 존재가 둘 있었다. 바로 고구려와 돌궐이었다. 고구려는 동아시아의 패권을 장악하려는 수와 대립하며 독립적인 세력권을 형성하고 있었고, 돌궐 또한 세력을 넓혀 가며 수의 북서 방면을 위협하고 있었다. 수가 더욱 위협을 느꼈던 것은 고구려와 돌궐이 손을 잡고 수의 확장을 견제하고 있었기 때문이다.

당시 국력을 단기간 내에 신장시키는 방법은 정복 전쟁이 가장 효과적이었고 대외 팽창을 위해서는 경쟁 세력을 제압하는 것이 필수 요건이었다. 그래서 문제는 20만 대군, 양제는 100만 대군을 이끌고 고구려 원정을 떠났지만 고구려의 강력한 대응에 부딪혀 실패했다.

한편 이런 상황에서도 문제 시절부터 국토의 남북을 연결해 주는 대운하 건설 사업을 진행하고 있었다. 이 운하는 양쯔 강과 황허 사이를 이어 주었는데, 위진 남북조 시대에 개발된 강남과 화북의 경제를 교류하기 위한 것이었다. 운하의 개통은 남북 간의 경제적 대동맥이 되

대운하
대운하는 중국의 역대 왕조부터 시작되었는데 수 양제에 이르러 완성되었다. 그림은 양제가 용선을 타고 순행에 나선 모습을 그린 것이다.

었을 뿐만 아니라 교류 속도를 높임으로써 실질적인 중국 통일을 이룩하는 데 기여했다. 그러나 막대한 인력을 장기간 동원했던 운하 사업은 대원정의 실패와 더불어 민생 파탄을 불러왔다.

양제의 실정이 거듭되자 민심은 황제에게서 멀어져 갔고 각 지역에서 반란이 일어났다. 급기야 양제는 부하에게 살해당하고 손자인 유가 즉위했지만 이미 기울어진 국가의 운명을 되돌릴 수는 없었다. 결국 3대에 걸쳐 30여 년 동안 지속된 수의 역사는 마감되었다.

양제는 물러가라!!
민란
내가 뭘 잘못했는데?
수 양제

수의 고구려 원정
수는 중국을 통일한 후, 동아시
아에서 수 중심의 국제 질서를
수립하고자 했기 때문에 주변에
있던 고구려와 세력 대결을 벌
여야 했다. 수는 598년에서
614년까지 네 차례나 고구려
원정을 시도했지만 모두 실패했
다. 지도는 살수 대첩이 있었던
2차 원정(612) 때의 상황이다.

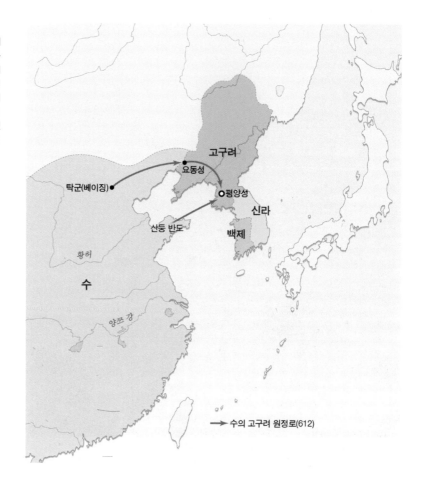

발달한 국가 운영 원리를 세워야 한다

수나라 말기 전국에서 일어난 반란은 120여 차례나 되었다. 유력자들
은 병력을 일으켜 중국을 다시 분열시켰고 서로 대립하며 항쟁했다. 이
혼란을 진정시키고 중국을 재통일한 것은 수나라에서 대대로 대장군을
배출한 명문가 출신의 이연이었다. 이연은 618년 당을 건국한 후 제도
개혁을 통해 중앙 집권 체제를 정비하고 민생을 안정시켜 통치 체제를
자리 잡을 수 있도록 노력했다.

　건국 후 당면 과제는 흐트러진 국가 체제를 정비하여 이완되어 있는

중국 전역을 완전하게 통일하는 것이었다. 그래서 당 고조(이연)와 2대 태종은 앞선 시대의 제도를 면밀히 살펴 가장 뛰어난 제도를 채택해 당 나라의 운영 원리로 삼고자 했다. 수많은 국가의 제도를 면밀히 검토한 당의 황제들은 수나라의 제도를 기반으로 차곡차곡 운영 원리를 세워 나갔다.

중앙은 3성 6부제를 채택해 서로 견제하고 경쟁하면서도 분업을 통해 전문성을 높이는 관료 조직을 만들었고, 지방은 주현 제도를 통해 지방에 대한 지배력을 강화하고 중앙과 지방을 일원화하는 지배 구조를 구축했다. 그런데 이와 같은 정책 추진은 방대한 관료 제도와 복잡한 국가 조직이라는 부작용을 가져왔다. 따라서 이를 원활히 운영할 수

당의 국가 행정 조직
당은 전 시대의 제도를 기반으로 새로운 국가 행정 조직을 재편했다. 중앙에는 3성을 두어 정책의 입안·심의·집행을 맡게 했고, 특히 상서성 밑에 6부를 두고 업무를 분담시켜 보다 원활한 집행을 이루었다. 지방은 주와 현의 2급 체제로 단순화해 통치 체제를 더욱 강화했다.

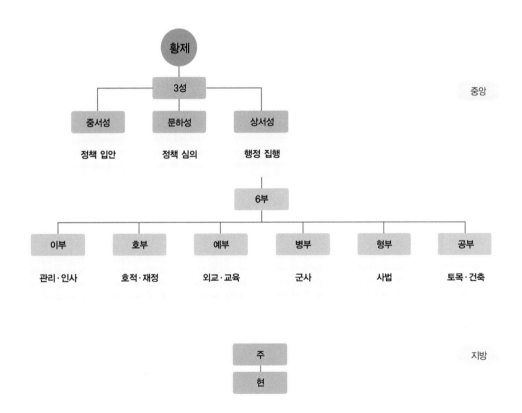

● 율령격식
율은 형법 규정, 영은 행정 법규, 격은 율령의 변경에 대한 추가 법규, 식은 시행 세칙을 의미한다. 637년 태종 대에 발표된 〈정관율령격식〉은 당의 체제가 완전하게 갖추어졌음을 잘 보여 준다.

있도록 큰 틀의 규범과 세부적인 시행 지침들이 필요했다. 그래서 당은 중국 역사에서 오랜 세월 동안 수많은 국가가 만들었던 법과 제도를 집대성하여 방대한 법령을 만들었다. 이를 〈율령격식〉 ● 이라 한다. 당나라가 만든 율령 체제는 이웃한 동아시아에 전파되어 고대 국가 완성에 큰 영향을 주었을 뿐만 아니라 이후 중국의 여러 왕조들에게 전달되어 새 왕조의 기본법으로 사용되었다.

또 당은 방대한 관료 제도를 운영할 관리를 충원하기 위해 선발 제도가 필요했다. 그리하여 수나라에서 채택한 선거(과거) 제도를 도입하여 시행했다. 이 제도의 시행 목적은 문벌 귀족이 독점한 권력을 분산하고 그들을 견제하기 위한 것이다. 그러나 만족할 만한 결과를 얻지는 못했다. 당시 과거를 보기 위해서는 유학을 공부해야 했다. 당나라는 경제적으로 크게 성장한 나라이기는 했지만 공부를 하기 위해서는 여전히 많은 비용이 들었고, 보통 사람들이 접근하기 쉬운 교육 기관이 있었던 것도 아니었다. 따라서 정치적 영향력과 경제적 능력, 그리고 기본적인 문화적·지적 소양을 가지고 있던 문벌 귀족 가문의 자손들이 과거에 합격하는 경우가 압도적으로 많을 수밖에 없었다.

대토지 소유를 억제하다

앞선 시대인 한나라 시절이나 위진 남북조 시대의 교훈은 개인들이 대토지를 소유하게 되면 국가 운영에 많은 어려움이 생기고 때로는 국가가 멸망하는 경우도 있었다는 것이다. 따라서 당은 개인이 대토지를 소유하는 것을 억제하기 위해 수의 토지 제도인 균전제를 발전시켜 시행했다. 그런데 균전제는 토지 국유제를 전제로 한 것이기 때문에 국가 권력이 강력해야만 효과적으로 운영할 수 있었다. 수가 균전제를 시행하다가 실패한 것도 탄탄한 국가 운영 조직이 없었기 때문이다.

그러나 당은 일찍부터 효율적인 국가 운영 체제를 통해 균전제를 시행했다. 당 정부는 새롭게 획득한 토지 영역을 소농민층에게 나눠 주었다. 18세 이상 남자에게 100무*의 토지를 지급하고 60세에는 국가에 반환하는 것을 원칙으로 했다. 다만 이 중 20무는 영업전이라 하여 국가에 반납하지 않고 자손에게 물려줄 수 있었는데 이것은 농민층의 경제적 기반을 마련해 주기 위한 조치였다.

균전제의 시행은 단순히 토지 제도의 개혁에 그치지 않고 국가 운영을 위한 재정 확보를 의미했다. 국가로부터 토지를 지급받은 농민들은 조용조의 세를 납부해야 했다. 당의 조용조 세법은 수와 비슷했지만 부담액은 조금 적었다. 이것은 균전제의 시행을 통해 농민 생활을 안정시키고 그들을 농촌 사회에 묶어 놓아 대민 지배의 효율성을 높이기 위한

●무
무畝는 땅 넓이의 단위이다. 각 시대와 지역에 따라 그 기준이 달랐다. 한나라 때 1무는 약 240제곱미터이다.

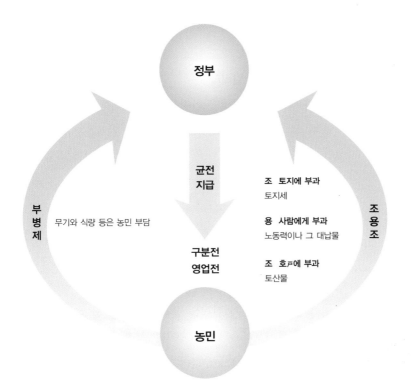

정부

균전
지급

조 토지에 부과
토지세

용 사람에게 부과
노동력이나 그 대납물

조 호戶에 부과
토산물

부병제

무기와 식량 등은 농민 부담

조용조

구분전
영업전

농민

당의 조세 제도와 군사 제도
균전제는 토지 분배뿐 아니라 조세 징수도 맡았다. 당은 조용조와 부병제도 같이 운영했는데, 조용조는 토지·정남·호 등에 부과한 조세이고 부병제는 병농 일치를 기반으로 한 군사 제도이다.

방법이었다.

군사 제도 역시 균전제와 맞물려 운영되었다. 토지에 농민들을 묶어 놓았기 때문에 효과적으로 인구를 파악할 수 있었고, 정남들에게는 토지를 지급한 것에 대한 대가로 병역의 의무를 부과했다. 이를 부병제라 하는데 운영하기가 이전 시대에 비해 획기적으로 나아졌다.

균전제의 시행과 그에 따른 조용조 세법 및 부병제의 적용을 통해 농촌 사회의 안정을 도모하고 재정 확보의 효율성과 군사력의 증강을 이룰 수 있었다. 이것은 당시로서는 매우 선진적인 국가 운영 방법이었다. 당 정부가 이렇게 효율적인 국가 운영 방법을 마련할 수 있었던 것은 당의 황제들이 이전 시대의 황제들과 달리, 자신이 보유한 군사력과 권위로 통치를 하려 들지 않고 합리적인 제도를 통해 국가를 운영하고자 고민했던 것에서 그 이유를 찾을 수 있다. 그 고민을 황제들에게 안겨 준 것은 중국의 축적된 역사 경험이었다.

당 태종
당의 2대 황제다. 3성 6부와 조용조 등의 제도를 정비했고, 외치에도 힘을 기울여 나라의 기초를 쌓았다. 국력이 강해지고 경제적으로 번영했던 그의 치세 기간을 정관의 치라 한다. 정관은 태종 때의 연호이다.

당의 힘을 널리 알리다

수와 당 시절에 중국을 가장 위협했던 세력은 고구려와 돌궐이었다. 수는 수차례에 걸쳐 고구려 원정을 시도했지만 번번이 실패했다. 그래서 당 고조 시절에는 수나라의 고구려 원정 실패를 거울삼아 고구려 및 여러 나라와 친선 관계를 유지하며 내치에 주력했다. 그러나 2대 황제로 즉위한 태종은 그동안 이룩한 안정을 더욱 공고히 하고 확대하기 위해서는 밖의 위협 세력을 제거해야 하는 작업이 꼭 필요하다고 느꼈다. 게다가 당나라를 견제하려는 고구려가 돌궐과 손을 잡고 위협하기까지 했으니 대외 원정을 통해 이를 해결해야만 했다. 당나라는 고구려보다는 약체인 돌궐을 먼저 복속시켰고 그 여세를 몰아 중앙아시아로 나아가 서역 진출로를 확보하기도 했다. 이를 통해 당시 인도와 페르시아 문화가 당에 많이 들어와 당 문화를 발전시키는 데 크게 기여했다.

그러나 당나라는 서역에 새롭게 등장한 이슬람 세력과의 일전에서 패배하여 서역으로 통하는 교역로인 비단길*을 잃었다. 이 당시 원정을 갔다가 포로가 된 병력 중에는 제지 기술자가 있었는데 이들이 이슬람 세계에 제지술을 알려 주었다. 제지술은 이슬람 세계를 통해 유럽에 전파되어 유럽 문화의 발달에 영향을 미쳤다.

이후 당나라는 서로는 토번을 항복시켜 영향력 아래에 두었고, 동으로는 신라의 도움을 받아 백제와 고구려를 패망시키고 한때 한반도 북부 지역을 짧게 지배하기도 했으며, 일본과 교류하면서 일본의 국가 발전에 영향을 미치기도 했다. 남으로는 지금의 베트남 동북부인 안남 지역에 대한 지배력을 다시 강화했다. 이로써 당나라는 동서남북으로 그 세력을 더욱 확장하고 이전 시대에 비길 수 없는 넓은 영역을 지배하게 되었다.

달도 차면 기우는 법이다

당 대에는 두 번의 융성기가 있었다. 바로 율령 체제를 완성하여 내치를 완성하고 대외적으로 크게 성장하여 동아시아 문화권의 중심으로 자리 잡았던 당 태종 시절이 그 하나이고, 또 다른 하나는 양귀비와의 로맨스로 유명한 현종이 다스리던 시절이었다. 태종 때가 정치와 국제적인 측면에서 융성기였다면, 현종 때는 문화와 물질문명의 융성기였다.

그런데 한 국가의 운명은 어찌 보면 사람의 인생과 비슷하다. 사람에게 청년기가 지나면 늙고 기운이 쇠하는 노년기가 오듯, 국가 역시 전성시대가 지나면 쇠퇴기가 오기 마련이다. 현종 말엽에도 그러했다. 태평연월을 노래하던 이 시절에도 말기적 현상이 나타났다. 건실하게 당

● 비단길
아시아 내륙을 횡단하는 고대 동서 교역로를 말한다. 교역의 대표 물품이 중국산 비단이었던 데에서 유래했다. 이 길을 통해 서방의 산물이나 이슬람교 등이 동아시아에 전해졌다.

●장원

원래는 지배 계급의 별장이란 의미였으나 이 시기에 이르러서는 문벌 귀족이 소유한 대토지를 의미했다. 장원을 통해 경제적 이익을 취하려는 경향이 두드러지면서 장원의 규모가 날로 확대되었고, 이러한 장원의 운영은 문벌 귀족이 아닌 사람들에게까지 퍼져 일부 부자들이 장원을 형성하기도 했다.

달도 차면
기우나니….

을 지탱해 온 균전 농민들이 사라지기 시작한 것이다. 국가가 농민들에게 토지를 지급해야 하는 것이 균전제의 토지 운영 방법에 있어 대전제다. 그런데 당 정부가 이를 실천할 수 없는 상황에 이르게 되었다. 안으로 정치가 군건해지고 밖으로는 외적의 침입에 대한 두려움이 없어지니 사회가 안정되었고, 당연히 인구가 급속히 증가했다. 사회의 안정과 인구의 증가는 생산력의 발전을 가져왔고 이로 인해 당시 중국은 이전의 어느 시대보다 경제가 활성화되고 풍요를 누릴 수 있었다. 화북 지역과 강남 지역 모두에서 농업 활동이 활발히 이루어졌고 이를 바탕으로 상업과 수공업도 비약적으로 발전했다. 이러한 경제 활동의 발전은 개인들의 경제력을 향상시켰고 그로 인해 사적 소유 개념을 강화시켰다. 당시 생산 활동에서 가장 중요한 수단은 토지였으니 경제력을 가진 사람들은 더 많은 토지를 소유하려 했다. 그 결과 장원●이라는 대규모의 개인 소유지가 곳곳에 나타나기 시작했다. 이에 국가가 농민에게 지급해야 할 토지가 줄어들었다. 여기에 급속한 인구 증가는 토지 부족 현상을 더욱 부채질했다.

　이런 상황에 변방 지역에서 다시 북방 이민족이 나타나 이들에 대한 정벌이 빈번히 행해지면서 재정 지출마저 확대되었다. 그럼에도 궁중의 사치와 낭비는 날로 심해지고 관료 제도의 운영도 방만해져 국가 재정은 바닥을 드러냈다. 하지만 당 정부는 심각해진 국가 재정을 농민들에게 무거운 세금을 부과하여 해결하려 했고 농민들은 세금을 피하기 위해 살던 곳을 떠나 유랑 생활을 했다. 이것은 남아 있는 농민들에게 더 큰 부담이 되었으며, 특히 부병제에 의한 군역의 의무는 더욱 가혹한 시련이었다. 결국 이러한 상황은 꼬리에 꼬리를 물고 점점 확대되어 갈 뿐 해결할 방안을 찾지 못했다. 가혹한 부담을 피해 떠나는 농민들이 갈수록 많아지자 당 정부는 균전제를 바탕으로 한 국가 운영을 더 이상 지속하기가 어려워졌고 이는 당의 국가 운영 체제가 무너졌음을 의미하는 것이다.

절도사가 일어서다

균전제가 무너지면서 모든 것이 위기 상황이 되었다. 특히 가장 시급한 것이 국방의 위기였다. 농민들이 고향을 등지고 떠돌면서 부병제의 징집 대상자가 현저히 부족해졌기 때문이다. 이 같은 현상은 징병에 의해 충원되는 의무병으로 항상 일정한 병력을 유지해야 했던 국경 지역의 군대와 중앙군에게 심각한 문제였다. 정부는 이 문제를 모병제로 해결하려 했다. 즉 일정한 급여를 받고 병사로서만 생활하는 직업 군인을 모집했던 것이다.

이런 모병들은 항상 군사 훈련만 했기 때문에 전투력이 강했으나 한 가지 문제가 있었다. 모병들은 군인이라는 직업을 잃게 되면 생계가 어려워질 수도 있기 때문에 직속상관의 명령을 철저히 따를 수밖에 없었다. 이렇게 해서 국가에 충성하기보다 직속상관의 명령에 철저히 복종하게 되는 사병화 현상이 나타났다. 중앙 정부의 통제력이 약화되거나 미치지 않는 변경 지역에서는 흔히 볼 수 있었다. 중앙 정부의 역량이 약화되자 이런 현상이 곳곳에서 나타났다.

당시에 변경의 군사 요충지를 군진이라 불렀다. 처음 군진은 소규모 전투 부대에 불과했으나 변경 지역에 거주하는 이민족들의 규모가 커져 수시로 중국의 영토에 침입하자 기존의 작은 군진으로는 막아 낼 수 없게 되어 여러 군진을 합쳐 병력 규모를 키우고 작전 수행 능력도 향상시킨 부대가 등장하게 되었다. 그 부대의 주둔지를 번진이라 했고 번진의 장관을 절도사라 했다. 당시 변경에 주둔하는 부대의 유지비는 인근 지역에서 세금을 직접 걷어 해결했는데 이 일 역시 절도사가 담당했다. 따라서 번진 내에서 절도사는 군사·행정을 모두 담당하는 관리였다. 결국 절도사들은 중앙 정부의 통제가 약해진다면 언제든 독립할 수 있는 능력을 가진 존재였다.

중기 이후 중앙 정부의 통제력이 약화되는 상황에서, 절도사 중에는 정치적으로 성장하여 권력을 키우고 싶은 사람들이 나타났다. 대표적인 인물이 안녹산이다. 한때 현종의 신뢰를 받으며 정치력을 행하던 안녹산은 그의 성장을 견제하려는 세력들이 등장하자 난을 일으켰다. 당시 20만에 달했던 반란 세력은 맹렬한 기세로 진격하여 수도인 장안을 함락하고, 현종을 내몰았다. 안녹산은 난을 일으킨 뒤 반란군 내부의

안사의 난
755년, 당 현종 말엽에 절도사 안녹산과 사사명이 일으킨 반란으로 763년에 평정되었다. 당에는 주요 변경 지역에 번진이라는 군사 및 행정 구역이 설치되어 있었는데 그곳의 군사·행정·재정 등에 대한 전권을 가진 관리가 절도사. 안사의 난 이후 당의 통치 질서가 크게 바뀌었다.

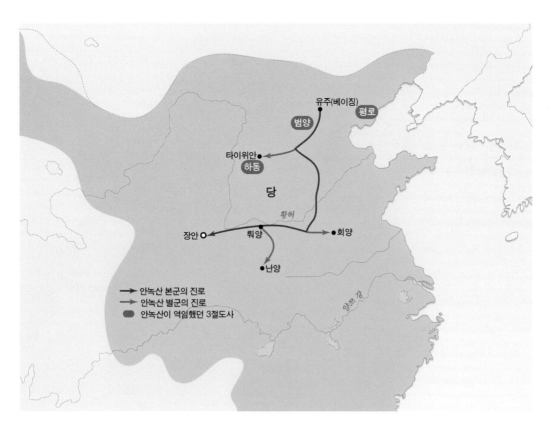

유주(베이징)
평로
범양
타이위안
하동
당
황허
장안 ○
뤄양
회양
난양
양쯔 강

→ 안녹산 본군의 진로
→ 안녹산 별군의 진로
● 안녹산이 역임했던 3절도사

권력 다툼 과정에서 살해되었고, 사사명에 의해 난은 지속되었다. 이를 안사의 난(755~763)이라 한다. 이 안사의 난은 다른 절도사들과 위구르 족의 원병을 이용해 간신히 진압하기는 했지만 정부의 권위와 지배 체제를 크게 약화시켰다.

8년을 끌었던 난은 평정되었지만 안사의 난을 계기로 당은 새로운 국면을 맞게 되었다. 번진들이 여기저기서 발호하기 시작했던 것이다. 원래 번진은 새로 획득한 영토, 즉 변경 지역에만 있던 것이었는데 안사의 난을 겪는 와중에 중국 내지의 중심 지역에도 설치되기 시작하여 마침내 50여 개에 이르게 되었다. 번진의 최고 지휘자인 절도사들은 이 시기에 들어 중앙의 통제력을 무시하고 자신들의 주둔지 및 인근 지역에서 모든 권한을 장악해 그 세력을 확대해 나갔고, 자신의 지휘 아래 있는 병력들을 사병화해 쇠약해진 정부에 노골적으로 반감을 드러냈다. 이 과정에서 절도사들은 번진을 중심으로 준독립 상태를 유지하면서 중앙 정부에서 이탈했고 정부의 통제력은 급속히 약화되었다.

개선을 위한 제도가 오히려 걸림돌이 되다

안사의 난 이후, 농민들이 고향을 등지고 떠나가는 사태는 더욱 늘어났다. 지배층의 토지 사유화가 더욱 심해졌기 때문이다. 조용조를 내야 할 농민들이 토지를 버리고 고향을 등지는 사태는 재정적인 면에서 당의 통치 근간을 흔들어 놓았다. 이에 정부는 균전제를 포기하고 재정을 늘릴 수 있는 새로운 정책을 찾아야만 했다.

새로운 재정 확보 정책을 마련해야 했던 또 다른 이유는 당시 새로운 변화와 발전이 진행되고 있었기 때문이다. 이전 시대에 비해 매우 안정적이고 효율적으로 국가 운영이 이루어지던 때라서 농업 기술이 효과적으로 개발되고 보급되었다. 이로 인해 농업은 현저히 발전했고 농업 분야의 발전은 농촌에서 대토지를 소유한 평민 출신 지주를 탄생하게 했으며, 농산물 생산량의 증가는 상업과 수공업의 발달을 가져왔다. 이 과정에서 엄청난 소득을 올리는 상공인들이 등장했다. 상공업의 발달로 도시와 교통의 요지에는 여관업·창고업·주점 등이 번창했다. 상공인들의 활약은 특히 후반에 들어서 더욱 두드러지는데 이들은 토지에 근거를 두지 않고도 엄청난 소득을 올리고 있었다.

이처럼 토지를 소유하지 않고도 막대한 이익을 획득하는 평민들이 등장했기 때문에 지급된 토지를 기준으로 세금을 징수하는 조용조 세법은 효율적일 수 없었다. 그들은 막대한 재산을 소유하고도 지급된 균전, 즉 소유한 토지 기준으로 세금을 납부하면 되었던 것이다. 따라서 이들에게 세금을 거둬들일 수 있는 새로운 세제가 필요했고 그 방법을 모색하는 과정에서 양세법이 등장했다.

양세법은 종래의 조용조 세법에 의해 부과하던 복잡한 방식을 호세와 지세라는 두 가지 세금으로 정리한 것이다. 호세는 재산 소유 정도에 따라 납부하는 것이고, 지세는 토지 소유 정도에 따라 납부하는 것인데 이 중 호세는 화폐로 납부하도록 했다. 양세법은 잡다한 세목을 두 가지로 정리함으로써 백성들의 부담을 줄이고 세금 징수의 효율성을 높이려는 것이 목적이었다. 또 세율을 각 호의 빈부에 따라 결정했기 때문에 더 공평한 징세가 가능했을 뿐만 아니라 조용조 세법으로는 징세할 수 없었던 상인이나 제조업자에게도 세금을 부과할 수 있었다.

그러나 양세법은 실제 시행 과정에서 많은 결함을 드러냈다. 조용조 세법에는 토지 100무라는 일률적인 세금 부과 기준이 있었지만, 양세법은 그 기준이 모호하여 세금 부과 실무를 맡은 하급 관리가 임의대로 세금 금액을 조작하는 등의 농간을 부릴 수 있었다. 게다가 유력 부호들은 재력을 이용해

경제는 활발한데 세금이 통 안 걷히네….

세금

토지 외에도 재산에 따라 세금을 부과하면…?

관리들을 매수하거나, 소작농들에게 세금을 전가하는 방법으로 과세를 피했기 때문에 결국 농민들은 여전히 무거운 세금에 시달려야만 했다. 또 양세 중에 호세는 금납●이었는데 화폐 가치가 상승할 경우, 화폐를 쉽게 접할 수 없는 농민들에겐 더욱 큰 부담이 되었다. 결과적으로 양세법 이후에도 농민의 유망은 늘어만 갔고 이것은 통치 기반에 크나큰 걸림돌이 되었다.

미봉책에 그친 개혁, 멸망을 가져오다

양세법의 운영 원리가 조용조와는 크게 다른 면이 있었는데 그것은 토지를 재산으로 인정하고 그에 대해 세금을 부과했다는 점이다. 이는 당 중기 이후 급속히 확산된 토지 사유화를 막을 수 없었기 때문이었는데 토지를 사적으로 소유하는 것을 국가가 공식적으로 인정한 셈이 되었다. 이는 토지 국유를 전제로 국가 운영 원리를 짰던 당 정부의 근간을 포기하는 일이었다.

이제 유력한 부호들은 마음 놓고 토지를 소유할 수 있게 되었고 토지 소유에 따른 세금만 납부하면 되었다. 유력한 부호들이 소유한 대토지를 당시에는 장원이라 불렀는데 장원의 주인은 전호●를 이용해 소유지를 경영했다. 장원의 확대는 자영 농민의 몰락을 초래했고 몰락한 농민은 생활을 위해 장원의 전호로 전락하게 되었다. 농민들이 몰락하여 전호가 되거나 고향을 등지고 떠돌아다니는 이들이 많아지면서 군사적으로는 징병제의 기반이 완전히 무너져 모병제로 대체되는 결과를 가져왔다. 모병제의 확대는 절도사의 권력을 더욱 강화하는 결과를 낳았고 강한 힘을 가진 절도사들은 중앙 정부에 저항하며 지방에서 독립적인 권력을 행사했다.

계속되는 정책의 실패와 그로 인한 농민의 부담 증가와 유망은 황소의 난(875~884)으로 대표되는 농민 봉기를 전국적으로 발생하게 했다.

●금납
세금을 화폐로 내는 것을 말한다. 이전에는 곡물 또는 면포나 베로 납부했다.

●전호
소작농은 토지를 빌려 사용하고 그에 대한 대가를 지불하는 방식으로 지주와 관계를 맺는다. 다시 말해 경제적 관계 이외의 것이 적용되지 않았다. 하지만 전호는 경제적 관계 이외에도 지주가 요구하는 것들을 받아들여야 했다. 부역은 기본이었고, 지주의 명을 따르지 않을 경우 처벌을 받기도 했다. 이 과정에서 목숨을 잃는 일도 있었다. 아시아의 전근대 농민들은 대체로 전호의 성격을 띠었다.

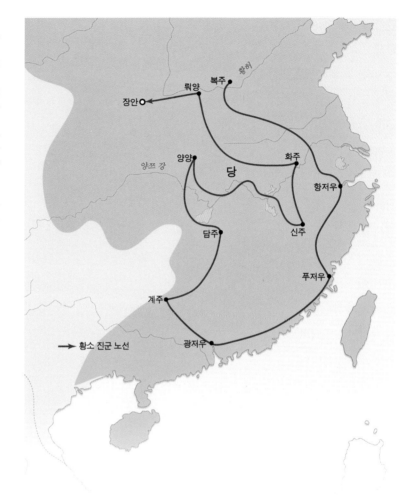

황소의 난
중국 당나라 말기 약 10년 동안에 걸쳐 일어난 농민 봉기. 당나라 말기에는 국가 기강이 문란해져 떠돌아 다녀야 했던 사람들이 많았다. 농민들이 대다수였지만 그 외의 생업을 가진 이들도 많았다. 이는 피지배 계급의 대부분 사람들이 고통을 겪고 있었음을 의미한다. 황소·왕선지 등은 이들을 모아 나라를 세웠다. 물론 그들에게는 경제적 기반도 없었고 통치 능력도 부족했다. 비록 토벌군에 격파되었지만 지배 체제를 흔들기에는 충분했다.

이것은 당 정부를 결정적으로 약화시키는 결과를 가져왔고 당은 결국 절도사 주전충에 의해 멸망했다(907).

서역과 대규모 교역 시대를 열다

위진 남북조 시대에 강남으로 전해지기 시작한 화북의 농업 기술은 당대에 와서 더욱 무르익었다. 이렇게 하여 대체로 건조한 화북 지역은 잡곡을 2년에 걸쳐 다른 3개의 작물을 농사짓는 방법으로 생산하고, 강남 지역은 2모작을 통해 농업 생산량이 비약적으로 늘었다. 이러한 지역적인 농업의 분업화는 발전을 거듭하여 기후와 지형의 특성에 따라 세분화되었고 차·목면 같은 특용 작물도 상품화되기 시작했다.

농업의 발전과 변화는 인구의 증가와 도시의 발전에 영향을 주고 이는 다시 소비 증대를 가져왔다. 이는 상업과 수공업의 발전으로 이어지고 상업과 수공업의 발전은 다시 농업을 자극하는 순환이 계속되면서 경제가 성장했다. 이런 과정을 통해 당 사회 전체의 생산력이 전 시대에 비해 크게 발전하자 도시에는 물자가 풍부해졌는데 이것은 우수한 중국의 물자를 가지고 서방 세계와 교역하던 북방 유목민이나 서역인들에게 매우 좋은 기회였다. 이 때문에 당시 당나라의 도시에서는 물자 교역을 위해 출입하는 서역 상인들을 흔히 볼 수 있게 되었다.

특히 당 대에는 위진 남북조 시절부터 귀화한 북방 유목민들이 중국인이 되었고, 상당수는 문벌 귀족이 되기도 했기 때문에 당나라에는 자연히 북방 문화가 한족의 문화와 섞이게 되었다. 이러한 영향으로 당은 외래문화에 대해 거부감이 없었을 뿐만 아니라 문벌 귀족 사회의 요구를 충족시키기 위해 적극적으로 이를 수용하기도 했다.

이 같은 개방적 분위기에서 서역인과의 교류가 더욱 활발하게 이루

당 대의 사회 변화
당은 수의 체제를 일부 답습하기는 했으나 이를 체계적으로 관리하려고 노력했다. 특히 균전제와 조용조의 시행은 농민의 부담을 크게 줄였다. 하지만 균전 농민이 몰락하면서 사회에 큰 변화가 생겼다. 여기에 불을 지핀 것이 안사의 난이었다. 이후 여러 제도를 마련했으나 황소의 난이 일어나면서 당은 그 수명을 다할 수밖에 없었다.

어졌다. 특히 8세기 이후 바닷길이 개척되어 해상을 통해 대량 운송이 가능해지자 당과 서역 간의 교역이 더욱 활발해졌는데, 주로 페르시아 인과 아라비아 인 들이 바닷길을 이용해 무역을 했다. 이렇게 무역이 확대되자 국가 재정 확보 측면에서도 중요한 요소로 인식되었고 정부는 무역의 효과적인 관리를 위해 시박사를 두어 세관 사무·관세 징수 및 정부와 황실에 필요한 물품 구매 등을 담당하게 했다.

찬란한 문화의 꽃을 피우다

사회 및 경제의 발전은 문화가 발달할 수 있는 조건과 환경을 제공했다. 도시와 교통의 발달도 그중 하나인데, 당시 수도였던 장안은 인구가 100만 명이 넘는 국제 도시였다. 이러한 대도시에는 일거리가 풍부했기 때문에, 일반 백성에서부터 지식인에 이르기까지 각계각층의 많은 사람들이 거주하고 있었다. 이들은 풍족한 생활을 바탕으로 각종 예술과 문화 활동에 활발히 참여했는데, 이것은 당의 문화가 발달하는 데 밑바탕이 되었다.

그뿐만 아니라 당은 한 대에 이룩한 중국 고전 문화를 기반으로 남북

당삼채
백색·녹색·갈색 또는 남색·녹색·갈색의 세 가지 색을 써서 만든 도기를 말한다. 장안과 뤄양 부근에서 주로 제작되었다. 당시 귀족 사이에는 장례를 사치스럽게 지내는 풍습이 유행했는데 당삼채는 묘의 껴묻거리로도 쓰였다.

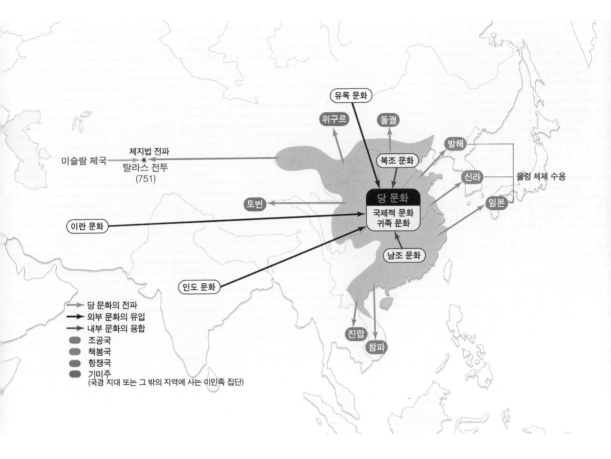

조의 귀족 문화·불교문화 그리고 당대 유입된 서역 문화를 고루 수용·혼합함으로써 특유의 문화를 형성할 수 있었다. 한마디로 국제적인 문화가 등장했다고 볼 수 있다.

　　당 대에는 다양한 종교를 수용하고 내용적으로 발전시키기도 했다. 특히 불교와 도교가 크게 융성했다. 문벌 귀족들에게는 관료가 되기 위해서 유학이 중요했지만 이것은 관료가 되기 위한 도구일 뿐 그들의 삶을 윤택하게 해 주는 사상으로서의 역할은 하지 못했다. 오히려 그들에게는, 삶에 대한 본질적 답변을 줌으로써 삶을 역동적이며 자유롭게 해 주는 종교가 더욱 매력적이었다. 그리하여 참선과 자기 수양을 중시

당 문화의 특징과 동아시아 문화권

당의 문화는 중국의 전통문화에 북방 민족의 문화, 서역의 문화, 인도의 문화 등을 포함한 국제적 성격을 띠었다. 이는 개방 정책으로 인해 국제 교류가 활발했기 때문이다. 당의 이러한 문화는 주변 여러 나라에 많은 영향을 미쳤다.

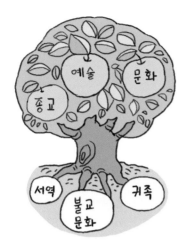

하는 불교의 선종이 환영을 받았고 도교도 황실의 보호를 받으며 귀족층을 중심으로 성행했다. 이러한 현상은 일반 백성들에게도 영향을 미쳐 불교와 도교는 그들의 사랑을 받으며 더욱 성장했다.

당의 다양하고 독특하며 보편적인 문화는 이웃한 동아시아에도 지대한 영향을 미쳤다. 신라·발해·참파(베트남)·일본 등은 당의 제도와 문화를 모방해 자국의 발전을 도모하려 했다. 그 결과 동아시아 일대는 율령·불교·한자·유교라는 당의 제도와 문화의 내용을 공통적으로 가지게 되었다. 이 시기에 들어 동아시아 문화권이 완성된 것이다.

03

일본, 고대 사회의 성립과 발전

일본은 여러 소국이 서로 경쟁하면서 통일 왕국 건설을 위한 길을 걸었다. 이 중 야마토 지역을 중심으로 등장한 국가가 일본을 통일했다. 이후 한반도와 중국으로부터 문물을 수용하면서 통일 국가의 체제를 수립·강화해 나갔다. 하지만 통일 국가의 체제를 정교하게 다듬기에는 경제적 기반과 교통·통신 등과 같은 시설이 부족하여 통일 국가 체제가 무너지고 지방에서 독립 세력이 등장하게 되었다. 그 중심에 무사들이 있었다.

중앙 집권 국가가 탄생하다

중국에서 위진 남북조 시대가 전개되고 한반도에선 고구려·백제·신라의 삼국이 국가의 면모를 구축하고 발전을 시작할 무렵, 일본에서도 정치적 변화가 시작되었다. 3세기 초 야마타이국으로 대표되는 연맹 국가들이 등장하기 시작하여 3세기 말에는 야마토 지방의 정치 세력들이 연합하여 야마토 정권이 수립되었다. 야마토 정권은 다른 소국 또는

일본 최초의 통일 국가 탄생~

아스카 지역
아스카 지역은 협소하고 산지가 많다. 그럼에도 고대 일본의 수도로 자리를 잡은 것은 도래인들이 자신들에게 익숙한 지형을 선택했기 때문이다. 사진은 오늘날 아스카 지역의 모습이다.

연맹 국가와의 경쟁에서 승리하여 4세기 중엽 일본에서 최초로 통일 국가의 면모를 갖춘다.

야마토 정권의 출발도 작은 소국들이 연맹한 형태였다. 각 소국의 지배자들을 키미라 했는데, 야마토 정권의 최고 통치자는 이런 키미들보다 상위에 있어야 했으므로 대왕이라는 의미를 지닌 오오키미라 불렀다. 하지만 초기에는 강력한 지배력을 보이지 못했다. 왜냐하면 야마토 정권도 처음에는 소국들이 모여서 만들어진 연맹 국가로 출발했기 때문이다. 그래서 오오키미라 불리던 최고 통치자는 다른 소국의 키미들보다는 우월한 힘을 가지고 있었지만 그들 모두를 제압할 정도는 아니었다. 기존 소국의 키미들도 오오키미를 견제할 만큼의 능력을 가지고 있지 못했다. 하지만 수많은 나라들이 서로 경쟁하며 탄생과 소멸을 거듭하고 있던 시기여서 이들은 서로 타협을 해야 보다 안전한 생존이 가능했다. 즉 오오키미는 기존의 지배자들을 자신의 신하로 삼는 형태를 취하는 대신, 그들의 기존 지배력은 인정해 주는 방식을 통해 통일 국가의 면모를 구축했던 것이다. 야마토 정권의 이와 같은 국가 운영은 오오키미의 권력을 강화하기 위한 고육책이었으나 시간이 지날수록 뜻대로 이뤄지지는 않았다.

사회의 안정이 유지되는 상황에서는 생산력 향상이 꾸준히 진행된다. 당시 주요 산업은 농업이었는데 토지에서 얻을 수 있는 이익이 생산력의 향상과 함께 증가되자 귀족들의 토지 소유 욕구 또한 커지게 되었다. 귀족들은 기존의 지배력과 경제력을 바탕으로 토지 소유를 확대했고, 그 안에 거주하는 사람들을 직접 지배하여 자신들의 경제력과 군사력으로 삼아 세력을 확장했다. 이렇게 각 지역에서 지배력을 확대한 유력자들을 호족이라 한다. 결국 시간이 지날수록 오오키미는 강해진 호족들의 힘에 눌려 이들과 협력하여 정치를 할 수밖에 없었고 그러다 보니 그 지위와 권력도 약화될 수밖에 없었다.

한때 오오키미들은 그 조상이 도래인이라 불린 사람들, 즉 한반도에서 선진 문물을 가지고 건너온 사람들의 가문인 소가씨들을 등용하여 기존 세력을 제압하고 권력을 강화하려 했으나 6세기 중엽 소가씨가 오히려 득세하여 자신들에게 유리한 오오키미를 즉위시키기도 할 정도였다.

이러한 소가씨들의 전횡을 막아 낸 사람이 쇼토쿠 태자였다. 그는 요메이 왕의 아들로서 어려서부터 총명하여 학문에 능통했고 불교에 관심이 많았다. 592년, 요메이 왕을 이은 스슌 왕이 소가씨들에 의해 후사 없이 암살된 후 소가씨에 의해 스이코 왕이 즉위했다. 일본 최초의 여왕이다. 스이코 왕은 오빠인 요메이 왕의 아들을 태자로 삼아 섭정을 하게 했는데 그가 쇼토쿠 태자이다. 스이코 왕은 쇼토쿠 태자를 통해 소가씨의 정치적 압박을 피하려 한 것이다. 쇼토쿠 태자가 왕실 사람이긴 했으나 소가씨 가문의 외손이기 때문에 그에게 섭정을 맡기면서 소가씨 가문과 정치적 타협을 하려 했던 것이다. 소가씨 가문에서도

쇼토쿠 태자
6세기 후반 요메이 왕의 아들로 태어나 일본의 개혁을 시도한 인물이다. 그는 귀족 세력을 억제하고 왕의 권력을 강화하는 데 중요한 역할을 했다. 그의 노력으로 일본은 중앙 집권 국가로 자리 잡을 수 있었다.

● 관위 12계
호족의 서열이 세습되는 것을 폐지한 후 만든 제도이다. 개인의 능력과 공적에 따라 서열을 정하고 그에 해당하는 관위를 부여했다.

● 17조 헌법
17조 헌법은 쇼토쿠 태자가 제정했다고 하는 일본 최초의 성문법이다. 관리나 귀족이 지켜야 할 의무와 천황에 복종할 것 등의 내용을 담고 있다. 천황 중심의 국가를 만들기 위한 것으로 다이카 개신의 정치적 이념이 되었다.

자신들의 이익을 확보하는 데 도움이 될 것으로 판단할 수 있는 조건이었다.

그러나 쇼토쿠는 소가씨의 바람대로 움직이지 않았다. 당시 동아시아의 변화에 관심을 갖고 있던 쇼토쿠는 중국의 통일 왕조인 수나라의 등장을 주목했다. 그리고 수나라가 곧 세력을 뻗어 올 것이라 예상하고 일찍부터 수에 사신을 파견하여 친선 관계를 유지하려 했다. 이 과정에서 쇼토쿠는 대륙의 정치 제도를 접하게 되었고 황제 중심의 국가 운영 체제를 도입하여 일본 왕의 권위를 높이고 왕을 중심으로 한 국가를 건설하고자 했다. 그는 왕실의 사람이었던 것이다.

쇼토쿠 태자는 소가씨들의 바람과 달리 왕권을 강화하기 위해 그들을 견제하기 위한 정책들을 추진했다. 603년에는 관위 12계●, 604년에는 17조 헌법●을 제정하여 중앙 집권적 관료 국가 건설의 준비를 갖추었다. 또 고구려와 백제에서 불교를 받아들이고 이를 보급하여 사상을 통합하고 사람들을 순화시켜 사회 질서를 유지하고자 했다. 하지만 쇼토쿠 태자는 소가씨들의 견제를 받으며 그들과 타협을 통해 이러한 정책을 추진할 수밖에 없었다.

쇼토쿠 태자의 노력을 기반으로, 나카토미노 가마타리와 나카노 오에 왕자에 의해 다이카 개신(645)이 이뤄질 수 있었다. 이는 당시 당과 신라에 유학하여 대륙의 제도를 배우고 귀국한 자들과 왕실 세력이 결합하여 무력 봉기를 일으킨 것으로 소가씨들을 몰아내고 정치권력을 잡아 대륙형 개혁을 단행한 사건이었다. 이 개혁의 핵심은 모든 토지를 국유화하여 그 땅에 사는 사람들을 왕의 신하와 백성으로 삼는 공지공민제의 수립과 중앙 집권 체제를 완성하는 것이었다. 개혁을 진행하는 과정에서 야마토 정권은 오오키미 대신 천황이라는 칭호와 일본이라는 국호를 사용했다. 오오키미는 여러 소국들의 왕들 중 최고위를 차지한 자를 칭하는 것이었기에 중앙 집권 체제가 강화된 야마토 정권 군주의

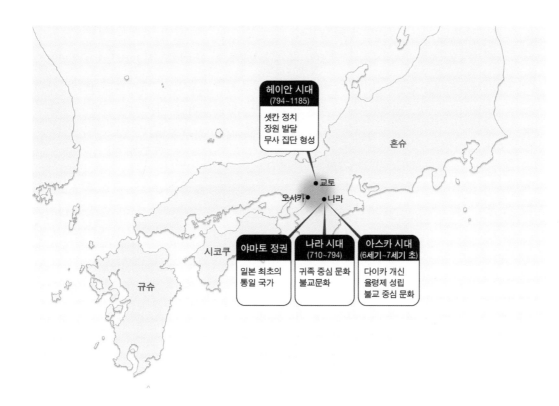

위상을 높여 줄 새로운 칭호가 필요했던 것이다. 도교에서는 우주 지배자를 천황 대제라 했는데 천황이란 호칭은 여기서 따온 말이다. 쇼토쿠 태자가 중국에 사신을 보낼 때 일본 왕을 천황이라 칭했다고 하는 것으로 보아 천황이란 용어를 사용한 것은 오래전부터인 것으로 보이는데, 이를 공식적으로 사용한 것은 7세기 때였다. 국호 역시 당시 국제적으로 통용된 것은 왜였다. 이는 중국이 일본을 낮추어 부르기 위해 사용하던 명칭이었는데 중앙 집권 체제가 수립된 일본의 입장에서는 당연히 이 명칭을 쓰기가 거북스러웠을 것이다. 그래서 7세기 말, 지토 천황 때 명을 내려 일본이란 국호를 공식적으로 사용하게 되었다.

일본 고대 사회의 발전
일본의 왕들은 왕권을 강화하기 위해 수도를 옮겨 기존 지배 세력과 대립했다. 일본의 통일 정부는 야마토에서 시작하여 아스카·나라·헤이안으로 수도를 옮겼다.

사무라이가 등장하다

일본에서 중앙 집권 체제가 등장하여 유지되던 시기는 7세기 후반에서 12세기 말 사이의 대략 500년 정도의 시간이다. 이 중 중앙 집권 체제가 강력히 진행된 것은 100여 년 남짓일 뿐이다. 이 시기를 나라 시대와 헤이안 시대로 나누는데 이것은 수도의 위치에 따른 구분으로 양 시대는 귀족 문화가 다양하게 펼쳐지던 시기이기도 하다.

나라와 헤이안에서는 중앙의 귀족들을 중심으로 귀족 문화가 꽃피고 중앙 집권 체제가 발달하기도 했지만 지방은 그러하지 못했다. 다이카 개신으로 권력을 장악한 개혁파 세력이 지방까지 영향력을 강하게 행사하기에는 역부족이었기 때문이다. 각 지방으로 파견된 지방관인 고쿠시가 농민 한 사람 한 사람, 땅 한 자락 한 자락을 일일이 파악한다는 것도 힘들었을뿐더러 지방을 철저히 지배하기 위해서는 중앙 정부와 유기적인 연결이 필요한데, 이는 당시의 행정·교통·통신 능력으로는 감당하기 어려운 일이었다. 그래서 지방 곳곳에는 여전히 호족들의 영향력이 강했다. 이전 시대와 조금 달라진 것이라곤 지방관인 고쿠시의 눈치를 봐야 하는 정도였을 뿐이다.

그뿐만 아니라 공지공민제를 기반으로 한 율령 체제하에서 국가는 농민에게 토지를 지급해야 조세 및 부역을 부과할 수 있었지만, 여전히 호족들이 존재하여 대토지를 독점하고 있는 상황에서 토지를 모두 국가 소유로 하고 이를 다시 나누어 지급하는 일은 사실상 불가능한 일이었다. 천황의 영향력이 강한 지역에서 일부 토지를 국유화하고 지급하는 일들이 진행되었지만 인구 증가로 인해 지급할 토지는 금방 부족해졌다. 이러한 모순 때문에 개혁이 진행된 지 얼마 되지 않은 8세기부터 율령 체제는 붕괴되기 시작했다.

하지만 율령 체제는 사회의 안정에 기여하기도 했다. 사회의 안정은 토지 생산성의 향상을 가져왔고 그에 따라 토지의 소유는 바로 부로 연결되었기 때문에 귀족과 호족 들은 대토지를 늘리기 위해 혈안이 되어 있었다. 이 과정에서 대토지를 소유한 자들은 대토지 소유를 막으려는 고쿠시들과 싸움을 마다하지 않았다. 결국 그들은 자신들이 소유하고 있던 노예들을 무장시키는 수밖에 없었고 이 과정에서 사무라이라 불리는 무사 계급이 등장하게 되었다.

쓸쓸한 단어지
고독하고
사무라이

여러 가지 의미로 말이야….

거대한 장원과 무사 집단이 형성되다

지방관들의 가장 큰 임무 중 하나는 농민들로부터 세금을 징수하는 것이다. 그러나 이미 많은 농민은 귀족과 호족 들에게 농토를 빼앗기거나 넘겨준 상태였다. 그래서 지방관은 중앙 정부에서 내려온 세액을 맞추기 위해 남은 농민들에게 더욱 많은 세금을 부과할 수밖에 없었는데, 남은 농민들과 중소 지주들은 무거운 세금을 피하기 위해 자신의 토지를 유력한 호족이나 귀족에게 넘기고 그들의 보호 밑으로 들어갔다. 이것은 정부를 더욱 재정난에 허덕이게 했고 이를 해결하기 위해 개간을 장려했는데, 이렇게 형성된 토지는 사적으로 소유하는 것을 인정했다. 그러나 개간은 농민들에 의해 이루어지기보다는 경제력과 노동력이 풍부한 귀족이나 호족 들에 의해 이루어지는 경우가 많았고 결과적으로 귀족과 호족은 장원이라 불리는 개인 소유지를 더욱 확장할 수 있게 되었다.

한편 중앙 귀족들은 딸을 천황과 결혼시키고 아들을 낳으면 천황으로 즉위시키기 위해 전력을 다했다. 그 결과 정치권력이 천황의 외척인 소수의 귀족들에게 독점되는 현상이 일어났다. 이를 셋칸 정치라 하는데, 어린 천황을 즉위시킨 후 그를 대신하여 외조부가 섭정을 하다가 천황이 직접 통치할 나이가 되면 간파쿠라는 고문이 되어 정계를 주도할 수 있는 권력을 여전히 유지하는 정치 형태를 말한다.

이처럼 중앙의 귀족은 막강한 권력을 소유하고 있었기 때문에 장원을 형성한 수많은 지방 호족이 그들의 휘하로 들어왔다. 즉 지방 장관인 고쿠시의 간섭을 피하기 위해 중앙 귀족에게 호족 자신이 소유하고 있는 토지를 상납하고 보호를 요청한 것이다. 그렇다고 중앙 귀족이 토지의 경영권을 빼앗았던 것은 아니다. 중앙 귀족은 소유권만을 가지고 경영은 그 지역의 호족에게 맡겼다. 이런 과정을 통해 중앙 귀족과 지방 호족 사이에는 보호와 충성의 주종 관계가 형성되었다. 그리고 이들은 모두 대토지를 지키기 위해 무사 집단을 소유하고 있었기 때문에 중앙에서 지방에 이르기까지 거대한 무사 집단이 형성될 수 있었다.

무사들이 중앙 정계로 진출하다

셋칸 정치는 후지와라 가문에 의해 170여 년 동안 이루어졌는데 천황가는 이 후지와라 가문의 권력을 빼앗아 오기 위해 원정을 단행했다. 원정은 천황이 일찍 은퇴하여 상황이 되고 어린 아들을 천황으로 즉위시킨 뒤, 자신은 원이라고 불리는 상황의 처소에서 천황의 보호자 자격으로 계속 정치를 주도하는 형태를 말한다. 이는 일부 정부 운영은 어린 천황과 셋칸 정치를 하던 후지와라 가문에게 맡기고 상황은 외부에서 조정을 지배하는 방식으로, 후지와라 가문도 견제하고 권력도 유지하려 했던 것이다. 또 원정 시기에 상황은 자신을 보호해 줄 군사력이 필요했기에 지방의 고쿠시를 통해 무사들을 동원하고 이들에게 경호를 맡겼다. 원정은 귀족들의 셋칸 정치에 대응하기 위한 천황가의 노력의 일환으로 등장한 것이었지만 일본 사회에 새로운 양상을 전개시키기도 했다.

이게 바로 원정!

원정은 후지와라 가문을 중심으로 한 귀족들의 세력은 위축시킬 수 있었지만, 성장한 천황과 여전히 권력을 쥐고 놓지 않는 상황이 서로 대립하기도 했다. 천황가 내부에서 권력 다툼이 벌어진 것이다. 이 천황가의 권력 다툼에 귀족들도 개입하기 시작하여 싸움은 날로 커지게 되었다. 이 과정에서 귀족들과 천황가는 자신들을 후원하던 지방의 무사 집단에 도움을 요청했다. 당시에는 전국에 많은 무사 집단이 있었는데 그중 가장 유력했던 가문은 미나모토노 가문과 다이라 가문이었다. 이 두 가문은 각각 상황 측과 천황 측으로 나뉘어 대결했다. 물론 미나모토노 가문의 모든 사람들이 상황을 지원하거나, 다이라 가문의 모든 사람들이 천황을 지원한 것은 아니었다. 서로의 이해 관계에 따라 미나모토노 가문의 사람들도 천황을 지원하기도했고 다이라 가문의 사람들도 상황을 지원하기도 했으나, 대체적으로 보면 미나모토노 가문은 상황 측을 다이라 가문은 천황 측을 지원하는 형세였다. 이 두 가문은 황실과 귀족들의 부름을 받아 중앙 정계에 등장하게 되었고 정권을 차지하기 위한 싸움의 주인공이 되었다.

다이라 가문은 호겐(1156)의 난●과 헤이지(1159)의 난●을 통해 상황 측을 제압하고 정권을 장악했다. 그러나 다이라 가문은 무사 집단을 기반으로 한 국가 운영 구조를 만들지 않고 기존의 체제에서 중요 관직을 독점하여 독재 정치를 했다. 다이라 가문은 무사 가문 출신으로는 처음 권력을 독점했으나 이것이 무사 집단이 정치를 좌우하던 막부 체제의 수립을 의미하는 것은 아니다. 다이라 가문은 무사 집단이었지만 중앙 귀족이었던 후지와라 가문처럼 귀족 정치를 이어갔다. 따라서 다이라 가문의 권력 장악이 막부 시대를 연 것은 아니다. 다만 막부 시대를 열 수 있는 기반은 마련했다고 볼 수 있다.

고대 문화가 꽃을 피우다

710년, 일본 조정은 중국 당의 수도인 장안을 모방하여 오늘날 나라에 헤이조쿄라는 도읍을 건설했는데, 이 도읍은 약 70년간 번영을 누렸다. 이 시기를 나라 시대라 한다. 나라 시대에는 도읍을 중심으로

●호겐의 난

다이라 가문과 미나모토노 가문이 벌인 싸움이다. 즉 스토쿠 상황과 재위 중인 고시라카와 천황 사이에 벌어진 권력 다툼이었다. 미나모토노 가문은 상황을, 다이라 가문은 천황을 지지했다. 이 싸움은 다이라 가문의 승리로 끝났다.

●헤이지의 난

호겐의 난에서 전공이 많았던 다이라 기요모리와 미나모토노 요리토모가 권력을 놓고 다시 일전을 벌인 것을 말한다. 이 전투에서 기요모리가 승리했다. 다이라 가문을 헤이라고도 불렀기에 헤이지의 난이라 한다. 호겐과 헤이지의 난은 중앙 정치 무대에서 무사의 영향력이 확대되는 결과를 가져왔다.

귀족 문화와 불교문화가 발달했다. 특히 불심이 깊었던 쇼무 천황은 도다이지와 그 안에 높이가 16미터나 되는 거대한 금동 대불을 세웠으며, 도다이지 바로 옆에는 쇼소인이라는 창고를 지어 자신이 사용한 물건을 보관했다. 이 창고에는 수많은 보물들이 보존되어 오늘에까지 전해지는데, 당시 중국·인도·페르시아 등으로부터 수입한 진귀한 공예품도 섞여 있으며 신라의 민정 문서도 이 창고에 보관하고 있다.

일본은 7세기부터 9세기까지 수차례에 걸쳐 당에 견당사를 파견하여 당의 문화를 적극적으로 수용했다. 이렇게 일본은 고도로 발달한 불교문화를 바탕으로 당의 문화와 융합함으로써 문화를 발전시켰다. 그러나 이러한 문화가 수도 안에 거주하는 귀족들에게만 편중되었다는

도다이지 대불
도다이지에 있는 본존불로 높이 16미터, 얼굴 길이 5미터 정도 되는 거대 불상이다. 도다이지와 같은 큰 규모의 사찰을 짓는 데에는 많은 비용과 인력이 필요했을 것이다. 특히 대불을 세울 때에는 일본 내 청동과 금은이 바닥났을 정도였다고 한다. 이를 감수하면서까지 사찰과 불상을 건립한 것은 당시 일본이 불교를 중히 여겼기 때문이다.

것이 한계였다.

　이 시기 일본의 사회상은 《만엽집》이라는 노래책을 통해 알 수 있다. 이 노래책에는 천황에서부터 거지에 이르기까지 다양한 계층의 사람들이 만든 약 4,500편의 시가가 수록되어 있는데 그 내용은 자연이나 역사, 인생의 고락, 노동, 정열적인 사랑 등에 대한 것으로 고대인의 감정이 솔직하게 표현되어 있는 것이 특색이다.

　한편 이 시기에는 천황 가문의 유서 깊음과 그 권력의 정통성을 확보하기 위해 역사 편찬이 국가 사업으로 추진되었다. 오늘날까지 전해지는 사서 중에는 720년에 완성한 《일본서기》가 있는데 이것은 일본이 고대 국가의 면모를 완성했다는 것을 대내외적으로 과시하기 위해 편찬한 것이라 볼 수 있다.

도다이지
나라 시에 있는 화엄종의 본산으로 일본 불교계의 지도적 위치에 있는 사찰이다. 사진의 금당은 에도 시대에 재건된 것으로 높이 47.5미터의 목조 건축물이다.

헤이조쿄(왼쪽)와 헤이안쿄(오른쪽)
헤이조쿄는 중국의 장안성을 본떠 건설한 계획도시로 귀족 문화와 불교문화가 발전했다. 새로운 수도로 옮기기까지 정치·경제·문화의 중심지 역할을 했다. 헤이안쿄로 수도를 옮기면서 일본 고유의 문화가 싹트기 시작했다.

794년, 칸무 천황은 정계의 기풍과 율령 정치를 쇄신하기 위해 오늘날 교토인 헤이안쿄로 수도를 옮겼다. 이후 1185년 가마쿠라 막부가 성립되기까지를 헤이안 시대라 한다.

이 시기의 일본은 고대 사회 체제에서 새로운 체제로 바뀌는 전환기였기 때문에 문화에서도 새로운 기풍이 나타났다. 그동안 일본은 당의 문화를 수용하면서 고대 문화를 발전시켜 왔지만, 이 시기에 들어 종래의 일본 본토 문화를 바탕으로 일본식 문화를 창조해 내었다. 그것이 바로 국풍 문화다.

국풍 문화를 대표하는 것은 문학이다. 일본 문학의 등장과 발달은 가나 문자의 발명과 함께 이루어졌는데 가나 문자는 한자를 빌려 그 일부를 생략하여 만든 가타카나와 그 초서체를 따서 만든 히라가나가 있다. 주로 승려와 여자 들이 많이 사용했고 8세기 말경 구체적인 모습으로 나타났다. 특히 궁중과 관련이 있는 여성들이 가나 문자를 이용하여 일종의 소설인 모노가타리나 수필 등의 걸작을 남겼다.

04

서아시아 세계,
이슬람교의 성립과 발전

서아시아 세계는 페르시아 인들과 그들이 형성한 페르시아 문화를 바탕으로 성장했다. 그런데 7세기에 들어 새로운 기운이 일어났고 이슬람교의 등장으로 폭발적으로 확장되었다. 이 시기부터 이슬람교를 탄생시킨 아라비아 민족이 서아시아의 새로운 주도 세력으로 자리 잡았다.

아라비아 민족은 이슬람교를 바탕으로 대외 팽창을 강력히 추진했다. 그 결과 서아시아 지역은 물론 북아프리카 전역과 유럽의 이베리아 반도 일부를 차지하게 되었다. 그로 인해 이 지역의 문화는 이슬람교를 바탕으로 성립하게 되었다.

동서 교역로의 변화가 이슬람 세계를 성립하다

페르시아를 중심으로 발전해 온 서아시아 세계에 이슬람이라는 새로운 문화가 등장하게 된 결정적 계기는 사산 왕조 페르시아와 비잔틴 제국과의 전쟁이었다. 당시 사산 왕조 페르시아와 비잔틴 제국은 오늘

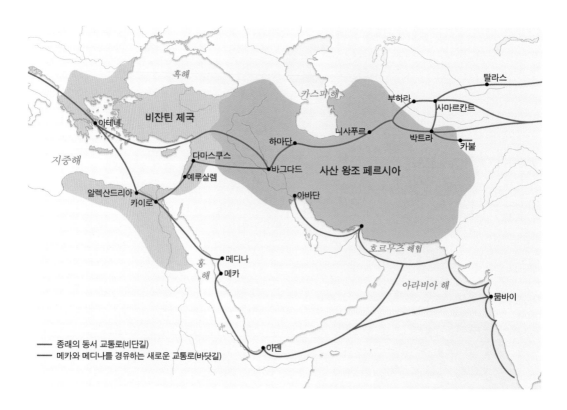

지중해
흑해
카스피 해
비잔틴 제국
사산 왕조 페르시아
아테네
탈라스
부하라
사마르칸트
니샤푸르
박트라
카불
하마단
다마스쿠스
바그다드
예루살렘
알렉산드리아
카이로
아바단
호르무즈 해협
홍해
메디나
메카
아라비아 해
뭄바이
아덴

—— 종래의 동서 교통로(비단길)
—— 메카와 메디나를 경유하는 새로운 교통로(바닷길)

6세기 동서 교역로의 변화
비잔틴 제국과 사산 왕조 페르시아의 대립으로 기존 동서 교역로는 안전하지 못하게 되었다. 이에 따라 아라비아 반도를 거쳐 인도양을 지나는 새로운 교역로를 이용했다. 그 덕분에 교역로에 있던 메카와 메디나가 성장했다.

날 이라크·시리아 등의 지역 근처에서 국경선을 맞대고 있어서 터키·시리아·이라크를 지나는 육로를 통한 동서 교역은 불가능했다. 이에 따라 새로운 교역로가 필요했고 지중해와 이집트 그리고 홍해 및 아라비아 반도 서부와 인도양으로 이어지는 무역로가 개발되었다. 이과정에서 아라비아 반도의 서부에 위치한 메카와 메디나가 경제적으로 크게 성장하게 되었고 이것이 이슬람 세계 성립에 중요한 원인이 되었다.

이슬람교가 등장하다

6세기에 들어서도 아라비아 반도의 사람들은 여전히 부족 단위로 분열되어 상업과 유목 생활에 종사하며 살았다. 그들에게 통일 왕조의 기미

계시를 받는 무함마드
무함마드가 메카 교외에 있는 언덕에서 명상하고 있는데 천사 가브리엘이 나타나 계시를 내렸다고 한다. 이후 무함마드는 알라를 유일신으로 받들고 이슬람교를 창시했다.

는 보이지 않았으나 7세기경 새로운 변화가 일기 시작했다. 사산 왕조 페르시아와 비잔틴 제국의 대립으로 아라비아 반도가 새로운 동서 교통로로 부상하자 그 교통로 변에 있는 도시들이 크게 번성하여 상업이 발달했던 것이다. 그런데 상업의 발달은 경제의 활성화를 가져다준 반면 빈부 격차의 심화를 가져왔고 이로 인해 민중들은 현실 사회에서 더욱 고통을 받았다. 그들에게는 이러한 고통의 고리를 끊을 수 있는 계기가 필요했다. 또 지배 계급은 경제적 여건이 좋아지자 분열된 상권을 통합하기 위해 통일 왕조의 필요성을 절감하게 되었다. 이를 위해서는 부족 단위로 이루어지는 신앙생활을 무너뜨리고 부족을 통합할 수 있는 새로운 보편적인 종교가 필요했다. 그리하여 탄생한 종교가 이슬람교이다.

이슬람교는 메카에 살던 상인인 무함마드가 신의 계시를 받아 창시했다. 이슬람교의 근본 교리●는 알라의 유일성과, 교조 무함마드가 알라의 사자라는 것을 믿는 것에서부터 시작한다. 또 유일신 알라 앞에

●이슬람교의 근본 교리
이슬람교에서는 신앙적 요소로 6신信을, 의무로 5행行을 강조한다. 6신은 알라의 유일성, 신과 인간의 매개체로서의 천사, 예언자들을 통해 내려진 경전, 알라가 파견한 모든 예언자들, 최후의 심판을 받게 되는 내세, 정명(예정설)이다. 5행은 신앙 고백·예배·희사·금식·성지 순례를 말한다.

모든 사람은 평등하며 신과 예언자의 가르침대로 행하면 누구나 육신으로 재생하여 천국에서 영원한 삶을 누리게 되고, 그러지 못한 자는 지옥에 떨어지게 된다는 주장을 했다. 그 때문에 이슬람의 교리는 이 지역의 종교뿐만 아니라 정치와 일상생활까지 지배하게 된다.

이슬람 제국이 성립하다

이슬람교가 가지고 있는 유일신 사상과 평등주의는 당시 다신교와 신분 질서를 중요하게 여기던 메카 귀족들로부터 거센 탄압을 받게 되었다. 그 때문에 포교 활동은 순탄치 않아 무함마드가 포교 활동을 한 지 10년이 지나도 이슬람교도(무슬림)는 100여 명에 불과했다. 622년, 무함마드는 탄압을 피하고 교세를 확장하기 위해 메디나로 본거지를 옮겼다. 그곳에서 강력한 이슬람 공동체를 형성하여 도약을 준비하기 위해서였다. 이때 움마라는 이슬람 공동체가 형성되었는데 이를 이끈 것은 무함마드였다. 이 공동체의 목적은 종교적 이상을 완성하는 것이었지만, 현실에서는 다가오는 적들과 대결하기 위해 조직을 운영하고 군사력을 준비해야 했다. 이를 총괄해서 지도한 것 역시 무함마드였다. 따라서 무함마드는 종교적 지도자이면서 동시에 행정·군사 등도 담당했다. 이는 종교적 지도자가 정치적 운영도 함께하는 형태였으니 이 조직의 특징은 정교일치라 볼 수 있다.

이게 무슨 초등학교 반장도 아니고…. 음, 역시 세습이 정답이야.

　무함마드는 메디나에서 협력자들의 도움을 받으며 교세를 확장했다. 또 이슬람 공동체를 정치·종교적 조직뿐만 아니라 군사적 조직의 역할도 할 수 있도록 했다. 이로써 이슬람 공동체에 속해 있는 사람들은 정치·종교·군사적 의무와 권리를 함께 가졌다. 이러한 형식은 이슬람의 전통이 되었다.

　무함마드는 이 조직을 이용하여 메카를 향한 반격을 시작했다. 강력한 신앙심으로 똘똘 뭉친 이 공동체는 메카의 반대 세력을 거뜬히 물리치고 메카를 점령할 수 있었다(630). 이후 그들의 팽창은 거침없었고 곧 메카와 메디나를 중심으로 거대한 아라비아 인의 국가를 건설했다. 그러나 이러한 이슬람 세계의 팽창은 교조인 무함마드가 사망(632)하면서 위기를 맞았다. 이 난국은 원로들의 합의로 무함마드의 오랜 동료이자 장인인 아부바크르를 후계자로 결정하면서 해결되었다. 이것은 칼리프제의 시작을 의미하는 것이다. 칼리프는 원로들의 합의에 의해 선출되어 무함마드를 계승하는 종교적 지도자를 말하는 것으로, 이슬람 공동체 내에서는 정치·군사적 지배권도 가졌다. 아부바크르를 포함하여 이후 4명의 칼리프들이 이슬람 공동체를 지도하며 그 세력을 팽창하던 시기를 정통 칼리프 시대(632~661)라 한다. 이 시기에 아라비아 인들은 서아시아에서 이집트에 이르는 지역에 거대한 이슬람 세계를 건설했다.

그러나 칼리프를 합의에 의해 선출하던 정통 칼리프 시대는 오래가지 못했다. 3대 칼리프였던 우스만은 새로이 정복한 지역에 자신이 신임할 수 있는 친인척을 총독으로 파견했고 이슬람의 경전인 《쿠란》도 자신이 편집한 것 외에는 인정하지 않았다. 그 때문에 우스만의 반대 세력들은 그의 전횡에 맞서 쿠데타를 일으켜 우스만을 내쫓고 무함마드의 사위인 알리를 4대 칼리프 자리에 앉혔다. 그러자 이번에는 우스만을 지지하는 세력들이 보복 공격을 감행했다. 시리아 총독이었던 무아위야가 우스만 지지 세력을 규합하여 알리를 제거하고 칼리프 자리를 차지하면서부터 칼리프 자리를 세습하기 시작했다. 이때부터를 세습 칼리프 시대라 한다. 원래 칼리프는 선출직이었지만 무아위야 이후로 세습됨에 따라 이슬람 세계에 왕조가 성립되었고 무아위야는 우마이야 가문 출신이었기 때문에 이를 우마이야 왕조라 부른다. 이 단계에 이르자 이슬람 세계에서 칼리프는 종교적 지도자로서의 역할보다는 정치적 지도자로서의 역

알리
무함마드의 사위로서 4대 칼리프가 되었다. 시아파는 그로부터 출발한 계승자들을 정통으로 인정하여 따르고 있다.

할이 더욱 중요하게 되었다.

새로운 국가를 유지하기 위해 많은 재정이 필요했던 우마이야 왕조는 재정 확보를 위해 이전보다 더 대외 팽창에 주력했다. 재정을 확보하기 위해서 조세를 늘리는 방법이 있긴 했지만 새 왕조가 이전보다 조세를 많이 거두어들인다면 엄청난 저항에 부딪힐 것이 뻔한 일이었기 때문에 밖으로 눈을 돌렸던 것이다. 우마이야 왕조는 대외 팽창을 통해 얻은 전리품과 확대된 영토에서 징수하는 세금을 통해 재정 문제를 해

다마스쿠스의 대모스크
우마이야 왕조를 세운 무아위야는 다마스쿠스를 수도로 삼고 나라를 다스렸다. 사진은 우마이야 왕조의 6대 칼리프인 왈리드 1세가 다마스쿠스에 세운 대모스크로 비잔틴 문화의 영향을 받았다.

결했다. 그 결과 우마이야 왕조는 8세기 초까지, 동으로는 중앙아시아와 서북 인도에서 서아시아·북아프리카를 거쳐, 서로는 이베리아 반도에 이르는 대제국을 건설했다.

아라비아 인들이 대제국을 건설할 수 있었던 이유는?

이슬람이 짧은 기간에 대제국을 건설할 수 있었던 것은 비잔틴 제국이나 사산 왕조 페르시아가 오랜 전쟁으로 약해지고, 두 지역 사이에서 전쟁에 시달리던 서아시아 지역 사람들이 기존 지배층에 반감을 가지고 있었기 때문이기도 하지만, 그보다는 이슬람교가 가지고 있는 종교적 특징과 이슬람 제국의 통치 방법이 더 큰 이유라고 할 수 있다.

이슬람교는 인종·계급·종교에 관계없이 신 앞에 모두 평등하다는 것이 기본 교리였다. 그래서 피정복민에게도 이슬람교를 믿을 수 있도록 허용했을 뿐만 아니라 아라비아 인이 아니어도 이슬람교로 개종하면 관리가 될 수 있는 기회를 주는 등 당시로서는 매우 파격적인 내용을 포함하고 있었기 때문에 사람들의 호응을 받을 수 있었다.

또 이슬람 제국의 세금 제도는 기존 지배 계급이 운영하던 제도와 비교해 볼 때 부담이 적었고 합리적이었다. 기존의 지배 계급은 자신들의 필요에 따라 마음대로 세금을 매기고 징수했지만 이슬람 세계에서는 제도에서 정해진 기준에 따라 세금을 걷었다. 세금의 부담액이 적은 것은 아니었지만 이전보다는 많이 줄었다. 다른 하나는 이슬람교 이외의 종교도 인정했다는 것이다. 굳이 개종을 하지 않더라도 이슬람교도보다 많은 세금을 내면 자신의 삶과 종교를 유지할 수 있었다. 이러한 이유로 당시 곳곳의 민중들은 이슬람 제국의 확대를 오히려 반기는 입장이었다.

이슬람 세계, 시아파와 수니파로 분열되다

우마이야 왕조가 서아시아를 중심으로, 서로는 이베리아 반도와 북아프리카 전역, 동으로는 당나라의 경계와 접하여 대제국을 지배하고 있을 때 이슬람 사회 내부에서는 분열의 조짐이 보이기 시작했다. 우마이야 왕조가 칼리프의 지위를 세습함에 따라 칼리프 자리는 세속화되어 가고 있었는데, 우마이야 왕조는 왕조의 중심지인 시리아와 아라비아 민족을 중심에 놓고 타 지역과 다른 민족에 차별 정책을 펼쳤다.

이러한 우마이야 왕조의 차별 정책에 대한 불만은 아라비아 인들에게서 먼저 나타났다. 시리아 중심의 정책에 반발한 이라크 지역의 아라비아 인들이 무함마드의 혈족만이 칼리프를 계승할 자격이 있다고 주장하며 우마이야 왕조에 도전하기 시작했던 것이다. 이들은 교조의 직계 후계자인 아부바크르·우마르·우스만을 찬탈자로 규정하고 무함마드의 사위이자 4대 칼리프인 알리만이 진정한 칼리프이고 그 후손들만이 칼리프가 될 수 있다고 주장했다. 이러한 주장을 하는 무리를 시아파라 불렀는데 이들은 기존의 질서를 부정했기 때문에 수니파와 대립하게 되었다. 처음에 시아파는 수니파와 교리적으로 별 차이가 없었다. 그러나 점차 동방에서 유입된 다른 종교의 요소를 수용하면서 신비주의적 색채가 더해졌고 수니파와 다른 교리를 가지게 되었다.

시아파에 우마이야 왕조의 아라비아 인 우대 정책에 반발한 비아라비아계 무슬림들이 참여함으로써 그 세력이 더욱 확대되었다. 이와 함께 우마이야 왕조의 중앙 집권주의와 세속화에 반대하는 메카와 메디나의 독실한 무슬림들이 칼리프의 종교적이고 헌신적인 측면을 강조하며 신정 정치를 요구함에 따라 우마이야 왕조의 권위는 약화되었다.

시아파가 이끄는 저항 운동은 아라비아 인에 대한 민족적

너, 좀 반항아 기질이 있다, 응?

으르렁

시아파　수니파

둥근 지붕 돔과 첨탑
이슬람 사원을 모스크라 한다. 모스크 건축 양식의 특징은 둥근 지붕인 돔과 주변에 높은 첨탑이 있는 것이다. 모스크에는 신상을 모시지 않고, 오직 예배와 기도를 위한 공간으로만 사용한다. 돔과 첨탑은 모스크의 규모를 대외적으로 보이는 장치이다. 이와 같은 모스크는 일찍부터 건축되었는데 이를 위해서는 건축술은 물론 수학과 역학 등의 과학 발전, 풍부한 물자가 뒷받침되어야 했다. 따라서 모스크 건축을 통해 당시 아라비아의 풍요로움과 발전상을 알 수 있다.

반항 이나 종교적 저항을 넘어, 국가관이 다른 세력의 정치적 도전 혹은 상류층에 대한 사회적 저항 운동의 성격을 띠었다. 결국 우마이야 왕조에 반대하는 세력들은 시아파에 결집하여 우마이야 왕조를 무너뜨리고 아바스(750~1258) 왕조를 수립했다.

아바스 왕조의 성립은 단순히 왕조의 교체를 의미하는 것이 아니다. 이것은 지배 세력인 우마이야 왕조에 반대하는 여러 세력들이 힘을 합쳐 조직을 만들고 대대적인 활동을 통해 이루어 낸, 이슬람 세계 내의 아래로부터의 혁명이자 성공한 혁명으로 볼 수 있다. 그러나 문제는 목적을 달성한 후에 이해관계가 달랐던 각 세력들이 자신들의 이익을 위해 서로 다른 목소리를 냈다는 것이다. 이 때문에 아바스 왕조는 성립한 지 얼마 지나지 않아 분열의 모습을 보이게 된다.

아바스 왕조가 등장하자마자 이슬람 세계의 서쪽 변방 지역인 스페인과 북아프리카에서는 우마이야 왕조의 잔여 세력이 제국에서 이탈하여 후後우마이야(756~1031) 왕조를 건설했다. 아바스 왕조를 거부하는 세력들은 후우마이야 왕조에 참여하게 되었고 이로써 이슬람 제국은 동서로 분열하게 되었지만 제국의 중심부인 서아시아와 북아프리카 대부분의 지역은 9세기 중엽까지 아바스 왕조에 의해 통일이 유지되고 있었다.

이슬람 세계의 르네상스가 일어나다

아바스 왕조는 수도를 아라비아 중심의 다마스쿠스에서 페르시아 문화의 바탕이 살아 있는 바그다드로 옮기고 아라비아계와 비아라비아계 무슬림의 조화로운 융합을 꾀했다. 이 과정에서 아바스 왕조는 인종과 민족을 초월한 범이슬람 제국으로 발전했다.

아바스 왕조는 비아라비아 인들의 아라비아화를 활발하게 추진했다.

아라베스크
아라비아풍이라는 뜻이다. 이슬람에서는 우상 숭배를 철저히 배격했기 때문에 사물을 사실적으로 묘사하는 상을 만들거나 그림을 그릴 수 없었다. 따라서 기하학적인 무늬를 통해 예술적 표현을 했다.

이로 인해 이슬람 세계 내에서 아라비아 민족 우월주의는 퇴색하고 이슬람의 전파자 또는 수호자로서의 아라비아 인이란 의미가 부각되었다. 다시 말해 인종적 의미의 아라비아 인에서, 아라비아 어를 사용하고 이슬람을 믿으며 스스로 아라비아 인으로 칭하는 모든 이들을 아라비아 인으로 포괄하는 문화적 개념이 등장했다. 이러한 비아라비아 인의 아라비아화는 아라비아·시리아·페르시아 요소를 골고루 융합하여 보다 폭넓은 이슬람 문화를 만들어 냈다.

9세기 전반에 들어 아바스 왕조는 전성기를 맞이했다. 이 당시 바그다드는 비단길을 통해 문물이 물밀듯이 유입되고 학문 연구도 활발히 이루어지면서 당의 장안과 함께 세계 교역과 문화의 중심지로 번성했다. 또한 751년, 아바스 군대의 이븐살리히 장군은 탈라스 전투에서 당군을 이기고 당의 제지 기술자들을 포로로 잡아왔는데 이 포로들에 의해 이슬람 세계에 제지술이 보급되었다. 제지술이 보급되면서 책 출간과 함께 학문 연구도 활발하게 진행되었다. 또 아라비아 인들은 전리품으로 그 지역의 학문적 성과물을 수집했는데 이를 종이에 옮기는 과정에서 그리스·로마의 고전들을 번역하고 재해석했으며, 이집트의 자연과학과 의학, 인도의 수학과 철학 등도 아라비아 어로 번역하여 정리했다. 그리하여 이 시절 아라비아 인들은 세계 최고의 학문 수준을 이룩할 수 있었다.

05

힌두 문화권의 형성과 확산

불교를 중심으로 발전해 오던 인도는 쿠샨 왕조가 멸망하면서 혼란을 겪으며 세력이 약화되었다. 4세기 초에 들어 북인도에도 새로운 변화가 일어났다. 북인도 지역을 통일한 굽타 왕조가 등장했기 때문이다. 굽타 왕조는 4세기 초에서 6세기 중엽까지 200여 년간 유지되었고, 이 시기에 인도 문화의 핵심인 힌두교가 성립되었다.

힌두 문화를 완성한 굽타 왕조가 등장하다

쿠샨 왕조는 카니슈카 왕 사후, 그의 뒤를 계승한 왕들이 그리 뛰어나지 못했다. 결국 기원후 3세기 초부터 쿠샨 왕조는 쇠퇴의 길을 걷다가 이웃한 페르시아에서 성장한 사산 왕조에게 멸망당했다. 쿠샨 왕조가 멸망한 뒤 약 반세기가량 인도는 다시 혼란한 상태가 되었지만 4세기 초 굽타 왕조(320~550?)가 수립되면서 인도는 다시 통일 왕국의 면모를 갖추게 되었다.

굽타 왕조는 마우리아 왕조와 마찬가지로 갠지스 강 유역의 마가다 지방에서부터 출발했다. 굽타 왕조를 연 인물은 찬드라굽타 1세인데, 왕족은 아니었지만 마가다 지방에서 점차 정치적 세력을 확장하고 전통 깊은 왕조 가문과 결혼함으로써 정치력을 확장했다. 이러한 노력 끝에 굽타 왕조를 건설했다. 굽타 왕조는 3대 찬드라굽타 2세에 들어서 북부 인도는 물론 중부 인도까지 장악한 거대한 왕국으로 발돋움했다.

그러나 굽타 시대의 정치는 이전의 정치와 크게 나아진 바가 없었다. 당시의 교통과 통신 시설로는 지방의 말단까지 효과적으로 지배한다는 것이 불가능했기 때문이다. 비록 찬드라굽타 2세 시절에 중앙과 지방의 행정 조직이 정비되기는 했지만 굽타 왕조는 여전히 지방 세력을 인정하고 그들의 힘을 빌려서 통치하는 형태를 취할 수밖에 없었다.

엘로라 석굴 사원
굽타 왕조 시대는 평화가 지속되면서 예술이 발달했다. 엘로라 석굴 사원도 그중 하나인데 불교·힌두교·자이나교 같은 여러 종교의 흔적이 한 장소에 남아 있어 흥미롭다.

굽타 왕조가 유지되던 시기에 유럽에서는 게르만 족의 대이동이 있었고 이로 인해 로마가 붕괴되었다. 게르만 족이 갑자기 대규모로 이동하게 된 것은 동방에서 들어온 강력한 훈족 때문이었는데 훈족은 5세기경 인도에도 침입했다. 굽타 왕조는 훈족의 침입에 맞서 강력하게 저항했다. 그러나 계속된 전쟁은 굽타 왕조의 재정과 군사적 자원을 심각하게 고갈시켰고 엎친 데 덮친 격으로 왕위 계승을 둘러싼 내분까지 발생했다. 이로 인해 중앙 정부의 지배력과 권위는 약화되었다. 이러한 상황은 세금 징수의 어려움을 가져와 재정을 더욱 악화시켰고 이것은 다시 군사력의 약화로 이어졌다. 이런 흐름이 반복되면서 더욱 문제가 커질 뿐이었다. 결국 굽타 왕조는 후반에 이르러 이민족의 침입에 강력하게 대응하지 못하고 수세적 입장에 처할 수밖에 없는 상황에 이르게 되었고, 정부는 유명무실한 존재가 되어 인도는 다시 혼란의 정국에 빠져들었다.

굽타 제국의 금화
금은 화학적으로 매우 안정되어 있기도 하지만, 희소성과 아름다움 때문에 사람들의 관심을 끈 금속이다. 굽타 제국 때에도 금화가 만들어졌는데 이는 화폐로서 금이 가지고 있는 가치 때문이기도 하다.

힌두 문화가 자리 잡다

굽타 왕조 시대는 정치·사회적으로 두드러진 업적이나 유산이 없다. 그럼에도 굽타 왕조를 높이 평가하는 이유는 그들이 남긴 문화의 영향이 크기 때문이다. 이 시대에는 그동안 인도에 침투해 온 비非아리아 문화 요소를 완전히 제거하고 고유의 아리아 문화를 되찾으려 하는 복고적 기운이 강하게 나타났기 때문에 이 시대를 힌두 르네상스기라고 부른다.

마우리아 왕조와 쿠샨 왕조를 거치면서 불교는 왕실과 정부에 의해 정치 운영 원리로 활용되었다. 그래서 왕실과 정부가 앞장서서 불교를 보급했다. 불교를 통해 인도 사회를 통합하고 국가 운영을 원활히 하고자 하는 것이 목표였다. 하지만 두 왕조 모두 불교를 인도 사회에 뿌리 내리게 하기에는 지속 시간이 길지 못했고, 전 국토에 대한 지배력 또한 강력하지 못했다. 더군다나 이민족의 침입에 맞서거나 인도 내부의 정치 분열 속에서 생존하기 위해 전쟁을 벌여야 하는 왕들에게 불교에서 주창하는 살생 금지나 비폭력 철학은 맞지 않았다.

종교적인 측면에서도 불교는 인도의 전통 신앙인 브라만교와 차별화된 특징을 가지고 있지 못했다. 불교의 핵심 원리는 업과 윤회인데 이는 애초에 브라만교로부터 받아들였던 것이다. 따라서 일반 민중의 입장에서 보면 불교나 브라만교나 큰 차이가 없었다.

힌두교의 3대 신
왼쪽부터 브라흐마·비슈누·시바 신이다. 브라흐마는 창조를 주재하는 신이고, 비슈누는 질서를 유지하는 신, 시바는 파괴와 생식의 신이다. 유독 힌두교에는 신이 많은데 이는 힌두교의 다양성, 즉 포용력과 관련이 있다.

불교가 브라만교와 달랐던 것은 무신론을 주창하고 카스트 제도를 부정한 것이었는데, 이마저도 대승 불교가 등장하여 부처를 신격화하는 유신론을 선택하면서 사라지게 되었다. 더군다나 카스트 제도가 불교에 의해 완화되기는커녕 인도인들의 삶을 더 강하게 지배하고 있었다. 따라서 불교가 국가 운영 원리로 활용되던 시기에도 일반 민중에게 더 큰 영향력을 미쳤던 것은 브라만교였다.

이러한 한계를 그나마 극복할 수 있었던 것은 정치권의 후원과 강제적인 포교였는데, 마우리아 왕조나 쿠샨 왕조의 짧은 지속 기간과 강하지 못한 지배력은 이를 충족시키지 못했다. 더군다나 두 왕조 때를 제외하면 인도 내부는 거의 분열의 시기였고, 마우리아 왕조의 아소카 왕이나 쿠샨 왕조의 카니슈카 왕 같은 인물 말고는 불교에 힘을 쏟은 왕을 찾기 힘들다. 대부분의 왕들이 불교에 관심을 두면서도 브라만교의 영향을 잊지 않았고, 개인적으로는 브라만교에 더 이끌리기도 했다. 그로 인해 불교는 인도에 뿌리내리는 데 어려움이 있었다. 반면 이미 천여 년의 역사를 지니고 있던 브라만교는 인도인들의 삶과 정신을 지배하고 있었다.

민간 신앙에 가깝던 브라만교가 교단을 조직하고 종교 논리를 연구하여 체계를 잡게 된 것은 불교의 영향이기도 했다. 불교가 번성하자 이에 대한 브라만교 내부의 반성 과정에서 힌두교가 등장한 것이다. 힌두교는 아리안 족의 브라만교를 바탕으로 비아리아 인들의 민간 신앙과 기타 인도의 전통 신앙, 그리고 불교의 내용까지 포함한 종교로 이 시기에 성립했다.

굽타 왕조의 왕들도 불교를 중히 여겼다. 그러면서도 앞선 왕들처럼 힌두교에도 관심을 가지고 있었다. 이런 상황에서 굽타 왕조 시절은 인도 전통문화에 대한 관심이 높아지던 시기였다. 그래서 힌두교에 대한 대중적 지지가 더욱 커지기도 했고, 교단 내에서 종교적 역량을 적극적으로 확대하기도 했다. 이러한 흐름으로 인해 굽타 왕조는 5세기 들어

인도	기원전 3세기(브라미 문자)	ー 二 三 干 Ψ Ⴑ Ⴖ Ⴣ ⴘ ⴟ
	9세기(괄리오르)	૧ ૨ ३ ४ ૪ ૫ ૮ ૭ ८ ०
	11세기(데바나가리)	૧ ૨ ૩ ૪ ૫ ૬ ૭ ८ ੭ ০
아라비아	서아라비아 숫자	١ ٢ ٣ ٤ ٥ ٩ ٦ ٧ ٨ ٩
	동아라비아 숫자	١ ٢ ٣ ٤ ٥ ٦ ٧ ٨ ٩ ٠
유럽	15세기	1 2 3 ૨ ૫ 6 ∧ 8 9 0
	16세기	1 2 3 4 5 6 7 8 9 0

인도 숫자
1·2·3…0 등은 흔히 아라비아 숫자로 알려져 있지만, 이는 아라비아 인이 인도의 숫자를 유럽에 전했기 때문에 붙은 이름이고 실제 기원은 인도다. 계산에 적합하기 때문에 산용 숫자라고도 한다.

힌두교를 적극 후원하여 힌두교에서 규정한 제도와 규율을 국가 운영 원리로 활용했다. 이 과정에서 인도 고유의 언어와 문화는 강조될 수밖에 없었고, 이에 따라 왕실은 인도 고유의 문학·예술·종교·과학 등을 발굴·연구하는 것에 투자를 아끼지 않았다. 덕분에 각 분야마다 그 성과가 두드러지게 나타났다.

문학에서는 인도인의 고유어인 산스크리트 어●로 쓴 대서사시 《마하바라타》와 《라마야나》, 산스크리트 문학의 최고봉으로 인정받는 희곡 《사쿤탈라》 같은 작품이 등장했다. 수학과 천문학도 크게 발전했다. 인도인들은 0의 개념을 십진법에 사용했으며 기호를 이용하여 수식을

● 산스크리트 어
인도·아리아 어 계통으로 고대 인도의 표준 문장어이다. 인도 지식인들이 널리 사용했으며, 불경이나 고대 인도 문학은 이것으로 기록되었다. 범어 혹은 천축어라고도 한다.

간다라 양식의 불상(왼쪽)과 굽타 양식의 불상(오른쪽)
간다라 양식은 머리 모양이나 옷차림 등에서 그리스 문화의 영향을 받은 것을 알 수 있다. 굽타 양식은 간다라 양식의 불상에 비해 사실적인 표현은 줄어들었지만 인도 고유의 색채와 부드러움이 잘 나타나 있다.

전개하기도 했다. 또 인도의 숫자가 아라비아에 전해졌다. 파이(π)의 값을 계산하여 오늘날 밝혀진 값과 거의 비슷하게 알아내기도 했다. 또 천문학에서는 지구가 둥글며 자전하고 있다는 것을 주장했고 하루의 시간을 큰 오차 없이 계산해 내기도 했다. 미술 분야는 석굴 사원을 통해 그 특징을 발견할 수 있다.

석굴 사원은 조각·회화·건축 등 여러 분야가 함께 공존하는 공간이다. 따라서 이 시기 미술의 특징을 종합적으로 볼 수 있다. 인도인들이 거대한 바위산이나 절벽에 인공의 석굴을 만들고 그 안에 예배소와 강당 등을 조성함으로써 석굴 사원은 탄생했다. 이 석굴 안에는 당시 사람들이 조각한 불상이나 신상이 있을 뿐만 아니라 많은 그림이 그려져 있다. 석굴 사원은 대개 수백 년에 걸쳐 조성되었기 때문에 인도인들의 인식이 어떻게 변화했는지 볼 수 있다. 대표적인 석굴 사원이 아잔타와 엘로라에 있는 것들이다. 아잔타의 석굴은 29개로 구성되어 있는 불교 사원이다. 그런데 이 석굴에 조각되거나 그려진 불상들은 한반도에서 볼 수 있는 불상과 그 모습이 다르다. 이는 힌두 문화를 수용하여 조각하고 그린 것이다. 엘로라 석굴은 34개로 구성되어 있는데 초기 사원들은 주로 불교 사원이지만 뒤에 조성된 것은 힌두교나 자이나교의 사원들이 많다. 이는 굽타 시대 주류 종교의 변화를 보여 주는 것이라 볼 수 있다. 이 두 지역 석굴 사원의 공통점은 힌두 문화의 영향이 짙다는 것이다.

시바 신
파괴·죽음·열병을 주관하지만 무용을 관장하고 자비를 베푸는 신이기도 하다.

아잔타 석굴의 연화수 보살상
보살상의 색감이나 장식품이
모두 화려하다. 이는 힌두 문화
를 수용했기 때문이다.

굽타 시대에 들어서 이전 시대의 사회 모습과 다른 것은 앞선 시대에
서 인도인들이 생산해 냈던 모든 문화의 내용이 종합되었다는 것이다.
인도인들이 가지고 있던 종교·문화·생활 방식 등이 모두 힌두교, 즉
힌두 문화라는 것으로 총정리된 시기였다. 인도의 고유한 문화는 굽타
왕조 때 완성되었다고 볼 수 있다.

아시아, 지역 경제의
성장과 교류의 확대

01

송의 건국과 발전

중국의 통일 제국이었던 당은 정치·사회·문화·경제 등 다방면에서 성장한 왕조였다. 하지만 지배 계급이었던 문벌 귀족들이 권력과 대토지 소유에 몰두하면서 국가 운영이 무너져 갔다. 이런 상황에서 지방의 군 지휘관이었던 절도사들의 반란으로 당은 멸망했다. 중국은 당이 멸망한 후 50여 년 동안 분열되었다가 다시 송이 통일 제국을 이루었다.

송은 정치적으로는 당과 완전히 다른 나라였지만 경제적으로는 당을 계승하고 발전시켰다. 사실 당의 멸망은 경제적 성장을 정치·사회적 제도와 구조가 따라가지 못해 생긴 결과였다. 송은 농업 사회를 기반으로 한 성리학을 중시했지만 상업과 수공업 영역의 활성화에도 관심을 기울였다. 그리하여 기존의 기술을 혁신적으로 발전시키면서 사회적 생산 능력도 크게 향상되었다. 경제의 발달은 사회 구조의 변화를 가져왔고 그에 따라 정치 구조와 사상 지배 질서 및 지배층의 문화 역시 큰 변혁이 있었다. 이를 통해 송은 당시 세계 어느 곳에서도 볼 수 없던 선진 문명을 선보였다. 더

분어 송의 경제 발전과 기술의 발전은 동서 교역이 확대되는 결과를 가져왔다.

5대 10국은 절도사들의 싸움으로 시작하고 끝난다

당이 주전충에게 망한 다음 송이 건국되어 중국이 재통일될 때까지의 50여 년(907~960) 동안을 5대 10국 시대라 한다.

5대는 화이허 강 이북과 황허 유역 일대에서 흥망성쇠를 거듭했던 후량·후진·후당·후한·후주의 5개 왕조를 말한다. 이 나라들은 명목 상으로는 당의 황제 자리를 계승한 왕조이다. 물론 황제의 자리는 무력으로 앞선 왕조를 무너뜨리고 계승했다. 방식이야 어떻든 당으로부터 얻은 황제의 자리를 계승한 왕조이니 정통성이 있다고 보아 5대라고 부르는 것이다.

10국은 화이허 강 이남에 들어선 전촉·오·오월·민·초·남한·형남·후촉·남당·북한의 10개 왕조를 말한다. 10국은 대체로 당 말의 절도사와, 황소의 난을 일으켰던 집단에서 분리되어 나온 자들이 세운 나라들이다. 역사가들은 이들이 자의적으로 국가를 세우고 스스로 왕이라 불렀기 때문에 정통성이 부족한 것으로 판단했다. 그래서 제후국에 준하여 10국이라 부른다.

5대 10국 시대에는 후당을 제외하고 국가 체제를 제대로 갖춘 왕조가 없었다. 모두 군사적으로 중요한 지역에 설치한 지방 제도인 번진 형태로 운영되었다. 따라서 번진의 최고 책임자인 절도사를 중심으로 구성된 무력 집단의 성격이 매우 강했다. 절도사들은 군사·행정·재정의 3권을 장악하고 각 지역에서 실권자로 군림했으니 이 시기는 중국 역사상 전례가 없었던 무인 전성시대이자 혼란스러운 격변의 시대였다.

상황이 이러하니, 피바람을 피할 수 없겠구나….

북송의 수도 카이펑
카이펑은 여러 왕조가 수도를 두었을 정도로 정치·경제·문화의 중심지였다. 위 사진은 당시의 번화한 거리 모습을 잘 보여 주고 있는데 장택단의 〈청명상하도〉를 후대 사람들이 자수 형태로 변모시킨 것이다.

문벌 귀족이 완전히 몰락하다

변경 지역에 자주 나타나던 종족은 대부분 기병 전술이 뛰어난 유목민들이었다. 이들의 기병 전술을 따라갈 수 없었던 당은 기병 전술을 도입하기 위해 귀순한 유목민을 변경 지역의 지휘관으로 삼았다. 이러한 이민족 출신 절도사들은 기존의 당나라 사람들과는 달리 문벌 귀족을 특별히 존중하지 않았고 그들 스스로 나라를 열기도 했다.

5대 10국 시대는 대립과 싸움이 치열하던 때였다. 싸움에서 이기기 위해 각국은 부국강병을 지향했고 그에 따른 재원이 필요했다. 절도사들은 이 재원을 확보하기 위해 상공업을 적극 장려하고 발전시키는가

하면 문벌 귀족들이 소유하고 있는 막대한 재산과 토지를 압수했다.
이 과정에서 문벌 귀족은 몰락했다.

절도사들은 군사를 바탕으로 지배력을 행사하던 존재들이었기에 세
련된 행정 능력이 부족했다. 중국은 한나라 시대부터 국가 운영 원리로
유학을 선택해 그 원리에 따라 국가 체제를 정비해 왔기 때문에 행정가
들은 유학을 잘 알고 있어야 했다. 그래서 절도사 출신 왕들도 유학을
공부한 사람들을 관리로 채용하려 했다. 당시 유학을 가장 많이 공부한
사람들은 문벌 귀족이었지만 그들은 이미 몰락했기 때문에 다른 인재
를 찾아야 했다.

당시 공부를 할 수 있는 계층은 새롭게 형성된 부농이나 소지주층 또는 부유한 상인층이었고, 이들의 자제들이 유학을 공부하고 있었다. 절도사들은 이들을 발탁하여 관료로 삼을 수밖에 없었다. 이리하여 5대 10국 시대 때는 중소 지주 가문 출신 사람들이 새로운 지배층으로 성장했다. 당시에는 일반인의 집을 호라 불렀는데, 이처럼 평범한 집이 권세를 형성했다 하여 형세호라 부른다. 5대 10국 시대는 형세호들이 새로운 지배층으로 성장하고 자리 잡는 시기였으며, 이들이 이후 송의 사대부 계층이 되었다.

5대 10국 시대는 중국 역사에서 극히 짧은 기간 동안 유지되었을 뿐이지만, 지배 계급으로 군림해 온 문벌 귀족을 일시에 제거하고 송 대 관료 정치의 중심이 되었던 사대부들이 등장할 수 있는 기틀을 마련하는 등 큰 변화가 있었던 시기였다. 또 각 지방에 자리한 무인 정권들은 자국의 발전을 위해 지역 개발에 더욱 박차를 가하여 경제 발전을 위한 바탕도 마련했다. 5대 10국 시대는 기존의 것을 무너뜨리고 새로운 질서를 마련하는 과정에서 혼란스러운 면도 있었지만, 결과적으로는 새로운 시대의 주인공인 송이 탄생할 수 있는 기반을 마련한 시기라 할 수 있다.

문치주의가 수립되다

송을 건국한 조광윤은 명성 높은 무인 가문 출신이다. 후주의 황제 세종이 죽은 후 공제가 즉위하자 여러 장수들이 황제가 너무 어린 것을 불안하게 여겨 조광윤을 황제로 추대했는데 이가 바로 송 태조다. 태조는 국호를 송으로 바꾸고 카이펑에 도읍을 정했다.

태조는 당나라 말 이래로 이어져 온 무인들의 횡포와 도발을 그대로 두어서는 나라가 위태롭게 된다는 사실을 그 자신도 절도사 출신이었기 때문에 너무나 잘 알고 있었다. 그래서 절도사 세력을 해체시키고

송을 건국한 조광윤
조광윤은 5대 중 한 나라인 후주의 장군 출신으로 송나라의 태조가 된 인물이다. 무인 정치의 폐단을 잘 알고 있었기 때문에 문치주의를 통한 강력한 중앙 집권적 관료 체제를 확립하려 했다.

국가 권력을 다시 중앙으로 집중시킬 수 있는 방법을 찾아야 했다. 그가 선택한 방법은 우선 관료 체제를 정비하고 무관을 배제하고 문관 중심으로 정치를 운영하는 문치주의를 지향했다.

우선 중앙과 지방의 주요 관서에는 장관을 2명 이상 두어 운영했는데, 이는 행정 권력이 특정 관료에게 집중되는 것을 막고 관료 상호 간에 견제 및 경쟁을 하게 하여 신하들의 권력을 약화시키고자 한 것이다. 이런 방법으로 관료 체계를 구축하다 보니 관료 조직이 방대해질 수밖에 없었다. 이를 효과적으로 통제하기 위해 감찰 기구와 제도를 확대했는데 감찰 기구의 정보원이 1만 명에 이르기도 했다고 한다. 이를 통해 태조는 신하들을 철저히 관리·감독할 수 있게 되었다.

한편 태조는 신하들이 절도사처럼 군사력을 마음대로 활용할 수 없도록 하고자 했다. 이를 위해 장군들이 정치에 참여할 기회를 최대한 줄였다. 그래서 군사 업무를 담당하는 중앙 부서인 중추원조차도 문

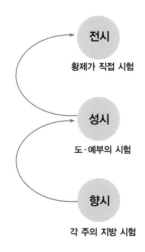

전시
황제가 직접 시험

성시
도·예부의 시험

향시
각 주의 지방 시험

송 대의 과거 제도
향시는 지방 시험이고, 향시에서 합격한 이들을 도·예부에서 다시 시험했다. 이후 전시를 시행하여 3단계에 이르는 과거 제도가 완성되었다. 송 대에 과거제가 정착하면서 사대부가 새로운 사회 주도층으로 떠올랐고, 이들의 충성을 바탕으로 황제의 권한 역시 강해졌다.

신을 뽑아 담당하게 했다. 이러한 정책은 중앙이나 지방 할 것 없이 진행되었기 때문에 문신을 중심으로 방대한 관료 조직이 형성되었다. 이러한 조직을 운용하기 위해서는 엄청난 수의 관료들이 필요했는데 이를 충원하기 위해 관리 선발 제도를 정비하고 발달시켜야만 했다. 이에 따라 과거 제도가 크게 발전하면서 시험의 종류와 횟수, 선발 인원 등의 내용이 다른 시대에 비해 월등히 확대되었다.

이러한 정책의 최종 목표는 군주의 지배력을 강화하기 위함이었다. 문치주의의 핵심은 신하들이 군사권을 좌우하지 못하게 하는 것, 그리고 신하들의 권력을 약화시켜 황제권 아래 두는 것이었다. 과거제의 정비 역시 황제에게 충성하는 관료들을 선발하는 것이 핵심 목표였다. 이러한 일련의 과정은 송 대에 황제 중심의 독재 체제를 위한 제도가 완성될 수 있게 했다. 이 체제는 이후 밍 대와 청 대를 거치면서 더욱 발전하게 된다.

이민족에게 무릎 꿇다

송 태조의 이와 같은 정책은 황제의 지배권을 강화하는 데에는 효과적이었지만 외적의 침입에는 치명적이었다. 문신을 우대하고 무신을 천대하는 경향은 단순히 정부 내에서만 그치지 않고 사회 전반으로 퍼져 나갔고, 지나친 문치주의는 군사력의 약화를 초래했다. 그뿐만 아니라 방대한 관료 체제의 운영으로 관청과 관원의 수가 폭발적으로 증가하여 막대한 재정적 부담을 안게 되었다. 이는 국방력을 강화하는 데 많은 어려움을 가져왔다.

요는 송이 건국하기 전, 중국의 동북방에 있는 거란족이 세운 나라였다. 요는 5대 중 하나인 후진의 건국을 도운 대가로 만리장성 안쪽의 영토인 연운 16주를 넘겨받았는데 이 지역은 토지가 비옥하고 인구가 많아 요의 발전에 많은 도움이 되었다.

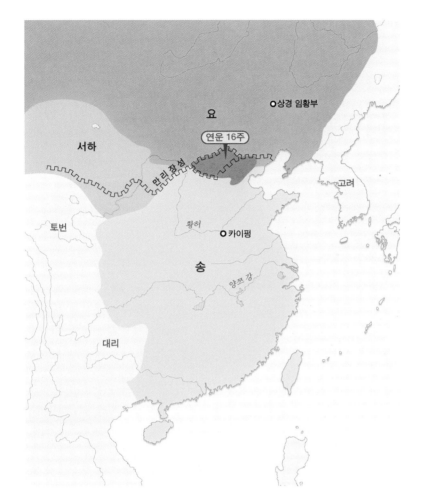

송·요·서하의 영역
거란족과 티베트계 탕구트 족이
세운 나라가 각각 요와 서하이
다. 이 두 나라는 만리장성 안
쪽 중국 지역의 일부를 직접 지
배했다. 이 두 나라는 자신들의
나라와 중국 측 지역을 분리하
여 통치했다는 공통점이 있다.

    송의 2대 황제인 태종은 연운 16주를 회복하기 위해 두 차례나 요 원
정을 떠났지만 대패하고 말았다. 이로 인해 송은 요로부터 끊임없이 보
복 침략을 당했고 한때 수도 카이펑에서 얼마 떨어지지 않은 전연까지
함락당하는 위기를 맞기도 했다. 결국 송은 요와 화의를 맺게 되는데
이를 전연지맹(1004)이라 한다. 이 조약의 내용은 송과 요가 형제 관계
를 맺을 것, 송은 매년 은 10만 냥과 비단 20만 필을 요에게 보낼 것, 국
경을 현 상태로 유지할 것 등이었다. 전연지맹은 겉으로 볼 때는 어느 정

도 송의 위신을 세운 것이었지만, 실상은 막대한 재물을 요에게 지불해
야 했기 때문에 송은 재정적 부담을 안을 수밖에 없었다.

이와 같은 대외 정책은 티베트 계통의 탕구트 족이 세운 서하와의 관
계에서도 마찬가지였다. 서하는 초기에는 친송 정책을 취하며 송에 귀
속되어 있었으나, 송이 요의 공격을 받으며 약해지자 송을 위협하기에
이르렀다. 당시 송은 서하의 위협을 감당할 능력 또한 없었기 때문에
요에게 그랬던 것처럼 서하에도 많은 보상을 해 줌으로써 침략을 겨우
막았다. 이와 같이 힘이 아닌 금전 보상을 통해 위기를 모면함으로써
재정 상태는 급격히 악화되고 위기 상황에 처하게 되었다.

개혁을 시도하나 당쟁만 가져오다

이러한 어려움을 풀어 나가고자 6대 황제인 신종은 왕안석을 등용하
여 개혁을 단행했다. 왕안석의 개혁안은 국가의 재정을 더욱 튼튼하게
만들고 강력한 군사력을 확보하는 것이었다. 이를 부국강병책이라 한
다. 왕안석은 정부가 민간의 경제 활동에 적극 개입하여 지주나 대상
인 들의 농간을 철저히 규제하도록 하는 한편, 농민이나 중소 상인과
같은 서민층의 생활을 보호할 수 있는 개혁 법안을 마련했다. 또 서민
층의 생활을 안정시킴으로써 농병● 일치의 군사 제도를 확립하여 필
요한 병력을 확보하려 했다. 한편 기병 전술의 필요성을 느껴 군마 육
성에도 힘썼다.

그러나 왕안석의 개혁 법안은 이미 대지주로 자리 잡은 관료들이나
그들과 결탁한 대상인들에게는 막대한 손해를 가져올 수 있는 것이었
다. 그 때문에 왕안석의 개혁 법안은 당시의 사회 문제를 해결할 수 있
는 내용이었음에도 불구하고 기득권 세력인 관료층과 부유 상인층, 그
리고 지주층의 반대에 부딪혀 실패하고 만다. 개혁의 실패는 송이 국력
을 회복할 수 있는 기회를 잃게 했을 뿐만 아니라, 왕안석의 개혁안을

따르는 신법당과 이에 반대하는 기득권 세력인 구법당 간의 당쟁을 유발하여 혼란만 더욱 가중시켰다.

이민족에게 완전히 굴복하다

송이 쇠락하고 있던 시기에 북방의 강자였던 요를 물리치고 그 자리를 차지한 새로운 세력이 나타났는데, 북만주 삼림 지대에 거주하고 있던 여진족들이 건국한 금나라였다(1115). 금은 건국 후 같은 지역에 있는 요를 공격했다. 이에 송은 연운 16주를 회복하고 요를 타도하고자 금과 군사 동맹을 맺었다. 그리하여 두 나라는 남북으로 협공하여 요를 멸했다.

　하지만 전쟁을 승리로 이끄는 결정적인 역할을 한 것은 금이었고 금의 군사력은 송보다 우월했다. 금은 요를 정복한 후 송에 연운 16주를 돌려주지 않을 뿐만 아니라, 군사비 보상과 정기적인 세폐●를 요구했다. 금을 감당할 만한 국력이 아니었던 송은 금의 요구를 받아들일 수밖에 없었다. 금은 이 상황을 지켜보며 송에 대한 압박을 더욱 강화했다. 1127년, 금은 송의 수도인 카이펑을 함락시키고 황제와 황족을 포로로 삼아 금으로 압송해 오기에 이르렀다. 이로 인해 송의 황실은 그 맥이 일시 끊겼는데 이를 정강지변이라 한다.

　송 황족의 일부는 남으로 피신하여 여러 신하들의 도움을 받아 임안(오늘날 항저우)에서 황실을 재건하여 나라를 세웠다. 이로써 화이허 강을 중심으로 중국의 북쪽은 여진족의 금, 남쪽은 한족의 남송이 대치하는 형국이 전개되었다. 이 사건은 한족이 이민족에게 완전히 무릎을 꿇고 안방을 내준 격이었다. 비록 중심 근거지는 내주었지만 한족이 중국의 중심 민족이라는 자존심까지 버릴 수는 없었던 남송은 금과 일전을 벌였다. 그러나 전력의 열세는 어쩔 수가 없었다. 전쟁의 패배는 또다시 엄청난 재정 부담을 가져올 뿐이었다. 결국 남송은 금의 침입을 막

●세폐
한 고조가 흉노의 압박을 피하기 위하여 비단·금·은 등을 주면서 시작된 것으로, 중국 왕조가 힘이 약할 때 북방 민족에게 행했던 화친책이다. 송나라도 이를 활용했다.

북송과 남송
금의 침입으로 강남으로 옮기기 전까지를 북송이라 하고, 그 이후부터 원에 망할 때까지를 남송이라 한다.

기 위해 막대한 세폐를 바쳐야만 했고 이로 인한 재정 부담으로 더욱 빠르게 쇠퇴했다.

그런데 재미있는 사실은 그 막대한 세폐를 받은 금나라 또한 점차 쇠락했다는 것이다. 금은 풍부한 재정을 사치와 향락에 사용하면서 점차 한화의 길을 걸었고, 유목 민족 특유의 검소함과 무예를 숭상하는 기질을 잃으면서 국력이 차츰 기울게 되었다. 이러한 양국의 쇠퇴는 동북아시아 정세를 새롭게 변화시켰는데 그것은 바로 몽골 족의 성장이었다.

학식 있는 자만이 관료가 될 수 있다

5대 10국 시대를 거치면서 이전 시대의 지배 계급이었던 문벌 귀족은 사라지게 되었고, 그 자리를 대신한 세력이 형세호들이었다. 5대 10국 시대, 무인 세력의 행정 관료로 뽑힌 이들은 조세의 감면이나 역의 면제 등과 같은 여러 특권을 통해 자신들이 소유한 토지를 확대하여 대토지의 소유주가 되었다. 이를 통해 중앙에서는 관료로서, 지방에서는 대지주로서 영향력을 행사하게 되었다. 이들은 관료가 되면 누릴 수 있는 권한과 특혜가 많았기 때문에 관직 진출의 끈을 놓지 않고 송 대에 들어서 과거 시험에 열중했다.

과거는 유가적 학식과 소양을 요구했기 때문에 이들을 유가적 지식인으로 만들었다. 이들은 중앙에 진출할 경우 행정 실무를 담당하며 국가를 운영하고, 지방에 남게 되는 경우 지주이자 지식인으로 향촌의 교육과 교화를 담당하고 여론을 조성하는 역할을 했다. 이들은 유가적 윤리와 도덕, 가치관 및 질서 유지를 주장하며 군주에게 절대 복종하고 생업에 열심히 종사하는 사회 분위기를 만들려 했다. 결국 이들은 중앙이나 지방에서 국가 운영에 직간접적으로 참여하고 있었던 셈이다. 이러한 역할을 했기에 이들을 사대부라 부른다. 사대부는 학식을 가진 자를 의미하는 사士(선비)와 행정 관료를 의미하는 대부大夫

가 결합된 용어로 학자적 성향이 짙은 관료라는 의미다.

사대부가 되는 것은 어디까지나 유학적 소양과 능력에 달려 있었다. 과거를 통과하지 못하면 사대부로서 누릴 수 있는 특권과 혜택을 받을 수 없고 그에 따른 사회적 지위 또한 얻을 수 없었다. 이 말은 사대부의 특권과 혜택은 한 세대에 한정되었다는 것을 의미한다. 이 점이 문벌 귀족과 사대부의 차이다. 결국 사대부 들이 특권과 혜택을 계속 누리기 위해서는 대를 이어 과거를 치루고 군주에게 절대적으로 충성해야 했다.

사는 선비를…

대부는 행정 관료를 의미해.

땅이 없으면 지주에게 복종하라

당 후반기에 들어 균전제가 폐기되면서 토지 국유화 정책은 사라지고 토지 사유제가 다시 등장했다. 송 역시 토지 사유제를 기반으로 국가를 운영했기 때문에 능력이 있는 관료나 부호 들은 대토지를 소유할 수 있었다. 그들은 이렇게 소유한 토지를 장원 형태로 운영했다.

장원은 전한 말엽에 처음 등장했는데, 이후 지배 계급의 토지 소유 및 경영 방법이 되었다. 토지 주인은 장원에 직접 관여하지 않고 장관·감장·관장 등으로 불리는 관리인을 통해 경영했다. 관리인들은 곡물의 파종·수확·보관 등을 관리했고, 소작농으로부터 소작료를 징수하거나 노역을 배정하는 등 장원 관리에 필요한 여러 업무를 담당했다.

장원의 경작은 노비와 전호라 불리는 소작농, 임금을 주어 일을 시키는 고용인 등이 담당했는데 이 중 전호의 역할이 제일 중요했다. 전호는 대부분 토지가 없는 몰락 농민이거나 유랑자 들이었는데 이들은 장원주로부터 가옥·농토·식량·농기구·종자 등을 대여받아 장원 내에서 생활을 하며 농경에 종사했다. 그 대가로 생산량의 5~6할을 장원주에게 내야 했고 장원 운영에 필요한 노역에도 동원되었다. 즉 전호는 지주와 단순히 경제적 관계를 맺고 있는 것이 아니라 그들에게 예속된 존재였다. 이러한 상황은 전 시대 귀족과 농민의 관계와 다를 바 없었다. 차이점은 전 시대 귀족과 농민이 지주와 소작인이란 관계이기 이전에 이미 신분 차이로 인해 농민이 지주에게 예속될 수밖에 없는 상황이었다면, 송 대에는 지주와 소작인이 처음에는 경제적 관계에서 출발했다가 점차 예속 관계로 바뀌었다는 점이다. 장원주의 전호에 대한 수탈과 압박이 너무 심해 많은 사회 문제가 일어나기도 했다. 그러나 한편으로는 장원주들이 이익을 확대하기 위해 농업 기술을 개발하고 생산성 향상에 노력을 기울인 덕분에 농업이 크게 발전한 측면도 있다.

장원주

전호

재주는 내가
부리는 데….

살아남기 위해 경제를 개발하다

송은 북방 이민족 국가에 막대한 세폐를 바치느라 국가 재정이 크게 약화되었다. 이에 송 정부는 재정을 늘려야만 나라를 존립시킬 수 있다는

위기위식을 갖게 되었다. 경제 개발에 국가의 사활을 건 송은 경제 중심지로 떠오르고 있던 강남 지역에 관심을 기울였다.

이런 노력의 결과, 농업 생산량이 비약적으로 증가했다. 송 대에 이르러 모내기는 벼농사의 대표적 기술로 자리 잡았다. 모내기는 벼를 잘 자라게 하고 생산량을 늘리는 데 큰 역할을 하는 기술인데 국가 차원에서 보급하여 확산시켰다. 모내기를 확대하기 위해 양쯔 강 하류 지역에서 대규모 관개 사업을 벌였고, 농지 면적을 크게 확대했다. 또한 가뭄과 척박한 토양에 강하고 재배 기간이 짧은 품종의 벼도 개발했다. 이 벼와 모내기를 통해 쌀과 보리의 이모작이 가능한 곳이 확대되었고, 기후가 따뜻한 양쯔 강 이남의 지역에서는 벼농사를 두 번 짓는 것도 가능하게 되었다.

송 대에는 쌀과 같은 주식 외에도 차나 면화 같은 작물의 재배가 크게 늘었는데 이 작물은 상품 작물의 성격이 강해 경제의 활성화에 큰 역할을 했다. 중국에서는 당 중기 이래로 차 마시는 습관이 널리 확대되면서 차의 상품 가치가 높아졌다. 차의 거래가 확대되고 그에 따른 이익도 커지자 송나라 조정은 국내외 차의 거래를 특정 상인에게 독점적으로 맡겨 국가 재정을 확보하기도 했다. 차는 송과 접한 요·금·서하 등과의 교역품이었으며, 동남아시아와 서역에서의 수요도 크게 늘면서 차 산업은 더욱 커졌다. 이 시기에 차와 더불어 면화 또한 상품 작물로 자리를 잡으면서 면직물 의류가 널리 소비되었다. 이는 경제가 발전하면서 도시와 시장이 함께 발달한 결과다.

면직물은 지금도 세계적으로 널리 사용되고 있는 제품이다. 그만큼 여러 장점을 가지고 있지만 송 대 이전에는 이를 대중적으로 유통시킬 수 있는 환경이 아니었다. 각 가정에서 스스로 생산해서 옷을 해 입는 수준이었기 때문에 면직물의 생산은 활성화되지 못했다. 하지만 송 대에 들어 상업이 발달하고 시장이 커지면서 면직물 의류의 보급이 원활해졌고, 수요 또한 전국적으로 확대되었다. 지금도 그렇지만 당시 사람들에게 면직물 의류는 획기적인 상품으로 인기를 끌었다. 이는 다시 면화의 생산을 자극하고 상품 작물로 자리 잡는 결과를 낳았다.

이렇게 송 대에 차나 면화 같은 특수 작물이 상품화될 수 있었다는 것은 당시 농업이 전 시대에 비해 획기적으로 발전했다는 것을 의미한다.

전국적인 유통망이 형성되다

송 대에 도시의 상업 기능이 크게 강화되었다. 그 원인은 생산력의 발전과 인구의 증가였다. 지금도 마찬가지지만 과거에도 도시는 정치·군사적 중심지이면서 동시에 상업의 중심지 역할을 했다.

당 대에는 가구 수가 10만 호를 넘는 도시가 10곳 정도였으나, 북송 시절에는 40여 곳 정도로 늘었다. 북송의 수도인 카이펑과 남송의 수도인 임안은 인구가 100만이 넘는 거대 도시로 성장했다. 도시의 증가와 거대 도시의 탄생은 인구가 크게 늘고 교역 또한 활발했음을 증명하는 것이다.

도시의 거리 곳곳에 상점들이 들어서 물건을 사고팔 수 있게 되었는데 이런 모습은 중앙의 대도시뿐 아니라 지방의 중소 도시에서도 볼 수 있었다. 이는 도시가 정치적 공간을 벗어나 경제적 공간으로 변화했음을 보여 주는 것이라 할 수 있다.

이러한 변화는 농촌에서도 일어났다. 농촌과 농촌 사이의 거래를 위해 초시라 불리는 정기 시장이 나타났고, 농촌과 대도시를 연결하는 작은 상업 도시도 등장했다. 이와 더불어, 이동하면서 상업 활동을 하는 객상이란 상인도 등장했는데 이들을 통해 도시와 농촌 간에 상품 교환이 이루어지기도 했다. 이렇게 시장이 확대되고 상인들이 활발하게 활

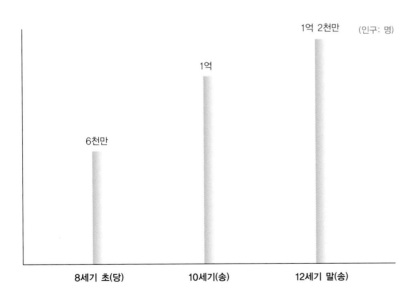

(인구: 명)

1억 2천만

1억

6천만

8세기 초(당) 10세기(송) 12세기 말(송)

송 대의 인구 증가
농업을 비롯해 수공업·상업의 발달은 자연스럽게 송 대 인구의 증가를 가져왔다. 8세기 초, 약 6천만 명이던 인구는 12세기 말에 이르면 그 2배에 이른다. 인구가 늘면서 거대 도시가 등장했고, 교역 또한 더욱 활발해졌다.

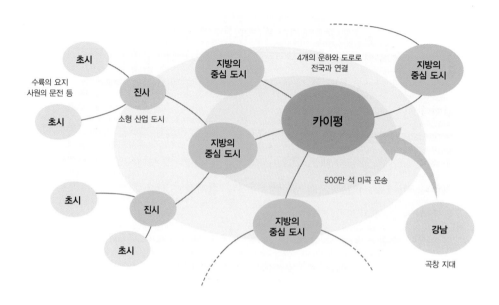

카이펑

지방의 중심 도시

지방의 중심 도시

4개의 운하와 도로로 전국과 연결

지방의 중심 도시

초시

진시

수륙의 요지 사원의 문전 등

초시

소형 산업 도시

지방의 중심 도시

500만 석 미곡 운송

강남

곡창 지대

초시

진시

초시

카이펑 중심의 상업 교역망
카이펑이 거대 도시로 성장하면서 카이펑을 중심으로 상업 교역망이 구축됐다. 초시는 주나 현의 도성 밖에 열리던 시장으로 농촌 경제의 중심이 되었다. 농촌과 대도시 사이에는 진시가 있었다. 진시는 현 밑에 두던 행정 구획으로 소형 산업 도시의 역할을 했다.

동하면서 송 대에는 중앙과 지방을 연결하는 하나의 유통망이 형성되었다.

상업이 발달하면서 수공업 분야의 움직임도 활발해졌다. 상업을 통해 확보된 자본이 새로운 상품을 얻기 위해 수공업에 투자되었기 때문이다. 당시에는 견직물이나 면직물을 생산하는 방직업, 도자기를 생산하는 요업, 제지업, 조선업, 제철업 등이 발달했다. 제철업의 경우, 북송 시절인 1078년의 생산량이 113,000여 톤에 달했다고 한다. 이것은 17세기 서유럽 사회 전체의 연간 생산량과 맞먹을 만큼 많은 양이었다. 당시 수공업 분야에서 우수한 제품을 대량으로 생산해 낼 수 있었던 것은 분업화와 전문화가 이루어져 있었기 때문이다.

농업·수공업·상업의 전반적인 발전은 해외 무역 확대를 가져왔다. 광저우와 해안 지역 여러 도시에 항구가 설치되어 많은 외국 상인들이

왕래했다. 이들의 왕래가 잦아지고 교역량이 많아지자 정부는
각 항구에 시박사*를 두어 무역 사무와 관세 업무를 담당하게
했다.

　이런 수공업·상업의 발달과 융성은 당연히 결제 수단인 화폐의
발전으로 이어졌다. 대부분 동전이나 철전을 사용했는데, 동전
이나 철전은 무거워서 대량으로 휴대하기에 매우 불편했다.
그래서 교역량이 크게 확대된 북송의 일부 지역에서는 교자
라는 수표 기능의 지폐를 사용했는데 민간에서는 널리 유통
되지 못했다. 남송 시절에는 곳곳에서 회자라고 하는 지폐를
많이 사용했다. 이렇게 상업·수공업의 발달이 가져다준 화폐
경제의 발달은 다시 상업의 발전을 촉진시키고 전국적인 유통망을
형성하는 결과를 가져왔다.

서민들도 문화를 향유하다

장원의 확대는 농민들에게서 토지를 빼앗는 것과 같은 결과를 낳았다.
토지를 잃은 농민들은 전호가 되지 않으면 농촌에서 쫓겨날 수밖에 없
었고, 농촌에서 쫓겨난 농민들이 갈 수 있는 곳은 도시밖에 없었다. 당
시 도시에는 상업과 수공업이 발달하면서 많은 인적 자원이 필요했는
데 몰락한 농민들은 여기에 노동력을 제공했다. 그리하여 도시의 규모
는 점점 확대되었고 정치·군사적 기능 외에 상업과 산업의 기능이 더
욱 강화되었다.

　도시에 거주하면서 생산 활동을 담당하는 사람들을 서민이라 했는데
상공업의 발달은 서민들의 소득을 높였고, 경제적 여유는 그들에게 교
육과 문화를 누릴 수 있는 기회를 제공했다. 이를 통해 서민들의 사회
적 지위도 향상되었다.

　서민들의 경제·사회적 지위 향상은 그들을 대상으로 하는 문화 활

● 시박사
당나라 때부터 해상 무역을
총괄하던 관아다. 송나라 이
후 크게 발전했다가 청나라
때 폐지되었다.

나? 골프 치러 가고 있어.

동을 더욱 자극했다. 대표적인 사례가 백화문의 발달이다. 우리는 보통 일상생활에서 쓰는 말을 그대로 글로 표현하는데 이를 구어체라 한다. 반면 일상에서는 잘 사용하지 않고 주로 문장에서 쓰는 표현을 문어체라 한다. 송 대에 이르기까지는 구어체로 글을 쓰지 않고, 말의 형식과 다른 문어체 방식으로 표현했다. 따라서 일반인들이 글을 읽기가 힘들었다. 이러한 차이를 없애고 구어체로 쓴 글이 백화문이다.

백화문은 서민들을 대상으로 하는 문학 작품에 많이 쓰였다. 특히 이 시기에 소설이 많이 등장하는데 여기에 많이 활용되었다. 압축적이고 은유적인 시 문학보다는 긴 글을 통해 풍부하게 설명할 수 있는 산문 문학이 서민들의 이해를 돕는 데 효과적이기 때문이다. 따라서 문학의 대중화가 전개되는 과정에서 나타나는 것이 산문 문학의 발달이다. 대표적인 장르가 소설인데, 그것을 구어체인 백화문으로 쓰는 것은 자연스러운 결과라고 할 수 있다.

지식과 문화의 확산은 기술의 발달과 병행해야 가능하다. 특히 필요한 것이 인쇄술이다. 송 대에는 금속 활자를 만들어 인쇄하는 기술이 등장하여 더욱 많은 책자를 인쇄할 수 있었다. 기존에 쓰이던 목판 인쇄의 경우 목판을 제작하기도 어렵지만 새겨진 내용밖에 인쇄할 수 없는 단점이 있었다. 하지만 활자인 경우에는 글자 하나하나를 도장처럼

만들어 배열할 수 있어서 내용을 바꿔 인쇄하는 것이 가능해 다양한 책자를 생산할 수 있었다.

또한 인쇄술의 발달은 기본적으로 종이를 대량으로 생산할 수 있는 기술과, 활자를 만들 금속을 생산하고 제작할 수 있는 기술을 전제로 한다. 따라서 송 대에 이미 이러한 기술이 크게 발달해 있었음을 알 수 있다.

발달한 인쇄술 덕분에 서민들도 이전보다는 쉽게 책을 접할 수 있게 되었고, 서민을 대상으로 한 서민 문학 역시 다수 출현하게 되었다. 또 소설뿐만 아니라 대중의 오락을 위한 희곡과 극이 발달했고, 이야기와 노래를 섞어서 공연하는 강창 등도 성행했다. 이렇게 송 대에는 도시와 상공업의 발전으로 형성된 일반 서민층 대상의 문화 활동이 크게 성장했다.

학문의 수준이 높아지다

송 대, 경제 활동의 비약적 성장과 인쇄술을 포함한 과학·기술의 발달은 학문 발전에 커다란 영향을 끼쳤다. 게다가 학문 연구를 생활로 하고 있는 사대부들이 지배 계급으로 성장하면서 학문 발전은 더욱 가속화되었다. 그중 획기적인 사건이 성리학의 등장이었다.

그동안 유학은 경전의 자구를 해석하여 주석을 붙이는, 즉 어려운 유학의 내용을 쉽게 풀어 주는 훈고학이 주류였다. 특히 당나라 시절 공영달·안사고 등이 《오경정의》를 편찬하면서 훈고학 연구는 정점에 이르렀다. 이 책이 한 대 이후의 훈고학을 집대성함으로써 유학 경전 해

청명상하도
이 그림은 북송 말 화가인 장택단이 청명한 날 수도 카이펑의 모습을 두루마리에 그린 그림이다. 당시 카이펑은 인구가 100만 명이 넘었다고 하니 상업 거래가 다양하고 왕성했을 것이다. 이 그림 속에 묘사된 시장에서 이러한 사실을 확인할 수 있다.

석이 완성되었기 때문이다. 그런데 학문적 성과와 달리 과거 시험에서는 여전히 유학이 제일 중요한 과목이어서 과거에 합격하기 위해 단순히 암기하는 일이 잦았다. 결국 유학은 연구 대상으로서의 학문이 아니라 기능적인 과목으로 전락했고, 사회를 지탱하는 사상으로서의 역할 또한 잃게 되었다.

송 대에 들어, 사대부들은 도교와 불교를 심도 있게 고찰하여 침체되었던 유학을 발전시켜 나갔다. 훈고학이 도교나 불교에 비해 부족한 부분은 인간이 가지고 있는 본질적인 궁금증에 대한 해답을 줄 수 없다는 점이었다. 그래서 사대부들은 도교와 불교의 내용을 일부 받아들여 우주의 생성 원리와 인간의 본성을 밝히려는 연구를 했다.

이 시기에 들어 유학은 훈고학의 한계를 뛰어넘어 학문적 수준이 진일보한 성리학으로 다시 태어나게 되었다. 또 성리학은 당시 이민족의 침입과 피지배 계급의 도전을 극복하기 위해 국제 질서와 사회 운영 논리로 화이사상●과 대의명분론●을 제시했다. 화이사상과 대의명분론은 중국과 사대부를 중심으로 세계와 사회를 운영하자는 논리였다. 이러한 성리학의 논리는 다른 학문 연구의 사상적 기반으로 사용되었는데 그 때문에 송 대의 학문은 국수주의적 성격을 띠게 되었다.

발달한 과학 기술이 서양에 전해지다

송 대에는 전례가 없을 정도로 과학 기술이 발달했다. 그 원동력은 문치주의와 사대부층의 등장, 서민 경제의 활성화라 할 수 있다.

송 대 경제력의 비약적 증가와 사대부의 성장, 그리고 과거의 확대는 교육과 학문에 대한 욕구를 크게 증대시켰다. 교육과 학문의 보급을 위해서는 많은 서적이 필요했고 그 결과 인쇄술이 발달했다. 특히 활자를 이용하여 인쇄하는 활판 인쇄술이 크게 발달했는데 이러한 인쇄술의 발달은 다양한 분야의 서적들을 출판할 수 있게 하여 지식 보급에 크게

● 화이사상
화華는 '꽃' 또는 '꽃이 피다' 등의 뜻으로 문화의 우수함과 더불어 중국을 의미한다. 이夷는 '이민족'이라는 뜻으로 문화적으로 저급함을 의미한다. 즉 문화적으로 우수한 중국은 '화'이고 그 반대에 있는 쪽은 '이'라 생각한 것이다. 이 사상은 중국의 한족이 가장 우월한 민족임을 강조하고 다른 민족들을 천시하는 중국의 민족주의적 관념이다.

● 대의명분론
인류가 지켜야 하는 커다란 옳음이 있는데, 이 옳음을 기준으로 각 존재들은 분수에 맞게 행동을 해야 한다는 생각이다. 문화적으로 저급한 나라는 우수한 나라를 섬겨야 하고, 서자는 적자를 섬겨야 한다는 등의 내용이 포함되어 있다. 이 이론 역시 세상 모든 대의의 중심은 중국에 있다는 것을 의미한다.

기여했다. 당시에 성리학 관련 서적은 물론 역사서·법전·철학서·수학서·의서·농서·병서 등 다양한 서적들이 출판되어 널리 보급되었다.

또, 송 대에 비약적으로 발전한 것이 제련법과 화약이다. 처음 철과 화약을 생산한 것은 이민족의 위협을 막기 위해 군 장비를 만들어야 하는 절박한 이유 때문이었다. 그 후 철은 농기구·화폐·쇠사슬·생활 도구·교량·탑 등 일상생활의 거의 모든 부분에서 쓰였기 때문에 제련법이 더욱 발전했고, 화약 역시 전쟁뿐 아니라 명절이나 축제 때 불꽃놀이용으로 널리 쓰였기 때문에 많이 생산되었다.

생산력의 발전은 해외 무역을 더욱 확대시켰다. 그러나 대외 무역로인 초원길과 비단길은 북방 유목민과 이슬람 세력에게 모두 빼앗긴 상태였기 때문에 해외 무역은 주로 바닷길을 이용하게 되었다. 바닷길을 이용한 대외 무역을 하기 위해서는 우수한 조선술과 항해술이 필요한데, 송은 500~600명의 사람이 탈 수 있는 배를 건조할 수 있을 만큼 조선술이 발달해 있었다. 또 전국 시대부터 자석이 남쪽을 가리킨다는 사실을 알고 있었던 중국인들은 이 시기에 나침반을 만들어 사용하기 시작하면서 항해술 역시 크게 발전시켰다.

송의 도자기와 활자
송의 도자기는 차·비단과 함께 주요 교역품이었다. 사진 속 도자기는 단순하지만 세련된 멋을 풍긴다. 활자는 여러 글자를 조합하여 새로운 내용을 찍을 수 있어서 다양한 서적 제작에 용이했다.

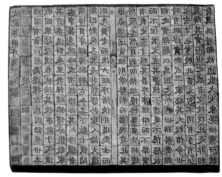

그 외에도 송 대에는 많은 과학 기술의 발전이 있었다. 이러한 송 대의 과학 기술은 서역 상인과 몽골 인, 그리고 바닷길을 통해 다른 문화권으로 전달되었다. 이미 당 말에 한 대의 제지술이 서역에 전해졌고, 활판 인쇄술·화약·나침반 등도 몽골 인과 아라비아 상인 들에 의해 유럽 세계에 전달되었다. 제지술과 활판 인쇄술은 서유럽의 르네상스와 종교 개혁이 일어날 수 있는 조건을 만들었고, 나침반·조선술·항해술은 신항로를 개척할 수 있는 기반을 마련했다. 이를 통해 송 대 과학 기술은 서유럽의 근대 사회 발전에 막대한 영향을 끼쳤다.

02

북방 유목 민족의 중국 지배와
중국 사회의 변화

한족의 송나라가 지속하고 있을 때, 만주와 중국 북방 초원 지대에서 활약하던 거란·여진·몽골은 차례로 성장했다. 이들 북방 민족은 위진 남북조 시대의 다섯 이민족처럼 한족에 물들거나 하지 않고, 송나라의 일부 또는 전역을 그들의 방식으로 지배하여 중국의 역사를 크게 바꿔 놓았다. 거란과 여진은 송은 물론 고려도 위협하여 동아시아 국제 질서를 흔들고 주도권을 잡기도 했다. 특히 몽골은 동유럽에서 만주에 이르는 거대 제국을 건설했고, 송을 멸망시키며 중국 전역을 지배했다. 이로써 동유럽에서 중국에 이르는 지역은 몽골 인의 통제 아래 놓이게 되었다. 이 지역에는 교역로를 포함하고 있었는데, 이를 통해 동서 간의 교류와 교역이 크게 확대되었다. 이는 세계사를 바꾸는 요인이 되기도 했다.

요와 금, 북방 민족이 일어나다

요와 금은 각각 송을 위협하던 북방 유목민인 거란과 여진의 국가였다.

유목 민족들은 부족 단위로 가축을 키우며 이동 생활을 했다. 따라서 이들은 정착하여 생활하는 농경 민족처럼 땅을 더 많이 소유하기 위해 재산을 모을 필요도 없었고, 창고에 많은 곡식을 저장할 필요도 없었다. 그럼에도 주변 지역에서 국가가 세워지고 그를 통해 경제적 성장을 이루고 영토를 확대시키는 것을 보며 그들에게도 점차 국가를 세우고자 하는 욕구가 발생했다.

결국 거란족과 여진족은 10세기와 12세기에 각각 요와 금을 건국하

몽골 초원
몽골은 국토 중앙부에서 동부에 걸쳐 목축에 알맞은 대초원이 형성되어 있다. 전형적인 대륙성 기후인 데다가 강우량도 적어 농사를 짓기 어렵다. 북방 민족이 유목 생활을 한 것은 이런 자연조건 때문이다.

게 되었다. 국가를 세우고 운영하는 데에는 막대한 자금이 필요했고, 이런 자금을 확보하기 위해서는 기존의 유목 생활이나 전쟁을 통한 약탈 방식으로는 불가능했다. 결국 이들이 국가를 세우기 위해서는 농경 민족의 국가를 정복하고 그들을 지배하는 방법밖에 없었다.

농업 중심의 국가 경영을 하기에는 미흡했지만 유목민들은 강력한 군사력을 가지고 있었다. 이동 생활을 했던 이들은 항상 다른 부족과 전쟁을 벌여야 하는 위험을 안고 있는 데다가 부족한 경제력을 보충하

기 위한 약탈 활동이 그들의 일상생활이었기 때문에 늘 전쟁에 대비하고 살았다. 그래서 그들의 모든 사회 조직은 바로 군사 조직이었고, 모든 남자들은 전사나 다름없었다.

비록 요와 금은 경제·문화적으로는 열등했지만 군사력만큼은 농경민족보다 우월했다. 특히 문무의 균형을 잃고 문관을 우대하여 군사적으로 취약했던 송을 굴복시키는 데 더욱 그러했다. 그런데 요와 금은 중국의 일부를 차지한 후에도 자기 민족과 한족을 구분하여 각기 다른 제도를 통해 통치하는 방식을 취했다. 그들이 굳이 이런 방식을 선택했던 것은 유목민들만이 가진 의식과 전통을 지키고 이를 통해 강력한 군사력을 유지하여 중국 지배를 지속하고자 했기 때문이었다. 한족의 문화에 동화되어 유목 민족의 강건한 상무 정신과 군사력을 잃게 되는 순간, 그들의 영광도 사라질 것이 뻔했다.

거란이 요를 건국하다

거란족은 고구려와 발해의 영역에서 거주하며 그들의 지배를 받았다. 그러나 9세기 말에 들어 발해의 지배력이 약화되고 거란족 사이에 상호 유대가 강해져 이내 부족 통합을 이루었다. 이들은 부족 통합 후 한족 받아들여 제도를 정비하고 요를 건국했다(916). 그 후 이들은 영토 확장에 주력하는데, 먼저 발해를 멸망(926)시킨 후 만리장성을 넘어 중국 영역 내로 진출했다. 당시 중국은 5대 10국의 혼란한 사회였기 때문에 이들을 막을 만한 세력이 없었다.

거란족은 5대 왕조 중 하나인 후진의 건국에 도움을 준 후, 인구 밀집 지역이면서 농경이 발달한 연운 16주를 확보했고 이를 통해 국력을 확대했다. 11세기 들어서는 고려와 송을 침략하여 동북아시아의 패권을 장악하려 했다. 고려에 침략한 일은 실패로 끝났으나 평화 관계를 수립했고, 송을 굴복시켜 몽골·만주 일대의 강국으로 부상했다.

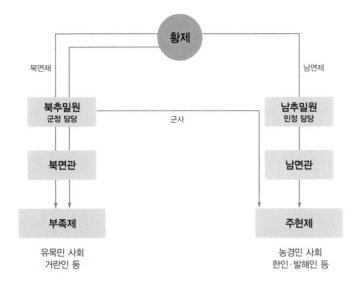

황제

북면제

북추밀원
군정 담당

북면관

부족제

유목민 사회
거란인 등

군사

남면제

남추밀원
민정 담당

남면관

주현제

농경민 사회
한인·발해인 등

요의 통치 구조
요 나라는 북방 민족인 거란족과 농경 민족인 기타 민족을 구분하여 통치했다. 거란족은 그들의 삶에 익숙한 부족 생활을 바탕으로 통치 질서를 수립했고, 농경 민족에 대해서는 중앙 집권 체제하의 지방 행정 제도를 활용했다. 남추밀원은 민정을 담당했고 북추밀원은 군정을 담당했는데, 북추밀원의 경우 군사 전략 목표의 결정, 작전 계획, 군대의 부서 및 임무 결정 등을 맡아 그 역할이 두드러졌다. 남면관에서는 주현제를 따랐고, 북면관에서는 부족제를 따랐다.

이렇게 광대한 왕국을 건설한 요는 통치 제도를 새롭게 마련했다. 특히 만리장성을 중심으로 이남은 농경 지역이고 이북은 초원 지역이었기 때문에 지역의 특성에 따라 통치 방법을 달리했다.

여진이 금을 세우다

여진족은 중국 동북 변에 해당하는 만주 일대, 특히 쑹화 강·헤이룽 강·두만강 및 연해주 일대에 흩어져 부족 사회를 구성하고 반수렵과 반 농목을 하며 생활한 사람들이었다. 이들은 고구려와 발해의 지배를 받으며 살다가 10세기에 들어 요가 발해를 멸망시키고 이 지역의 새로운 패권자가 되자 자연스럽게 요의 지배 아래 놓이게 되었다.

당시 여진은 요에 귀화하여 직접 지배를 받는 숙여진과 귀화하지 않은 생여진으로 나뉘어 있었다. 11세기 후반, 요의 지배력이 약화되자 생여진은 서서히 세력을 확대하여 주변 부족을 통합하고 여진족 통일을 도모하기 시작했다. 이들 역시도 거란족처럼 우수한 군사력을 바탕

으로 세력을 확장해 나갔다. 1115년, 여진이 세운 금은 거세게 요를 압박하기 시작했다. 이때 연운 16주를 회복하려는 송의 제의를 받고 군사 동맹을 맺었다. 그리고 송과 함께 요를 협공하여 멸망시킨 후 이 지역의 새로운 패자로 등장했다.

금은 여기에 만족하지 않고 송을 압박하여 회수 이남으로 송을 몰아내고 북중국 일대를 정복함으로써 중국의 안방을 차지한 첫 번째 이민족이 되었다. 이로써 이 시기에 금은 연해주·만주 등의 지역과 중국의 화북 지방을 지배하는 동북아시아의 최대 국가가 되었다.

금 역시도 요와 마찬가지로 농경 지역과 유목 지역을 함께 지배하게 되었다. 그 때문에 두 지역을 각기 다른 방법으로 통치했다. 즉 여진족과 유목민들의 공간은 여진족 고유의 전통과 관습으로 통치하고, 한족과 농경 민족이 사는 지역은 중국의 방식대로 지배했다. 이렇게 두 가지 유형의 지배 체제를 구축한 것은

금의 통치 구조
금나라 역시 요와 마찬가지로 북방 민족인 자신들과 농경 민족을 비롯한 다른 민족을 나누어 통치했다. 이는 농경 민족의 문화에 물들지 않기 위한 것이었고, 농경 민족을 보다 강력히 지배하려는 방법이기도 했다. 맹안부는 민가 3,000호의 10모극부로 편성한 행정 단위이며, 모극부는 민가 300호로 편성한 행정 조직이다. 또한 맹안군은 10모극군 1,000명으로 편성한 군대이고, 모극군은 모극부에서 뽑은 장정 100명의 군대를 말한다.

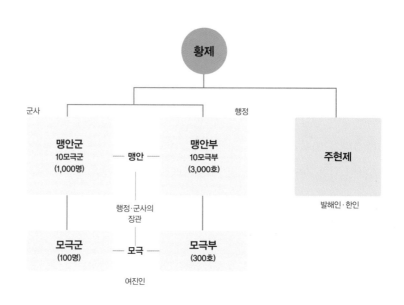

중국 통치의 기반이 되는 우수한 무력을 확보하고 유지하기 위한 노력이었다.

한족 문화가 유목 민족에게는 독인가?

화북 지방을 차지한 후 한족에 대한 지배가 장기화되자 여진족도 한족의 문화를 수용하게 되었다. 제한된 영토 내에서 막대한 경제력을 필요로 하는 국가 운영은 이동 생활을 하면서 검소하게 살던 유목 민족과는 맞지 않는 일이었다. 결국 국가를 운영하기 위해서는 정착해야 했고 경제적 안정을 위해 농경 민족처럼 살아야 했다. 그런데 농경 민족처럼 된다는 것은 유목 민족 특유의 모습을 잃어버리는 것으로 중국 통치의 근간이 되는 군사력을 상실한다는 것을 의미했다.

송으로부터 들어오는 막대한 세폐 또한 여진족에게 독이 되었다. 금 정부는 이 세폐로 인해 흥청거리며 사치와 안일에 빠지게 되었고, 그것은 금을 더욱 빨리 쇠퇴하게 했다. 이러한 상황 속에서 몽골 지역에서는 몽골 족들이 부족 통합을 통해 세력을 확대하고 있었다. 송은 몽골과 손을 잡고 협공하여 1234년에 금나라를 멸망시켰다.

몽골 제국이 건설되다

몽골 족들은 요와 금의 지배를 받으며 부족 단위로 유목 생활을 했다. 12세기 후반, 몽골에 대한 금의 지배력이 약해지자 서로 대립하던 몽골 족들 사이에서도 통일의 기운이 강력히 일어나게 되는데 그 중심에는 테무친이라는 인물이 있었다. 그는 12세기 말 몽골 지역을 통일한 후 1206년 부족장들의 회의인 쿠릴타이에서 최고 지도자로 추대되었다. 이때 그에게 주어진 칭호가 바로 그 유명한 칭기즈 칸이다.

유목 민족은 부족 단위로 생활했다. 부족은 혈연을 기반으로 한 군사 조직이자 행정 조직이었다. 일상을 공유하는 공동체이자 전쟁에서는 생사고락을 같이하는 전사 집단이 바로 유목 민족의 부족이었다. 그러니 부족민들에 대한 부족장의 영향력은 막강했고 부족 내 전사들의 충성도 또한 매우 높았다. 이러한 부족 전통을 그대로 두고는 부족 간 통합을 이루기란 쉽지 않은 일이었다. 결국 칭기즈 칸은 몽골 부족의 정치·군사 조직과 제도를 개혁할 필요성을 느꼈다.

칭기즈 칸은 금의 군제를 수용하여 1,000호 단위로 묶어 군사·행정을 통합한 95개의 조직을 만들고 인적 구성을 새롭게 편성했다. 1,000호의 장에는 칭기즈 칸과 생사고락을 같이한 동료나 친인척을 두어 몽골 족에 대한 지배력을 더욱 강화했다. 이러한 조직 정비를 통해 지휘 계통을 확실하게 하고 강력한 군대를 조성한 후 질풍노도와 같이 세계를 정복해 나갔다.

칭기즈 칸과 후예들은 세계 곳곳에 자신들의 왕국을 건설했다. 칭기

칭기즈 칸
몽골 족을 통일하고 몽골 제국의 칸이 되었다. 중앙아시아를 평정했으며, 서양 정벌로 동서양에 걸친 대제국을 건설했다. 이를 통해 동서양의 문물 교류가 활발해졌다. 사진은 몽골 국회 의사당에 있는 칭기즈 칸의 동상이다.

즈 칸 자신은 물자가 풍부한 중국으로 진출하여 금의 수도를 정복했고, 그의 둘째 아들 차가타이는 중앙아시아까지 진출하여 차가타이칸국을 세웠다. 칭기즈 칸의 셋째 아들인 오고타이는 금을 완전히 정복하여 멸망시키고 남송을 굴복시켰으며 후에 칸의 자리를 계승했다. 또 칭기즈 칸의 손자 바투는 유럽 원정을 했는데 이때 러시아·폴란드·헝가리 등을 공략하여 유럽 사회를 공포에 몰아넣기도 했고, 킵차크칸국을 건설하여 러시아 지역을 200여 년간이나 지배하기도 했다. 4대 칸이었던 몽케 칸은 티베트·베트남 등을 굴복시키고, 동생인 훌라구를 시켜 페르시아와 시리아 동부 지역을 정벌하게 했다. 훌라구는 서역 지방에 일칸국을 세웠다. 이 당시 몽골은 유라시아 대륙의 반 정도를 지배하는 대제국으로 성장했다.

몽골 제국의 계보
칭기즈 칸은 여러 아들에게 땅을 나눠 주어 각각 분할 통치하게 했다. 이 과정에서 4개의 칸국이 형성되었다. 칭기즈 칸의 손자 쿠빌라이는 자신의 지지자들을 모아 임시 쿠릴타이를 열고 칸의 자리에 오른 후 원을 개국했다.

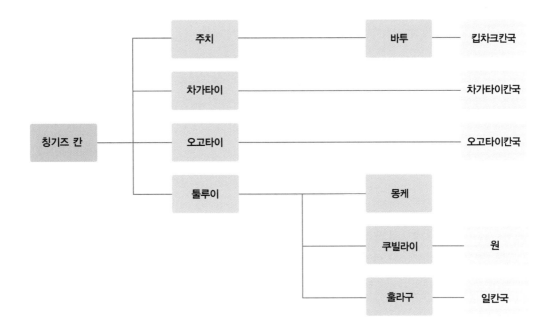

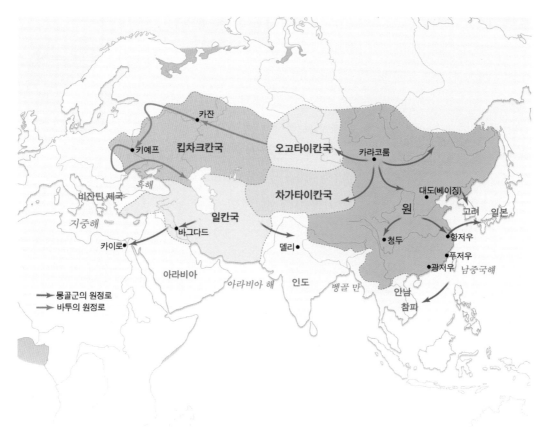

키예프 · 킵차크칸국 카잔 · 오고타이칸국 카라코룸 ·
비잔틴 제국 흑해 차가타이칸국 대도(베이징) · 고려 일본
지중해 일칸국 원 청두 · 항저우 ·
바그다드 · 푸저우 ·
카이로· 델리 · 광저우 · 남중국해
아라비아 아라비아 해 인도 뱅골 만 안남
참파

→ 몽골군의 원정로
→ 바투의 원정로

몽골 제국

몽골은 중국에서 유럽에 이르는 대제국을 건설했다. 몽골의 왕인 칸은 정복한 지역에 자신의 친인척들을 칸으로 세워 지배하게 하여 4개의 칸국을 건설했다. 칸국들은 서로 협력 관계였고 교역을 매우 중시했기 때문에 그들의 지배 지역에서 활발한 교역이 이뤄졌다. 후에 쿠빌라이가 칸의 자리를 놓고 계승전을 벌이는 과정에서 각 지역의 칸국들은 독립하려는 경향이 나타났다. 이에 쿠빌라이는 중국을 정복하고 원을 건국했다. 하지만 원과 칸국 사이의 교류는 중단되지 않았다.

중국식 제도를 채택하고, 몽골 인 중심으로 국가를 운영하다

몽골 인들은 중국을 직접 지배하려 하지 않았다. 다만 서방 지역 원정에 필요한 물자를 마련하기 위한 재원으로 이용했을 뿐이다. 몽골 인들이 중국을 지배하는 것을 뒤로 미룬 채 서방으로 세력을 확대한 것은 동서를 잇는 내륙 교통로를 차지하기 위함이었다. 이 지역에는 동서 교역의 대표적 통로인 초원길과 비단길이 있다. 이곳을 지배함으로써 동서 교역에서 생기는 막대한 이익을 확보할 수 있었고 이를 국가 재정으로 삼았다. 그래서 몽골의 지배자들은 수도인 카라코룸을 동서 교역의 시작이자 끝이 되도록 했고, 그를 위해 상업 활동을 적극 장려하기도 했다. 이러한 정책은 농경 민족인 한족의 영향으로부터 벗어나 자신들의 문화를 토대로 국가를 운영하려는 노력이었다. 그래서 몽골 인들은 금을 정복한 후에도 남송을 그대로 둔 채 막대한 세폐만을 받고 서쪽으로 정벌을 떠났던 것이다.

그러나 몽케 칸 대에 들어서면서 상황이 바뀌었다. 각 지역의 칸국들에서 중앙의 지배를 받지 않으려는 독립적인 움직임이 일었으며, 몽케 칸의 종주권도 인정하지 않으려는 경향이 나타났다. 칸국들로부터 안정적으로 조공을 받을 수 없게 되자 몽케 칸도 독자적으로 지배할 수 있는 영역이 필요하게 되었다. 이런 상황에서 영토도 넓고 인구도 많으며 물자도 풍부한 중국으로 눈길을 돌리게 된 것은 당연한 일이었다. 몽골은 이제 중국을 직접 지배 영역으로 삼으려 했고, 이를 완성한 이가 쿠빌라이다.

쿠빌라이는 칸의 자리에 오른 후 수도를 몽골 내륙의 카라코룸에서 대도(오늘날의 베이징)로 옮기고 국호를 원이라 칭했다(1271). 곧이어 남송을 완전히 정복(1279)하고 중국 전역을 직접 지배했다. 이 과정에서 원은 중앙 집권적 관료 제도를 택하여 중국식 전제 국가의 모습으로 바뀌었다. 대부분의 중앙 관서는 송 대의 것을 그대로 모방했다. 이러한 상황 속에서 칭호도 바뀌었는데, 칸 대신 황제라는 칭호를 사용했는가 하면, 몽골 전통의 이름을 버리고 조祖나 종宗을 사용하여 시호를 정하기도 했다. 쿠빌라이의 시호는 세조였다.

원의 통치 제도는 형식에 있어서는 중국식 관료 제도를 선택했지만, 이를 운영하는 중앙 및 지방 관료 조직의 핵심 자리에는 몽골 족 아니면 색목인이라 불리던 서역인을 앉혔다. 군사 조직에 있어서도 요직과 지방 주둔군의 사령관 및 주요

세조 쿠빌라이
칭기즈 칸의 손자로 남송을 정복하여 원을 세우고 초대 황제가 된 인물이다.

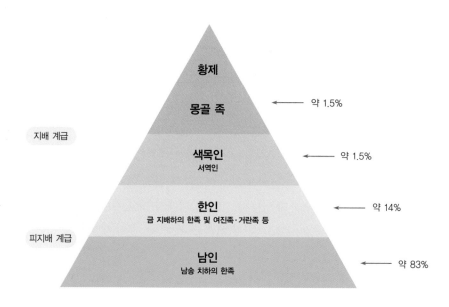

원 대의 계급 구조
원은 몽골 족을 중심으로 지배 계급을 형성하는 동시에 서역 인을 등용하여 주요 요직을 맡겼다. 반면 한족이나 여타 이민 족은 차별했는데 이는 다수의 한족을 억압하기 위한 불가피 한 선택이었다. 그나마 한인은 하급 관리에는 봉직할 수 있었 으나 남인에게는 그런 기회조 차 주어지지 않았다.

지역 병력은 몽골 족과 서역인이 차지하여 정복자의 위치를 확실히 했다. 이런 방식을 통해 몽골 족들은 국가의 문무 요직을 독점하는 등 정치·사회·경제적으로 특혜를 누리며 다른 민족을 지배했다. 특히 몽골 족에게 끝까지 저항한 남인들은 철저히 천대하며 억압했다. 이 렇게 몽골 족들이 주요 요직을 독점하는 데 힘을 쏟았던 것은 것은 군 사력을 제외하면, 인구·경제 능력·문화 등 여러 분야에서 한족의 영 향력이 컸기 때문에 이를 제어하기 위함이었다.

한편 국가 규모의 거대한 경제 활동에 대해 경험이 부족했던 몽골 족 은 자신들을 도와 재정과 경제를 담당해 줄 세력이 필요했는데 당시에 몽골 족과 행동을 같이한 사람들이 바로 서역인이었다. 그래서 서역인 들은 원에서 몽골 족 다음의 제2계급 지위를 확보했다. 결국 원나라는 몽골 족을 제1신분, 서역인을 제2신분의 지배 계급으로 하고, 절대 다 수의 한족과 그 밖의 거란족·여진족 등을 피지배 계급으로 구분하여 국가를 운영했다.

동서 교역망의 통합이 이뤄지다

송 대 이전 동서 간의 문물 교류 통로로 사용되었던 것은 유목 민족들이 지배하고 있었던 초원길과 한나라 시절 개척한 비단길이었다. 송 대에는 기술의 발달로 바닷길도 열렸다. 초원길은 몽골 고원을 출발하여 키르기스 초원과 남러시아 초원부근을 지나 흑해에 이르는 교통로로 원에서 유럽에 이르는 길 중 가장 평탄하고 빠른 길이었다. 그래서 이 길을 차지하는 자는 동서 교역에서 나오는 막대한 이익을 얻을 수 있었다.

그런데 이 길은 이미 선사 시대부터 유목 민족의 주요 활동 무대였기 때문에 이 길을 이용하고자 하는 상인들은 그들의 힘을 빌릴 수밖에 없었다. 서역 상인들은 유목 민족이 세력을 키워 대제국을 건설하려 할 때 재정을 지원하는 대가로 유목 민족들로부터 초원길 사용에 대한 독점권을 확보했다. 그래서 일부 상인들은 동서 교역의 막대한 이익을 챙길 수 있었지만, 다른 상인들은 이 길을 이용하기 위해 비싼 통행료를 내야만 했다.

비싼 통행료에 부담을 느낀 상인들은 또 다른 동서 교통로가 필요했고, 이러한 상황에서 개척된 길이 바로 비단길이다. 상인들은 이 길을 적극적으로 활용했다. 이 길은 중국 서북부에서 타림 분지와 남북 오아시스 지대, 이란 고원을 거쳐 시리아에 도달하는 매우 험난한 길로 초원길에 비한다면 좁고 꼬불꼬불한 지방 도로 수준이었다. 비단길은 산맥과 고원 그리고 사막을 지나야 하기에 시간과 비용이 많이 들기는 했지만, 자유롭게 교역을 할 수 있었기 때문에 상인들은 점차 이 길을 이용하게 됐고 비단길은 동서 교역의 중심으로 떠오르게 되었다. 비단길의 중요성이 부각되자 다른 세력들 또한 이 길에 눈독을 들이기 시작했고, 중국은 이를 지키기 위해 끊임

통행료 내셔야지?

없이 전쟁을 치러야만 했다. 결국 8세기 말 이슬람과의 전쟁에 패배하면서 중국은 서역인들에게 이 길의 사용권을 빼앗기게 되었다.

바닷길은 송 대에 조선술과 항해술이 발달하면서 개발된 후 점차 이용이 확대되었다. 대량의 물자를 수송할 수 있다는 점에서 바닷길은 매우 효과적인 동서 교역로였다. 8세기 말 비단길 사용의 주도권이 이슬람에게 넘어가고 송 대 물자 생산량이 급격하게 늘어남에 따라 바닷길은 더 빠른 속도로 열리게 되었다. 당시 동서 교역 상품의 가격을 결정하는 중요한 요소는 거리와 물류비용이었는데, 대량의 물자를 수송할 수 있었던 바닷길은 물류비용을 절감하는 데 매우 효과적이었다. 그래서 바닷길의 사용은 점점 보편화되었고, 동서 무역의 중심 통로로 부상하게 되었다.

이런 상황에서 몽골 제국의 성립은 동서 교역에 획기적인 전환을 가져왔다. 그동안 육로인 초원길과 비단길은 여러 유목 민족들이 차지했다. 그들은 오가는 상인들을 약탈하여 상업 활동에 많은 지장을 주었다. 반면 송나라는 수세적 입장이었기 때문에 동서 교역로를 관리할 힘이 부족한 상황이었다. 그런데 몽골이 중국에서 유럽에 이르는 대제국을 건설하고 중국 본토를 장악하여 원을 건국함으로써 동서 교역의 3대 통로를 모두 차지할 수 있게 된 것이다. 즉 동서 교역으로 이익을 얻는 자가 교역의 통로가 되는 길까지 관리하게 되니 교역이 더욱 활발해질 수밖에 없었다.

몽골 인들은 동서 교역의 요지에 공적인 임무를 띠고 이동하는 관리들에게 갈아탈 말과 숙식을 제공하는 역참이라는 기관을 설치했다. 몽골 제국에는 중요한 길마다 약 40킬로미터 간격으로 역참이 있었고, 외딴 지역에도 이러한 역할을 하는 건물을 두어 운영했다. 이를 통해 동서 교역로를 관리했다.

바닷길
동서 무역의
중심통로로
급부상

대량수송
물류비용
절감

바다를 지배하는 자,
세상을 얻으리라!

지도 레이블: 로스토프나도누, 카라코룸, 흑해, 탈라스, 베이징, 로마, 사마르칸트, 둔황, 아테네, 안티오크, 박트라, 원, 지중해, 바그다드, 뤄양, 알렉산드리아, 예루살렘, 바스라, 카이로, 델리, 광저우, 메카, 남중국해, 아라비아 해, 랑군(양곤), 아덴, 벵골 만, 무지리스, 탄조르

— 초원길
— 비단길
— 바닷길

몽골 족과 같은 유목 민족은 기본적으로 다른 문화에 대한 거부감이 적었다. 그것은 유목 민족의 생활 습성에서 이유를 찾을 수 있다. 유목 민족들은 이동 과정에서 다양한 사람들과 문화를 만나야 하는데 그때마다 전쟁을 벌일 수는 없는 일이기 때문이다. 평화를 유지하기 위해서는 다른 사람들과 그들의 문화를 인정하면서 교류를 하는 것이 중요했다. 다만 그것이 원활하지 않을 때 최후의 수단으로 전쟁이란 방법을 선택했다. 이런 유목민들의 전통은 국가를 세운 이후에도 여전히 이어졌다. 몽골 제국도 그러했다. 특히 몽골 제국의 칸은 교역을 대단히 중요시했고, 자신의 거점지를 지상의 중심으로 만들고자 했다. 그래서 외래문화를 적극적으로 받아들였고 이 과정에서 발생하는 수익을 국가 발전의 토대로 삼으려 했다. 결국 서역의 상인들이 몽골을 거쳐 중

원 대의 동서 교통로(위)
원 대에 이르러 동서 간의 교류가 활발하게 이뤄졌다. 몽골 제국이 동서 교역로를 모두 장악함으로써 안전이 확보되었기 때문이다. 또한 몽골 제국이 교역을 중시했기 때문이기도 하다. 이 시기에는 초원길·비단길·바닷길 모두 활발하게 이용되었다.

몽골의 노패(아래)
역참을 이용하기 위해서는 사진과 같은 통행 증명서가 필요했다. 신분이나 이용 목적에 따라 금패·은패·해청패 등 지급하는 것이 달랐다.

원을 외부에 소개한 외국인
대표적인 사람이 마르코 폴로
와 이븐바투타이다. 마르코 폴
로는 이탈리아 사람이었고, 이
븐바투타는 모로코 사람이었
다. 그들은 각기 여행기를 통
해 유럽 인과 서역인 들에게
동양에 대한 관심을 높이는 데
중요한 역할을 했다.

국에 드나들었을 뿐만 아니라 유럽의 선교사와 상인 들 또한 중국을 왕래하게 되었다.

이러한 이유로 송 대에 이어 원 대에도 지속적으로 상공업이 발전했다. 특히 원 왕조는 상공업을 국가의 부를 축적할 수 있는 중요한 원천으로 생각하여 적극적으로 진흥책을 추진했기에 더욱 발전할 수 있었다. 원 대의 동서 교역은 이전 시대와는 비교가 되지 않을 만큼 활발해졌고, 원의 문화 또한 국제적인 성향을 띠게 되었다.

서민 문화가 발달하다

지속적인 상공업의 발달과 동서 교역의 확대는 도시의 성장을 더욱 촉진시켰다. 도시가 성장한다는 것은 도시의 생산과 소비 능력이 향상되는 것을 의미하고, 이러한 생산과 소비 활동의 주체는 서민들일 수밖에 없다. 원 대에 교역이 확대됨에 따라 서민들의 경제 활동도 활발해졌고 경제적 여력도 송 대보다 나아졌다. 서민들의 경제적 지위가 점차 향상되면서 이들을 대상으로 한 문화 활동 역시 활기를 띠었다.

문화가 서민에게 퍼지면서 대중성이 나타났다. 대중성은 심오한 철학이나 형이상학적인 표현을 자제하고, 눈으로 보고 귀로 듣고 몸으로 느낄 수 있고 쉽게 이해할 수 있어야 확보될 수 있는 것이다. 따라서 서민들의 문화가 성장하게 되면 연극·미술·소설 등과 같은 장르가 오락적 요소를 포함하면서 발달한다. 이러한 경향은 송 대에도 마찬가지였으며 원 대에 들어 더욱 확대되었다.

원 왕조는 송 대의 지배 계급인 사대부들을 철저히 탄압했기 때문에 사대부들은 현실에서 정치적 이상을 실현할 수 없었다. 결국 그들은 작품 활동을 통해 스스로 위안을 받고자 했다. 작품 활동을 한 사대부들은 자신의 생각을 서민들에게 알리고자 했다. 이 과정에서 역량 있는 작가들이 서민 문화에 참여하면서 그 질도 향상되었다.

마르코 폴로
마르코 폴로는 베네치아 출신
으로 쿠빌라이의 우대를 받으
며 통상을 전담했고, 이때의 경
험을 바탕으로 《동방견문록》을
구술했다.

숨죽이고 있던 한족이 일어나다

전체 인구로 보나 경제력으로 보나 몽골 족이 한족을 지배하는 것은 쉬운 일이 아니었다. 그것이 가능했던 것은 강력한 군사력과 단결의 힘이었다. 그런데 얼마 가지 않아 몽골 족의 결집에 금이 가기 시작했다. 먼저 제위 계승 문제로 발생한 다툼이 그중 하나였다. 몽골 족은 전통적으로 막내아들에게 계승하는 것이 관례였지만 중국식 제도를 택한 뒤에는 잘 지켜지지 않아 쿠빌라이(세조) 사후 70여 년 동안 여러 차례 황제가 바뀌는 불안정한 모습을 보였다. 더욱이 그 과정은 평화적인 방법에 의한 것이 아니라 대규모 전쟁을 동반하는 경우가 많았기 때문에 이로 인한 경제적·인적 손실은 막대했다.

그즈음 몽골 제일주의를 통한 한족 지배는 한계에 도달하기 시작했다. 날이 갈수록 높아만 가는 한족의 반감을 무마하고 효율적으로 지배

사냥에 나선 쿠빌라이
쿠빌라이는 중앙 집권 체제를 확립하고 몽골의 우수성을 강조했으나, 여러 종교를 허용하기도 하고 서양인인 마르코 폴로를 중용하기도 하는 등 포용력을 발휘했다. 그림 속 인물 중에도 몽골계가 아닌 사람이 있다.

하기 위해서는 한족을 관료로 임명하여 그들의 불만을 약화시킬 필요가 있었다. 그래서 과거제를 부활시켰다. 하지만 민족별로 합격자 수를 정해 놓았기 때문에 한족의 불만은 여전했다. 이러한 불평등을 해소하기 위해서는 한족 스스로 성장하는 길밖에 없었다. 결국 한족은 송 대처럼 생각이 같은 사람들이 모여 당을 만들고 조금이라도 권력에 다가가기 위해 다른 당과 대립하는 당쟁을 일으켰다. 이로 인해 중앙 정부는 혼란에 빠졌다.

거기에다 경제 및 재정 정책 또한 실패를 거듭했다. 몽골 족은 유목 민족이기 때문에 농경 사회의 경제생활에는 어두웠다. 이 문제를 해결하기 위해 서역인을 활용하기는 했으나 그들 역시 거대한 중국식 농경 문화를 이해하고 이를 토대로 정책을 수립한다는 것은 사실상 어려운 일이었다. 결국 경제 및 재정 정책은 방만할 수밖에 없었고 그럼에도 원 왕실의 재정 낭비는 그치지 않았다. 대표적인 사례가 막대한 경비가 드는 라마교*의 종교 행사를 자주 치른 것이었다. 이러한 행사는 재정을 더욱 궁핍하게 만들었고, 경제 및 재정 정책 실패의 부담은 고스란히 농민에게 돌아갔다. 이는 당연히 농민들의 불만을 더욱 높이는 결과를 초래했다.

원나라를 구성하는 절대 다수의 사람들은 한족이었다. 이들은 그동안 몽골 족의 강력한 군사력 때문에 숨죽이고 지내 왔지만 계속되는 가혹한 정치를 참고 있기는 어려웠다. 이에 전국 곳곳에서 농민 봉기가 일어났는데 이 중 허난 지역에서 백련교를 주축으로 일어난 홍건의 무리가 대표적이다. 백련교는 말세론을 주창하면서 구원의 부처인 미륵불을 숭상하는 종교였다. 불교 쪽에서 이단으로 규정되어 배척되었지만, 현재의 세계가 끝나고 새로운 세상이 오기를 바랐던 한족에게는 매력적인 종교였다. 백련교는 이후 각 왕조의 말기에 역사 전면에 등장하여 민중의 봉기에 영향을 끼치곤 했다. 이들은 붉은 두건을 머리에 두

● 라마교
원 왕실의 종교는 티베트 불교인데 라마교라고도 한다. 라마교는 기복적인 성격이 매우 강하고 제사와 제물을 중시한다. 또 원은 정치와 종교가 일치되어 있었기 때문에 종교 행사는 국가 차원에서 시행했다.

르고 다녀서 흔히 홍건적이라 불리었다. 왕조 시대의 역사에서 농민들이 일어나 주장을 펼치는 것은 반란에 해당하기 때문에 불온한 무리란 의미의 적賊이란 글자가 붙었다. 지금의 관점에서 보면 민의를 전달하는 것은 당연한 일이지만 왕조 시대에는 사정이 달랐다.

홍건의 세력에 참여하는 사람들이 점점 확대되어 원나라의 통제 수준을 넘어서게 되었다. 홍건의 세력 중 주원장이 점차 두각을 나타내어 1368년에는 난징에 도읍을 정하고 명을 건국하기에 이르렀다. 주원장은 그 여세를 몰아 북벌을 단행하여 원의 수도인 대도를 함락시켰다. 이로 인해 몽골 족은 만리장성 너머 자신들의 고향으로 돌아갔다. 이로써 몽골 족에 의한 약 100여 년간의 중국 통치는 막을 내리게 된다.

누구의 역사인가?

중국에 한족의 송이 있을 무렵, 중국의 동북 변에는 요와 금이 있었다. 이들은 각자 자신들이 차지한 중국 영역을 통치하면서 자신들의 문화도 지켰다. 물론 모든 나라가 그러하듯 이 두 나라도 멸망하여 역사 속으로 사라졌다.

요와 금 그리고 원의 공통점은 한족에 동화되지 않고 자신들의 고유한 문화를 지키며 한족을 지배했다는 점이다. 차이점이 있다면, 요를 세운 거란족은 송과 금에 의해 멸망당한 후 이곳저곳에 흩어져 살다가 한족화되거나 다른 지역으로 들어가 그곳에 동화되면서 민족 자체가 사라진 것에 반해, 금을 세운 여진족은 중국을 다시 지배하여 청을 건국했고, 몽골 족은 지금까지도 국가 체제를 유지하고 있다는 점이다. 물론 청을 세웠던 여진족은 중화민국이 성립하면서 지배적 지위를 잃고 지금은 중국의 소수민족으로 살고 있지만 여전히 존재하고 있다.

이런 상황을 고려했을 때 요·금·원의 역사는 누구의 역사일까? 세 나라는 한족의 문화와 분명 다른 문화를 유지했다. 또한 이 세 나라의 문화가 한족의 문화로 흡수되어 중국화된 것도 아니었다. 그러니 이들 역사를 중국의 역사에 포함시켜 생각하는 것은 좀 더 고민해야 할 부분이다. 그래서 역사가들은 요·금·원과 같은 나라들을 중국을 정복한 다른 민족의 왕조라 하여 정복 왕조라 규정하기도 한다.

03

일본, 막부 정권의 성립과 전개

이 시기 한반도에서는 신라가 망하고 고려가 건국되었다. 만주에서는 거란 족의 요와 여진족의 금이 등장했다가 몽골에 멸망당했다. 중국에서는 송이 건국되었다가 몽골에 의해 멸망하고 원이 성립되었다. 이 시기 동아시아 지역에서는 정치적 변화가 많았다. 일본도 대륙과 마찬가지로 급격한 변화 를 겪었으나 그 성격이 매우 달랐다.

한반도나 중국은 중앙 집권 체제가 강화되는 방향으로 정치적 변화가 진행되거나 외침에 의해 정치적 변화가 발생했다. 반면 일본은 이 시기에 외부 침입과 같은 충격 없이 내부적으로 급격한 정치 변화가 일었다. 당시 일본은 중앙 집권 체제가 무력해지고 지방 분권화가 강화되었다. 또한 천 황 중심의 지배 체제가 무너지고 쇼군이라 불리는 무사 계급의 우두머리가 휘하의 장수들과 각 지역의 무장들을 이용하여 국가를 운영하는 막부 체제 가 수립되었다.

막부 정권이 등장하다

일본의 막부 시대는 같은 시기의 주변 아시아 국가들과는 다른 특징이 있다. 대부분의 아시아 국가들이 이 시기에 문신을 중심으로 중앙 집권 체제를 발전시킨 반면, 일본은 무사들 간에 영지를 매개로 주군과 종신의 관계를 맺음으로써 서유럽의 봉건 사회와 비슷한 지방 분권 사회를 형성했다. 특히 다이라 가문이 호겐의 난과 헤이지의 난에서 미나모토노 가문을 제압하고 정권을 장악함으로써 막부 시대를 여는 기반을 마련했다. 그러나 다이라 가문은 자신들을 도와주었던 하위 무사 집단을 보살피기는커녕 오히려 기존의 귀족처럼 천황가의 외척이 되어 실권을 장악하고 셋칸 정치를 흉내 내며 정치권력을 독점했다.

다이라 가문은 짧은 기간에 정계 최고 자리에 오른 터라 그들을 지원할 만한 세력이 많지 않았다. 이를 극복하기 위해 전황가와 혼인 관계

미나모토노 요리토모 좌상
요리토모 좌상은 나무에 조각을 하여 채색한 상으로 13~14세기 사이 가마쿠라 막부 시절에 제작된 것이라고 한다. 도쿄 국립 박물관에 있다.

를 맺고 조정 주요직은 물론 지방 장관인 고쿠시에도 친인척들을 임명했는데, 이는 다른 귀족 계급을 적으로 만드는 결과를 낳았다. 특히 자신들 가문의 여인이 낳은 아이를 천황에 즉위시키기까지 하여 최고 권력을 차지한 것이 문제였다. 이러한 다이라 가문의 처사는 당연히 반발을 가져왔다.

다이라 가문의 횡포에 반기를 든 사람은 고시라카와 천황(1158년부터는 상황)의 차남 모치히토였다. 그는 각지의 유력 무사에게 다이라 가문을 공격하라는 명령을 내렸다. 그 후 모치히토 또한 교토에서 군사를 일으켜 다이라 가문의 조정과 대결을 벌였으나, 정부군에 의해 진압되었고 그 역시 죽임을 당했다. 하지만 이러한 분위기는 이어져 미나모토노 가문 측의 무사들이 참여했는데 그중 하나가 미나모토노 요리토모였다.

요리토모는 오늘날 시즈오카 현의 이즈라는 곳에서 군대를 일으키기는 했으나 다이라 가문의 전력에 비해 열세였다. 그래서 요리토모는 세력을 안정시키기 위해 도쿄 근처인 가마쿠라에 들어가 장군들의 임시 거처인 막부를 설치했다. 이로써 막부 시대가 시작되었다. 가마쿠라 지역은 예로부터 미나모토노 가문과 연고가 깊었을 뿐만 아니라 군사적

겐페이 전쟁
미나모토노 가문과 다이라 가문이 일본의 지배권을 두고 벌인 다툼을 겐페이 전쟁이라고 한다. 1185년 단노우라 전투에서 다이라 가문이 패하면서 미나모토노 가문이 득세하게 되었다.

으로도 방어에 매우 유리한 곳이었다. 미나모토노 가문은 이 지역을 근거지로 하여 1180년부터 1185년까지 다이라 가문과 권력 투쟁을 계속했다. 초기에는 주로 요리토모가 있던 지역에서 전쟁이 진행되었지만 시간이 지날수록 다이라 가문의 근거지인 일본 중부와 서부로 전쟁 지역이 옮겨졌다. 이는 요리토모가 열세를 극복해 가는 과정을 보여 주는 것이다. 이를 위해 요리토모는 초기에는 전쟁에 직접 참여하는 것은 피하고 가마쿠라에 머물면서 세력을 확대하기 위한 조직을 정비했다.

요리토모가 우선해야 할 일은 각 지역의 유력 무사이자 대토지 소유자들을 휘하에 두는 것이었다. 그는 자신을 주군으로 하고 각 지역의 유력자들을 종신으로 삼는 주종 관계를 맺었다. 이 관계에 놓인 지방의 유력자들을 고케닌●이라 한다. 요리토모는 고케닌이 소유한 영지를 인정하고 보호해 주거나 새로운 영지를 하사하는 방식을 통해 관계를 맺었고, 그들에게 막부의 관료 역할을 하게끔 해 주기도 했다. 그 대신 고케닌은 요리토모가 벌이는 전쟁에 같이 참여하고, 가마쿠라 경비와 같은 일상적 군사 업무를 수행하며, 막부의 재정을 지원하는 일을 의무적으로 해야 했다. 고케닌은 가마쿠라 막부 시절에 등장하여 최고 장군과 주종 관계를 맺은 무사를 뜻하다가 점차 무사 신분 전체를 나타내는 말로 의미가 확대되었다.

요리토모는 고케닌들과 주종 관계를 맺음으로써 막부 운영을 위한 군사·행정·재정의 문제를 해결할 수 있었지만 그들을 지속적으로 지배하기 위한 장치도 필요했다. 그래서 사무라이도코로라는 기구를 자신의 저택 안에 설치했다(1180). 이 기구는 평시에는 무사들과 관련된 재판을 하거나, 무사들의 죄에 대해 수사하고 감찰하는 기능과 함께 인사 행정을 담당했다. 그러다가 전시에는 군사권을 가지고 무사들을 지휘하는 역할을 수행했다.

● 고케닌
막부의 우두머리인 쇼군의 가신을 의미한다. 1180년 가마쿠라에 새 저택을 지어 막부를 설치했을 때 참여한 고케닌은 300여 명이었다. 이들은 모두 무사 집단을 거느린 장수들이었다.

사무라이도코로는 고케닌을 통제하기 위한 기구이기도 했지만, 그보다는 지역을 지배하기 위한 기구로서의 역할이 더 컸다. 막부의 영향력이 높아지고 지배 지역이 확대되어 감에 따라 통치를 위한 기구도 설치해야 했다. 그래서 막부 내에 행정 기구와 사법 기구를 두어 무사뿐만 아니라 정치와 관련이 있는 일들도 독자적으로 처리할 수 있는 여건을 조성했다.

이런 상황에서 아우들의 활약으로 다이라 가문의 세력이 많이 약화되자, 요리토모는 다이라 가문 타도 전쟁의 전면에 등장하여 결국 다이라 가문을 멸망시켰다(1185). 그 후 잔당들을 완전히 소탕한다는 명분 아래, 국가 소유 토지와 장원에 파견할 지방관을 임명할 수 있는 권한을 천황으로부터 위임받았다. 이때 파견된 지방관은, 지방의 영주인 고케닌들을 통솔하고 행정 및 치안을 담당하는 슈고와 장원에 대한 징세 및 토지 관리를 담당하는 지토였다. 이로 인해 가마쿠라 막부는 전국에 정치력을 발휘할 수 있게 되었다. 이제 천황은 실질적 권력을 막부에게 넘겨 준 채 허울만 남게 되었고, 막부는 천황을 보호한다는 구실로 최고 통치자인 쇼군*의 칭호를 요리토모가 천왕으로부터 하사받았다. 이제 막부는 휘하의 무사 집단과 슈고·지토를 통해 일본 전역을 실질적으로 지배하게 되었다.

그런데 요리토모는 왜 천황을 제거하고 스스로 천황이 되지 않았을까? 당시 일본인들은 섬이란 공간에 살고 있는 자신들의 상황을 잘 알고 있었다. 특히 고대 사회에서 중앙 집권 국가가 등장하기 이전에 있었던 장기간의 갈등과 혼란은 일본인들에게 생존의 위기로 다가왔다. 만약 일본이 대륙에 있었다면 내부 갈등을 외부로 표출하여 해결하거나, 다른 지역으로 도주하여 새롭게 시작할 수 있었을 것이다. 하지만

●쇼군

쇼군은 원래 조정의 관직 중 하나인 '정이대장군'을 부르는 말이었다. 쇼군은 천황의 허가가 없어도 상벌을 내릴 수 있는 권한을 가지고 있었다. 막부 권력을 장악한 최고 무사는 이 관직에 임명되었고, 점차 막부의 최고 권력자를 쇼군이라 부르게 되었다.

섬이라는 제한된 공간에 있었기 때문에 갈등이 번지기 시작하면 자신은 물론 모두를 멸망에 이르게 할 수 있다는 생각을 가지게 되었다. 그래서 일본인들은 운명 공동체 의식을 매우 중요하게 여긴다. 그 정신을 '화합하다'라는 뜻의 와[和]로 표현한다. '와'라는 글자를 일본인들은 일본을 상징하는 것으로 이해하고 있다. 그래서 일본을 대표하는 상품을 보면 '와'를 이용해 표현한 것을 흔히 볼 수 있다. 이런 성향이 있었기에, 천황을 몰아내고 스스로 천황이 되어 겪게 되는 혼란보다는, 천황은 그대로 두고 새로운 조정을 구성하여 천황의 인정을 받아 통치를 하는 방법을 선택하게 했다.

가마쿠라 막부, 위기를 맞이하다

1199년, 요리토모가 급사하고 그의 아들 요리이에가 쇼군의 자리에 올랐다. 요리이에는 권력을 강화하기 위해 자신의 처가 사람들을 중요 관직에 임명하여 막부를 운영했다. 그러자 이에 불만을 품은 요리토모의 가신들, 즉 고케닌들이 반발했다. 고케닌들은 요리이에의 외조부이자 요리토모의 장인인 호조 도키마사에게 결집하여 요리이에와 그 처가의 일족을 멸하고 막부를 장악했다. 도키마사는 미나모토노 가문에서 새로운 쇼군을 옹립하고는 행정 최고 기관의 장관을 맡아 쇼군을 보좌한다는 명분으로 정권을 장악했다. 이를 통해 가마쿠라 막부의 권한이 호조 가문으로 넘어가게 되었다. 마치 헤이안 시대 때 후지와라 가문이 천황 뒤에서 섭정을 하고 고문으로 정치에 참여했던 셋칸 정치처럼 호조 가문도 막부 내에서 쇼군의 후견인으로 정치를 움직였는데 이를 싯켄 정치라 한다.

호조 가문의 싯켄 정치는 한때 천황가의 도전을 받아 위기를 맞기도 했지만, 쇼군에 대한 무사 집단의 충성심을 자극하여 극복해 냄으로써 더욱 안정을 맞이했다. 그러나 호조 가문의 싯켄 정치는, 대륙에서 대

제국을 건설한 몽골 족이 고려를 제압한 후 일본 원정을 시도함으로써 새로운 위기를 맞게 되었다.

1268년, 몽골의 칸은 막부에 조공을 요구했지만 막부는 이를 받아들이지 않았다. 그 대신 몽골의 침입에 대비하여 전쟁 준비를 했다. 그사이 몽골 제국은 중국식 제도를 채택하여 국호를 원이라 칭하면서, 새롭게 성립한 국가의 권위를 높이고 세력을 확장하기 위해 고려를 압박하여 일본 원정을 감행했다.

1274년, 막부의 예상대로 약 3만 명의 원군이 일본에 상륙했다. 원군의 전술과 무기는 일본의 병사들을 압도했기 때문에 상황은 일본에게 매우 불리했으나 때마침 불어온 폭풍우가 일본을 도왔다. 예상치 못한 기후에 원군은 첫 번째 일본 정벌에 실패하고 돌아갈 수밖에 없었다.

1281년, 원군이 다시 14만 명의 병력을 이끌고 규슈 지방에 침입하자 가마쿠라 막부는 커다란 위기에 빠졌다. 그러나 또다시 불어온 대형 태풍 때문에 원군의 많은 군선이 파괴되어 일본은 운 좋게 위기에서 벗어날 수 있었다. 이렇게 기적과 같은 행운으로 일본은 당시 세계 최강이라는 원군의 침략에서 벗어날 수 있었다. 일본인들은 자신들을 구해

몽고습래회사蒙古襲來繪詞
몽고습래회사는 여(고려)·원(몽골) 연합군이 일본을 공격했을 때, 다케자키 스에나가말을 탄 인물)가 맞서 싸운 것을 담은 일본 측 시각의 그림이다. 몽고蒙古는 원나라를 의미하고 습래襲來는 습격하여 옴이란 뜻이다. 실제로는 고려가 참전했으나 제목에서는 빠져 있다. 이는 당시 일본이 침략의 주체를 원나라로 보았음을 알려 준다.

준 이 폭풍우를 가미카제라 부르며 불패 신앙으로까지 발전시켰다.

막부는 원과 벌인 두 차례 전쟁을 승리로 이끌기는 했지만 또 다른 위기에 직면해 있었다. 가마쿠라 막부를 지탱해 준 고케닌들의 불만이 높아졌기 때문이다. 전쟁을 치르면서 가마쿠라 막부의 고케닌들은 장기간 원정을 해야 했고 그 비용도 스스로 충당해야만 했다. 이것은 고케닌들이 당연히 해야 할 군사적 의무이기는 했다. 다만 고케닌들은 전쟁에서 승리하면 막부로부터 보상을 받을 것이라 믿었고 이를 통해 비용 문제를 해결하려 했다. 그러나 막부는 고케닌들에게 보상할 여력이 없었다. 일본의 경우, 전쟁에서 승리하면 적의 영지를 몰수하여 공훈이 있는 자들에게 나누어 주는 것이 일반적이었는데, 원과의 전쟁은 일본 내륙에서 치른 방어 전쟁이었기 때문에 따로 나누어 줄 영토가 없었던 것이다.

하지만 고케닌에게 닥친 경제적인 문제는 생존과 직결되어 있어서

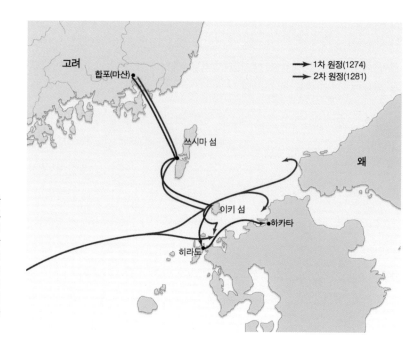

여원 연합군의 일본 원정
원의 쿠빌라이 칸은 고려를 굴복시킨 후 일본에게 조공을 요구했는데 일본 조정은 이를 거부했다. 이에 원은 고려를 압박하여 연합군을 구성해 일본 원정에 나섰다. 하지만 일본군의 저항과 태풍으로 원정은 실패로 돌아갔다. 원의 원정은 실패했지만 이 영향으로 일본의 가마쿠라 막부는 쇠퇴했다.

쉽게 이해하고 넘어갈 수 있는 상황이 아니었다. 고케닌들은 영지를 저당 잡혀 전쟁 비용을 충당했는데 보상을 받지 못하면 빚을 갚지 못하게 되고, 그렇게 되면 자신들의 영지를 잃을 수밖에 없기 때문이었다. 고케닌이 영지를 상실한다는 것은, 쇼군과 고케닌 사이의 보호와 충성의 관계가 더 이상 유지될 수 없다는 것을 의미하는 것이었고, 이것은 막부의 존립 기반을 뒤흔들었다.

천황가는 이런 막부 체제의 위기를 세력 회복의 기회로 삼고 무력 봉기를 시도했다. 비록 이 봉기는 실패했지만, 이것이 계기가 되어 그동안 불만에 쌓여 있던 고케닌과 새로이 성장한 지방 유력자, 그리고 해적들이 반란을 일으켰고 가마쿠라 막부는 커다란 위기를 맞이하게 되었다. 가마쿠라 막부는 당시 유력한 고케닌이었던 아시카가 다카우지를 파견하여 반란을 진압하려 했지만, 오히려 다카우지가 가마쿠라 막부를 배반하고 교토를 점령하여 반(反)가마쿠라 세력을 결집시켰다. 이제 전국 각지의 무사들은 가마쿠라 막부 측에 동참할 것인지, 반가마쿠라 막부 세력에 동참할 것인지를 결정해야 했다. 그런데 많은 무사들이 반가마쿠라 막부 측에 결집했고 그중 한 사람이었던 닛타 요시사다가 가마쿠라를 공격하여 싯켄 정치를 하고 있던 호조 가문을 제압했다. 이로써 한 세기 반 동안 계속된 가마쿠라 막부는 붕괴되었다(1333).

배반,
역사의 한 단면 …

무로마치 막부와 남북조 시대가 성립하다

다카우지가 가마쿠라 막부를 배신하고 반란을 일으켰을 때, 명분으로 내세운 것은 천황을 보호한다는 것이었다. 다카우지가 이러한 명분을 내세울 수 있었던 것은 가마쿠라 막부가 자신들에 대항해 봉기했던 천황을 유배 보냈기 때문이다. 신하가 왕을 유배 보낸다는 것은 주종 관계의 논리에 맞지 않으므로 다카우지에게는 충분한 명분이 되었다.

반란에 성공한 후 다카우지는 자신을 중심으로 새로운 무사 정권을 세우려 했다. 그러나 당시 천황이었던 고다이고는 왕정복고를 꾀하고 있었기 때문에 두 사람은 대립할 수밖에 없었다. 고다이고 천황은 일부 무사들의 지원을 받아 자신의 뜻을 이루기는 했으나, 무사 집단을 배제하고 과거의 귀족을 우대하는 등 시대착오적 정책을 택함으로써 무사 집단이 다카우지 쪽으로 돌아서게 만드는 결과를 초래했다. 다카우지는 다시 군사를 일으켜 교토를 점령하고 고다이고 천황을 유폐시킨 뒤 고묘 천황을 추대한 후 무로마치 막부를 성립했다.

그러나 고다이고 천황은 유배지에서 탈출하여 요시노(오늘날 나라현)에 자리 잡고 무로마치 막부에 참여하지 않은 무사 집단의 후원을 받아 무로마치 막부에 대립하는 정치 세력을 만들었다. 이로써 고묘 천황을 중심으로 형성된 무로마치 막부 세력을 북조라 하고, 고다이고 천황을 중심으로 결집한 정치 세력을 남조라 부르게 되었다. 이러한 상황

아시카가 다카우지(왼쪽)와 고다이고 천황(오른쪽)
아시카가 다카우지는 천황에게 불만을 가진 세력과 규합해 군사를 일으켜 고다이고 천황을 붙잡은 후 고묘 천황을 옹립했다. 다카우지는 새로운 천황으로부터 쇼군의 지위를 얻고 무로마치 막부 시대를 열었다. 고다이고 천황은 요시노로 탈출하여 새로운 조정을 세워 고묘 천황에 맞섰다. 일본의 조정이 둘로 나뉜 이 시기를 남북조 시대라고 한다.

속에서 일본은 두 명의 천황과 두 개의 조정이 수십 년이나 병존하는 남북조 시대를 맞았다.

　고다이고 천황은 상인들로부터 경제적 지원을 받았고, 또한 지리적으로 외부의 공격을 막기 쉬운 요시노에 자리 잡았기 때문에 자신의 세력을 유지할 수 있었다. 그러나 교토에 막부를 개설한 다카우지의 세력이 점점 안정되어 감에 따라 대세는 북조 쪽으로 기울었다. 이러한 상황에서 1392년 남조의 고카메야마 천황이 북조의 고코마쓰 천황에게 양위를 하는 형식으로 남북조의 화합이 이루어졌다. 이로써 오랜 갈등이 끝났지만, 남북조 시대를 거치며 무사 사이의 대립이라는 상황이 표면으로 떠올랐다. 이는 이후 무사 간의 대립과 항쟁이 벌어질 전국 시대를 예고하는 것이었다.

04

서아시아 세계의 변화와 성장

서아시아 세계에서 이슬람교가 자리 잡자 아라비아 족이 권력을 장악하게 되었다. 그것이 우마이야 왕조다. 이에 반대하는 비아라비아 계열 이슬람교도 등이 새 종파를 만들었다. 그것이 시아파다. 시아파와 반우마이야 왕조 세력이 힘을 합해 아바스 왕조를 건설했다. 아바스 왕조의 등장으로 서아시아 세계의 중심이 우마이야 왕조의 수도인 다마스쿠스에서 아바스 왕조의 수도인 바그다드로 옮겨졌다.

아바스 왕조는 이슬람교도의 평등을 주요 원칙으로 삼았기 때문에 민족과 인종을 초월해서 범이슬람 제국을 건설할 수 있었다. 이로 인해 튀르크 족에게도 이슬람교가 전해졌고 이들이 후에 서아시아 세계의 주역으로 성장하는 발판이 되었다. 바그다드 또한 동서 교역의 중심지이자 문화의 용광로가 되었다.

이슬람 세계가 아바스 왕조를 다원화했다

이슬람 세계는 알라라는 신과 칼리프라는 지도자에 의해 지배되는 것이 특징이었다. 그런데 아바스 왕조가 등장하면서 달라지기 시작했다. 아바스 왕조가 우마이야 왕조를 무너뜨리고 성립하자, 우마이야 왕조를 계승하고자 했던 세력들이 유럽의 이베리아 반도에서 후우마이야 왕조를 세우고 스스로 칼리프라 칭하니 이슬람 세계가 둘로 나뉘게 되었다.

아바스 왕조는 내부적으로 분열할 수밖에 없는 구조였다. 아바스 왕조의 성립에 기여한 사람들이 다양했기 때문이다. 비아라비아 이슬람교도, 아라비아 민족 출신으로 정통 이슬람교도를 주장하는 사람, 아라비아 인이지만 시리아 지역이 아니어서 차별받던 사람 등등이 아바스 왕조 성립에 기여했다. 따라서 각자의 요구 조건이 달랐고, 정치 운영 과정에서 치열하게 대립했다.

이슬람의 유럽 진출
이슬람 세력이 이베리아 반도로 진출한 것은 우마이야 왕조 시대였다. 그림은 유럽으로 진출하는 이슬람군을 묘사한 채색 사본이다.

이런 상황에서 아바스 왕조가 통치해야 하는 영토는 너무 넓었다. 아바스 왕조는 이 넓은 영토를 각지에 파견한 총독을 통해 지배했는데, 총독들이 중앙 정부의 내분을 틈타 서서히 자립하기 시작했다. 엎친 데 덮친 격으로 이민족의 침입 또한 잦아서 9세기 중엽 이후 아바스 왕조는 급격히 약화되었다. 이 틈을 이용하여 아라비아 인·페르시아 인·튀르크 인 들이 각 지역에서 세력을 확대했고, 칼리프를 자처하며 따로 왕국을 세우는 경우도 있었다. 이를 계기로 아바스 왕국에는 여러 군소 왕국이 난립하기에 이르렀고, 아바스 왕조는 칼리프의 자리만 차지한 채 실질적 권력은 아라비아 인·페르시아 인·튀르크 인 들에게 넘기고 간신히 명맥만을 유지하게 되었다. 춘추 시대 중국의 주나라 왕이 제후들에게 의존하며 살았듯 그렇게 간신히 숨만 붙이고 사는 상황이 1258년 멸망할 때까지 이어졌다.

튀르크 족이 이슬람 세계의 주인공으로 등장하다

오늘날 터키를 구성하는 민족은 튀르크 족이다. 역사학자들에 의하면 튀르크 족의 기원은 춘추 전국 시대 이래 한나라 때까지 중국 북변을 위협하던 흉노족이라 한다. 그 후 흉노족은 돌궐족·위구르 족으로 명맥을 유지하다가 튀르크 족에 이르렀다.

튀르크 족이 활동했던 무대를 투르키스탄이라 하는데 오늘날 중국 서부의 신장 성을 비롯하여 카자흐스탄·키르기스스탄·타지키스탄·우즈베키스탄·투르크메니스탄·아프가니스탄이 포함된다. 이 중 신장 성을 동투르키스탄이라 하고 나머지 지역을 서투르키스탄이라 한다.

튀르크 족은 중국의 북변에서부터 중앙아시아와 오늘날 이란의 동쪽 변경까지를 주요 활동 무대로 삼으며 이 지역을 지배했다. 9세기 중엽, 튀르크 인들은 서방 진출을 시도하여 오늘날 이란의 동부 국경선 지역과 인도 서북부 지역에 들어와 생활했다. 그 후 10세기에 들어 이슬람화되었으며 10세기 후반에 가즈니라는 이슬람 왕조를 건설했다.

튀르크계 이슬람 왕조의 성립은 이슬람 세계에 새로운 변화를 가져왔다. 이슬람 세계 최고 통치자는 칼리프인데, 칼리프는 종교적 지도자이면서 현실 세계도 함께 지배한 존재였다. 그러니 왕이 종교적 지도자였고, 종교적 지도자가 왕인 셈이었다. 이슬람 세계의 지도자가 되는 것은 오직 아라비아 인 출신의 칼리프만 가능했다.

그런데 튀르크 인들이 이슬람 세계에 들어와 왕이 되고 이슬람교를 받아들이는 일이 벌어졌다. 하지만 튀르크 인들은 이슬람교에 대한 이해가 높지 않았기 때문에 튀르크 인들이 지배하는 나라에서는 칼리프의 역할이 분화되었다. 종교적 지도자와 정치적 지도자를 각각 다른 사람이 맡게 된 것이다. 종교적 지도자는 여전히 칼리프라 불렀고 정치적 지배자는 술탄*이라 했다. 결국 튀르크계 이슬람 왕조의 성립을 통해 이슬람 사회는 정교분리 시대로 접어들게 되었다.

셀주크 튀르크 족이 서아시아 지역에 정착하다

11세기 전반, 가즈니 왕조는 술탄의 자리를 두고 내란 상태에 빠진다. 이 틈을 타서 셀주크 족은 다른 부족들을 결집하여 가즈니 왕조를 제압하고 셀주크 왕조를 성립했다. 이들은 11세기 중반에 가즈니 왕조를 오늘날 이란 국경 밖으로 완전히 몰아낸 뒤, 중서부 페르시아를 점령하고 있던 부와이 왕조와의 전쟁에서 승리하여 바그다드에 입성했다(1055). 또 11세기 후반에는 비잔틴 제국과의 대결에서도 승리하여 소아시아 반도를 완전히 장악했다. 이때부터 이 지역은 크리스트교 세계에서 이슬람 세계로 바뀌게 되었다. 이로 인해 성지 탈환이라는 명분을 걸고 유럽 세계가 서아시아 지역으로 군대를 파견하여 셀주크 왕조를 비롯한 이슬람 세계와 전쟁을 벌이게 된다. 이

●술탄
술탄은 이슬람교 최고 종교 권위자인 칼리프가 특정 지역에 대해 정치적 지배를 위임한 사람에게 주었던 칭호를 말한다. 총독 정도의 지위라고 할 수 있다. 하지만 튀르크 인들이 이슬람 세계를 지배한 후에는 왕 또는 황제라는 의미로 바뀌었다.

토그릴베그
토그릴베그는 셀주크 왕조의 초대 술탄이다. 가즈니 왕조와 싸워 이긴 후 왕조의 기틀을 잡았다. '베그'는 튀르크 어로 지배자를 뜻한다. 사진은 기도하는 토그릴베그를 나무에 조각한 작품이다.

것이 십자군 원정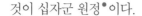이다.

●십자군 원정
11세기 말부터 13세기 후반까지, 서유럽의 크리스트교도들이 성지 팔레스타인과 성도 예루살렘을 이슬람교도들로부터 탈환한다는 명분을 내세워 수차례에 걸쳐 감행한 원정을 말한다. 십자군이란 명칭은 이에 참가한 종군자들이 십자 모양의 표식을 달았던 것에서 유래한다. 단순히 종교적인 목적 외에도 당시 봉건 영주와 기사의 관계, 상인들의 경제적 목표, 농민들의 봉건 사회에 대한 회의 등이 겹쳐 일어난 복합적인 원정이었다.

셀주크 왕조는 11세기 후반 전성기를 맞이했다. 셀주크 이전에도 서아시아 세계에는 튀르크 인들이 들어와 살거나 침략하곤 했다. 서아시아 기존 거주인들은 페르시아 인과 아라비아 인이었는데 이 지역의 문화적·역사적 전통은 페르시아에 있었다. 그들의 눈에 튀르크 족은 중앙아시아에 살던 야만인일 뿐이었다. 특히 아바스 왕조 시절, 튀르크 족은 어릴 적에 노예로 팔려와 군사 훈련을 받은 후 맘루크라는 호위병으로 생활하는 경우가 많았다. 이 과정에서 권력을 차지한 이들도 있었지만 이들이 셀주크 왕조에 기여하지는 않았다.

이들은 우수한 군사력을 바탕으로 정복과 약탈을 일삼으며 서아시아 세계를 장악해 나갔다. 마치 유럽에서 로마를 멸망시킨 게르만 족과 같이 튀르크 족도 서아시아 세계에서 그런 역할을 했다. 그런데 세련된 국가의 면모를 갖추기 위해서는 페르시아 인들의 도움을 받아야 했다.

페르시아 인들은 서아시아 세계의 문화를 형성한 데다 안정적인 국가 체제에 익숙했기 때문이다. 11세기 후반의 셀주크 왕조도 페르시아 출신 재상의 도움을 받으며 국가의 모습을 갖추어 나갔다. 조세 제도를 마련하고, 조세 징수를 감시할 관리 집단을 만들었다. 또 도로를 건설하고 상인들이 안전하게 이동할 수 있도록 했다. 이를 통해 국가의 재정을 튼튼히 하고 중앙 집권력을 강화하려 했다.

하지만 단기간에 넓어진 영토를 효율적으로 통제하는 일은 쉽지 않았다. 이를 위해 지방 행정 제도가 필요했지만 셀주크 왕조에는 익숙하지 않은 일이었다. 당시 셀주크 왕조는 새로 확보한 정복지를 친인척들에게 나눠 주고 그곳 책임자로 앉혔다. 그런데 친인척들은 자신을 관리라고 생각하지 않았고, 책임 지역 역시 자신 소유의 땅이

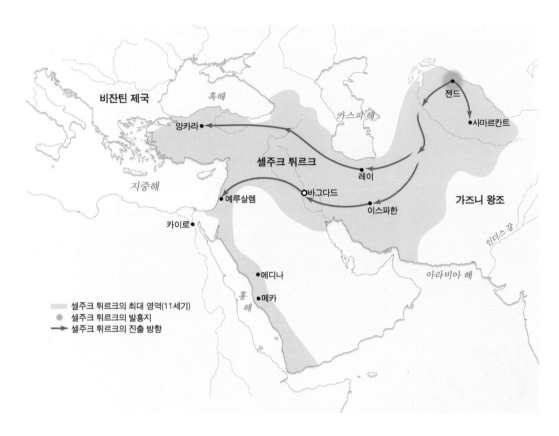

지도 라벨:
- 비잔틴 제국
- 흑해
- 카스피 해
- 젠드
- 사마르칸트
- 앙카라
- 셀주크 튀르크
- 레이
- 지중해
- 예루살렘
- 바그다드
- 이스파한
- 가즈니 왕조
- 카이로
- 인더스 강
- 메디나
- 아라비아 해
- 홍해
- 메카

■ 셀주크 튀르크의 최대 영역(11세기)
● 셀주크 튀르크의 발흥지
→ 셀주크 튀르크의 진출 방향

라 생각했다. 사실 유목민인 튀르크 인들에게 지방관이란 개념은 생소했을 뿐만 아니라, 그것을 받아들이는 일 또한 쉽지 않았다. 그래서 이크타라는 제도를 활용했다.

이크타는 전쟁에서 공을 세운 장군이나 전사들에게 준 토지를 말한다. 이 제도는 아라비아 인들이 이슬람 세계를 지배하던 시대부터 있어 왔는데 셀주크 왕조 시절에 크게 확대되었다. 이크타를 받은 장군이나 전사는 그곳에 살고 있는 사람들로부터 수익의 일정 부분을 세금으로 받을 수 있었다. 물론 세금으로 징수할 수 있는 품목이나 비율은 중앙 정부에서 결정했고, 만일 이를 어기고 착취를 하면 농민이 직접 중앙 정부에 그 사실을 알릴 수 있는 창구를 만들어 두었다. 이를 통해 이크

셀주크 튀르크의 발전
11세기경 중앙아시아의 유목 세력이었던 셀주크 튀르크가 이슬람으로 개종한 후 바그다드를 장악하고 이슬람 세계의 주도국이 되었다. 셀주크 튀르크는 세력을 더욱 확장하여 예루살렘을 포함한 소아시아 지역을 점령했다. 이를 빌미로 유럽 세계는 십자군 전쟁을 일으켰다.

타를 받은 이들을 통제할 수 있었다. 또한 이크타에서 거두어들인 수익의 일부는 일정한 수의 병사를 양성하는 데 사용하게끔 했고 이를 통해 전시에 필요한 군사를 확보했다. 이크타는 세습되는 것은 아니었지만, 장군 아버지를 둔 아들이 장군이 되면 그 이크타를 상속받기도 했다. 이렇게 이크타를 지급함으로써 튀르크 인들은 이크타가 있는 지역에 거주하게 되었고, 이를 통해 셀주크 시대 튀르크 인들이 서아시아 세계 곳곳에서 지배 계급으로 정착하는 계기가 되었다. 물론 이크타만으로 튀르크 인들이 서아시아 세계에 안착했다고 할 수는 없다. 셀주크 왕조가 지속되던 시기를 통해 튀르크 인들이 유목 생활을 접고 서아시아 세계에 정착하게 되었고, 그 과정 중에 이크타 제도가 있었다고 보는 편이 정확하다.

11세기 말, 셀주크 왕조는 술탄의 계승 문제에 더해 여러 왕자들 사이에서 제국의 영역 분할을 놓고 다툼까지 발생했다. 이러한 내부 혼란 외에도 십자군 원정이라는 크리스트교 세계의 공격을 받으며 위기를 맞기도 했다. 하지만 위기 속에서도 셀주크 왕조는 동서 교역로를 장악하여 국력을 확장해 나갔고 13세기 전반기에 들어 전성기를 맞이했다. 그런데 이 시기는 셀주크 왕조가 쇠퇴하는 때이기도 했다. 가장 큰 위협은 동쪽에서 다가온 몽골 족의 침략이었고, 내부적으로는 셀주크 왕조에 복속되었던 왕조들이 배반했다가 다시 복속되는 일이 반복해 일어났다. 여기에 여전히 남아 있던 비잔틴 제국의 도전도 골칫거리였다.

십자군을 간신히 막았더니, 이젠 몽골군이….

이러한 상황 속에서 셀주크 왕조의 지배력을 더욱 약화시킨 것은 이크타였다. 중앙의 통제와 지방의 자율적 운영이 함께 병행되던 것이 이크타였는데 중앙의 통제력이 약화되니 당연히 개인 소유라는 의식이 강해졌다. 따라서 지방의 장군들은 자신들을 위해 군인을 양성할 뿐 정작 국가의 위기에는 군인을 파견하지 않는 일이 발생했다. 그뿐만 아니라 잦은 전쟁과 중앙 정부의 약화로 인해 군인들에게 지급해야 할 이크타가 부족해져 혼란이 가중되었다. 이러한 상황은 크리스트교 세계와의 치열한 전쟁 속에서 이슬람 세계를 힘겹게 지켜 내고 있던 셀주크 왕조의 몰락을 더욱 빠르게 진행시켰다.

결국 13세기 후반, 당시 세계 최강이던 몽골 제국이 대대적으로 침입해 왔고, 셀주크 왕조 역시 다른 국가들과 마찬가지로 몽골 제국군에게 무릎을 꿇고 역사 속으로 사라졌다(1336).

05

인도의 이슬람화

6세기 중엽, 굽타 왕조가 무너진 후 인도 사회는 분열이 지속되었다. 이 틈을 이용하여 이슬람 세계는 8세기 초에 인도로 진출하기 시작했다. 10세기 말에는 중앙아시아에서 활약하던 튀르크 계통의 이슬람 세력이 가즈니 왕조를 건설하기에 이르렀다. 이슬람 세력은 인도 내륙으로 세력을 확장했는데, 내륙의 중심지인 델리에서도 외부 세력이 아닌 독자 세력에 의한 이슬람 왕조가 등장했다. 이를 델리 술탄 왕조라고 한다.

이슬람 세계가 접근해 오다

굽타 왕조가 쇠퇴한 6세기 이후부터 11세기까지 인도는 외부의 침입이 없는 가운데 내부 분열 상태가 오랫동안 계속되었다. 지속된 내부 분열 때문에 인도인들은 정치·군사 조직이나 기술 개선 등에 힘쓰지 못했을 뿐만 아니라, 애국심이나 민족의식도 점차 사라졌다. 경제적인 부분에서는 외부의 침입이 없었기 때문에 생산력이 향상돼 풍요로움을 누렸다. 하지만 경제적 풍요에 취해 정치에 대한 관심이 줄어들어 오히려 이 시기의 정치 발전은 미약했다.

반면 이웃한 서아시아 지역에서는 이슬람 세력이 성장하여 대외적으로 팽창하고 있었다. 아바스 왕조 성립 이후 비아라비아 인들의 이슬람화가 급속히 진행되었는데, 9세기에 들어 중앙아시아 지역의 유목민들도 이슬람으로 개종해 인도 지역을 노리고 있었다.

특히 튀르크 인들은 오늘날 아프가니스탄의 카불 서남쪽에 나라를 세우고 인도의 펀자브 지방을 수시로 공격했는데 이 과정에서 인도에 이슬람교가 보급되기 시작했다. 인도인들은 이슬람교의 보급을 다른 종교와 마찬가지로 관대하게 받아들였기 때문에 이슬람교는 어렵지 않게 자리를 잡을 수 있었다. 특히 이슬람교의 평등주의는 당시 카스트에 의해 신분 제약을 받던 인도인들에게는 매우 획기적인 것이어서 이슬람교가 쉽게 정착한 측면이 있다.

인도 내륙에도 이슬람 왕조가 등장하다

13세기에 들어서면서 인도 내륙에서도 이슬람 정권이 성립했다. 이전까지 인도의 이슬람 세력은 가즈니 왕조의 세력이 확장되어 온 것에 불과했는데, 델리의 담당관으로 있던 아이바크가 가즈니 왕조의 왕이 살해되었다는 소식을 듣고 스스로 자신을 술탄이라 칭하고 나라를 건국했다. 아이바크는 튀르크계 궁정 노예 출신(맘루크)이었기 때문에 이를 노예 왕조라 부르기도 한다. 그 뒤 할지·투글루크·사이이드·로디 왕조가 계속적으로 델리를 수도 삼아 16세기까지 이슬람 왕조를 유지했다.

그런데 델리에 이슬람 왕조를 세운 이들은 종교적 지도자로서의 역할을 할 수 있는 이들이 아니었기에 칼리프가 아니라 술탄이었다. 그래

쿠트브 미나르
쿠트브 미나르는 인도 델리 시 남쪽 교외 쿠트브에 있는 이슬람 양식의 탑이다. 이 탑은 인도 사회에 이슬람의 영향이 퍼지고 있음을 상징적으로 보여 준다.

서 이 시기를 델리 술탄 시대라고 한다.

이슬람 왕조는 관대한 통치 정책을 펼쳐 힌두교도에게 개종을 강요하지 않았고, 지방 토호 세력의 지배력이나 카스트 제도와 같은 인도의 풍습을 그대로 인정했기 때문에 인도인들의 저항도 그다지 받지 않았다. 그 때문에 이 시기를 거치며 힌두 문화와 이슬람 문화가 융합되었고, 그 결과 오늘날 인도에서는 이슬람교가 힌두교에 이어 두 번째로 큰 종교로 남게 되었다.

인도는 이슬람교를 받아들임으로써, 정체되어 있던 사회 분위기가 역동적으로 바뀌게 되었다. 하지만 힌두교라는 단일 종교를 통해 동일한 사회 테두리를 형성했던 과거와 다르게 한 사회 내에 힌두교와 이슬람교라는 두 개의 집단이 형성됨으로써 갈등 구조를 심화시키는 부정적인 측면도 생겨났다.

인도, 동방과 서방을 연결하는 다리 역할을 하다

중국과 서역을 연결하는 교통로는 비단길이나 초원길과 같은 육로가 유명하다. 여기에 또 하나의 주요한 교통로가 있었는데 바로 바닷길이다. 바닷길은 주로 인도를 끼고 있는 인도양이 중심이다. 이 바닷길을 통해 중국과 서역은 오랫동안 교역을 유지했다. 특히 이 시기에 바닷길의 역할은 더 확대되었다. 그 이유는 송의 과학 기술이 발전함에 따라 생산력이 크게 향상되어 교역이 활발해졌고, 항해술과 조선술의 발달로 이슬람 세계가 인도까지 좀 더 쉽게 세력을 확장할 수 있었기 때문이다.

중국과 서역의 교역은 양측 상인들이 주도한 것이다. 그런데 서역의 상품보다 중국의 상품에 대한 수요가 더 많았기 때문에 동서 교역의 핵심은 서역 출신, 즉 이슬람 세계의 상인들이었다. 많은 이슬람 상인들은 인도 서부

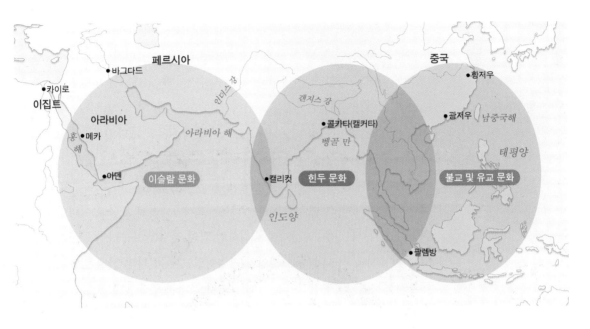

이슬람 문화   힌두 문화   불교 및 유교 문화

해안에 들어와 정착하여 상거래를 했다. 인도가 이슬람 문화를 받아들이면서 이러한 경향은 더욱 확대되었고, 인도를 통해 이슬람 문화가 동남아시아로 전파되었다.

이후 동남아시아에는 힌두 문화와 이슬람 문화가 공존하게 되었고, 중국과 동남아시아의 향료 같은 상품이 인도를 거쳐 서아시아로 넘어가 유럽으로 전달되었다.

인도양 지역의 문화권
아시아는 크게 이슬람·힌두·불교 및 유교 문화권으로 구분할 수 있다. 이슬람과 힌두 문화는 인도에, 힌두와 불교 및 유교 문화는 동남아시아에 자리 잡았다.

5부

아시아 세계의 팽창과
세계적 교역망의 형성

01

명의 성립과 발전

중국은 한족이 중심인 나라였다. 어떤 면에서 보면, 중국의 역사는 곧 한족의 역사라고 할 수 있다. 그런데 한족은 송 대에 다른 민족이 세운 요와 금의 침입을 받기도 하고, 일부 지배를 받기도 하면서 몽골 족에게 중국의 전 지역을 빼앗기게 되었다. 몽골 족은 원이라는 나라를 세우고 한족을 직접 지배했다. 원의 지배를 받으며 천대를 받던 한족은 다시 일어나 저항하여 명을 건국했다. 이들이 한족의 문화를 다시 부활시키려면 유교 국가의 면모를 수립할 필요가 있었다. 이 과정에서 국가 운영 체제를 더욱 정비하고 영역을 확대하려 했다. 이는 정치와 경제가 함께 성장하는 결과를 낳았다. 이후 명은 14~17세기에 걸쳐 세계 최고의 재화 생산국이 되었고, 유럽의 신항로 개척과 맞물리며 교역의 규모도 크게 확대되었다.

강남에서 등장한 왕조가 최초로 중국을 통일하다

여진족의 금나라가 한족의 송나라를 몰아내고 화북을 점령한 이후,

한족들은 자신들의 고향과 같은 화북 지방을 떠나 대거 남하하여 강남 지역을 중심으로 살게 되었다. 이러한 현상은 원 시대에 이르러 더욱 심화되었다. 강남 지역에 살게 된 한족들은 이민족의 수탈로부터 자신들을 지켜 내기 위해 경제 발전에 전념할 수밖에 없었다. 그러나 한족의 노력에도 불구하고 원의 계속되는 경제적 수탈을 감당하기 힘들었다.

명 태조 주원장
명의 태조인 주원장은 빈농 집안 출신으로 홍건적 내에서 두각을 나타내며 지도자가 되었다. 명나라를 세우고 원나라를 몰아낸 뒤 중국을 통일했다.

농민들은 몰락했고 사회는 매우 불안했다. 결국 강남 일대에서 농민들이 봉기하기 시작했는데, 농민 봉기에 기름을 부은 것이 백련교였다. 백련교는 현세를 부정하고 새로운 세상의 개창을 주장하며 한족의 민족 정서를 자극하여 농민들의 항몽 의식을 고취했다. 결국 백련교 우두머리였던 주원장이 강남의 난징에서 명이라는 왕조를 건국하여 북쪽의 원을 정벌하고 중국을 장악했다(1368). 명은 유일하게 강남 지역에서 국가를 건설하여 중국 전역을 장악한 한족 왕조가 되었다. 이 사건은 강남이 중국 문화의 중심인 화북과 어깨를 나란히 하게 되었다는 것을 의미한다.

황제 독재 체제가 강화되다

한족은 명을 건국하는 과정에서 그동안 이민족의 지배를 당하면서 약화된 한족의 문화를 다시 부흥시켜야 한다는 생각이 컸고, 이를 위해 정치 운영을 금과 원의 지배 이전으로 돌려놓으려 했다. 이처럼 과거로 돌아가고자 하는 움직임을 복고주의라 하는데 명의 정치와 문화는 한족의 시대로 돌아가려는 복고주의가 바탕에 깔려 있었다. 그리하여 명 정부는 원 대 운영 체제에 대한 전면적인 개혁에 착수했는데 이 과정에서 성리학이 다시 국가 이념으로 자리를 잡게 되었다.

명 태조는 재상 제도를 폐지하고 국정의 실무를 담당하는 6부 이상의 부서를 직접 관리하는 방법을 선택했다. 이를 위해 여러 내각대학사를 두고 문서를 처리했다. 이는 황제의 지배력을 강화시키기도 했지만 정치가 황제와 그 측근을 중심으로 이뤄지는 문제도 가져와 명의 멸망 원인 중 하나가 되기도 했다. 어쨌든 명 태조는 중앙과 지방의 제도를 정비하여 행정·군사·감찰 기구를 철저히 분리함으로써 권력 집중 현상을 막았고 동시에 이 3개의 권리를 황제에 직속시켜 독재 체제를 확립했다.

명 태조는 중앙과 지방 행정을 장악하는 데 그치지 않고 이갑제를 통해 지방의 말단 마을과 농민에게까지 황제의 통치력을 침투시키려 했

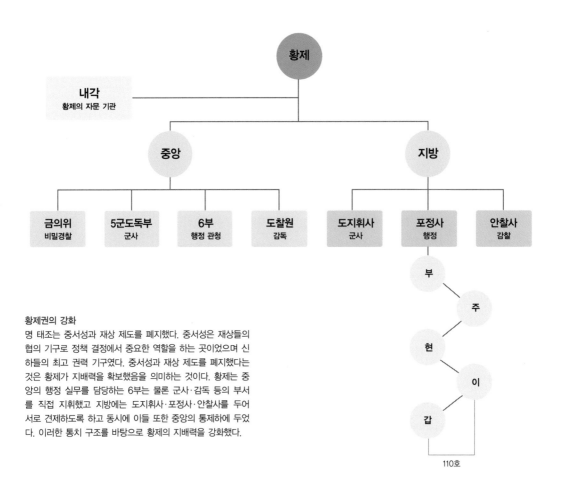

황제권의 강화
명 태조는 중서성과 재상 제도를 폐지했다. 중서성은 재상들의 협의 기구로 정책 결정에서 중요한 역할을 하는 곳이었으며 신하들의 최고 권력 기구였다. 중서성과 재상 제도를 폐지했다는 것은 황제가 지배력을 확보했음을 의미하는 것이다. 황제는 중앙의 행정 실무를 담당하는 6부는 물론 군사·감독 등의 부서를 직접 지휘했고 지방에는 도지휘사·포정사·안찰사를 두어 서로 견제하도록 하고 동시에 이들 또한 중앙의 통제하에 두었다. 이러한 통치 구조를 바탕으로 황제의 지배력을 강화했다.

다. 기존의 지방 행정 제도는 지방관들이 마을이나 도시를 통째로 관리하는 방식이었다. 반면 이갑제는 각 지방의 110가구를 1리로 편성한 후, 이 중 능력 있고 부유한 10집을 이장호로 지정하여 나머지 100집을 관리하는 방식을 택했다. 이장호 10집은 돌아가며 이장이 되어 나머지 가구를 관리했다. 이장호를 제외한 나머지 100집은 다시 10집씩 나눠 1갑이라 불렀는데 그 대표를 갑수라 했다. 갑수 역시 10집이 돌아가면서 맡았다.

　이장과 갑수는 조세 징수나 부역 부과와 같은 행정 업무를 맡아 처리

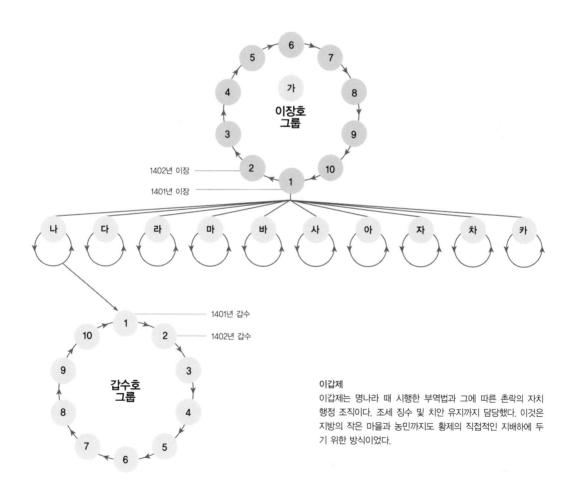

이갑제
이갑제는 명나라 때 시행한 부역법과 그에 따른 촌락의 자치 행정 조직이다. 조세 징수 및 치안 유지까지 담당했다. 이것은 지방의 작은 마을과 농민까지도 황제의 직접적인 지배하에 두기 위한 방식이었다.

했는데 이를 통해 명 정부는 집 하나하나를 개별적으로 관리할 수 있게 되었다. 이장과 갑수는 이 외에도 이里 내의 농업 장려·사회 교화·재판 등의 치안과 지역 관리의 업무도 같이 수행했다. 이것은 부유한 지주의 권위와 세력을 이용해 황제가 일반 농민의 한 집 한 집을 지배한 방식이었다. 이를 통해 명 정부는 조세와 부역을 좀 더 정확하게 부과하고 징수할 수 있었으며 사회 질서도 유지할 수 있게 되었다. 이제 황제가 재상에서 말단 농민 한 사람까지 지배할 수 있게 된 시대가 열린 것이다.

성조 영락제
영락제는 태조의 넷째 아들이다. 아버지가 죽은 뒤 적장자 계승의 원칙에 의해 형의 아들이 황위를 계승하자, 이에 불만을 품고 제위를 찬탈하여 황제가 되었다.

아프리카까지 명을 알리다

명은 3대 황제인 성조 영락제 때 국력이 크게 성장했다. 성조는 조카를 없애고 제위에 올랐던 사람이다. 이 반란을 정난의 변이라 하는데, 이 변이 성공하는 데 중요한 역할을 한 존재는 환관이었다. 명나라는 전시대의 역사를 교훈 삼아 개국 초부터 환관의 정치 참여를 엄격히 금지했지만, 성조가 제위에 오른 후 자신의 측근을 중심으로 정치를 하다 보니 환관들이 다시 권력의 중심에 서게 되는 일이 발생했다.

성조는 제위에 오른 후 명의 안정을 위해, 그리고 명 제국 성립의 명분을 위해 몽골 족 토벌을 단행했는데 이 과정에서 원의 수도였던 대도(오늘날의 베이징)로 천도했다. 이는 한족이 몽골 족의 수도를 빼앗아 지배한다는 상징적 의미가 있다. 또 몽골 족에 대한 토벌과 병행하여 인도차이나 방면으로 세력을 넓혀 제국의 위상을 크게 높였다. 이러한 명 제국의 위용을 세상에 널리 알리기 위해 측근 무장이었던 정화를 시켜 남해 원정을 하게 했다.

7차에 걸친 정화의 남해 원정은 두 가지 목적을 가지고 있었는데, 그중 하나가 명의 건국과 권위를 세상에 알리기 위한 것이다. 이는 한족 고유의 중화주의가 발현된 것으로 세계의 중심은 중국이며 다른 나라는 중국의 신하라는 것을 확인시키기 위한 작업이었다. 또 다른 목적은 대외 교역권을 정부가 장악하기 위해서였다. 중국은 송 대 이후 농업 중심의 국가에서 교역 중심의 국가로 발돋움했다. 특히 원 대에 들어 동서 교역의 육상 통로를 장악했고, 바닷길 또한 더욱 활성화되었기 때문에 동서 교역은 중국 경제의 중심으로 자리 잡은 상태였다. 따라서 대외 교역로를 확충하여 교역을 확대하는 일은 명의 발전에 반드시 필요한 일이었다.

그러나 명 제국은 원의 정책을 모두 버리고 한족의 지배 질서를 다시 확립하려 했기 때문에 사상적으로 농업 사회를 기반으로 한 성리학 사회를 건설해야 했다. 또한 수공업과 상업이 송 대와 원 대를 거치면서 발달했다 하더라도 산업의 근간이었던 농업의 안정과 발전은 반드시 필요했다. 특히 원 대 경제 정책의 실패로 가장 고통을 겪은 것은 농민과 농촌 사회였다. 따라서 농업을 발전시키는 일은 명 정부의 안정을 위해 반드시 거쳐야 하는 과정이었다. 이러한 현실적 필요와 더불어 무역의 이익을 국가가 독점하기 위해 개방 정책을 보류하고 고립적인 대외 정책을 선택했다. 이는 송 대에 취한 대외 정책을 회복하는 일이기도 했다. 그래서 민간의 대외 교역은 철저히 금지했고 정부가 교역을 장악해 운영하는 방법을 취했다. 명 정부의 통제에 따라 진행된 무역을 감합 무역●이라 하는데, 이는 이전 왕조에서 중화사상에 기반해 진행한 조공이라는 형태의 대외 무역과 그 성격을 같이하는 것이라 할 수 있다.

조공은 중국과 여타 다른 나라가 정치적으로 임금과 신하 관계를 맺어 신하의 나라가 임금의 나라인 중국에 인사를 하러 오면서 가져오는

●감합 무역
감합이란 선박·인원·화물의 수와, 종류·내왕 기간 및 입항지·교통로 등을 규정한 문서를 말하는데, 이를 중국과 조공 무역을 원하는 주변국에게 주었다. 조공 무역을 원하는 국가는 이를 가지고 중국에 가서 중국 측 감합과 대조하여 그 내용대로 무역을 했다. 명나라에서 감합 무역을 한 이유는, 조공이란 명분을 이용하여 민간에서 밀무역과 사무역을 행해 큰 이득을 취하는 일이 빈번했기 때문이다. 즉 감합을 통해 무역을 통제하는 것뿐만 아니라 조공 질서를 다시 수립하고자 했던 것이 명 정부의 목적이었다.

정화의 함대 규모

콜럼버스의 1차 항해 때 규모
는 함선 3척에 승무원 100여
명이었다. 제일 큰 함선인 산타
마리아호는 200~250톤으로
추정한다. 바스쿠 다가마는 함
선 4척에 승무원 170명 규모로
떠났으며, 기함 산가브리엘호
는 120톤 정도였다고 한다. 마
젤란의 함대 역시 함선 5척과
승무원 260여 명이었다.
그런데 정화의 남해 원정단
규모는 평균적으로 적재 중량
이 2,100톤 이상의 거대 함선
60척 이상과 승무원 27,000명
이상이었을 것으로 파악하고
있다. 정화의 함대가 이렇게
대규모로 구성된 이유는 정화
의 원정이 외교·교역 등의 복
합적 임무를 수행해야 했기 때
문이기도 하지만, 명나라의 위
용을 해외에 과시하고 조공을
요구하기 위한 의례적 목적도
있었기 때문이다.

선물을 의미한다. 이를 통해 상하 관계를 확인하는 것인데, 선물을 받
은 중국 또한 답례를 해야 했다. 이 과정에서 국가 간에 재화가 오가게
되었다. 이때 중국 이외의 나라들에는 민간의 상인들을 통해 조공에 동
행하고 상품을 교역할 수 있는 기회를 주었다. 일종의 국가 간 무역이
었는데, 정부는 그 품목과 양을 결정한 후 상인을 통해 교역했다. 정부
는 상인들로부터 세금을 징수하여 국가 재정으로 상용했고, 상인들은
교역에 따른 이익을 챙겼다. 여기에는 각 나라에서 생산되지 않는 필요
물자와 지배층의 욕구를 충족시키기 위한 향락 물자도 포함이 됐다. 결
국 조공은 정치적 행위이면서 경제적 필요를 해결하기 수단이기도 했
다. 조공 무역이든 감합 무역이든 국가가 철저히 교역을 통제했다는 공
통점이 있다.

그렇다고 명 정부가 동서 교역을 통해 얻을 수 있는 막대한 이익을
포기한 것은 아니다. 당시 명은 송·원 시대를 거치면서 생산력이 크게
발전한 상태였기 때문에 생산된 많은 상품을 교역을 통해 해결해야 하
는 상황이었다. 따라서 교역 상대국을 더욱 확대해야 하는 현실적 문제
가 있었다. 이러한 상황 속에서 명이 명분으로나 현실적으로나 절실히

정화의 남해 원정로
명의 영락제는 조공 질서를 확
대하고자 환관 정화에게 해외
원정을 명했다. 정화는 총 7차에
걸쳐 원정을 떠났으며, 동남아시
아를 거쳐 인도와 아프리카 연
안에 이르기도 했다.

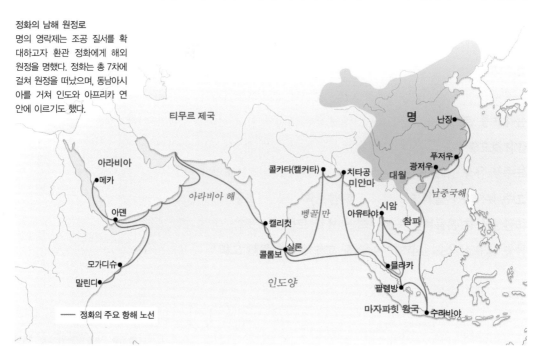

필요하여 시도한 것이 정화*의 남해 원정이다. 정화는 인도차이나 반도를 지나 인도 및 아라비아 반도를 거쳐 아프리카 연안까지 이르는 장거리 원정을 감행했다. 이 원정은 교역과 교류를 위한 평화로운 원정이었다.

정부가 대외 교역을 장악하자 푸젠·광둥 등지에서 민간 무역을 통해 살던 지역민들이 위기에 빠지게 되었다. 이 지역에 살던 사람들은 결국 명의 지배력이 미치지 않는 동남아시아로 이주해 중국과 밀무역을 통해 교역을 지속했다. 이에 따라 동남아시아 지역에는, 원정 과정에서 공식적으로 이주한 중국인도 있었지만 불법으로 이주하여 생활하는 중국인도 많아졌다. 이들이 오늘날 화교라고 불리는 사람들이다. 화교들은 중국의 대외 교역에 막대한 영향력을 미치기도 했으며, 동남아시아 경제를 좌우하는 중요한 존재가 되기도 했다.

● 정화
정화는 윈난 성 출신으로 색목인이었다. 연왕이 간신을 없앤다는 명분으로 일으킨 정난의 변 때 공을 세워 연왕이 영락제로 등극하는 데 큰 역할을 했다. 이후 남해 원정단을 이끌고 명나라의 국위를 널리 떨쳤다.

자본주의적 경제가 나타나다

복고주의를 국가 운영의 기본 이념으로 선택한 명의 정책은 경제에도 영향을 미쳐 농업을 중시하고 상업을 억제하는 중농억상을 표방했다. 농업 사회를 다시 만들어서 한족의 지배 질서를 구축하겠다는 것이다. 그러나 이것은 현실적으로 이룰 수 없는 정책이었다.

송·원 시대를 거치면서 크게 발전한 중국의 상업과 수공업은 이미 중국 경제에서 중요한 위치를 차지한 상태였다. 이를 다시 농업 사회로 되돌린다는 것은 엄청난 혼란을 야기할 뿐이었다. 이것은 명 정부 역시 바라는 바가 아니었기 때문에 중농억상 정책의 궁극적 목표는 성리학적 사회를 회복하는 한편, 농업과 농촌 사회의 안정과 발전, 그리고 상업을 통해 발생하는 이익을 국가가 독점하겠다는 것이었다. 무엇보다 이 과정에서 농업을 정책적으로 배려해 상업·수공업 못지않게 발전시키겠다는 의지도 포함되어 있었다. 명 대의 농업 사회에 대한 투자는

명 대 견사 공방의 모습
명 대에는 직물·도자기·제철업 등의 분야에서 자본가와 노동자의 구분이 생기기 시작했다. 또한 공장도 분업에 의해 운영되었다.

다시 상공업의 발전으로 돌아왔다.

명 대에는 산업 전 분야가 고루 발전했다. 이러한 발전은 중국 경제에 주목할 만한 새로운 변화를 가져왔다. 부분적이긴 하지만 수공업 분야에서 대량 생산 작업이 이루어졌다. 대표적인 것이 직물업이었는데, 상인들 중 일부 막대한 자본을 소유한 자들은 도시에서 옷감을 짜는 기계(직기)를 수십 대씩 구비하고 수백 명에 이르는 기술자 및 노동자를 고용하여 옷감을 대량으로 생산했다. 이렇게 상품을 생산하는 과정에서 자본을 가진 자본가가 공장을 매개로 노동력을 가진 노동자를 고용했는데, 이러한 생산 방식을 자본주의 체제라 한다. 자본주의적 생산 방식의 등장은 명 대의 경제 활동이 계속적으로 발전하고 있었음을 보여 주는 것이다.

은 본위 화폐제가 확립되다

중국은 전통적으로 동전과 지전(종이돈)을 화폐로 사용했는데 명나라 역시도 대명통보라는 동전과 대명보초라는 지폐를 사용했다. 그런데 얼마 가지 않아 대명보초는 화폐의 가치를 떨어뜨리는 주범이 되어 화폐로서의 기능을 상실했다. 화폐는 한 국가 내에 일정한 양이 유통되어야 화폐의 가치를 유지할 수 있다. 그런데 동전인 대명통보는 보존이나 회수에는 유리했지만 만들기가 어려웠고, 지폐인 대명보초는 만들기는 쉬웠지만 회수는 거의 불가능했다. 지폐인 대명보초는 대개 고액권으로 사용되었는데, 명 정부는 대명보초가 얼마나 사용되고 있는지도 모르는 상태에서 계속 화폐를 만들어 냈기 때문에 결국 대명보초는 화폐의 가치를 상실하고 말았다.

그래서 민간에서는 고액의 거래 때 금이나 은을 사용했다. 정부는 금과 은을 화폐 대용으로 사용하는 것을 법으로 금지했지만 현실에서는 소용없는 일이었다. 결국 금과 비교하여 유통량이 많은 은이 전국적인 화폐로 사용되었다.

이런 상황에서 1436년, 명의 관리들이 녹봉을 미곡으로 지급하는 것은 부당하다며 면포나 비단, 또는 은으로 대체할 것을 요구했고, 명 정부는 이러한 현실을 받아들일 수밖에 없었다. 관리의 녹봉을 은으로 지급하기 위해서는 세금도 은으로 걷을 수밖에 없었기 때문에 결국 명 정부는 세금을 모두 은으로 징수하게 되었다. 정부가 세금을 은으로 징수했다는 것은 은을 화폐로 사용하는 것을 인정한 셈이다. 이로 인해 전국적으로 은이 화폐의 기능을 하게 되었다. 실물 가치를 가진 은이 결제 수단인 화폐로 사용됨에 따라 화폐의 신용이 높아졌고 경제 활동도 더욱 원활해졌다. 당시 서유럽에서도 은이 화폐로 사용되고 있던 터라 동서양이 같은 화폐를 사용하게 됨에 따라 동서 교역도 더욱 활발해졌다.

은 본위 화폐 제도는 명 대를 이은 청 대에도 그대로 이어졌다. 명 대와 청 대 중국에서 생산된 상품들은 서유럽에서 인기가 많아 상인들에게 꼭 필요한 물자였다. 이 시기는 서유럽의 국가들이 신항로를 개척하

명나라 조세 제도

명나라 조세 제도는 일조편법이라 한다. 당 말부터 시행된 양세법은 조세의 기준을 토지와 가구(호)에 두었다. 이때 징수한 것은 곡식과 화폐였다. 명 대에도 이러한 전통 아래 조세의 기준을 토지(지세)와 사람(정세)에 두어 조세를 징수했다. 대신 명 대에는 두 기준 모두 은으로 거두었으며 조세율도 약간 낮추어 부담을 줄였다. 농민들 입장에서도 현물을 준비해야 하는 번거로움에서 벗어날 수 있는 장점이 있었다.

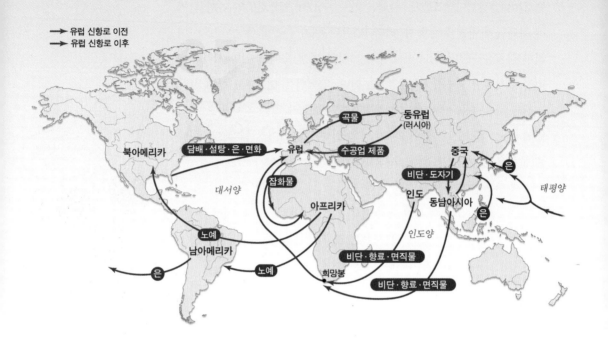

유럽 신항로 이전
유럽 신항로 이후

곡물
동유럽 (러시아)

북아메리카
담배·설탕·은·면화
유럽
수공업 제품
중국
은

대서양
잡화물
비단·도자기
태평양

아프리카
인도
동남아시아
은

노예
남아메리카
노예
인도양

은
희망봉
비단·향료·면직물

비단·향료·면직물

유럽의 신항로 개척 이후 세계 무역과 은의 이동

신항로 개척에 따라 세계 교역 시장이 커지고 유럽의 아시아 진출이 확대되었다. 특히 유럽 인들은 아시아의 상품을 구하기 위해 아메리카에 눈을 돌렸다. 이를 위해 아프리카 인들을 노예로 만들어 아메리카를 경영했다. 그렇게 하여 얻은 자원과 물자를 유럽으로 가져와 아시아와 교역했다. 아메리카에서 온 대표적인 물자는 은이었고 이는 아시아의 물품을 구입하는 데 사용되었다.

던 때였다. 서유럽의 국가들은 신항로를 통해 남아메리카를 식민지로 만들어 막대한 양의 금과 은은 물론 인적·물적 자원을 착취하여 경제적으로 크게 성장했다. 이때 남아메리카에서 착취해 온 은은 교역을 통해 중국으로 들어오게 되었다. 중국은 이 시기에 엄청난 양의 은을 보유하게 되었고, 이 때문에 은을 화폐의 기본으로 삼는 은 본위 화폐제가 널리 퍼지게 되었다. 서유럽과 중국 사이의 교역은 더욱 확대되었으나 시간이 흐를수록 서유럽의 경제는 점차 위축되었다. 서유럽 세계는 중국을 침략하는 것으로 이러한 위기를 벗어나고자 했다. 결국 은 본위 화폐제의 성립은 어쩔 수 없는 중국의 현실이었지만, 훗날 서유럽 세계의 침입을 초래하는 원인이 되기도 했다.

지배 계급으로 향신이 등장하다

송 대 학자이자 관료였던 한족 출신의 사대부들은 원 대에 이르러 몽골인 제일주의 정책에 따라 철저히 탄압받으며 몰락했다. 결국 한족은 중앙에서 밀려나 지방으로 내려가 지주나 지식인의 역할을 하며 그 지역의 유력자로 머물 수밖에 없었다.

명의 성립에 결정적인 역할을 한 것은 농민군이었지만, 새로운 정부를 지원할 인적·물적 자원이 부족했다. 명 태조는 건국 과정에서 자신을 도운 농민군을 버리고 체제를 유지할 협력 세력으로 각 지방의 유력자를 선택했다. 이들 중 일부는 중앙 정부의 관료로 활약했고, 일부는 지방에서 조세 징수나 부역 배정, 수확 작업 감독 등과 같은 국가 업무와, 교육·교화를 담당하고 여론을 형성하는 일 등을 맡았다.

이들 유력자들은 땅을 많이 소유한 지주였고 유학적 학식과 교양을 체득한 사람들이었지만 신분상으로는 평민이었다. 그러나 명의 건국 이후 체제 유지에 협력하면서 세력을 갖게 되었다. 이는 명 대에 새로운 지배층이 등장했음을 시사하는 것이다. 이들을 향신이라 하는데 향鄕은 지방 또는 시골이란 뜻이고, 신紳은 예복에 묶는 큰 띠라는 뜻으로 관리를 의미한다. 이들은 명과 청을 이어 가며 지배 계급의 역할을 했는데, 이들에게는 이전의 지배 계급과는 다른 독특한 점이 있었다. 이 시절은 자본주의적 경영이 나타날 만큼 경제 활동이 활발했는데 향신들은 이러한 현상에 잘 적응했다. 이들은 경제 활동에 적극적으로 참여해 이윤을 추구했다. 이것은 이전의 지배 계급들이 관직을 독점해 권력을 장악하고 그를 통해 경제적 이익을 취하는 방식과 다른 것이었고, 그들의 사고 체계가 이전의 지배층과 달라졌음을 의미하는 현상이었다.

마제은
명 대부터 은이 화폐로 통용되었다. 세금도 무게로 표시하는 것이 일반적이었고, 낱알이나 자갈 모양을 한 것들도 있었다. 마제은은 말굽 모양이고 가장 널리 통용되었다.

농민군

사랑은 움직이는 거야.

알면서~

지방 유력자

민중 의식이 꿈틀거리다

명 대는 중국 사회가 크게 바뀌어 가는 상황이었다. 명 중기 이래 농업을 포함한 산업의 전 분야가 고루 발전하고 있었으며, 상업 또한 전례를 찾아볼 수 없을 만큼 발전을 거듭하고 있었다. 이러한 경제 발전은 사회의 계층 변화를 가져왔다.

도시에서는 노동자들이 사회 계층을 형성하기 시작했고, 농촌 지역에서도 지주에게 종속되어 있던 전호들이 이전보다는 자유로운 존재가 되어 새로운 계층을 형성하기 시작했다. 이들은 불합리한 착취나 강요에 대해 집단적·조직적으로 저항하기도 했다. 대표적인 예로, 도시 노동자들이 정부의 부당한 세금 징수에 반대하여 일으킨 직용의 변과, 지주들이 매긴 고율의 소작료에 반발하여 일어난 전호들의 항조 운동을 들 수 있다. 이러한 평민 계층의 저항은 최하층인 노비들에게도 영향을 미쳐 신분 해방을 위한 봉기가 전국 곳곳에서 일어나는 계기가 되기도 했다.

이와 같이 16~17세기 이래 명 정부는 수많은 평민들의 봉기와 노비들의 봉기에 직면하게 되었다. 이 시절 민중 봉기는 이전과는 사뭇 달랐다. 이전의 봉기가 최악의 상태에서 생존권을 확보하기 위해 어쩔 수 없이 일어난 것이라면, 명 대의 봉기는 각종 산업과 상업 발달에 따른 사회 변화 과정에서 신분적으로나 경제적으로 성장한 각계각층의 민중들이 자신의 권익을 지키기 위해 벌인 투쟁이라 볼 수 있다.

실용 문화가 형성되다

개국 초, 명의 문화 정책은 한족의 전통문화 부흥이었다. 명 태조는 몽골의 언어·관습·의복 등의 사용과 착용을 금지했고, 한·당 시대의 제도를 모델로 하여 개혁을 추진했다. 또 유학의 한 분파인 성리학을 중심으로 사상을 정립하여 관학으로 삼았다. 이로써 성리학이 크게 유행했다.

그런데 성리학은 명 시대의 학문으로는 한계가 있었다. 유학은 농업 사회를 기반으로 하고 있는데, 명 대에는 이미 상공업의 발전이 전례를 찾을 수 없을 만큼 활발하게 이루어지던 시기였기 때문이다. 사회는 이미 역동적이고 현실적으로 변화를 거듭하고 있는 상황이었으므로, 이상과 명분 그리고 도덕을 추구하는 성리학을 통해 사회를 구축하고 지배해 나간다는 것은 사실상 불가능했다. 따라서 명 대 사회의 흐름에 걸맞은 새로운 학문이 필요했는데 이러한 필요에 의해 등장한 것이 양명학●이다. 양명학은 현실 사회에 대해 적극적으로 대처하려는 성격이 강해 명 대 후반의 주류 사상으로 자리를 잡았다.

한편 송·원 시대에 발달하기 시작한 백화 문학이 명 대에 이르러 형식 면이나 예술성 면에서 비약적인 발전을 했다. 말하는 것과 쓰는 것을 일치시켜 표현하는 백화 문학은 주로 소설과 희곡으로 많이 쓰였으며 그 대상은 도시 서민층이었다. 이 시기의 백화 문학은 완전한 백화 문으로만 작품이 만들어졌으며 서민 출신의 작가도 등장했다.

이처럼 실용적인 문화가 형성될 수 있었던 것은, 16세기 이래 각종 산업이 발전함에 따라 도시가 커지고 경제가 활성화되면서 도시민들도 함께 성장했기 때문이다. 즉 경제적 안정과 교육의 확대는 도시민들의 지적 수준을 향상시켰고, 이들의 성향에 적합한 문화가 생산된 것이다. 이 시기에 도시민은 새로운 문화의 소비층으로 확고히 자리를 잡았다.

● 양명학
양명학은 중국 명나라 때, 왕 양명이 주장한 새로운 유교 학설이다.
"사람들은 타고난 양지良知라는 마음이 있는데, 이 마음은 언제나 바른 판단을 하게 하려 한다. 하지만 물욕이 있는 탓에 성인과 보통 사람이 구별되므로, 물욕의 장애를 물리칠 때 비로소 아는 것과 행동하는 것이 하나가 된다."라고 주장했다.

백화문이란 평소에 말하는 것처럼 쓰는 것!

그럼 나도 책을 쓸 수 있겠어….

유럽 문물의 전래가 확대되다

명 정부가 감합 무역을 통해 철저하게 민간 무역을 통제했음에도 명 중기 이후 민간 상인과 화교 사이에 밀무역이 크게 성행했다. 당시 서구 사회는 향료 무역과 크리스트교 포교 등의 목적을 가지고 아시아로 적극적인 진출을 시도하고 있던 시기였다. 이러한 외적 조건은 중국을 폐쇄적인 공간으로 남아 있게 하지 않았다.

최초로 중국에 진출한 것으로 알려진 서구인은 포르투갈 인으로 이들은 처음에는 마카오를 중심으로 중국과의 무역에 종사했다. 그 후 가톨릭 선교사들이 중국 내륙으로 진출하게 되었는데 대표적인 이가 마테오 리치와 아담 샬이었다. 이들은 가톨릭을 전파하기 위해 명의 지배층에게 환심을 사야 했다. 이들은 서양의 과학 기술을 알려줌으로써 보다 안정적인 포교 활동을 할 수 있었다. 이들이 명나라에 전파한 과학 기술은 서양의 세계 지도와 무기, 그리고 역학 등이었다.

이를 통해 명은 과학 기술이 발전하게 되었고, 군사 부분에서는 서양식 신식 대포를 사용할 수 있게 되어 전술의 변화가 이루어졌다. 또 서양의 역학을 통해 일식과 월식을 정확히 예고할 수 있게 됐다. 한편 마

마테오 리치(왼쪽)
마테오 리치는 이탈리아 예수회 소속 선교사였다. 그는 서구 학문을 중국에 소개했다. 대표적인 것이 유클리드 기하학과 서양의 지도였다.

테오 리치가 제작한 〈곤여만국전도〉●를 통해 중국 이외에도 세계 곳곳에 문명이 존재한다는 사실을 알게 되었다. 결국 명 대 서구 유럽 문물은 중국인의 삶과 의식에 많은 영향을 미쳤으며 이것은 새로운 충격이었다.

농민군에 의해 멸망하다

명나라는 중기 이후 여러 외부 세력의 위협을 받았다. 몽골 족이 명의 북변을 끊임없이 침공했을 뿐만 아니라, 동북 방면으로는 여진족이, 남쪽 방면으로는 왜구가 위협했다. 이들은 명과의 무역을 통해 생필품을 얻고자 했지만 명이 이를 허락하지 않자 약탈을 일삼았다. 명은 이들의 침입을 막기 위해 지속적으로 군비가 필요했고 재정적으로 많은 압박을 받았다.

명나라가 이러한 상황 속에 있을 때, 일본은 도요토미 히데요시가 전국 시대를 통일한 뒤 조선을 정벌하기 위해 임진왜란을 일으켰다. 조선은 일본의 기습 공격을 막아 내지 못하고 한반도 북부까지 밀리며 명에게 원군을 요청했고, 이에 명은 20만의 병력을 파견하여 조선을 지원했다. 그러나 명이 원병을 보낸 것은 조선을 돕기 위해서라기보다는 일본이 명을 침략하는 것을 막기 위해서였다. 따라서 임진왜란에 적극적으로 개입하지는 않았다. 하지만 전쟁은 7년이나 지속되었고, 이로 인해 명도 막대한 전비를 소모하게 되어 명 정부의 재정은 더욱 궁핍하게 되었다.

또 명의 사회가 불안하고 대외 통제력이 약화되자 명의 간섭을 받던 여진족들이 다시 자립의 움직임을 보이기 시작했다. 17세기에 들어 금을 부흥시킨다는 의미로 대금(후금)이라는 나라를 세운(1616) 여진족은 명에 대해 공격적 입장을 취했다. 명은 이를 막기 위해 또다시 막대한 군사비를 지출해야 했고 이것은 농민의 부담을 가중시키는 결과를

● 곤여만국전도
〈곤여만국전도〉는 선교사로 명나라에 와 있던 이탈리아의 예수회 수사 마테오 리치가 제작하여 출판한 세계 지도다. 이탈리아에서 가져온 세계 지도를 대본으로 하여 중국을 중앙에 두고 지명을 한문으로 번역하여 만들었다.

초래했다.

　이러한 위기 상황에 직면했음에도 명은 이를 극복할 능력이 없었다. 성조 이후의 황제들은 대부분 무능하여 환관들이 정권을 잡고 전횡을 일삼았고, 관료 간 당쟁도 치열하여 정치가 극도로 문란해졌다.

　중앙 정부의 무능은 지방 관료의 부패와 부정으로 이어졌다. 이에 따른 부담은 역시 농민들에게 전가될 수밖에 없었다. 더 이상 참을 수 없었던 농민들은 결국 봉기를 일으켰다. 여기에 학정을 견디지 못한 군인들이 가세하면서 봉기 세력이 확대되었다. 농민군은 산시 성과 허난 성 일대를 장악했는데, 이 과정에서 두각을 나타낸 이가 바로 이자성이다. 그는 농민군의 최고 지휘권을 장악한 후 스스로를 왕이라 부르며 세력을 점차 확산하여 마침내 명의 수도까지 함락했다. 이때 명의 마지막 황제인 숭정제는 이자성 군대를 피하여 탈출했다가 자살하게 되니 명의 운명은 거기서 다했다(1644). 이렇게 이자성이 빠른 기간에 세력을 확장할 수 있었던 까닭은 농민에게 토지를 나눠 주고, 조세를 탕감해 주는 농민 위주의 정책을 폈기 때문이다.

그러나 명의 잔존 지배 세력은 자신들의 기득권을 지키기 위해 이자성 군대에게 항복하지 않고 오히려 이민족 왕조인 청의 도움을 받아 이자성 군대를 공격했다. 청의 후원으로 막강한 군사력을 보유하게 된 명의 잔존 세력은 농민으로 구성된 이자성의 군대를 손쉽게 물리칠 수 있었다. 결국 이자성이 죽음으로써 농민 중심 왕조를 세우려 했던 그의 이상 또한 좌절되었다.

02

청의 성립과 발전

동아시아 지역은 중국·한반도·일본 그리고 만주 및 몽골 지역을 포함한다. 한족의 명 황실을 무너뜨린 것은 농민 출신의 이자성이었다. 하지만 중국 전역을 지배한 것은 만주족의 청이었다. 청 왕조는 명 대의 사회·경제 체제를 계승하고 발전시키면서 유교 국가 체제를 유지했다. 그런 한편 자신들만의 방식으로 중국을 통치하기도 했는데, 한족이 아닌 민족으로는 가장 오랫동안 중국 전역을 지배했다. 또한 중국 역사에서 가장 넓은 영역을 차지했으며 경제적으로도 가장 발전한 왕조였다.

여진, 다시 일어나다

밖으로는 몽골과 왜구의 침입, 안으로는 환관의 전횡과 당쟁으로 명의 세력이 약화되었던 시기에 부족 단위로 살고 있던 여진족들이 부족 통합을 완성했다. 이들은 금을 다시 세우겠다는 의지로 대금(후금)이라 국호를 정하고 그 세력을 서쪽으로 확대하기 시작했다. 대금은 명의 지배력이 약화된 틈을 타 만주를 장악했고, 만주 전 영역의 부족들을 아우르게 됐다. 이어 민족명을 만주족으로, 국호를 청으로 개칭 했다. 단순히 여진족의 나라가 아니라 만주 지역에 살고 있는 모든 족속을 통합한 세력이라는 의미였다.

이즈음 농민군의 봉기가 일어나 명 황실이 멸망 하자 절호의 기회를 놓치지 않았다. 청은 명의 장수 오삼계 등이 도움을 요청한 것을 이용해 중국 본토 에 진출했다. 이런 과정을 통해 이자성의 농민군을 제압한 후 중국을 직접 지배(1644)하기 시작했으니, 바야흐로 중국은 청의 시대가 되었다.

이민족으로서 중국을 가장 오래 지배하다

중국 전역을 지배하게 된 청은 잘 발달된 명의 통치 제도를 계승하면서도 만주족 특유의 정치술을 발휘 하여 방대한 인구와 선진 문화를 가진 한족을 지배했다. 청이 중국을 통치할 수 있었던 힘의 근간은 중국을 지배했던 다른 이민족과 마찬가 지로 우수한 군사력이었다.

청 정부는 부족 사회 시절에 맺은 혈연 또는 지연 관계를 기반으로 형성한 사회 조직을 그대로 행정 조직과 군사 조직으로 제도화했는데 이것을 팔기제라 한다. 이 제도는 모든 만주족을 군부대 단위로 편성해 군사력을 강화시키는 동시에 만주족 고유의 조직을 유지할 수 있도록 했다. 처음에는 만주족으로만 팔기를 구성했지만 시간이 지나면서 몽 골 족이나 한족의 팔기도 조직했다.

청은 강력한 군사력을 바탕으로 강경책과 회유책을 적절히 시행함으 로써 한족 지배를 장기화할 수 있었다. 변발과 만주식 의복을 강요했 고, 청을 비방하거나 풍자한 저작물을 철저하게 탄압했다. 그런 한편

누르하치
누르하치는 여진족을 통합한 후 칸 자리에 올라 대금(후금)을 세웠다. 이후 팔기 제도를 확립하고, 만주 문자를 제정하는 등 청조 발전의 기초를 닦았다. 아들인 태종이 국호를 청으로 바꾸면서 청 태조로 불리게 된다.

팔기제
청의 태조인 누르하치가 여진의
전통 부족제에 군사 기능을 강
화해 개편한 조직이다. 처음에
는 황색·홍색·남색·백색의 4
가지 색으로 부대 깃발을 표시
했으나 후에 8색으로 늘렸다.
하나의 기에는 약 7,500명 정
도의 병력이 있었다.

정황기   정백기   정람기   정홍기

양황기   양백기   양람기   양홍기

과거제를 유지하여 한족들의 관직 진출 욕구를 수용했고, 관리 채용 때
만주족과 한족을 같은 수로 임명하기도 했다. 그밖에도 한족의 지적 요
구를 수용하기 위해 학문을 장려하고 대규모 편찬 사업을 추진했다. 이
러한 회유책은 지배를 받아야 하는 한족의 불만을 덜어 청의 통치 체제
를 관철시키기 위한 방편이었다.

변발
청은 한족의 정체성을 약화시
키기 위해 만주족의 머리 형태
인 변발을 강요했다. 따라서 초
기에는 변발이 굴종과 치욕을
의미하는 것이었지만 청의 지
배가 지속되면서 당연한 문화
로 받아들여졌다. 이 사진은 후
대에 찍은 것이다.

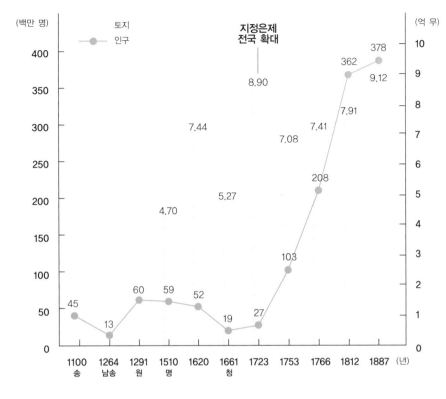

토지
인구

지정은제
전국 확대

378

362

9.12

8.90

7.91

7.44

7.41

7.08

208

5.27

103

4.70

60   59   52

45   19   27

13

1100 1264 1291 1510 1620 1661 1723 1753 1766 1812 1887 (년)
송   남송   원   명   청

(억 무)

10

9

8

7

6

5

4

3

2

1

0

역대 중국의 인구와 토지 변천 중국에서 오래된 조세 항목 중 하나가 성인 남자에게 부과하는 정세다. 조세를 부과하는 기준 중 가장 확실한 방법이었다. 따라서 조세 부담도 상당히 높았다. 이로 인해 조세 대상자가 도망을 가거나 관원을 매수하여 회피하는 일이 많았다. 청은 이러한 폐단을 없애고 농민의 부담을 줄이고자 정세를 폐지하고, 토지를 소유한 사람에게만 세금을 받는 조세 개혁을 단행했다. 그 결과 호구를 숨길 필요가 없게 되어 인구의 파악이 좀 더 정확하게 이뤄질 수 있었다. 반면 지정은제는 세목이 줄었기 때문에 세수를 유지하기 위해 토지의 양을 정확하게 파악하는 것이 중요했다. 따라서 지정은제가 전국으로 시행되었을 때 파악된 토지의 양이 급격히 늘어났다. 지정은제의 시행은 세금의 부담을 줄이는 일이었음에도 이전보다 수입은 크게 증가했다. 이것은 청의 경제가 발달했음을 의미한다.

한편 청 정부는 조세 제도도 개혁했다. 목적은 농민들의 부담을 줄이고 조세 징수의 편리를 확보하기 위한 것이었다. 당시 개혁된 제도의 명칭은 지정은이다. 명나라 시대의 일조편법은 지세와 정세로 나누어진 두 세목에 대해 징수하는 것이었는데, 이 제도는 토지가 없는 농민들도 세금을 내야 한다는 문제점을 안고 있었다. 청나라 시대에 들어, 토지를 소유하지 못한 농민들은 늘어났는데 그런 농민들에게까지 조세를 걷는 것은 반발을 살 수밖에 없었다. 그래서 토지가 없는 농민과 빈민의 부담은 줄이고 토지를 가진 자들에 대한 세금 징수를 늘리기 위해 지세에 정세를 포함시켜 징수하는 지정은으로 조세 제도를 개혁했던 것이다. 조세 부과의 기준이 토지의 소유 여부였기 때문에 토

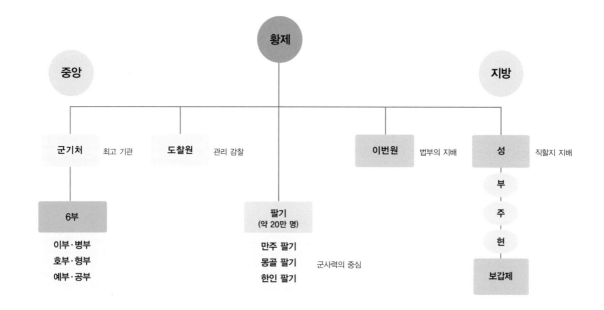

청의 통치 체제

황제

중앙

군기처 — 최고 기관
도찰원 — 관리 감찰
이번원 — 법부의 지배

지방

성 — 직할지 지배
부
주
현
보갑제

6부
이부·병부
호부·형부
예부·공부

팔기
(약 20만 명)
만주 팔기
몽골 팔기 — 군사력의 중심
한인 팔기

청의 통치 체제
청의 통치 체제 역시 명의 제도를 계승하여 재상 제도를 두지 않았다. 다만 청은 한족의 중국을 만주족이 지배하는 정복 왕조였기 때문에 군사력의 우위를 통한 지배를 해야 했다. 그래서 통치 조직에도 군사 업무가 매우 중요한 부분으로 자리 잡게 되었다. 황제의 지배력을 강화했던 명의 통치 이념을 계승한 것과 정복 왕조라는 특성을 바탕으로 청의 황제는 강력한 지배력을 가질 수 있었다.

지가 없는 농민이나 빈민들은 조세를 납부하지 않아도 되는 이로움이 있었다.

청은 명의 제도와 관습을 존중하여 명의 정치 제도를 계승하기도 했으나 명의 제도를 그대로 답습한 것은 아니었다. 시간이 지나면서 명의 정치 제도는 청의 사정에 맞게 재정비되기도 했는데 대표적인 사례가 군기처다.

군기처는 황제를 중심으로 소수의 관료들이 정책을 연구하고 결정하던 명의 내각대학사의 전통을 계승한 것이다. 하지만 군기처에는 내각대학사와 달리 군사 업무가 포함되어 있는데, 이는 군기처가 새로 정복한 곳의 행정뿐 아니라 군사 업무도 맡았기 때문이다. 뒤에 조정의 상설 기구가 된 후에도 두 업무를 모두 담당했다. 이는 청 왕조의 기반이 군사력에 있었기 때문이기도 하다. 한편 소수의 대신들이 황제와 함께 주요 정책을 입안하고 결정했기 때문에 국가 운영에서 황제의 지배력이 강화되었다. 또한 군기처 고위 관리는 황제에게 임명과 파면의 권한이 있었기에 신하들을 견제할 수 있었다.

이러한 지배 체제를 구축한 덕분에 청은 한족이 아닌 민족으로 중국을 가장 오랫동안 지배할 수 있었으며, 중국 역사상 최고의 전성기를 누렸다. 특히 강희제로부터 옹정제, 건륭제에 이르는 3대 130여 년간은 그중에서도 절정이었다. 이 시기에 청나라는 만주·타이완·몽골·티베트를 차지하여 역대 최대 영역을 확보했고, 한족·몽골 족·위구르 족·티베트 족을 지배했다.

또 청나라는 당시 시베리아 지역으로 영역을 확장하던 러시아와 국경 문제가 발생하자 네르친스크 조약**을 통해 동쪽 국경선을 확정하고, 이어 캬흐타 조약**을 통해 외몽골 지역을 국경으로 정함으로써 러시아의 진출을 막고 이 지역의 지배국으로서 위상을 확립했다.

강희제
성조 강희제는 청나라의 4대 황제로 문무를 장려했으며, 운하를 정비하고 조세를 감면하여 제국의 기초를 확립했다. 러시아의 남하를 막기 위하여 네르친스크 조약을 체결하는 등 외치에도 힘을 쏟았다.

모든 산업이 융성했으나 한계는 있었다

청 대에도 명 대의 산업이 계속 발전했다. 농업 분야에서는 기술의 발전을 통해 집약적 농업이 발달했고 새로운 작물들이 다양하게 재배되었다. 전국적으로 1년 2모작이 실시되었고 담배·옥수수 등과 같은 새로운 농작물이 유입되어 각지에서 주요 농산물로 부각되었다. 또 상품 작물들이 재배되어 산업과 연계되기도 했는데 대표적인 예가 면화와 차였다.

수공업 분야에서도 큰 변화가 있었는데, 바로 국가 주도의 관영 수공업을 포기했다는 점이다. 그래서 이 시기에는 자본을 가진 사람이 기술자를 고용하여 시장 상황에 따라 필요로 하는 물자를 적절히 생산할 수 있게 되어 민간이 경영하는 수공업이 활기를 띠었다. 수공업을 경영하

● 네르친스크 조약
17세기 중엽부터 러시아는 시베리아를 건너온 후 만주의 동북 변으로 진출하여 왔다. 이로 인해 청나라와 러시아 사이에 국경 분쟁이 일어났는데 이를 해결한 조약이 네르친스크 조약(1689)이다. 두 나라의 국경은 스타노보이 산맥과 아르군 강을 따라 설정되었다.

● 캬흐타 조약
캬흐타 조약은 청 옹정제 때 러시아가 몽골을 통해 남하하려는 것을 저지하고 외몽골을 경계로 국경선을 확정한 조약(1727)이다.

는 민간인들은 많은 이익을 얻기 위해 합리적인 경영 방식을 도입했는데 이 과정에서 경영자·기술자·노동자를 구분하여 운영하는 모습이 확대되었다. 또 도시뿐만 아니라 전국 각지에서 민간 수요를 대상으로 물자를 생산했고, 대외 무역도 활발했기 때문에 물자의 생산량이 크게 늘었다.

농업과 수공업의 발달은 당연히 상업의 발달로 이어졌다. 당시의 상업은 전국적인 유통망을 형성하여 거래를 했는데, 대표적인 상인들로는 신안상인과 산시상인을 들 수 있다. 이들은 거래하는 물자를 직접 생산하여 판매했고, 상업은 물론 수공업·금융업·대외 무역까지 사업 영역을 확장했다. 이들은 오늘날의 재벌처럼 경제에 막대한 영향력을 행사할 만큼 성장했다.

각 산업의 발달은 활발한 대외 무역으로 이어졌는데, 특히 15~16세기에 걸친 유럽의 신항로 개척과 맞물리며 유럽과 직접 교역할 수 있게 되었다. 유럽 인에게 중국 및 아시아의 물자는 매우 만족스러운 것이었기에 청나라 물품의 수출은 계속 확대되었다. 대표적인 교역품으로는 차와 도자기를 들 수 있다. 또 당시 유럽과 청은 모두 은을 화폐로 사용하고 있어서 결제도 문제가 되지 않았다. 반면 자급자족이 가능한 청은 유럽의 물자가 그다지 필요하지 않았기 때문에 해마다 수백 톤의 은이 유럽에서 수출의 대가로 들어왔다.

그런데 이렇게 각 산업 분야가 발전했다 하더라도 근대 사회의 경제 체제와 같은 방식으로 전환하기에는 아직 문제점이 있었다. 먼저 농업 분야를 보면, 중소 지주의 토지 소유 비율이 높아졌다는 것인데 이는 상대적으로 건강한 자영 농민들이 가져야 할 토지가 줄어든다는 것이고, 그것은 자영 농민

의 몰락을 의미했다. 중소 지주들은 대부분 농촌에 머물지 않고 도시에 거주했기에 농촌 지역에서는 그들의 땅을 빌려 농사를 짓는 농민들이 많았다. 이렇게 땅을 빌려 농사를 짓는 것을 소작제라 하는데 이 시기에 일반화되었다. 또 다른 문제는 농업 생산력이 향상된 주된 원인이, 기술의 발전보다는 영토의 확대와 인구의 증가에 따른 경작 토지 면적의 증가 및 치수 관개 사업의 확대 등에 있었다는 점이다.

상공업 분야에서의 문제점은 대내외 교역을 통해 발달한 엄청난 규모의 상업 자본이 수공업을 지배하고 있었다는 점이다. 당시의 자본가인 상인들은 충분한 수익을 올리고 있는 상태였기 때문에 수공업 분야의 기술 개발에 관심을 기울이지 않았다. 기술을 개발하기 위한 투자나 연구는 이루어지지 않은 상태에서 오직 풍부한 노동력을 바탕으로 수공업 형태의 공장을 계속 운영할 뿐이었다.

한편 대외 교역의 막대한 수익은 오히려 상업 활동에 방해가 되었다. 상인들은 해외에서 들어오는 은을 챙겨 부를 증대할 수 있었기 때문에 굳이 시장을 확대하기 위해 해외로 나가 다른 나라와 치열한 경쟁을 할 필요가 없어 현실에 안주했다. 여기에 국가가 대외 교역을 통제하고 있던 탓에 국가 권력과 결탁해야 하는 문제점도 안고 있었다.

전통 사회의 모습이 사라지다

농업·상업·수공업 등의 산업과 도시의 발전, 그리고 그에 따른 새로운 사회 계층의 등장이라는 측면에서 볼 때, 청 대 사회는 명 대 사회의 연장이라 할 수 있지만, 명 대에 비해 변화의 폭이 넓었다는 점이 청 대의 특징이라 할 수 있다.

청은 중국 역사상 최고의 전성기였고 장기간 평화가 유지되던 시기여서 인구가 급증했다. 인구의 급증은 중국이 더 넓은 지역을 개발할 수 있는 조건이 되었으며, 상공업에 필요한 노동력을 제공할 수 있는 바탕이 되었다. 이것은 산업 전 분야에 발전을 가져왔는데 특히 상공업과 도시의 발전이 매우 뚜렷했다.

이러한 사회 전반의 변화는 사회 계층의 구성과 역할에도 변화를 가져왔다. 청은 명 대 향신들의 권리를 인정하고 그들을 이용하여 지방을 통치했다. 세금과 부역을 면제해 주는 대신 농촌 교화·권농 사업·치안 유지·향촌 지도 등을 담당하게 하여 지방 통제력을 강화했다. 그러나 이들은 명 대에 그랬던 것과 달리 지방 유력자로 머무는 것에 만족하지 않았다. 향신들은 도시로 진출하여 상업·금융·교육·관직 등에 종사하며 활동 영역을 넓혀 나갔다. 이제 이들은 도시든 농촌이든 어느 곳에서나 유력한 세력이 되었다. 이 세력을 신사층이라 불렀는데, 그것은 그들이 기본적으로 유교적 교양과 학식을 갖추고 있었기 때문이다.

이들은 원나라 때까지의 관료와는 그 성격이 달랐다. 명·청 대 이전의 지배층들은 관료가 되는 것이 제일의 목적이었다. 관료가 되어야만 경제적·사회적 지위를 확보할 수 있었기 때문이다. 하지만 명·청 대

신사
신사는 명·청 대 지배 계층이었다. 관직뿐만 아니라 농업·상업·수공업 등 경제 활동에도 많은 관심을 가지고 있었으며 직접 참여하기도 했다.

지배층인 신사층은 관료가 아니어도 이런 지위를 확보할 수 있었다. 특히 이 시기에는 경제적으로 성공하면 여러 특혜를 누릴 수 있었기에 신사층은 경제에 대한 관심이 많았고 그 변화를 빠르게 파악하고 주도하려 했다.

　서민층에서도 계층 분화가 확대되었다. 경제의 발달로 빈익빈 부익부 현상이 확대되자 경제력을 가진 상인이나 지주 들이 더 많은 토지를 소유하게 되었다. 이로 인해 토지가 없는 농민의 수가 급격히 늘었고, 소작인에 대한 지주의 지배력이 더욱 강화되었다. 지주에게 강력하게 종속된 소작인을 전호라 하는데, 이들의 수가 급격히 증가했고 고농이라 불리는 농업 노동자가 등장하기도 했다. 농촌에서 토지와 일자리를 얻을 수 없던 농민들은 살기 위해 도시로 이주해서 빈민으로

자금성
자금성은 명의 영락제 시절에 베이징에 만든 궁전으로 명·청 시대의 황제가 정치와 생활을 하던 공간이었다.

살다가 직용이라는 저임금 노동자가 되었다. 당시 면직물 수공업 공장이 도시에 많았기 때문에 이들은 주로 이러한 공장에 고용되어 살았다. 하지만 직용은 단순히 힘없는 피고용자의 입장에 놓여 있지 만은 않았다. 자신들의 권익을 보호하기 위해 지주 또는 관아를 상대로 저항 운동을 벌이기도 했다.

명·청 대 사회는 농민·학자·관료·지주 중심의 사회가 상공업 중심 사회로 재편되었고 명분보다는 실리를 중시하는 사회로 변화 되었다. 다시 말해 전통 사회의 모습이 급격히 사라지면서 새로운 사회 모습이 조금씩 나타나고 있던 시기였다.

원명원
원명원은 청나라의 황실 정원으로 강희제 때 건설하기 시작하여 건륭제 때 완성했다. 바로크식 건축과 대분수로 유명했으나 제2차 아편 전쟁 때 영국과 프랑스 연합군의 공격을 받아 파괴되었다.

실용 문화와 서민 문화가 발달하다
청 대에도 명 대와 같이 실용 문화와 서민 문화가 계속적으로 발전했다.

청 대에 발전한 학문은 고증학*이었는데, 이것은 객관적이고 실증적인 방법으로 고전을 연구하려는 경향을 가지고 있었다. 고증학은 학문 연구에 있어 과학적 방법을 강조했기 때문에 근대적 학문 연구 방식에 가까운 것이라는 점에서 의의가 있기도 하지만, 명 대 한족 중심의 이념을 강조한 성리학으로 지식인들이 결집하는 것을 막기 위한 청 정부의 한족 지배 정책의 일환이기도 했다.

또 활발한 대외 교역 과정에서 전래된 서양의 문화가 실용 문화 발달에 많은 영향을 주었다. 특히 선교사의 활약이 두드러졌는데, 이들은 무기 제작 방법, 천문 관측기 제조법, 지도 제작법, 음영법·원근법과 같은 서양 화법, 바로크식 서양 건축술 등을 중국에 보급했다. 상공업의 발달을 통해 성장한 서민들도 그들 나름의 문화를 즐기기 시작했다. 대표적인 것이 소설과 연극이었는데 특히 청 대에 서민들의 사랑을 받은 것은 경극*이었다.

●고증학
고증학은 실제 사실을 가지고 증명할 수 있고, 여러 객관적 자료를 수집하여 사실을 확인하는 방법론을 중시하는 학문이다. 한족의 성리학이 현실 문제는 접어 두고 공허한 형이상학을 연구하는 학문이라 비판하면서, 현실적인 학문 연구를 강조했다. 이를 통해 반청 감정을 무마하려는 정치적 의도를 가지고 있기도 했지만, 과학적 사고를 추구하는 시대 의식을 반영한 것이기도 했다.

●경극
경극은 중국의 전통 연극으로 베이징에서 발달했다. 14세기부터 등장하여 서민들의 경제력이 향상된 명·청 시대에는 그들 문화의 주요 요소로 자리매김했다.

03

일본, 막부 체제의 변화와
서민 사회의 성장

일본에서는 전국 시대를 거쳐 에도 막부 시대가 전개되었다. 막부 체제는 지방 분권을 바탕으로 운영되는 방식이었지만 에도 막부 시대에 들어서는 지방 분권과 중앙 통제가 어우러져 지배 체제의 안정을 지속적으로 유지할 수 있었다. 에도 시대 때는 전국 시대의 혼란이 마무리되고 장기간의 평화가 유지되었다. 막부 정부도 경제 발전을 위한 노력을 기울였다. 이로 인해 이 시대에 농업과 상업이 크게 발달하고 도시 경제가 활성화되었다.

무사 집단의 전국 시대가 전개되다

원과의 전쟁 당시 고케닌들은 전비를 마련하기 위해 영지를 매각하거나 많은 부채를 떠안았는데 막부는 이를 해결해 줄 수 없었다. 그래서 가마쿠라 막부는 "매각되었거나 저당 잡힌 고케닌의 영지를 원래 주인에게 무상으로 돌려주라."라는 도쿠세이령을 내리게 되었다.

요새 왜 그래? 나한테 삐쳤어?

흥, 아시면서!

도쿠세이령 때지

무사

아러한 조치는 여론의 지지를 받았으나 얼마 지나지 않아 곧 폐지되고 말았다. 가마쿠라 막부의 후원 세력이었던 고리대금업자들의 반대에 부딪혔기 때문이다. 가마쿠라 막부는 결국 이 문제를 해결하지 못한 채 무너졌고 이로 인해 막부와 다이묘 간의 관계는 약화될 수밖에 없었다. 이러한 문제를 끌어안은 상태에서 무로마치 막부가 성립했다.

무로마치 시대에 들어서도 막부는 무사 집단의 이익을 적극적으로 보호해 주지 못했기 때문에 무사들은 각 지방에서 영지를 확보하기 위해 전력을 기울였다. 또 가마쿠라 막부 시대에 지방으로 파견되어 영주를 관리하던 슈고들도 막부의 명을 따르지 않고 스스로 영지를 확보하여 다이묘●라 불리는 영주가 되었고, 이후 각기 자기 지역에서 군사력을 양성하여 지방의 지배자로 자리를 잡았다. 이들을 슈고다이묘라 불렀는데 이들은 고케닌을 대신하여 새로운 무사 계급으로 성장했다.

이런 상황에서 무로마치 막부에서 쇼군의 후계 문제가 발생했다. 8대 쇼군 아시카가 요시마사와 정실 히노 도미코 사이에 자식이 없자, 차기 쇼군 후보를 요시마사의 동생 요시미로 정했다. 그런데 그다음 해인 1465년에 도미코가 아들 요시히사를 낳는 바람에 무사들은 후계 문제를 놓고 두 파로 나뉘게 되었다. 이 두 세력은 교토를 중심으로 전쟁을

●다이묘
일본의 고대 사회에서는 토지를 국가가 소유하는 것을 전제로 한 공지공민제가 수립되었다. 그러나 공지공민제는 헤이안 시대 후반부터 무너지고 토지를 개인이 소유하는 형태가 등장하여 확산되고 있었다. 특히 막부 시대에 들어서는 토지를 사적으로 소유하려는 경향이 더욱 커졌다. 이렇게 토지를 사적으로 소유한 지주를 묘슈라고 불렸는데 이들 중 세력이 강한 자들을 다이묘라 했다. 일반적으로, 에도 막부 시대에는 1만 석 이상의 곡물을 생산하는 토지를 소유한 영주를 지칭했다.

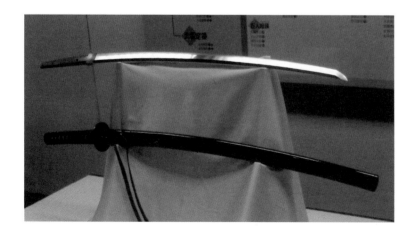

18세기에 제작된 사무라이의 칼
사무라이의 칼은 일본의 박물관에서 흔히 볼 수 있다. 반면 우리나라의 박물관에서는 조선 사대부와 관련이 있는 책이나 그림 같은 유물이 많은데, 이는 조선과 일본 지배층에 어떤 차이점이 있는지를 보여 준다.

벌였다. 이를 오닌의 난(1467~1477) 이라 하고, 이때부터 일본의 전국 시대가 시작된다.

슈고다이묘들은 자신의 지배 지역을 가진 영주였다. 그들은 막부의 중요 업무를 담당하면서 막부의 권위를 통해 지방에 대한 지배력을 더욱 강화할 수 있었다. 그만큼 막부와의 관계는 밀접했다. 오닌의 난이 지속되자 슈고다이묘들은 막부에 물자와 인력 지원은 물론 직접 막부의 전쟁에 가담해야 했다. 그런데 슈고다이묘가 자리를 비운 사이 그 자리를 그 지역 출신 유력자들이 차지하게 되었다. 그들을 센고쿠다이묘라 한다. 전국 시대가 전개되면서 새로운 다이묘가 등장한 것이다. 그들은 슈고다이묘와 주종 관계를 맺은 무사들이었기에 막부의 영향력으로부터 비교적 자유로웠다. 따라서 슈고다이묘와 달리 막부에 대해 독립적인 성향을 가질 수 있었다.

히메지 성과 천수각
히메지 성은 14세기 중엽의 성으로 당시 지배층인 무사 집단의 호화로운 문화를 볼 수 있다. 히메지 성 안에 있는 천수각은 다이묘가 생활하는 공간이기도 하지만, 전쟁 시에는 공격과 방어의 기지로 활용되었다. 히메지 성의 천수각 정상에 도달하기 위해서는 미로와 같은 좁은 통로를 지나야 했다. 덕분에 히메지 성은 쉽게 함락되지 않았다고 한다.

● 정토진종

정토진종은 불교 정토종이 일
본에서 뿌리를 내리면서 변화
한 종파이다. 정토종은 '나무
아미타불'이라고 염불을 하면
누구나 부처가 될 수 있다고
주장하여 학력과 경제력이 없
는 서민들에게 크게 사랑을 받
았다. 이를 일본에 처음 소개
한 인물은 호넨이란 무사 가문
출신의 승려였고, 그의 제자인
신란이 죄 많은 인간을 구원하
는 것이 아미타의 본질적 목표
라 주장하며 이를 더욱 대중화
했다.

● 일련종

일련종은 일본 불교의 한 종
파이다. 니치렌이란 인물이
처음 이 종파를 열었다. 이 종
파는 개인 구제뿐만 아니라
사회·국가의 전체적 구제를
주장하여 독자적인 사상 체계
를 구축했다. 다른 종파에 대
해 매우 공격적이어서 막부는
그들을 경계하기도 했다.

● 신도

신도는 일본의 민족 신앙을
바탕으로 성립한 전통 종교이
다. 유교·불교 등 외래문화와
대립하거나 또는 그 영향을
받으면서 발전했다. 단순히
종교를 의미하는 것을 넘어
일반 생활의 윤리·풍습·사고
까지 포함한 것으로 해석하기
도 한다.

일반적으로 무사도라 하면 윗사람을 존경하고 예의를 지킨다는 이미
지가 강하지만, 전국 시대의 무장들이 모두 그런 것은 아니었다. 때로
는 자신의 성공을 위해 배신을 하기도 하고 권모술수 등을 이용해 상관
또는 주군을 제압하거나 추방하는 일이 성행했다. 이는 새로이 등장한
센고쿠다이묘의 성향이었다.

무사 사회에서도 문화와 경제는 발전하다

막부 정권은 강력한 무력을 기반으로 귀족 사회보다 확실한 우위를 차
지하고 있었기 때문에 귀족 세력을 완전히 제거할 필요성을 느끼지 못
했다. 그리하여 그들은 함께 공존했고 이에 따라 문화의 내용도 이중
성을 띠게 되었다. 여전히 전통적 귀족 문화가 주류를 차지하고 있었
지만, 신흥 무사 계급이 갖는 실질적이고 강건한 기풍이 나타나기도
했다.

막부 시대는 전란이 계속되는 불안한 시대였던 탓에 무사나 일반인
들이 종교에 귀의하는 경향이 강했고 그 결과 새로운 불교가 나타났
다. 헤이안 시대의 불교는 계율이나 경전 연구를 중시하는 교종이었는
데, 이 시기에는 알기 쉽고 실천을 중시하는 종파가 널리 성행했다.
'나무아미타불'을 외우기만 하면 누구라도 구원을 받을 수 있다고 주
장하는 정토진종˙과 '남묘호렌게쿄'를 외우는 사람은 구원을 받는다
는 일련종˙이 그것이다. 또 참선과 실천을 통해 정신을 단련하는 선종
이 중국에서 들어와 무사들 사이에서 널리 유행했으며 일본 고유의 신
도˙도 이 시기 불교 등의 교의를 참고하여 이론을 정립했다.

무로마치 막부 시대에는 농업 기술이 발달하여 벼와 보리의 2모작이
널리 이뤄졌다. 농업 분야의 발달과 더불어 전국 시대의 센고쿠다이묘
들이 무기와 물자를 원활히 조달하기 위해 상공업자들을 보호하고 육
성한 결과 상공업도 발달했다. 이런 경제적 발전과 더불어 센고쿠다이

킨카쿠지

킨카쿠지는 원래 무로마치 막부의 쇼군 아시카가 요시미쓰가 1397년에 지은 별장이었으나, 그가 죽은 뒤 유언에 따라 선종 사찰로 바뀌게 되었다. 1950년 방화에 의해 불타 없어진 것을 1955년에 복원했고 금박은 1962년과 1987년에 다시 입힌 것이다.

긴카쿠지

긴카쿠지는 무로마치 막부의 쇼군 아시카가 요시마사가 은퇴 후 살기 위해 1482년에 지었다. 1층은 일본의 전통 가옥의 구조를 하고 있고, 2층은 불당으로 꾸며 관음상을 모셨다. 요시마사는 후에 출가하여 선종의 승려가 되었는데 개인 사원으로 이용했다고 한다.

긴카쿠지 내에 있는 정원의 모습

막부 시대에 무사 집단은 선종을 주로 받아들였다. 선종은 참선과 같은 수행을 통해 깨달음을 얻는 것을 특징으로 하고 있다. 선종 이전에 귀족들에 의해 받아들여지고 발달했던 불교는 교종이었는데 경전을 읽고 연구하는 지식인 중심의 불교였다. 그래서 무사들이 받아들이기엔 어려운 부분이 있었다. 일본의 선종 승려들은 참선의 방법으로 돌과 모래를 이용하여 기하학적인 모양으로 정원을 만드는 일을 했다. 이를 카레산스이식 정원이라 하는데 일반 무사들도 이런 정원을 만들어 즐겼다.

묘들이 자신의 지역을 중심으로 문화 발전을 모색하는 과정에서 중앙의 문화가 지방까지 퍼져 향유되었고 그 결과 일본의 민중 문화가 발달하게 되었다.

이 시기의 대표적인 건축물은 긴카쿠지이다. 전국 시대에 들어서 막부의 쇠퇴기에 살던 쇼군 아시카가 요시마사가 세웠는데, 킨카쿠지를 모방하여 만든 건축물이다. 관세음보살을 모신 선종계 불교 건축물로 금박을 입힌 킨카쿠지를 의식해 은을 외부에 바르려 했으나 은이 부족하여 뜻을 이루지 못했다는 일화가 있다.

긴카쿠지는 조용하고 차분하면서 은은한 느낌을 주는 정원과 건축물로 구성되어 있다. 가마쿠라 막부에서 무로마치 막부에 이르는 막부 문화의 정수라 할 수 있다. 이 건축물은 방 안에 다다미를 까는 등의 건축 양식을 사용했는데 이는 오늘날 일본 주택 건축의 원형을 보여 주는 것이기도 하다.

서구 세계와 교류하다

일본에서 전국 시대가 전개되던 시기는 서양에서 신항로가 개척되던 때였다. 서양인들은 향료·비단·차 등을 얻기 위해 아시아를 향해 계속 진출했는데 이 과정에서 포르투갈 상선이 표류하다 일본 다네가시마에 도착했다. 이를 계기로 일본은 서구 사회와 교역을 이루었고, 점차 서양 문물이 일본에 들어오게 되었다. 특히 조총과 크리스트교의 도입은 일본 사회에 큰 영향을 끼쳤다.

포르투갈 상선이 다네가시마에 들어왔을 때 그 지역 영주는 포르투갈 인들이 가지고 있던 조총 2정을 사들였다. 당시 일본은 전국 시대였기 때문에 새로운 무기에 대한 관심과 수요가 매우 높았다. 이러한 필요성에 따라

일본은 조총을 스스로 생산하는 단계에까지 이르렀고 실전에서 대규모로 총기를 사용하기 시작했다. 결국 기마 부대를 소유한 센고쿠다이묘들의 위력은 줄어들었고 전투는 더욱 격렬해졌다.

조총의 전래를 시작으로 일본과 서양 간의 교역이 시작되었다. 포르투갈은 다네가시마에 도착한 1543년 이후부터, 에스파냐는 1584년부터 일본과 교역을 했다. 일본은 은·도검·칠기·해산물 등을 수출했고, 중국산 생사·비단·철·납 그리고 총포 등을 수입했다.

이러한 물자 교역에 이어 1549년, 에스파냐를 통해 크리스트교도 들어왔다. 당시 크리스트교를 일본에 소개한 예수회 선교사는 프란시스코 사비에르였는데 그는 가고시마에 최초의 교회를 세우고 포교 활동을 했다. 이후 선교사들이 잇달아 일본에 들어와 활동하여 일부 다이묘들이 크리스트교에 귀의하는 경우도 있었다. 이러한 움직임은 도요토미 히데요시가 금교령을 내릴 때까지 계속되었다. 크리스트교의 유입은 단순히 종교의 수용이라는 측면보다는 일본이 일찍부터 서구 사회와 접촉을 했고 지속적으로 교류를 하게 되었다는 것을 의미한다.

포르투갈 상선
16세기 무렵, 포르투갈의 배가 일본에 나타나기 시작했다. 이때 교역이 활발히 이루어졌는데 이를 남만 무역이라고 한다. 일본의 입장에서 보면, 조총을 받아들인 것을 계기로 전술에 변화가 생겼다. 이것은 이후 일본 전쟁사에 큰 영향을 끼친다.

무가 정치의 변화, 통일의 기운이 움트다

전란의 시대인 전국 시대는 16세기 후반
에 들어서야 비로소 통일의 기운이 보
이기 시작했는데 그 중심인물은 오다
노부나가였다. 그는 센고쿠다이묘
로서 과감하고 냉혹한 성격을
가지고 있었을 뿐만 아니라 새로
운 문물을 잘 받아들였다. 그는
일찍이 조총의 유용성을 간파
하고 장인들을 시켜 국산화
하고 대량으로 생산했다. 그리고
나서 소총 부대를 편성하고 실전에
투입하여 전국 시대의 주도권을 잡았다. 이로 인해 일본의 전투 방식이
변화했다. 또한 병농을 분리해 군사력을 증강시켰으며 수공업과 상업
을 자유롭게 할 수 있게 했고, 크리스트교를 보호·장려하여 기존의 불
교 세력을 견제하기도 했다. 포르투갈이나 스페인과 지속적으로 교역
하여 경제적 이익과 선진 문물을 확보하는 데에도 힘을 썼다.

군사·사회·경제의 개혁을 통해 강력한 힘을 가지게 된 노부나가는
1573년, 교토에서 쇼군을 쫓아낸 후 무로마치 막부를 멸망시키고 일본
의 통일에 전념했다. 그러나 노부나가는 천하 통일 사업의 완성을 목
전에 두었던 1582년, 심복이었던 아케치 미쓰히데의 습격을 받고 사망
했다.

전국 시대를 마감하다

노부나가가 사후, 권력을 장악한 것은 도요토미 히데요시였다. 히데요시
는 가난한 농민의 집에서 태어났고 풍채가 왜소했기 때문에 이름도 없

이 원숭이라 불리기도 했지만, 오다 노부나가 휘하의 무사가
된 후 단기간에 출세를 거듭하여 가장 유력한 무장이 되었다.
노부나가를 죽게 한 미쓰히데를 제압하고 노부나가의 후계
자가 된 히데요시는 교토 주변 지역을 평정함으로써 조
정으로부터 간파쿠에 임명되었다. 간파쿠는 조정 내에서
천황을 보좌하는 중요한 직책으로 귀족 가문인 후지와라
가문이 독점하던 것이었다. 따라서 히데요시가 간파쿠가
된 것은 매우 예외적인 일이었다.

도요토미
히데요시

마침내 통일!
하지만 할 일이
너~무 많아.

애들 월급도
줘야 되고,
전쟁도
해야 되고….

간파쿠에 임명된 히데요시는 다이묘들에게 평화를 호소
하면서 전쟁을 멈출 것과 영지의 경계를 결정하는 일을 자
신에게 맡기도록 요구했다. 강력한 군사력을 보유한 데다
천황의 지원을 받으며 평화를 실현시키겠다는 명분까지 가진 히데요시
에게 다이묘들은 스스로 귀순했으며 이에 반대하는 세력들은 도요토미
히데요시가 힘으로 제압해 나갔다.

또한 토지 조사를 단행하고 논과 밭의 수확량을 조사하여 세율을 정
하는 등 일련의 개혁 조치를 통해 농민 지배를 확고히 했다. 농민들의
반란을 막기 위해 그들이 보유한 무기도 거둬들였다. 이로 인해 전란
은 급속히 종식되었으며 전국 시대는 끝이 났다(1590).

그러나 무력을 기반으로 한 히데요시 정권은 오래가지 못했다.
그는 자신에게 협조하고 있는 다이묘들에게도 정권의
실력이 여전히 유효하다는 것을 보여 주어야
했는데, 이를 위해서는 전쟁에서 승리해야 했고
전쟁에 승리하기 위해서는 강력한 무력을 항상
보유하고 있어야 했다. 당시 일본 전역에는
약 4만 정의 조총이 있었는데, 이것은 조총을
전해 준 유럽 전체가 가지고 있는 양보다도

도요토미 히데요시
도요토미 히데요시는 오다 노
부나가의 뒤를 이어 실권을 장
악한 후 반대 세력을 모두 굴복
시키고 일본을 통일했다. 1592
년에 임진왜란을 일으키며 조
선을 침략했고 대륙까지 진출
하려 했으나 실패했다.

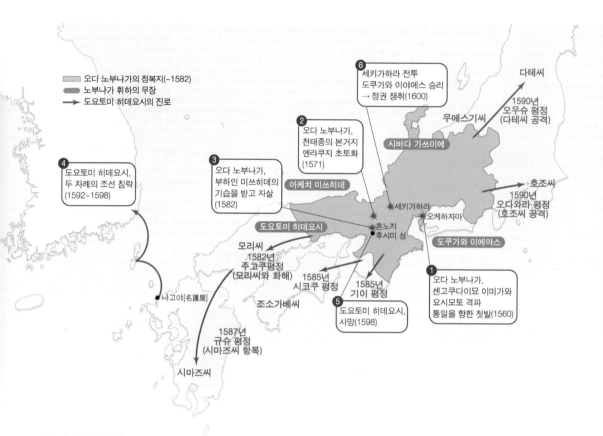

오다 노부나가의 정복지(~1582)
노부나가 휘하의 무장
도요토미 히데요시의 진로

6 세키가하라 전투
도쿠가와 이야에스 승리
→ 정권 쟁취(1600)

다테씨

우에스기씨

1590년
오우슈 평정
(다테씨 공격)

시바다 가쓰이에

2 오다 노부나가,
천태종의 본거지
엔라쿠지 초토화
(1571)

3 오다 노부나가,
부하인 미쓰히데의
기습을 받고 자살
(1582)

아케치 미쓰히데

호조씨

1590년
오다와라 평정
(호조씨 공격)

세키가하라

4 도요토미 히데요시,
두 차례의 조선 침략
(1592~1598)

도요토미 히데요시

혼노지
후시미 성

오케하자마

도쿠가와 이에야스

모리씨
1582년
주고쿠평정
(모리씨와 화해)

1585년
시코쿠 평정

1585년
기이 평정

1 오다 노부나가,
센고쿠다이묘 이마가와
요시모토 격파
통일을 향한 첫발(1560)

나고야[名護屋]

조소가베씨

5 도요토미 히데요시,
사망(1598)

1587년
규슈 평정
(시마즈씨 항복)

시마즈씨

일본, 전국 통일의 완성
막부의 지배력이 약화되면서 지방에 있던 무사들이 각기 독자적인 세력으로 성장했다. 이들 무사 집단은 일본의 패권을 차지하기 위해 서로 경쟁했는데, 이때가 일본의 전국 시대. 전국 시대를 통합하는 데 있어 중요한 역할을 한 세 사람이 있다. 오다 노부나가·도요토미 히데요시·도쿠가와 이에야스가 그들이다. 오다 노부나가는 통일을 할 수 있는 조건을 마련했고, 이를 바탕으로 통일을 이룬 것은 도요토미 히데요시였다. 하지만 그의 지배는 오래가지 못했고, 실질적으로 통일을 완성한 것은 도쿠가와 이에야스였다.

많은 것이었다. 또한 전국 통일 과정에서 확대 실시한 병농 분리 정책으로 무사들은 생산 활동을 하지 않고 군사 훈련과 전투에만 전념했기 때문에, 히데요시 정권은 무사들의 생계를 위한 일거리와 그에 따른 보수를 지급해야 하는 부담을 안게 되었다.

한편으로는 성장한 일본 상인들의 요구에 부응하고 기본적으로 부족한 물자를 확보하기 위해 대외 교역이 절실히 필요했다. 이때는 세계 경제가 활발하여 유럽 인과 중국인이 직접 교역하던 시기여서 그간의 조공 무역을 통한 제한적 교역은 한계를 드러내고 있었다. 명 정부도 공공연히 사무역을 인정하고 공무역 중심의 교역 체계에 집착하지 않게 되었고 이로써 중국을 중심으로 한 동아시아 국가들 사이의 국제 무역은 새로운 국면을 맞이하게 되었다. 그런데 당시 명은 교역에서 막대한 이익을 얻고 있어서 일본과 교역을 유지하는 것이 정치적으로도 경제적으로도 큰 의미가 없었다. 따라서 명 정부는 일본과의 교역량을 줄이고 일본을 교역에서 배제시켰다.

이러한 명의 교역 정책은 일본 내 경제 상황과 대립되는 것이었다. 막부는 불안한 정치 환경이라는 내부의 사정을 해결하고 교역 질서의 주도권을 확보하기 위해서는 새로운 돌파구가 필요했다. 히데요시는 대륙으로 진출함으로써 그 돌파구를 마련하려 했고 그 첫 번째 과정으로 조선을 침략했다. 이것이 바로 임진왜란(1592)이다. 그러나 원했던 바를 얻지 못하고 1598년 전쟁에서 패했다. 그 직후 히데요시는 병으로 사망했다(1598).

에도 막부가 문을 열다
히데요시가 죽은 후, 일본에서는 조선에 출병하지 않은 세력과 출병한

도쿠가와 이에야스
도쿠가와 이에야스는 오다 노부나가 사후 도요토미 히데요시와 대립하기도 했으나 화해하고 통일에 힘을 보탰다. 히데요시가 죽은 후에는 다이묘들을 규합해 세력을 키우고 에도 막부의 초대 쇼군이 되었다.

세력 사이에 정권을 차지하기 위한 다툼이 벌어졌다. 앞의 세력들은 행정가 출신인 이시다 미쓰나리를 중심으로 결집했고, 뒤의 세력들은 도쿠가와 이에야스를 중심으로 결집했다. 미쓰나리로 결집한 다이묘들을 서군, 이에야스 쪽으로 모인 다이묘들을 동군이라 불렀다. 히데요시가 사망한 후 권력의 주도권을 잡은 쪽은 이에야스였지만 히데요시의 심복이었던 미쓰나리가 강력하게 도전하고 있는 상황이었다. 1600년 10월, 양 세력은 만 하루 동안 사활을 건 일전을 벌이는데 이것이 바로 세키가하라 전투이다. 이 전투를 앞두고 이에야스는 미쓰나리 측에 속한 다이묘들에게 입장을 밝히고 자신에게 참여하라는 서신을 계속 보냈다. 그로 인해 전투가 시작되는 순간부터 관망하는 다이묘들이 있었고, 전황이 이에야스에게 유리하게 전개되자 서군의 다이묘들이 미쓰나리를 배반하고 이에야스 측에 가담했다. 이에야스는 전투에서 승리하여 정권도 장악하게 되었다.

전국 시대 다이묘들은 명분을 중요하게 생각했지만, 마지막 순간에는 실리를 선택했다. 미쓰나리를 주군으로 삼았던 다이묘들도 스스로 몰락의 길을 택할 수는 없었다. 이에야스의 세력이 주도권을 장악한 것을 확인하게 되자 서군의 다이묘들은 생존과 기득권 유지라는 실리를 위해 이에야스에 가담했던 것이다.

산킨코타이 제도
산킨코타이 제도는 막부가 다이묘를 통제하기 위해 행한 제도이다. 다이묘들은 격년제로 에도로 출사해 막부의 행정 관료 역할을 하며 경제적 부담을 안았고, 처자 또한 인질로 잡혀 있었다. 그림은 산킨코타이 제도에 따라 에도로 향하는 다이묘의 행렬 모습이다.

1603년, 이에야스는 쇼군의 자리를 차지하고 에도(오늘날 도쿄)에 막부를 설치했는데 이를 에도 막부 또는 도쿠가와 막부라 하고, 이후 약 260년간을 에도 시대라 한다.

막번 체제를 수립하다

에도 막부는 전국의 약 4분의 1에 해당하는 넓은 영지 외에도 교토·오사카·나가사키 등 주요 도시를 직할령으로 삼아 직접 지배했다. 에도 막부는 이 넓은 지역을 분할해 도쿠가와의 일족이나 이전부터 도쿠가와에 협력한 다이묘들에게 나누어 주었다. 일족과 도쿠가와의 가신들에게는 에도에서 가까운 영지를 주고, 다이묘들에게는 세키가하라 전투를 기준으로 도쿠가와에 협력한 순서대로 외곽 지역의 영지를 주었다. 이처럼 막부가 나눠 준 영지를 번이라 했는데 다이묘들은 이 번으로 이동해서 살아야 했다. 다이묘들은 번에서 이전처럼 독립적인 지배력을 보장받았지만 번의 위치를 결정했던 것은 막부였다.

에도 막부는 이전 막부의 실패를 교훈 삼아 보다 강력한 막부를 건설하기 위해 다이묘에 대한 지배 방법을 강화했다. 우선 다이묘들의 군사력을 약화시키기 위해 일국일성령을 선포했는데 이 영에 따라 다이묘들은 자신이 거처하는 성을 제외하고 영지 내 모든 성을 허물어야만 했다.

잘 보살펴 줄 테니까 걱정 마~

인질로 잡은 거면서…

다이묘

그뿐만 아니라 다이묘들이 반드시 지켜야 하는 규칙인 무가제법도를 제정했고, 만일 이를 어기면 영지를 바꾸거나 몰수하는 벌을 줌으로써 막부의 통제력을 더욱 강화했다.

에도 막부의 힘을 강화하고 각지의 다이묘들을 약화시킨 결정적인 제도는 산킨코타이 제도였다. 산킨코타이는 무가제법도 중 하나였는데 이 제도에 따라 다이묘들은 자신의 정실인 아내와 그 자식들을 에도에 거주하게 하고, 격년제로 자신의 영지와 에도를 왔다 갔다 하면서 일을 해야만 했다. 특히 다이묘가 에도에서 거주할 때는 자신이 비용을 대면서 막부의 행정 관료 역할을 해야 했다. 결국 막부는 다이묘들의 가족을 인질로 잡은 셈이 되었을 뿐만 아니라, 다이묘들에게 경제적 부담을 가중시킴으로써 그들을 더욱 약화시킬 수 있었다.

영지를 매개로 한 봉건 체제의 모습을 그대로 둔 채 강력한 지방 통제력을 갖춘 이러한 체제를 막번이라 하는데 이를 통해 에도 막부는 안정되게 정치를 운영해 나갈 수 있었다.

무사를 중심으로 신분 질서가 수립되다

다이묘들의 세력을 약화시키는 과정에서 또 다른 희생자들이 있었다. 다이묘 밑의 장교에 해당하는 사무라이들이었다. 그들은 다이묘들의 세력 약화로 인해 대부분 일자리를 잃었을 뿐만 아니라, 평화가 계속되는 에도 시대에는 할 일이 특별히 없었기 때문에 불만이 높아질 수밖에 없었다.

이러한 불만을 누그러뜨리고자 에도 막부는 성리학을 도입해 유교적 교양과 학식을 보급했다. 무사들은 성리학을 공부해야 했고, 그 속에 담긴 사상을 생활에서 실천해야 했다. 즉 위로는 충성하고 부모에게는

효도하며 사람들과는 예의와 신의로 사귀어야 하는 등의
삶을 살아야 했다. 이를 통해 무사들의 불만과 호전성을
약화시키고 지식인이자 교양인의 삶을 살게 한 것이다.
조선의 경우 학자로 분류되는 선비들이 유교를 받아
들였다면, 일본은 전사인 무사들이 받아들였다는 차이가
있다. 성리학은 농업 사회를 기반으로 한 학문이자 사상이
므로 당시 발전하고 있던 농업 중심의 경제를 효율적으로 운영
하기 위해 선택한 것이기도 하다. 이 과정에서 무사들은 과거
처럼 힘으로 지배 구조를 유지한 것이 아니라 신분 질서에 의해
지배층으로 자리 잡게 되었다. 이로써 이 시기에 사농공상의
신분 제도가 확립되었다.

쇄국은 하나 교류는 계속하다

에도 시대에는 전란이 없이 평화가 계속되었으며, 비교적 효과적인 통
치 체제로 사회가 안정되었다. 또 산킨코타이 제도로 인해 전국의 다이
묘들은 많은 인원의 사람을 동원하여 에도로 향해야 했기 때문에 도로
와 교통 사정이 이전 시대에 비해 훨씬 좋아졌다. 이와 같은 사회적 환
경은 산업의 발달을 가져왔다.

우선 농업 분야에서 황무지 개간, 농구의 개량, 품종의 개량 및 작물
의 다양화가 진행되어 눈부신 발전을 이루었고 이러한 농업 분야의 발
전은 상공업의 발전으로 이어졌다. 전반적인 산업의 발전은 대량의 물
자가 공급되고 유통되는 단계에까지 이르렀고, 보다 손쉬운 유통을 위
해 화폐가 사용되었으며 막부는 이를 장려 또는 강제함으로써 경제를
더욱 활성화시켰다.

이러한 산업의 발전과 경제의 활성화는 서민들의 경제생활을 향상시
켰다. 서민들의 경제생활 향상은 교육과 문화의 향유로 이어졌는데 특

에도 시대의 농업
에도 막부 시대에 들어 일본 역시 모내기가 일반화되었다. 이러한 농업 기술의 발전과 보급은 생산력의 향상을 가져왔다. 하지만 농민들은 자기가 수확한 곡식을 많이 갖지 못했다. 이 그림은 농민들이 쌀로 세금을 내는 모습이다.

히 당시 경제 발전의 주인공이었던 조닌(상인)들은 대도시를 중심으로 그들 나름의 대중적이고 직설적이며 소박한 문화를 형성했다. 이를 조닌 문화라 한다.

산업 및 상업의 발전은 당연히 대외 교류로 이어졌다. 그래서 에도 시대 초기에는 대외 교류가 활발했다. 새로운 정치 질서를 수립하고 지배력을 강화시키기 위해서는 선진 문물이 필요했기 때문이다. 에도 시대 초기 막부는, 중국은 물론이고 에스파냐·포르투갈·영국·네덜란드·베트남·캄보디아 등의 국가들과 우호적 관계를 맺으며 교류했다. 그러나 대외 교류 과정에서 도쿠가와 가문의 지배에 반대하는 세력들이 유럽의 스페인과 교류하면서 가톨릭을 수용했다. 이후 가톨릭은 일본 사회에서 점차 확산되었다. 이는 가톨릭교도의 증가가 막부 체제에 대한 도전으로 이어질 수 있는 상황이었다. 따라서 에도 막부에 반대하는

데라코야
서민들의 생활 수준이 향상되자 그들의 자녀를 대상으로 한 교육 기관이 생겼는데 이를 데라코야라고 한다. 조선 시대 서당과 같이 초급 교육을 담당하던 곳이다. 조선의 서당이 유학을 가르친 것과 달리 일본의 데라코야는 읽기·쓰기와 주판을 가르쳤다. 이는 상인들의 요구가 반영된 것으로 보인다.

세력을 제거하는 일은 가톨릭에 대한 탄압으로 이어질 수밖에 없었다. 또한 반대 세력과 연결된 유럽의 가톨릭과의 교류도 끊어야 했다. 그 때문에 막부는 가톨릭을 금지하고 외국과의 교류를 끊는 쇄국 정책을 추진했다.

그러나 막부는 내부 발전에 따른 대외 교역의 필요성마저 무시하지는 않았다. 막부는 나가사키를 포함한 4개 항은 열어 두고 가톨릭계가 아닌 서구 사회 및 중국과의 교역은 지속했다. 이를 통해 막부는 다이묘들이 독자적으로 행하던 해외 무역을 근절할 수 있었고 동시에 무역 독점을 통한 이익을 극대화시킬 수 있었다.

결국 막부의 쇄국 정책은 말뿐인 쇄국이었고 막부의 지배력과 이익을 확대시키기 위한 대외 교류는 계속되었다.

가부키

가부키는 일본의 전통 연극이다. 조선에서는 탈춤이나 마당극 또는 판소리가 이에 해당되고, 중국에서는 경극이 이에 해당된다. 세 장르 모두 서민들의 성장과 더불어 등장했다. 도시에서 가부키가 활발하게 공연되었고 보통 사람들에게는 가장 큰 오락거리였다.

04

서아시아 세계의 확대

9세기 무렵 이슬람교를 수용한 중앙아시아의 튀르크 인들은 서아시아로 진
출하여 아라비아 인과 페르시아 인들을 대신하여 서아시아 세계의 새로운
주인공이 되었다. 하지만 몽골 인들이 세력을 확장하면서 칸국을 건설하여
서아시아를 지배했다. 몽골 제국이 약화된 후 중앙아시아에서는 몽골 제국
을 계승한 티무르 제국이, 서아시아 지역에서는 오스만 튀르크에 의해 새로
운 국가가 등장했다. 티무르 제국은 중앙아시아와 인도 쪽에 이슬람교를 확
산시키는 역할을 했다. 오스만 튀르크는 세력을 확장하여 아시아와 유럽,
그리고 아프리카의 세 대륙에 걸친 대제국을 건설했다.

몽골의 지배를 받다

이슬람 세계는 13세기 들어 몽골 제국의 지배를 받게 되었다.
특히 1258년에는 칭기즈 칸의 손자인 훌라구가 바그다드를
함락함으로써 페르시아 지역을 중심으로 한 셀주크 왕조뿐만

티무르
티무르는 차가타이칸국을 멸망
시키고 새로운 정복 시대를 열
었다. 세력을 키우는 과정에서
잔혹한 원정을 벌이기도 했지
만 문화를 존중하고 산업을 장
려하기도 했다.

아니라 이때까지 명맥을 유지해 오던 아바스 왕조까지 멸망시켰다. 이는 아라비아 족을 중심으로 한 초기 이슬람 세력이 주도하던 이슬람 시대의 공식적인 종말을 의미하는 것이었다.

이제 이슬람 세계를 지배한 족속은 몽골 족이 되었다. 훌라구는 이 지역에 일칸국을 세워 통치했다. 그러나 현지인에 비해 수적으로 열세였던 몽골 족은 오랫동안 강력한 지배력을 유지할 수 없었다. 결국 몽골 족은 이슬람으로 개종하면서 현지인에 동화되어 갔다. 그 후 일칸국 내 각 지역의 유력자들이 분리주의 경향을 노골적으로 드러내면서 일칸국은 서서히 쇠락하기 시작하여 14세기 중엽 이후 몽골 족과 튀르크 족 및 페르시아 족 출신의 실력자들에 의해 분할되었다. 몽골 족은 티무르 왕조를, 페르시아 족들은 사파비 왕조를, 그리고 튀르크 족은 오스만 왕조를 각각 건설했다.

티무르 왕조와 사파비 왕조의 영역
14세기 후반 차가타이칸국이 분열되자 칭기즈 칸의 후계임을 내세우며 티무르가 티무르 왕조를 건설했다. 티무르 왕조는 중앙아시아와 서아시아에 이르는 이슬람 제국을 건설했다. 티무르 왕조가 멸망하자 페르시아 지역에서는 사파비 왕조가 수립되었다. 사파비 왕조는 시아파 이슬람교를 국교로 정하고 인도의 무굴 제국, 서아시아의 오스만 제국과 대립했다.

오스만 튀르크가 이슬람 세계의 지배자로 성장하다

16세기에 들어 이슬람 세계는 이스탄불과 소아시아 지방을 중심으로 한 오스만 튀르크와 이란 지방의 사파비 왕조, 그리고 인도의 무굴 제국으로 크게 나뉘었다. 이 중 칼리프직을 승계하여 이슬람 세계의 실질적 지도국이 된 것은 오스만 튀르크 제국이었다.

오스만 제국의 기원은 정확하지 않지만 몽골 족이 침입했을 때 쫓겨난 튀르크 족의 한 분파인 오스만 족이 소아시아 반도에 정착한 것으로 알려져 있다. 소아시아 반도는 과거 비잔틴 제국의 영역이었지만, 계속되는 이슬람 세계와의 교전과 내부 문제로 약화되어 오스만 왕조의 등장을 막아 낼 수 없었다. 오스만 왕조는 비잔틴 제국의 제도를 받아들여 국가의 형태를 발전시켜 나갔고, 소아시아 반도에서 비잔틴 세력을 완전히 몰아낸 후 흑해를 건너 발칸 지역까지 진출하여 비잔틴 제국의 영토를 점령했다. 그리고 비잔틴 제국의 수도인 콘스탄티노플마저 함락시켜 제국을 멸망에 이르게 했다. 그 뒤 콘스탄티노플을 이스탄불로 고쳐 부르고 수도로 삼았다. 이로써 오스만 왕조는 비잔틴 제국의 영토를 차지한 거대 국가가 되었다.

16세기에 들어 시리아와 팔레스타인 및 이집트를 정복한 오스만 왕조는 아라비아 인이 가지고 있던 칼리프의 칭호를 빼앗아 세습권을 가졌다. 이로써 오스만 왕조는 튀르크 인들이 이슬람 세계를 지배한 후 정치와 종교를 나누어 지배했던 술탄과 칼리프를 다시 통합한 것이다. 이를

오스만 1세
오스만 1세는 비잔틴 제국령을 차례로 공략하여 세력을 키운 후 오스만 제국을 세웠다.

술탄·칼리프제라 한다. 이는 튀르크 인들이 이슬람교와 이슬람 세계의 주인으로 완전히 자리 잡았음을 의미하는 것이다. 즉 비아라비아 인으로서 아라비아 지도자의 정통성을 확보한 것으로 모든 이슬람 인의 최고 지배자가 되었다. 이후 오스만 왕조는 끊임없이 세력 팽창을 시도하여 16세기 중엽에는 유럽 연합 함대를 격파하고 지중해 해상권을 획득했으며, 17세기 후반에 이르러서는 오스트리아의 빈 근처까지 진출함으로써 영역상으로 최대 절정기를 맞이했다. 이 시기 오스만 제국은 발칸 반도 및 흑해 연안의 대부분 지역과 소아시아 및 메소포타미아 전역, 모로코를 제외한 북아프리카 전역, 사막 지역을 제외한 아라비아 반도의 해안 지역을 모두 차지함으로써 세 대륙에 걸친 대제국을 형성했다.

이러한 대정복의 성공 배경에는 오스만 왕조의 지배층이 스스로 엄격한 규율과 자제 속에 살았다는 것과, 무슬림은 모두 단결해서 하나의 움마(이슬람 공동체)를 건설해야 한다는 건강한 욕구가 있었다. 또 당시 크리스트교의 한 교파인 그리스 정교회가 발칸 반도에서 농민을 심하게 수탈했던 것에 비해 오스만 제국은 이전 이슬람 세계와 마찬가지로 농민들에게 비교적 관대한 정책을 펼쳤다는 점, 비이슬람교도들과 종교적 마찰을 최소화했다는 점 등도 성공 요인이었다.

술레이만 1세
술레이만 1세는 오스만 제국의 국가 체제를 정비하여 전성기를 이룩한 술탄이다. 유럽과 아시아로 영역을 확대하여 대제국을 건설했다. 유럽 내륙 진출을 위해 오스트리아 빈을 공격하기도 했다.

대제국의 문화는 용광로였다

오스만 제국은 세 대륙에 걸친 대제국이었다. 오스만 제국은 이 대제국을 효율적으로 운영하기 위해 다른 민족의 문화를 인정하고 그 바탕 위에서 통합을 모색했다. 한 가지 예로, 그들의 언어 정책을 들 수 있다. 오스만 제국 내에는 수많은 민족이 다양한 언어를 사용하고 있었는데, 오스만 제국의 통치자들은 이러한 언어 습관을 그대로 인정하고 공식

문서에서만 튀르크 어를 사용하게 했다. 그런데 이 문서의 내용이 민중에게 전달될 때에는 각 민중의 언어로 번역되는 경우가 많아 결국 제국 내에서는 그리스 어·아라비아 어·페르시아 어·튀르크 어가 혼용되어 많은 사람이 여러 언어를 배워 구사하는 일이 많아졌다. 그러나 시간이 흐를수록 오스만 제국은 이슬람교의 영향을 많이 받았고, 이에 따라 언어는 점차 아라비아 어로 통합되었다.

이렇게 다른 민족의 문화 내용을 받아들이고 통합하는 일은 여러 분야에서 이루어졌다. 결국 오스만 제국은 아라비아 문화와 튀르크 문화를 기반으로 비잔틴 문화와 페르시아 문화를 수용하면서 이슬람적인 튀르크 문화를 발전시켰다. 비잔틴 양식을 도입한 이슬람 사원을 건축하거나 페르시아 문학을 잇는 문학을 발전시켰으며 아라비아의 자연 과학을 수용하여 실용적 학문을 더욱 융성하게 만들기도 했다.

성 소피아 성당
성 소피아 성당은 비잔틴(동로마) 제국의 유스티니아누스 대제가 건설한 비잔틴 양식의 건축물이다. 처음에는 크리스트교의 한 교파인 그리스 정교회의 성당으로 사용되었으나 이슬람 세력이 이 지역을 점령한 이후에는 이슬람 사원으로 바뀌었다. 최근에는 박물관으로 사용되고 있다. 주위의 4개의 첨탑은 이슬람 인이 세운 것이다.

05

인도의 변화

16세기 초 인도는 티무르의 후손이라고 자처한 바부르에 의해 다시 통일이 되었다. 이를 무굴 제국이라 하는데 이 제국은 이슬람교를 국교로 삼았다. 무굴 제국은 17세기 후반 인도 통일 왕조 중 최대 영역을 확보하며 전성기를 맞이했다. 무굴 제국은 이슬람교와 힌두교의 통합을 시도하면서 인도 사회의 새로운 문화를 만들어 냈다. 하지만 이슬람교 중심의 지배 체제를 강화하고자 한 황제가 등장하면서 제국은 서서히 쇠퇴했고, 영국과 프랑스가 인도로 진출하면서 그 속도는 더욱 빨라졌다.

이슬람 왕조가 인도를 통일하다

이슬람 세력이 인도를 지배해 온 수백 년 동안 인도는 이슬람과 힌두 문화의 융합이라는 대단히 어려운 과정을 겪고 있었기 때문에 정치·경제·문화 전반에 걸쳐 침체기에 빠져 있었다. 이러한 침체기를 벗어나 인도의 영광을 재현한 왕조가 무굴 제국이다.

무굴 제국의 영토
무굴 제국은 3대 황제인 아크바르 대제 때 대내외적으로 성장했다. 특히 이슬람과 힌두 문화를 융합하는 정책으로 제국의 전성기를 형성했다. 아우랑제브 황제 시절에는 최대 영역을 확보했다. 하지만 아우랑제브 황제가 이슬람과 힌두의 융합 정책을 버리고 이슬람 제일주의를 강조하는 바람에 제국은 분열되었고 결국 쇠퇴했다.

▨ 3대 아크바르 사망(1605) 시의 영역
░ 6대 아우랑제브 황제 시절의 영역

헤라트 · 카불 · 델리 · 아그라 · 콜카타 · 무굴 제국 · 벵골 · 인더스 강 · 갠지스 강 · 나르마다 강 · 아라비아 해 · 벵골 만

무굴 제국은 16세기 초 튀르크계 바부르가 델리를 함락하여 나라를 세움으로써 시작되었다. 이슬람교도였던 그는 이슬람적 요소를 통해 무굴 제국을 운영했다.

무굴 제국이 번영을 맞이한 때는 아크바르가 제위를 차지했던 시절이었다. 이 시기 무굴 제국은 남부 인도 지역을 제외한 인도 대부분과 아프가니스탄을 포함한 광대한 영토를 지배했다. 아크바르는 이 광대한 영역을 강력한 중앙 집권 체제를 통해 지배하려 했는데, 문제는 소수의 이슬람교도가 절대 다수의 힌두교도를 지배

순례세 폐지!
지즈야 폐지!
정략결혼!

근데 예쁘당~♡

아크바르 대제

해야 한다는 점이었다. 두 세력을 나눠서는 안정적인 국가를 이루는 것이 불가능하다고 판단한 아크바르는 힌두와 이슬람 간의 평화로운 융합을 최우선의 정책으로 삼았다.

아크바르는 그동안 비이슬람교도들에게만 부과해 왔던 성지 순례세와 인두세인 지즈야를 폐지하고 힌두 세력과 혼인을 통해 통합을 모색했다. 세금의 폐지는 정부의 입장에서 보면 엄청난 재정 손실을 감수해야 하는 일이었지만, 이를 통해 인도 내 거주하는 국민을 하나의 국가 체제로 묶으려 했던 것이다. 이는 대제국을 유지하기 위한 필수 조건이었을 뿐만 아니라 통일 국가를 건설해야 하는 당시 인도 사회의 시대적 요구이기도 했다.

아크바르 대제
아크바르 대제는 인도의 대부분 지역을 정복하여 중앙 집권제를 확립했고, 종교에 관심이 많아 신비주의의 영향을 받기도 했다. 이슬람교와 힌두교와의 융합을 꾀하며 군비를 정비하여 제국의 번성기를 이끌었다.

나나크의 주장
"신앙은 단순한 언어 속에 깃들어 있는 것이 아니다. 신앙은 무덤이나 화장터를 돌아다니거나 명상의 자세로 앉아 있는 데 있는 것도 아니다. 또 신앙은 외국의 성지를 순례하고 성수에 목욕하는 데 있는 것도 아니다. 모든 사람을 평등하게 바라보는 자가 참다운 신앙인이다. 세상의 불순한 것들 사이에 순수한 것을 머무르게 하는 것, 거기에서 신앙의 길을 찾아야 한다."

이슬람·힌두 문화가 성립하다

무굴 시대의 노력은 이슬람 문화와 힌두 문화가 융합할 수 있게 만들었다. 그 대표적인 사례가 시크교의 성립이다. 국민의 절대 다수는 힌두교인데 지배자는 이슬람교인 정치적 상황에서 국가의 종교 정책이 억압적인 방향으로만 나아갈 수 없었기에 힌두교와 이슬람교의 화해를 모색하는 정치·사회적 분위기가 가져온 결과가 시크교다. 시크교는 나나크가 창시했다. 그는 힌두교와 이슬람교에서 각각의 장점을 취해 절충적인 종교를 만들었다. 대표적인 예가 이슬람교에서는 일신교의 이념을, 힌두교에서는 인도인들에게 친숙한 신의 이름을 채택한 것이다.

시크교는 인류 평등주의를 기반으로 사회를 재구성하려 했다. 이 과정에서 시크교는 형제애의 이념을 이슬람교에서 빌려 인도의 카스트 제도를 부정했다. 또 일반인이 이해할 수 없는 난해한 제사 의식을 없애고 단순하고 건전한 일상생활을 강조했으며, 사회의 일원으로 조화로운 삶을 추구할 것을 가르치고 극단적인 삶의 양식을 배격했다. 따라서 시크교도는 지나친 고행이나 금욕주의에 빠지는 것을 경계했고 향락도 추구하지 않았다.

문화적으로는 페르시아와 힌두 문화가 결합했다. 무굴 제국의 건설자들은 튀르크계였지만, 서아시아 세계의 문화적 토대인 페르시아 문화를 수용했기 때문에 무굴 제국에서는 페르시아 문화와 힌두 문화의 통합을 시도했다. 페르시아와 힌두 문화 융합의 대표적 예가 타지마할과 우르두 어이다.

암리차르의 황금 사원과 시크교도
황금 사원은 인도 펀자브 주에 있는 상공업 도시 암리차르에 있다. 1604년에 완공되었는데 황금빛을 발해 황금 사원이라 불린다. 시크교에서 가장 중요한 성지로 평등과 관용을 상징한다.

무굴 회화
무굴 시대의 회화는 페르시아의 세밀화와 인도 양식이 조화를 이루었다. 섬세하면서도 사실적으로 인도인들의 의식이나 모습을 담고 있다.

타지마할은 무굴 제국의 5대 황제인 샤자한이 사랑하는 왕비 뭄타즈 마할의 죽음을 애도하기 위해 만든 무덤이다. 매일 2만 명을 동원하여 22년 만에 완성한 것으로 세계적으로도 불가사의한 건축물로 알려져 있다. 타지마할 역시 페르시아와 힌두 문화의 건축 양식을 고루 갖추고 있다. 페르시아 건축의 특징은 뾰족한 첨탑, 둥근 아치형 천장, 돔 지붕, 돔 밑의 팔각형 구조 등을 들 수 있는데 타지마할은 이러한 건축 양식으로 지어졌다. 힌두 문화의 요소는 건축물의 장식에서 볼 수 있다. 대부분의 장식은 힌두 문화의 것으로 이루어졌는데 대표적인 것이 연꽃 문양의 장식물이다.

우르두는 튀르크 어로 군대의 병영을 의미한다. 당시 무굴 제국의 군대 지휘관은 이슬람 인이었지만 장병들은 힌두 인들이었다. 지휘관들

타지마할
타지마할은 궁전 양식의 무덤으로 인도 건축을 대표하는 걸작으로 손꼽힌다. 빛의 궁전이라고도 불리며 세상에서 가장 아름다운 무덤이라는 찬사를 받고 있다. 4개의 첨탑과 돔 양식 등은 이슬람 문화의 영향을 받은 것이다.

은 페르시아 어나 튀르크 어를 사용했고 일반 장병들은 힌두 어나 기타 인도의 지방 언어를 사용하고 있었기 때문에 상하 간 의사소통이 원활하지 못했다. 이를 극복하기 위해 등장한 것이 우르두 어이다. 우르두 어 문법은 힌두 어에서 빌려 왔고, 어휘는 페르시아 어·튀르크 어·아라비아 어·산스크리트 어에서 가져왔다.

무굴 제국이 쇠퇴하고 서구 세계가 침입하다

아크바르 시대의 전성기는 그리 오래가지 못했다. 아크바르 황제 사후 50년 남짓 동안은 여전히 융성했지만, 6대 아우랑제브가 황제로 즉위한 후 쇠퇴의 길로 접어들었다. 아우랑제브는 기존의 이슬람·힌두 융합 정책을 버리고 이슬람 중심의 국가를 부흥시키려고 노력했고 이것은 이슬람교 이외의 종교에 대한 차별 정책으로 나타났다. 그간 폐지되었던 지즈야라는 인두세가 부활되었고 힌두교도와 시크교도에 대한 종교적 탄압이 행해졌다.

이와 같은 정책은 당연히 여러 종교 신도들의 반발을 초래했다. 시크교도들은 극렬한 반이슬람 집단이 되었고, 힌두교도들도 마라타 족의 연합체인 마라타 동맹을 통해 무굴 제국을 위협했다. 마라타 동맹은 북인도까지 진출하여 왕국을 건설하기도 했다. 이러한 가운데 무굴 제국은 18세기 들어 이웃한 페르시아 지역 이슬람 세력의 침입에 의해 그 세력이 크게 위축되었고, 끝내 마라타 동맹이 델리에 입성함으로써 사실상 제국으로서의 위치를 상실하고 하나의 지방 정권으로 전락했다.

이러한 인도의 혼란 와중에도 서유럽의 인도 침입은 꾸준히 진행되고 있었다. 15세기에 신항로 개척 시대가 전개되면서 서구인은 아시아 세계와 교역을 확대하기 위해 부단히 인도를 찾아왔다. 서구인들의 최종 목적지는 중국이었지만 그 중간 기착지로서 갖는 인도의 의미를 일찍부터 인식하고 있었기 때문이다. 그뿐만 아니라 인도가 가지고 있는 거대한 시장성은 중국 못지않다는 것을 알고 있었기에 인도에 대한 침략은 더욱 빈번해졌다.

한편 서유럽 세계의 질서 변화에 따라 인도에 관심을 가진 나라들도 변화했다. 15~16세기에는 포르투갈과 스페인, 17세기 전반에는 네덜란드, 17세기 후반 이후에는 영국과 프랑스가 인도에 진출하기 위해 노력했다. 결국 1757년, 플라시 지역에서 영국과 프랑스가 전투를 벌였다. 이 전쟁에서 영국이 승리함으로써 인도는 영국의 영향력 아래 있게 되었다.

6부

제국주의 침략에 맞선
아시아의 민족 운동과
근대적 발전

01

중국의 반제국주의 운동과
근대화 운동

19세기 후반, 유럽에서 산업 혁명이 성공하면서 경제적으로 번성한 자본주의 국가들이 해외에 식민지를 건설하여 자국의 이익을 확대하려는 제국주의 정책을 추진했다. 이로 인해 아시아의 여러 국가들은 억지로 문호를 개방하거나 식민지가 되어 경제적 수탈을 당할 수밖에 없었다. 중국에 대한 서구 열강의 침략이 강화되자 중국인들은 그에 맞서 서구식 산업화를 추진했다. 하지만 서구 열강의 침략은 점차 노골적으로 변했다. 이에 중국인들은 민족의식을 내세우며 서구 제국주의에 반대하는 운동을 벌였다.

청나라가 쇠퇴하다

청은 18세기 중반부터 쇠퇴의 기미를 보이고 있었다. 징조는 위에서부터 시작되었다. 청의 정치 조직은 황제가 모든 결정을 하는 체제였기 때문에 황제가 능력이 있으면 잘 운영될 수 있었지만 그렇지 않으면 제기능을 발휘할 수 없었다. 그런데 평화 시절이 장기화되고 국력이 크게 신장되자 황제들은 정신적으로 서서히 나태해지기 시작했다. 평화 시절의 황제였던 건륭제 말엽부터 이러한 현상이 나타났다.

나태한 황제들은 충성스러운 신하를 멀리했을 뿐만 아니라 자신에게 아부하는 인물하고만 가까이 지내려 했다. 이런 상황은 특정 신하에게 권력이 독점되는 현상을 초래했고 그 신하는 권력을 이용하여 재물을 모으는 데에만 온 힘을 기울였다. 대표적인 예가 건륭제 후반의 화신 같은 자였다. 화신은 건륭제의 신임을 받아 오래 정치를 했는데 그가 모은 재산이 8억 냥에 달했다고 한다. 이것은 당시 청의 1년 국가 세입의 10배에 해당하는 액수였다. 이렇게 관료 사회의 기강 해이로 부정부패가 공공연히 일어나자 이로 인한 피해는 고스란히 민중에게 돌아갔다.

한편 인구의 급속한 증가 역시 문제를 일으켰다. 초기에는 청의 영토에 비해 인구가 부족했기 때문에 그간의 인구 증가는 생산력 향상에 도움이 되었지만, 18세기 말에 들어서는 토지 면적이 인구의 증가를 따라가지 못했다. 그래서 농민들의 1인당 경지 면적은 날로 줄어들었고, 19세기 중반에 들어서는 대부분의 농촌 지역이 기아 또는 반기아 상태에 놓이게 되어 청조에 대한 농촌 사회의 불만은 점점 높아만 갔다.

또 청의 중국 지배의 근간인 팔기군도 문제였다. 평화 시대가 계속되면서 팔기군은 초기의 충성심과 기강을 차츰 잃어 갔다. 각 부대의 지휘관들은 사병의 수를 허위로 보고하여 군량을 착복하는 등 부정을 일삼았고 일반 군인들은 훈련은 하지 않고 장사를 하러 나서거나 무기를 팔아 배를 채우기도 했다.

●동인도 회사

민족 간의 대립도 다시 표면화되기 시작했다. 청조는 소수의 만주족이 다수의 한족을 지배하는 구조였기 때문에 민족 대립은 불가피했다. 청조의 지배력이 강력할 때는 잠잠했지만, 18세기 후반에 이르러 청조가 실정을 반복하자 곳곳에서 봉기가 일어났다. 대표적인 사례가 백련교도의 난이었는데 약 10년간 지속되었다. 당시 청조의 군대는 이 난을 진압할 능력이 없었기 때문에 청 조정은 각 지역의 신사층이 무장하는 것을 허락하여 그들이 구성한 향용을 통해 간신히 이 난을 진압했다. 게다가 유럽의 강국인 영국과도 무역 마찰을 빚어 직접적인 대결을 벌이는 상황을 맞이하게 되었다.

제국주의의 침략에 굴복하다

영국이 청과의 무역에 관심을 갖기 시작한 것은, 동인도 회사●를 두고 경쟁을 벌이던 프랑스 세력을 몰아내면서부터였다. 영국은 동인도 회사를 통해 청과의 교역을 확대해 나갔다. 영국은 청에 영국의 모직물과 인도의 면직물을 수출하고, 청으로부터는 도자기·비단·차 등을 수입했는데 날이 갈수록 영국의 무역 적자의 폭은 늘어만 갔다.

당시 청은 국가가 무역을 통제하고 있었다. 그래서 광둥 지방의 광저우에만 문을 열어 두고 외국과 교역을 하고 있었다. 영국도 청조의 요구에 따라 광저우에서만 교역을 하고 있었다. 그런데 영국 상품들은

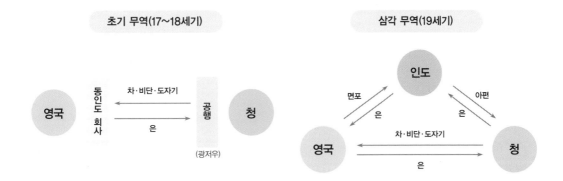

초기 무역(17~18세기)

영국 ← 차·비단·도자기 / 은 → 동인도 회사 → 공행 (광저우) → 청

삼각 무역(19세기)

인도 / 면포·은 → 영국 / 아편·은 → 청 / 차·비단·도자기·은 → 영국

청에서 이미 생산되고 있거나 필요치 않은 것들이었다. 반면 영국에서는 산업 혁명 이후 문화 향유층이 확대되면서 청 상품에 대한 수요가 크게 급증했다. 따라서 영국의 대청 무역 적자는 나날이 늘어갔다.

산업화가 급속하게 진행되고 있던 영국의 입장에서 보면 무역 적자는 국내 산업을 발전시키는 데 걸림돌이 될 수 있었다. 따라서 청과의 무역을 흑자로 전환하기 위한 방법이 필요했다. 그리하여 영국이 생각해 낸 묘책은 청에 아편을 판매하는 것이었다. 당시 영국 내에서는 아편 취급을 법으로 금지하고 있었음에도 불구하고 영국 의회는 자국의 이익을 위해 청에 아편 수출을 허가하는 법을 통과시켰다. 영국은 인도에서 아편을 재배하여 청에 밀수출했고, 청나라 사람들은 아편을 은으로 구입했기 때문에 결과적으로 청의 은이 인도로 유입되었다. 영국은 이렇게 유입된 은을 인도에 공산품을 판매함으로써 회수할 수 있었다. 이를 통해 대청 무역에서의 적자를 만회했다. 영국은 18세기 말부터 시작된 아편 무역을 통해, 19세기에 들어서는 차 수입액보다 아편 수출액이 더 많아지게 되었고 이후 아편 거래는 점점 더 증가했다.

당시 광저우 같은 무역항이나 대도시에는 아편을 판매하고 피울 수 있는 곳이 오늘날의 커피숍처럼 즐비했다. 아편은 도시민에게만 퍼지

청과 영국의 무역 변화
청의 무역 정책은 공행이라는 무역 기구를 통해 정부가 통제하는 방식이었다. 이러한 청의 정책은 자유 무역을 추구하는 영국과 맞지 않았다. 또한 영국은 중국의 상품이 절실히 필요한 반면, 청은 영국의 상품을 필요로 하지 않았다. 이로 인해 영국은 심각한 무역 적자를 보게 되었다. 영국은 이를 만회하기 위해 인도에서 아편을 생산하여 청에 파는 방법을 통해 무역 적자를 해소하려 했다. 이 과정에서 청·인도·영국 사이의 삼각 무역이 형성되었다.

는 데 그치지 않고 농촌 지역에까지 퍼져 농민마저도 아편에 빠져들게 만들었다. 전국 어디서나 아편을 피우는 사람들을 흔히 볼 수 있었을 만큼 경제 활동 인구의 상당수는 아편에 빠져 있었다.

아편은 청 국민의 건강을 해쳤을 뿐만 아니라, 막대한 금액의 은이 유출되어 청의 경제를 심각한 상황에 빠뜨렸다. 당시 청은 은 본위 경제 체제였기 때문에 대량의 은 유출은 은 가격을 높이게 되어 은으로 세금을 내야 하는 농민들의 부담을 크게 가중시켰고 정부의 재정 사정도 악화되었다. 이에 청 조정은 아편의 흡연과 밀수를 철저히 단속하게 됐는데 이 과정에서 아편 밀수를 하던 영국 상선이 적발되어 충돌이 발생

영국과 청의 무역
영국은 아편 판매를 통해 청과의 무역에서 손해를 만회했을 뿐만 아니라 엄청난 수익을 내게 되었다. 아편의 가격은 날로 증가했고, 그로 인해 청에서 영국으로 빠져나간 은의 양은 급격히 늘어났다. 사진은 아편을 피우고 있는 중국인들의 모습이다.

했다. 영국 정부는 이때 입은 피해를 문제 삼아 전쟁을 일으켰다. 이를 아편 전쟁(1840~1842)이라 한다. 아편 전쟁은 막강한 해군력과 우수한 무기를 가지고 있던 영국의 승리로 돌아갔다. 전쟁에서 승리한 영국은 그동안 자신들에게 손해를 끼쳤던 조공 무역 형태의 국가 통제 체제를 자유 무역 체제로 바꾸도록 요구했는데 이러한 영국의 요구 사항은 양국이 체결한 난징 조약을 통해 일부 달성되었다. 난징 조약의 내용은 기존의 무역항인 광저우를 포함해 5개 항을 개방하여 자유 무역을 할 수 있도록 하는 것과, 홍콩 할양*·공행 해산·치외 법권 인정·관세 자주권 포기·최혜국 대우(호문 추가 조약)* 등이었다.

돈 버는 덴 역시 아편~

이 난징 조약은 영국의 자본과 상권이 청에 침투하기에 매우 유리했다. 결국 영국의 공산품이 물밀듯 청 시장으로 파고들자 청의 농촌과 도시의 수공업은 급속도로 붕괴되었고 이것은 청 민중의 삶을 더욱 악화시키는 결과를 가져왔다.

난징 조약 체결 후, 청은 미국·프랑스 등의 여러 나라로부터 영국과 똑같은 대우를 요구하는 압박을 받게 되었고 어쩔 수 없이 그들과도 각각 조약을 체결하게 되었다. 결국 아편 전쟁의 패배로 동아시아에서 오랜 세월 유지되었던 중국 위주의 세계 질서는 붕괴되었고, 청은 국제 사회에 등장하기 시작할 때부터 불평등한 지위를 갖게 되었다.

한편 영국은 난징 조약 체결 이후에도 무역에서 기대했던 만큼 수익을 얻지 못했다. 5개 항의 도시를 중심으로 인접 지역에서만 교역이 가능했을 뿐 청 내륙으로 시장을 확대할 수 없었기 때문이다. 또한 각지의 청 민중들이 외세를 배척하는 운동을 전개했을 뿐만 아니라 청 정부도 조약을 성실히 이행하지 않았기 때문에 수익이 확대되지 못했다.

난징 조약은 아편 밀무역으로 인해 발생한 전쟁 이후 맺은 조약이다. 그러나 난징 조약에는 아편 밀무역에 대한 언급은 어디서도 찾아

● 홍콩 할양
할양이란 특정 나라의 영토를 다른 나라에 넘겨주는 것을 말한다. 할양지는 넘겨받은 나라의 영토로 편입되어 그 나라의 법과 운영 체계에 따른다. 홍콩 역시 영국에 할양되어 영국 영토가 되었다. 1984년, 중국과 영국은 다시 조약을 체결하여 홍콩을 중국에 반환하기로 합의했다. 이에 따라 1997년에 주권 이양이 이루어져 현재는 중국 영토다.

● 최혜국 대우
예를 들어 영국이 청과 '최혜국 대우' 조약을 체결한 상황에서 청이 프랑스에게 특혜를 주는 조약을 체결한다면 그 특혜는 영국도 자동으로 누리게 되는 것을 말한다.

볼 수 없다. 따라서 영국인들은 아편 전쟁 후에도 아편 밀무역은 물론 기타 이익이 되는 모든 부문에서 밀무역을 하고 있었다. 애로호는 밀무역을 효과적으로 하기 위해 영국 선적을 가지고 있었는데 단속 과정에서 선원들이 체포되고 영국 국기가 훼손되는 일이 벌어졌다. 영국은 사과를 요구했으나 청 정부는 이를 거절했다. 이를 빌미로 영국은 청과 다시 전쟁을 벌였다. 이것이 애로호 사건으로 알려진 제2차 아편 전쟁이다.

영국은 전쟁의 부담을 줄이기 위해 팽창주의 정책을 펼치고 있던 프랑스를 끌어들였고 청은 열세를 면하지 못하게 되자 러시아와 미국에 중재를 요청하여 교섭에 들어가게 되었다. 그 결과 1858년 톈진 조약이 영국·프랑스·러시아·미국 등과 이루어졌는데 그 내용은 외국인의 중국 내륙 여행권·아편 판매 공인·크리스트교 포교 인정·외국 공사 베이징 주재 등이었다. 청 정부는 조약에 불만을 품고 비준을 하지 않으려 했다. 이에 영국과 프랑스 군대는 베이징으로 진격하여 방화와 약탈을 일삼으며 톈진 조약을 인정할 것 외에도 새로운 요구를 했다. 이렇게 하여 체결된 것이 베이징 조약이다. 청 정부는 기존의 톈진 조약의 내용을 인정해야 했을 뿐만 아니라, 각 나라와 조약을 체결해야 했다. 이에 따라 영국에는 주룽 반도, 러시아에는 연해주를 각각 할양했다.

이와 같이 청의 문호 개방은 난징 조약에서 시작되어 톈진 조약과 베이징 조약에 의해 완결되었다고 할 수 있는데 조약 체결과 문호 개방은 열강의 무력에 의해 강제적으로 이루어졌기 때문에 불합리하고 불평등한 내용뿐이었다. 결국 청은 열강들의 요구에 적극적으로 저항하지 못한 채 서구 열강의 원료 공급지와 상품 시장으로 전락하고 말았다.

제1차 아편 전쟁 때 영국군 진로
제2차 아편 전쟁 때 영국군·프랑스군의 진로
난징 조약에 의한 개항장
톈진·베이징 조약에 의한 개항장

잉커우(뉴좡)
베이징 · · 베이징 조약(1860)
톈진 · 톈진 조약(1858)
옌타이(즈푸)
황허
청
전장
난징 · 난징 조약(1842)
양쯔 강
상하이
한커우 · 닝보
주장 ·
푸저우
단수이
샤먼(아모이) · 타이완
광저우 산터우 · 타이난
마카오 · · 홍콩
남중국해
충저우 ·

민중 혁명이 일어나다

서구 열강의 아시아 침략에 있어 가장 심각한 문제는 아시아 민중의 생활을 파탄으로 몰고 갔다는 것이다. 당시 대다수 아시아 민중들은 수공업을 통해 생산한 상품을 시장에 내다 팔며 생계를 유지하고 있었는데 서구 열강은 문호를 개방시킨 뒤 값싼 자국의 공산품을 쏟아부어 시장을 장악함으로써 아시아 민중의 생계를 끊어 놓았다.

이러한 사정은 아편 전쟁으로 문호가 개방된 청나라도 마찬가지였다. 게다가 청 정부는 전쟁 패배로 지불해야 했던 막대한 배상금과 전비를 농민들로부터 세금을 걷어 해결하려 했기 때문에 농민들의 불만

아편 전쟁의 전개
영국은 청과의 무역에서 적자를 만회하기 위해 자유 무역을 요구했지만 청은 이를 무시했다. 영국은 인도산 아편을 청에 판매하여 이를 만회하려 했다. 이에 청 정부는 아편을 몰수하거나 폐기하는 동시에 수입 금지와 같은 강경책을 취했다. 영국은 이 과정에서 발생한 무력 충돌을 빌미로 청과 전쟁을 벌였다. 바로 아편 전쟁이다. 청은 이 전쟁에서 패배해 영국에 문호를 열 수밖에 없었다.

태평천국 운동

아편 전쟁에서 패배했음에도 청 조정은 개혁을 외면했고 민중의 불만은 높아졌다. 홍수전은 상제회라는 종교 조직을 구성하여 새로운 사회를 건설하려 했다. 이때 그가 세운 나라가 태평천국이다. 태평천국의 영역은 중국의 절반에 이를 정도로 세력이 확장되었으나 향용과 영국·프랑스 군대에 의해 진압되었다.

은 날로 높아만 갔다. 이러한 불만은 홍수전이 창시한 상제회●라는 종교 조직을 통하여 폭발했는데 이를 태평천국 운동이라 한다.

태평천국 세력은 청조의 무능으로 야기된 사회 혼란 속에서 일어났기 때문에 청조에 대한 반감이 깊었다. 그래서 만주족을 멸하고 한족을 부흥시키자는 뜻의 멸만흥한이라는 구호를 내세웠다. 이들이 처음 병력을 일으켰을 때는 2만 명 이하의 작은 규모였지만 차츰 이들의 외침에 동조하는 사람들이 늘면서 세력이 커졌다. 특히 성이나 빈부에 따른 차별을 금지할 것, 사유 재산을 폐지하고 토지를 균등 분배할 것

●상제회

중국 청나라 말기에 결성된 종교 비밀 결사 단체이다. 홍수전이 창설했는데 전통 체제와 대립하며 금욕적인 계율을 실천했다. 이 단체가 중심이 되어 태평천국 운동 등 반청 혁명이 일어났다.

등을 주장하여 피폐한 삶을 살던 민중의 호응을 얻었다.

당시 태평천국 군대는 금욕적인 군법과 엄격한 지휘 체계에 따라 일사불란하게 조직되어 있었고 재화를 함께 소유하는 등의 공동체 의식으로 굳게 뭉쳐 있어 그 힘이 막강했다. 또 강력한 반청·반관료·반지주·반고리대를 주장하여 민중의 폭발적인 참여를 이끌어 낼 수 있었다. 이를 바탕으로 순식간에 강남 지방을 석권하고 1853년 에는 난징을 함락한 후 자신들의 이상을 실현할 태평천 국을 건설했다.

태평천국은 농민들이 세운 최초의 국가이고 오늘날 공산주의와 비슷한 공동 소유 개념을 사용했기 때문에 현대 중국에서는 혁명으로 의미를 부여하고 이를 높이 평가하고 있다. 그러나 국가를 건설한 태평천국의 주도 세력

들은 청조와 대결을 벌여야 하는 상황에 닥치자 효율적 운영을 우선 할 수밖에 없었고, 그러다 보니 처음 세력을 일으킬 때 내걸었던 주장 들을 실천하기보다는 종래의 토지 제도에 기초한 세제를 그대로 답습 하게 되었다. 또 새로이 획득한 지역의 질서 유지와 안정을 위해 종래 의 지방 관리와 지방 유력자, 즉 지주를 포섭하여 활용함으로써 현실적 한계를 극복하지 못했다. 결국 시간이 흐를수록 태평천국 운동에 참여 한 민중은 실망하여 이탈했다.

태평천국 세력이 이런 상황에 있을 때 청조는 태평천국 운동을 진압 하기 위해 각 지역의 유력자인 신사들에게 군사력을 보유할 수 있는 기 회를 주었고 신사들은 자비를 들여 의병을 모집한 뒤 향용이라는 군대 를 조직하여 태평천국 운동의 진압에 나섰다. 태평천국의 세력이 확대 되는 것은 지주인 신사층에게도 매우 위협적인 것이었기에 진압에 적 극적일 수밖에 없었다.

또 열강도 태평천국 운동의 진압에 적극적으로 나서기 시작했다. 처음 열강은 태평천국 운동을 주도한 상제회가 크리스트교적 성격을 가지고 있었기 때문에 청조를 무너뜨리는 데 효과적이라 생각하여 태평천국 운동에 호의를 보였다. 그러나 태평천국 운동은 반외세적 성격을 띠고 있었고 세력이 확산되는 과정에서 그 성격은 더욱 확대되었다. 결국 열강은 강력한 군대를 이용하여 태평천국 세력을 진압하여 나갔는데 특히 태평천국군의 공격으로부터 상하이를 방어하는 데 성공하고 이후 거듭 승리했기 때문에 상승군이라 불리기도 했다. 결국 태평천국 운동은 향용을 앞세운 신사 세력과 열강의 군사력에 의해 진압되고 말았다.

비록 태평천국 국가는 유지되지 못했지만 태평천국 운동은 공유와 균등 분배를 바탕으로, 농민 계층의 해방과 전통적 봉건지주 및 전제 왕조의 타도를 목적으로 한 반계급적이고 반봉건적인 농민 혁명이라

태평천국군과 향용의 공방전
당시 청 정부는 태평천국군을 막아 낼 능력이 없어 지방의 유력자인 향신들에게 사병을 거느릴 수 있는 권리를 주었다. 이렇게 해서 다시 병력을 가지게 된 지방 세력들은 청나라가 멸망한 후 군벌로 성장하여 중국의 민중을 착취했다. 이 그림은 청군이 쑤저우를 탈환하는 장면을 묘사한 기록화다.

볼 수 있다. 더불어 열강의 경제적 침략에 반대하여 일어난 민중 중심의 반외세 운동이라는 점에서 의의가 크다.

서구적 개혁의 첫 단추를 잘못 꿰다

열강에 의해 강제로 개방당한 나라들은 경쟁에서 살아남기 위해 개혁을 시도했다. 특히 기득권을 지켜야 하는 관료나 지배층이 적극적으로 개혁에 가담했다. 그래서 위로부터의 개혁을 시도하는데 그것은 청도 마찬가지였다. 청은 태평천국 운동을 진압한 후부터 정부 차원에서 서구화를 위한 개혁을 시도했는데 이를 양무운동*이라 한다.

　청의 지배층은 열강의 침략과 태평천국 운동의 진압 과정에서 서양의 무기로 무장하고 서양식 훈련을 받은 상승군의 활약상을 눈으로 확인하게 된 후, 서구 과학 기술의 우수성을 새롭게 인식하고 서구 열강에 대한 시각을 조정하게 되었다. 그들은 서양의 과학 기술과 군사 지식을 재빨리 도입함으로써 청의 중흥을 모색하고자 했다. 이것이 아편 전쟁 패배 이후 열강에 의해 짓밟힌 청조의 자존심을 회복하는 길이라 생각했다. 그러나 양무운동은 기존의 지배층인 신사에 의해 주도되었다는 점이 문제였다.

　서양의 과학 기술은 자본가들이 효율적인 생산 방식을 개발하는 과정에서 발달했는데, 이것은 귀족이 아닌 시민의 자발적인 노력에 의해 이루어진 것이다. 반면 청조에서 진행된 서구화 정책은 이러한 사회적 뒷받침 없이 기존 지배층의 기득권을 유지하기 위한 목적으로 서양의 과학 기술만 도입하려 했기 때문에 성공적으로 정착할 수 없었다. 청조의 서구화 정책이 실패했다는 것은 청일 전쟁*에서 청이 패배하면서 확인되었다.

● 양무운동
양무운동은 청나라에서 일어난 근대화 운동으로 서양의 것을 배우는 데 힘을 쓰자는 의미를 담고 있다.

● 청일 전쟁
청일 전쟁은 조선에서 일어난 동학 농민 운동에 출병하는 문제로 청나라와 일본 사이에 일어난 전쟁(1894)이다. 당시 아시아의 맹주였던 청은 섬나라 일본에게 패할 것이라고는 생각하지도 않았다. 그러나 이미 서구화를 진행해 온 일본은 예상을 깨고 쓰러져 가는 청에 승리한다. 이 전쟁으로 인해 일본은 조선에 대한 영향력이 더 확대되었고, 청은 보수 개혁파들의 양무운동이 실패했음을 확인하게 되었다.

개혁의 길은 멀고도 험하다

변법은 제도 개혁을 의미한다. 청의 제도 개혁 주장은 청일 전쟁 이전부터 있었지만 이러한 변법 운동이 크게 활성화된 것은 청일 전쟁에 패배한 후부터다. 그동안 미개한 속국으로 여긴 섬나라 일본에 패배했다는 사실은 중국인들에게 엄청난 충격이었다.

당시 일본은 미국에 의해 개항이 이루어진 상태였다. 개항 후 일본은 서구화 정책을 추진해 산업 사회로 변모하는 데 성공했다. 농촌 사회를 기반으로 한 전통 질서를 해체하고 산업화에 맞는 개혁을 시행했기에 가능한 일이었다. 반면 청은 기존 체제는 그대로 두고 서구형 공장 몇몇을 세우는 수준에서 개혁을 진행한 것이 문제였다. 근본적인 변화는 외면한 채 외형에만 치중하다 보니 효율성이 떨어질 수밖에 없었다.

이제 청도 시대에 맞는 개혁을 추진해야 했다. 그런데 개혁은 기존의 가치관에 젖어 있는 계층이 이루기는 힘들다. 결국 개혁의 선두에 선 사람들은 공양학파*나 해외 유학파 같은 신지식인이었다. 이들은 일본의 메이지 유신을 모델로 삼아 개혁을 추진해 나갔다. 학회나 신식 학당, 신문·잡지 등을 통해 자신들의 생각을 보급하는 한편 상소를 올려 정부의 변법 의지를 촉구했다.

이러한 일들이 있기 전, 청 조정은 보수파들이 장악하고 있었고 그 정점에 서태후가 있었다. 이 시기 보수파들은 어린 황제를 즉위시킨 후 서태후의 섭정을 통해 권력을 행사했다. 이렇게 즉위한 이가 광서제다. 시간이 흘러 광서제가 성인이 되자 직접 정치를 할 상황에 이르렀다. 광서제는 보수파의 견제를 뿌리치고 제도 개혁을 추구하는 캉유웨이 등의 변법파를 등용하여 1898년 정치 개혁을 시도했다. 이를 무술년에 있었다 하여 무술 개혁, 또는 개혁을 통해 스스로 국력을 강화하려 했다 하여 변법자강 운동이라 한다. 개혁은 정치·경제·교육·군사 등 여

● 공양학파
공양학파는 유교를 재해석하여 공자는 현상 유지의 보수주의자가 아니라 개혁주의자라고 주장했다. 즉 서양의 문물 제도를 받아들이는 것이 결코 유교의 근본 원리에 벗어나는 것이 아니라고 주장한 학파이다.

캉유웨이(왼쪽)
캉유웨이는 변법자강 운동의 주도자였다. 그는 단순히 서구의 과학 기술만 받아들이고자 했던 양무운동의 실패를 거울 삼아 청의 제도를 서구식으로 개혁하자는 주장을 펼쳤다.

서태후(오른쪽)
서태후는 청 말 함풍제의 후궁으로, 함풍제 사후 섭정을 하여 정치를 장악했다. 그녀는 기존 보수 세력의 중심인물이었고 개혁을 시도한 캉유웨이를 정변을 통해 쫓아내기도 했다.

러 방면에 걸쳐 진행되었는데 유럽을 모방한 제도 개혁이 내용의 골자였고 지향하는 바는 일본의 메이지 유신이었다.

그러나 정치적으로 볼 때 이 개혁의 움직임은 친정을 시작한 광서제가 자기 세력을 확대하기 위한 방법에 지나지 않았다. 따라서 개혁파를 지원한 세력은 광서제뿐이었다. 이 개혁은 소수의 지식인과 하급 관료를 중심으로 한 급진적 개혁이었기 때문에 민중과 동떨어져 있었다. 또 기존의 기득권 세력은 개혁파의 활동을 청 왕조의 새로운 시도라고 인식하지 않고 자신들에 대한 정치적 도전으로 받아들였다. 결국 서태후와 구세력의 무력 반란(무술정변●)으로 개혁은 100여 일 만에 막을 내리게 되었고, 청조는 또다시 서태후를 중심으로 한 구세력이 통치하게 되었다. 이는 청조 유지를 위한 마지막 노력을 폐기한 일이었다.

● 무술정변
무술정변이란 청나라 광서제가 채택한 변법자강책을 반대하던 서태후 등의 보수파가 광서제를 유폐한 사건을 말한다.

민중의 힘으로 서구 세력에 맞서다

문호 개방 이후 대규모로 유입되는 서구 열강의 값싼 공산품은 가내 수공업을 통해 생산된 중국의 수공 제품을 시장에서

무술戊戌년에 일어나서 '무술 개혁'이라고 하는 거야.

무술武術 개혁?

캉유웨이

사라지게 만들었다. 이는 중국 민중들의 생활을 파탄에 이르게 하여 그들을 노동자로 내몰았다. 노동자의 수가 늘어나자 임금이 줄어들었고 생활은 위협받게 되었다. 결국 위기에 봉착한 중국의 민중들은 강력한 반외세 투쟁을 전개할 수밖에 없었다. 이것이 바로 의화단 운동이다.

의화단은 무술을 익히면서 종교 활동을 하던 단체였는데 이들은 제국주의 침탈의 위기 속에서 조직을 확대하고 활동을 넓혀 갔다. 처음에는 농촌 지역에서 크리스트교 반대 운동과 제국주의 물자를 수송하는 철도를 파괴하는 활동 등을 전개했으나 제국주의 열강과 청조의 압력이 강해지자 오히려 전국적인 움직임으로 확대시켜 나갔다. 이 과정에서 의화단 운동은 외세를 중국으로부터 완전히 몰아낼 것을 주장하며 반외세 민족 운동을 강력히 진행했다. 그런데 이들의 순수한 반외세 운동은 당시 정치권자들에게 이용당했다. 보수파들은 청조를 유지하기 위해 서구 열강과 맞섰다. 이에 서구 열강은 무술정변으로

의화단의 항쟁

의화단은 중국의 전통을 통해 외세를 배격해야 한다는 민중 중심의 민족주의 운동을 펼쳤다. 그들은 중국의 전통 무술을 통해 서구 세력을 제압할 수 있다고 믿었다. 그러나 그들의 무술은 서구의 총과 대포에 무기력하기만 했다. 그림은 톈진에서 일본군과 싸우는 의화단의 모습이다.

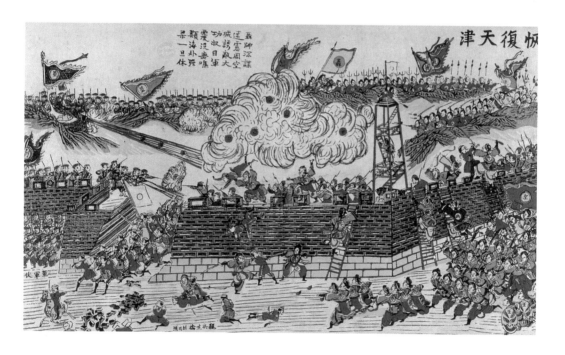

물러났던 광서제를 지지하여 서태후를 비롯한 보수파와
맞서게 했다. 이에 서태후와 보수파는 의화단을 베이징
으로 끌어들여 열강에 선전 포고를 하고 전쟁을 벌
였다.

외세의 힘이 너무 강…

의화단

　열강은 연합군을 조직하여 의화단과 대결하면서
살인·방화·강간 등 온갖 만행을 서슴지 않았다.
이는 중국인들을 자극하여 의화단 운동을 더욱 격렬
하게 하는 결과를 가져왔다. 하지만 일부의 무술가와
민중으로 구성된 의화단은 열강의 막강한 화력 앞에
무릎을 꿇을 수밖에 없었다.

　1901년 9월, 청은 의화단 항쟁을 마무리하기 위해 연합국과 신축 조
약을 체결했고, 이 조약에 따라 베이징에 외국 군대가 주둔하게 되었
다. 하지만 의화단 사건은 제국주의 열강에게 중국 민중의 강력한 저항
의식을 확인시켜 준 사건이었다. 이로 인해 제국주의 열강은 중국을 직
접 식민지로 삼아 통치하는 것은 불리하다는 생각을 갖게 되었다. 그리
하여 청 정부를 압박하여 개발과 관련된 이권을 차지하거나 영토의 일
부를 일정 기간 빌려 직접 지배하는 형식을 취했다.

혁명의 불길 속에서 중화민국이 탄생하다

20세기에 들어 입헌 군주제 수립은 세계적인 현상이었다. 동아시아에
서도 일본과 조선 모두 그 길을 가고 있었다. 중국 내에서도 입헌 군주
제에 대한 관심이 커져 갔다. 양무운동부터 변법자강 운동, 의화단 운
동으로 이어지는 근대화 및 반외세 운동이 계속 실패한 데다, 서구 열
강들과 치른 전투에서 번번이 무너지는 조정에 대한 불신까지 겹쳤기
때문이다.

　변화를 바라는 민중의 목소리는 지식인층을 중심으로 점점 높아졌

●삼민주의
민족주의·민권주의·민생주
의를 지칭하는 말로, 한족의
국가 건설, 인민 주권의 국가
건설, 경제 개혁을 통한 국민
생존권 보장 등의 내용을 담
고 있다.

고, 변법파들도 입지를 굳히며 조정을 압박했다. 보수 세력들도 이런 흐
름을 모르지 않았다. 결국 그들은 상황을 인지하고 청조 지배 체제를 유
지하기 위해 다시금 개혁을 추진했다. 이를 광서 신정(1901)이라 한다.

그러나 이 또한 기존의 지배 구조를 유지하기 위한 눈가림에 불과
했다. 당시 청나라의 지배 계급인 신사층은 개혁을 왜 해야 하는지,
누구를 위해 해야 하는지 몰랐다. 그저 자신들의 기득권이 계속 유지
되기만을 바랄 뿐이었다. 즉 여러 개혁 조처는 끓어오르는 여론을 잠
재우기 위한 임시방편이었을 뿐 실질적인 개혁이라 볼 수 없었다. 변
법파들을 조정에 중용하지도 않았고 그들의 개혁 요구 또한 받아들이
지 않았다. 이러한 실정은 중국 사회에 알려졌고 청조에
대한 중국인들의 미련은 완전히 사라지게 되었다.
결국 중국인들은 청조를 타도하고 새로운 정부를
구성해야 한다는 생각이 강해졌다. 혁명의 불꽃이
피어오르기 시작한 것이다.

청 말기 혁명론은 외국 유학생, 특히 일본
유학생 사회에서 먼저 일어나 크게 유행
했다. 그들은 1905년에 창립된 중국
동맹회를 중심으로 혁명 단체를
조직하여 혁명 의식을 고취하고
혁명 완수를 위한 준비를 했다.
중국 동맹회는 창립식에서 쑨
원을 총재로 추대하고 국호를
중화민국으로 결정했
으며 삼민주의●를 강령
으로 채택했다. 동맹회는
기존의 혁명 조직을 통합하여

쑨원
쑨원은 혁명의 아버지로 일컬
어지는 인물이다. 광둥 성에서
농민의 아들로 태어나 서구식
의학 교육을 받았다. 삼민주의
라는 혁명 의식을 바탕으로 중
국의 신해혁명을 이끌어 중화
민국을 탄생시켰다.

일사불란한 혁명 운동의 전개를 가능하게 했다. 동맹회는 회지인 〈민보〉를 통하여 삼민주의를 널리 알리고 청조 타도의 필요성을 제기했을 뿐만 아니라 각지에 회원을 비밀리에 파견하여 지식인·자본가·유지 등을 포섭했고, 국내에 혁명 사상을 보급하는 한편 군 내부에 혁명 분자를 침투시켜 혁명군을 양성했다.

1911년, 재정난에 빠진 청조는 철도 국유화를 구실로 외국 차관을 유치하려 했다. 이에 민족 자본가들이 앞장서 반대 운동을 전개하자 청조는 이를 진압하기 위해 군대를 동원했다. 그런데 이때 동원된 우

신해혁명의 전개
1911년, 청 조정은 국가 재정난을 해결하기 위해 철도 국유화를 발표했다. 이를 계기로 조정에 반대하던 세력들이 혁명을 일으켰다. 혁명은 순식간에 전국으로 파급되어 거의 모든 지역에서 호응하기에 이르렀고 쑨원은 중화민국을 수립(1912)했다.

청 멸망(1912)
·위안스카이 임시
대총통 취임(1913)

쑨원 임시 대총통
취임(1912)

우창 봉기(1911. 10)

쓰촨 봉기(1911. 9)

라오닝 성
베이징
허베이 성
산시 성 [山西]省
산둥 성
간쑤 성
산시 성 [陝西]省
허난 성
장쑤 성
난징
후베이 성
안후이 성
우창
쓰촨 성 청두
충칭
저장 성
후난 성
장시 성
구이저우 성
푸젠 성
윈난 성
광시 성
광둥 성
산터우

■ 혁명이 발생한 지역
■ 혁명에 호응한 지역
■ 청의 세력 지역
★ 주요 혁명 봉기지
(각 성은 현재의 행정 구역)

신해혁명,
중국 역사의
전환점이지….

쑨원

과거왕조   중화민국

신 해 혁 명

창의 주둔군이 오히려 우창을 점령하고 혁명군이 되었다. 이것이 1911년 10월 10일의 우창 봉기이며 신해년에 발발했기 때문에 신해혁명이라 한다.

우창 봉기는 즉시 각지에 전파되었고 도처에서 동맹회 당원들이 봉기하여 2개월이 채 못 되는 사이에 전국 대부분 지역이 혁명에 동참했다. 이 소식을 들은 쑨원은 귀국하여 난징에서 17개 성 대표들의 추대로 임시 대총통에 취임한 후 1912년 1월 1일 중화민국 임시 정부를 수립했다. 임시 정부는 난징을 수도로 정하고, 국호를 중화민국으로 하여 민주 공화정 체제를 수립했다.

02

일본의 근대 국가 성립과
제국주의화

19세기 후반, 일본 막부 역시 제국주의 열강의 침략에 굴복했다. 일본을 개항시킨 것은 미국이었다. 개항 후 일본은 막부 체제에 반대하는 세력이 천황을 정치에 복귀시켰다. 복귀한 메이지 천황은 서구식 제도 개혁과 산업화를 진행했다. 이에 성공한 일본은 서구 열강처럼 자본의 투자처와 상품의 시장을 확보하기 위해 팽창주의 정책을 추진했다. 일본은 조선을 식민지화하기로 결정하고 동아시아 지역의 전통 강국인 중국, 그리고 새로 세력을 확장하고 있던 러시아와 대결하기 시작했다.

서구 세계에 문을 열다

에도 시대의 막번 체제는 토지를 매개로 이루어진 주종 관계가 기본이었다. 또 막부와 다이묘, 그리고 사무라이 들은 농민을 지배하면서 그들의 생산물을 착취함으로써 재정을 확보하고 지배층으로서 생활할 수 있었다.

그런데 상품 화폐 경제가 발달할수록 농민이 농촌에서 이탈하여 상인이 되거나 도시로 이주하여 노동자가 되었기 때문에 무사 계급이 지배하는 농민의 수가 줄어들었다. 또한 재력을 갖게 된 상인이나 농촌 지역의 부농 들이 토지를 사들여 농민을 자신의 노동력으로 삼았기 때문에 그러한 현상은 시간이 갈수록 심해졌다.

무사 계급은 지배할 농민의 수가 줄어들자 경제적으로 어려움을 겪게 되었다. 이를 해결하기 위해 상인들에게 빚을 지게 되었는데 원금과 이자를 갚아야 하는 상황은 무사 계급의 경제 상황을 더욱 어렵게 만들었다. 결국 무사들은 농민들로부터 더 많은 세금을 거두어들이는 방법밖에 없었다. 그러나 이는 오히려 농민의 봉기를 초래하여 지방의 무사 계급은 농민과 토지에 대한 지배력을 완전히 상실하게 되었다. 그들의 몰락으로 막번 체제가 흔들렸다. 더군다나 이러한 상황에 대해 무사 계

일본의 개국
일본은 미국 제독 페리가 이끄는 미국 해군에 의해 미일 화친 조약을 맺고 개국했다.

급이 막부에 책임을 물으면서 도전했다는 것이 더 큰 문제였다.

　이런 정황 속에서 1853년, 미국의 동인도 함대 사령관 페리가 일본 우라가에 와서 개국을 요구했다. 이에 막부는 1년 후에 답하겠다는 약속을 한 후 돌려보내긴 했으나 고민은 깊어질 수밖에 없었다. 당시 막부 내부에서는 외교 정책의 결정을 두고 서구 세력을 물리쳐야 한다는 양이론과 서구와 관계를 맺어야 한다는 개국론이 대립하고 있었다. 그런데 동아시아 최강의 국가인 청이 서구 세력에 무너진 것을 목격한 막부는 자신들의 힘으로 서구의 침략을 막아 낼 수 없다는 것을 알고 있었다.

　1854년, 일본은 다시 찾아온 페리에게 항구 두 곳의 사용을 허가하는 내용의 미일 화친 조약을 체결했다. 이

문 열어 주면 안 잡아먹지~

페리 제독

세 보이는데…, 열어 주어야겠지?

절대 안 되무니다!

개국론　　　　　　　양이론

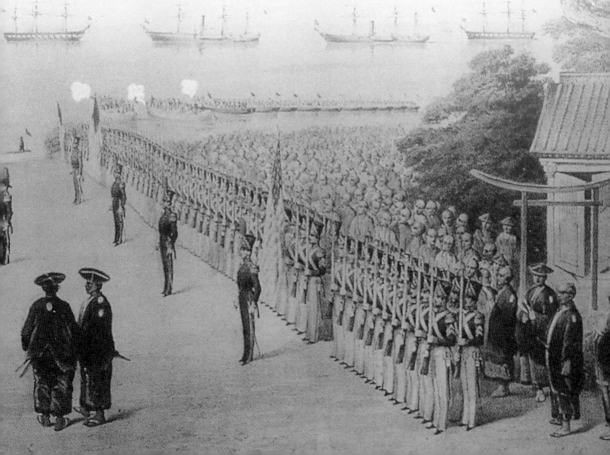

로써 일본은 개국을 선택하게 된다. 하지만 당시 미국은 중국으로 진출하기 위한 중간 기착지만 필요한 상황이었기 때문에 일본을 식민지로 삼으려는 노력은 하지 않았다. 반면 일본은 러시아·영국·프랑스·네덜란드와 차례로 조약을 맺으며 적극적인 개방을 통해 미국의 영향력을 낮추려 했다.

그러나 얼마 지나지 않아 미국은 일본에 대한 정책을 바꾸었다. 중국으로 진출하는 것이 쉽지 않음을 알게 된 미국은 일본을 자국의 시장으로 삼기 위하여 1858년 통상을 요구했다. 이에 막부는 천황과 다이묘들의 반대에도 불구하고 미일 수호 통상 조약을 체결했다. 이 조약으로 인해 일본은 수입품에 대하여 자유로이 관세를 결정할 수 없게 되었으며, 미국인들이 개항장에서 범죄를 저질러도 일본 법에 따라 재판을 할수 없게 되었다. 조약의 내용이 일본에게 절대적으로 불리한 것이었기 때문에 천황과 다이묘들은 이에 대해 강력히 비난했는데 막부는 개국에 반대하는 자들을 사형에 처하는 등의 강공책으로 엄하게 다스렸다. 이로 인해 막부에 대한 불만은 더욱 높아만 갔다.

천황이 돌아오다

막부를 물리치고 천황을 받들자!

일본은 개항 이후 미국을 비롯한 서구 열강과 교역을 시작하면서 공산품 원료를 대량으로 수출할 수밖에 없었는데 이 때문에 정작 국내 시장에서는 원료가 부족한 사태가 발생했다. 한두 품목의 가격 상승은 다른 제품에도 영향을 미쳐 물가는 급격히 상승했고, 물가의 상승은 농민과 중소 상공인을 몰락시켰다. 서민이 몰락하자 이들을 착취하여 살아가던 하급 무사들은 더욱 위기 상황에 빠졌다. 서민과 하급 무사들의 막부에 대한 불만을 이용해 천황가와 일부 다이묘들은 이들에게 막부를 무너뜨려야 한다고 선동했다. 이 세력들은 천황을 떠받들고 막부를 토벌한다고 하여 존왕파 또는 토막파라 불렸다.

토막파의 하부 조직은 군사를 일으켜 막부와 일전을 치를 태세를 갖추었지만, 토막파의 지도부와 막부의 지도부는 전면 전쟁을 피하고 싶어 했다. 그것은 당시 국제 상황이 일본에게 유리하지 않다는 것을 서로 인식하고 있었기 때문이다. 영국과 프랑스는 토막파와 막부 세력에게 각기 자금과 무기를 지원하면서 호시탐탐 자국의 이익을 확대하려 하고 있었다. 당시 일본의 양측 지도부는 서양의 열강이 아시아 국가들을 식민지화하려는 국제 상황을 파악하고 있었기 때문에 서로 전면 전쟁을 벌이면 일본을 서구 열강의 식민지로 만들 뿐이라는 생각을 하고 있었다.

결국 마지막 쇼군인 요시노부는 천황에게 정권의 반납을 선언했다. 1867년, 정권은 천황에게 다시 넘어갔으며 조정은 이를 받아들여 천황 중심 정치가 부활했음을 정식으로 공포했다.

근대적 개혁을 시도하다

토막파의 지원을 받으며 복귀한 메이지 천황의 당면 과제는 잔존하는 막부 세력을 완전히 제거하는 것과 개화 정책을 통한 서구화의 달성이었다. 이를 위해서는 봉건 체제의 완전한 청산과 서구 제도의 도입이 시급했다.

1868년, 메이지 천황은 개혁을 단행했다. 개혁의 내용은 막번 체제 일소, 중앙 집권적인 행정 제도 마련, 관료 체제의 정비, 사민평등● 선언, 부국강병책 추진, 조세 정책 개정, 교육 평등권 보장 및 근대 교육 실시 등이었다.

그러나 개혁의 진행 과정에서 효율성만이 강조되었지 도덕성이나 정당성은 고려되지 않았다. 메이지 천황은 개혁에 걸림돌이 되거나 반대

●사민평등
천황의 일족을 황족과 귀족, 다이묘를 화족, 무사를 사족, 농민·상인을 평민이라 개칭하고 이들 모두 신분적으로 평등함을 선언했다. 이로써 평민들도 성을 가지게 되었고 직업과 거주지를 자유롭게 선택할 수 있게 되었다.

하는 세력을 제거했고 모든 국민에게 개혁에 동참할 것을 강요했다. 메이지의 개혁은 여전히 전체주의적인 성격을 띠고 있었다.

그런데 서구의 근대 사상을 공부한 유학파와 국내의 지식인 계층은 이러한 비이성적 개혁 논리에 반대하는 자유 민권 운동을 전개했다. 그들은 국민의 권리를 보호하는 헌법을 만들고 의회를 개설할 것을 주장하며 근대식 정당을 만들어 활동을 확대해 나갔다. 그러자 메이지 천황은 헌법을 공포(1889)하고 다음 해에는 의회를 개설하여 자유 민권 운동을 수용했다. 이로써 일본은 입헌 군주정 체제를 구축하게 되었다. 하지만 국민의 권리를 인정하면서도 그것을 제한할 수 있는 법도 함께 존재했다. 그뿐만 아니라 천황 밑에 내각·재판소·의회를 두고 육해군을 천황에게 직속시킴으로써 여전히 천황의 절대 권력을 인정했고, 투표권도 세금 납부액이 일정 기준을 넘어서는 25세 이상의 남자에게만 부여했기 때문에 소수의 국민만이 투표할 수 있었다. 따라서 이때 만들어진 법은 민주주의에 근거한 것이라고 볼 수는 없다. 그러나 일본인들은 이 법의 불합리함을 이해하고 있지 못했다. 입헌 체제가 도입되는 초기였으니 당연한 일이었을 것이다.

제국주의의 길로 들어서다

메이지 천황이 개혁을 추진하는 과정에서도 에도 시대의 잔존 세력은 여전히 정계에 존재했다. 막부 타도 운동에 참여한 사쓰마 번과 조슈 번 출신의 세력가들은 파벌을 형성하여 정치를 좌우했다. 이들을 번벌 세력이라 하는데 이들은 무사 계급의 이익을 대변했다.

메이지 천황이 개혁을 추진하면서 가장 먼저 한 일은 하급 무사 계급이 자의적으로 행하던 평민 지배를 없애도록 한 것이었다. 이를 위해 하급 무사들로부터 칼을 거둬들였는데 하급 무사에게서 무기를 빼앗는다는 것은 그들의 직업, 주로 평민들을 위협하여 자신의 이익을 챙기던 일

제국주의의 의미
특정한 국가가 자본주의 발전에 따른 시장의 필요성 때문에 다른 나라를 침략하여 정치·경제적으로 지배하려는 충동이나 정책을 말한다. 매우 복잡하고 어려운 개념이기 때문에 여기서는 쉽게 팽창주의·식민주의라고 이해하면 좋을 듯하다.

을 잃게 하는 것이었다. 이로 인해 하급 무사들의 불만은 높아만 갔고 이들의 불만을 끌어안은 번벌 세력들은 조선을 정벌하자는 정한론을 제시하며 이 문제를 외부에서 해결하려고 했다. 그러나 이러한 주장은 국내 정치를 충실히 하여 구미 선진국과 같은 국가를 완성하는 것이 시급하다고 주장하는 온건파와 천황에 의해 거부되었다.

하지만 일본 정부가 조선을 침략할 의사가 없었던 것은 아니다. 단지 정한론을 주장하는 무사 세력을 제거하기 위해서 반대한 것뿐이다. 이미 일본은 조선을 침략하기 위해 조선의 내부 사정을 파악하고 있었다. 구미 열강이 아시아의 각국을 식민지화한 것은 근대화 과정에서 원료와 노동력을 공급받고 상품을 내다 팔 시장이 필요했기 때문이다. 이러한 구미 열강의 발전상을 보고 배운 일본 역시 자국의 발전을 위해서는 식민지의 필요성을 인식하고 있었다. 그래서 일본은 자신들이 경험한 것과 열강의 침략 과정에 대한 연구를 토대로, 1876년 조선에 개항을 요구하여 조일 수호 조규를 체결했다. 이 조약은 미국으로부터 배운 것을 그대로 조선에 적용한 것이다.

당시 조선은 청의 보호하에 있었기 때문에 일본은 조심스럽게 세력 확장을 시도했다. 이러한 가운데 1894년 발발한 청일 전쟁에서 일본이 승리함으로써 일본은 조선에 대한 지배권을 확보하고 청의 동북변 쪽 영토인 랴오둥 반도를 차지했다. 그러나 중국 동북 지방으로 진출을 모색하고 있던 러시아·독일·프랑스가 개입(3국 간섭[●])하여 일본의 세력이 대륙으로 확대되는 것을 막았다. 일본은 랴오둥 반도를 청에 반환할 수밖에 없었고 동아시아의 정치적 주도권도 러시아에 넘겨주게 되었다. 이제 일본은 러시아를 극복해야만 동아시아에서 군림할 수 있는 상황이 되었다. 게다가 청일 전쟁 후 일본의 횡포가 심각해지

●3국 간섭
1895년에 러시아·독일·프랑스 3국은 일본이 청일 전쟁의 결과로 얻은 랴오둥 반도를 청나라에 돌려주게 했다.

영일 동맹

1902년에 영국과 일본이 맺은 동맹 협약. 러시아의 동진을 견제하기 위한 것으로, 1905년에 공수 동맹으로 발전했으나 1921년에 워싱턴 회의에서 폐기되었다.

자, 조선 정부는 새로운 지원 세력으로 러시아를 선택했고 러시아 역시 동아시아로 진출하기 위해 조선 정부의 요구를 받아들였다. 결국 일본은 조선을 장악하기 위해서 러시아와 일전을 피할 수 없는 상황이 되었다.

1902년, 당시 일본은 러시아의 동진을 막으려 하던 영국과 동맹을 맺고 러시아를 견제해 주는 대가로 러일 전쟁에 대한 지원과 조선에 대한 지배권 인정을 약속받았다. 지원 세력을 확보한 일본은 1904년 러일 전쟁을 일으켰다. 러시아는 국내외적으로 매우 불안한 상태에서 혁명(제1차 러시아 혁명)까지 발생하여 대외 활동이 위축될 수밖에 없었다. 이런 상황에 힘입어 일본은 예상을 깨고 러일 전쟁에서 승리하게 되었고(1905), 그 결과 사할린의 일부와 남만주 철도 부설권을 차지했으며 조선에 대한 독점적 지배권을 확보했다. 결국 일본은 조선을 병탄하여 식민지로 삼았다(1910).

러일 전쟁의 분위기를 풍자한 그림
열강들이 지켜보는 가운데 덩치 큰 러시아와 왜소한 일본이 대결을 펼치고 있다. 하지만 러시아는 일본에게 패배하게 되고 승리한 일본은 열강의 대열에 끼어 아시아에서 그 입김을 확대해 나갔다.

급속한 산업화로 독점 자본이 출현하다

일본은 메이지 유신 이후 근대화 과정에서 무엇보다도 산업화가 가장 중요한 문제였다. 1890년경에는 방적업과 방직업 등에서 기계화가 진척되어 면사나 생사를 중국·조선·미국에 수출했다. 1901년에는 일본 최초의 제철소를 준공하여 중공업 발달의 기초를 마련하였으며 이외에도 선박·기계 등의 생산도 시작했다. 이러한 산업의 발달은 정부 차원의 지원을 통해서 이루어졌는데 이 과정에서 정부는 산업 발전에 집중한 나머지 농촌 경제는 돌보지 않았다. 이에 따라 농촌 사회에는 대토지 소유자들이 나타났고 농민들은 일정한 거처 없이 떠돌아다니거나 도시로 이주하여 노동자로 생활하게 되었다.

조선을 식민지화한 일본은 조선을 착취하면서 자국의 산업을 발전시켰고 이를 통해 일본의 자본주의는 날로 발전했다. 경제가 활성화되고 자본주의가 성장할수록 국가의 지원을 등에 업은 자본가는 재벌이 되었고, 그 재벌들은 금융·무역·운수·광산 등 산업 전 분야를 지배하는 독점 자본으로 성장했다. 이로써 공공의 이익보다 특정 자본가와 국가의 이윤을 극대화하기 위한 경제 활동을 더 중요하게 여기는 상황에 이

군마 현 제사 공장
메이지 유신을 이끌었던 신정부는 산업 진흥 정책을 추진했다. 서구 열강의 발전에 자극을 받아 회사와 공장 설립에 적극적이었다. 그림은 군마 현 도미오카에 있던 제사 공장의 모습이다.

르게 되었다.

일본은 독점 자본의 출현으로 국내적으로는 빈익빈 부익부 현상이 더 심해졌고 대외적으로는 독점 자본가들이 더욱더 이익을 확대 하려 했기 때문에 다른 국가에 대한 착취 또한 더 강화했다. 결국 건강한 지식인들과 소작인·노동자 같은 민중 세력은 이러한 문제를 해결하기 위해 사회주의에 눈을 돌리기도 했다.

03

서아시아 세계의
근대화 움직임

오스만 제국은 16세기 이래 아시아·아프리카·유럽에 걸친 대제국을 건설했으나 18세기 말 이후 서양 열강의 간섭과 침략에 시달리며 쇠퇴했다. 제국의 지배하에 놓여 있던 유럽과 아라비아의 각국이 독립을 시도하거나 독립해 나갔다. 오스만 제국은 이런 위기를 극복하려고 탄지마트 개혁, 미드하트 파샤의 개혁 정치, 청년 튀르크당의 무장 봉기 같은 과정을 거치며 서구식 개혁을 진행했다.

오스만 제국, 개혁을 시도했으나 쇠퇴를 막지는 못하다

16세기까지 오스만 제국은 유럽 세계에 대해 우월한 위치에 있었다. 그러나 17세기에 들어서는 유럽의 크리스트교 세력이 오스만 제국과 균형을 이룰 만큼 성장했는데도 오스만의 지도층은 여전히 크리스트교를 무시하며 유럽의 발전에 주의를 기울이지 않았다. 그러나 이러한 오스만 제국의 자만은 18세기에 여지없이 무너졌다.

프랑스

오스트리아

러시아

내가
동네북이냐!

18세기 후반에서 19세기 후반 오스만 제국은 러시아와 6차례에 걸쳐 전쟁을 치렀다. 특히 1768~1774년 사이에 있었던 러시아와의 1차 전쟁, 1787~1792년 사이에 있었던 러시아와의 2차 전쟁에서 오스만군은 참패를 당했다. 또한 실질적으로 지배하고 있던 이집트 역시 프랑스의 나폴레옹에게 빼앗겼다. 이로 인해 당시 오스만 제국의 지도층은 유럽의 우월성을 인정할 수밖에 없었고 그들의 과학 기술을 끌어들여 열세를 만회하려 했다.

오스만 제국은 다른 아시아의 여러 국가와 마찬가지로 사회 개혁에 대해서도 관심이 없었다. 오직 서구의 과학 문명과 군사 조직만 도입하면 모든 문제가 해결되리라 생각했다. 그러나 서구 과학 문명의 발달과 군사 조직은 시민을 중심으로 한 민주 사회에 기반을 두고 이루어진 것이다. 그래서 오스만 제국의 지배층이 유지해 온 봉건적 사회 체제 위에 서양의 물질 문명만 도입하는 표면적인 개혁은 근본적으로 성공할 수가 없었다. 그뿐만 아니라 서구식 개혁으로 피해를 입게 되는 세력, 특히 구식 군인들의 반발에 부딪히면서 개혁의 길은 더욱 험난해졌다.

오스만 제국은 위기를 극복할 준비를 하지 못한 채 19세기를 맞이했다. 19세기는 영국이나 프랑스 등과 같은 서유럽 국가들이 전 세계를 분할하여 식민지로 삼던 제국주의 시대였다. 아시아 각지에 식민지를 확보하기 위해 혈안이 되어 있던 제국주의 열강이 아시아로 진출하기 위한 교두보인 오스만 제국을 그냥 둘 리가 없었다. 영국·프랑스·러시아 등의 서구 열강들은 오스만 제국을 호시탐탐 노렸다. 게다가 오스만 제국 내에 민족주의 기운이 일어나 그리스와 세르비아 그리고 아라비아 세력이 오스만 제국에 도전하기 시작했다. 이는 오스만 제국의 약화를 가속화시키는 일이었으며 서구 열강에는 기회였다. 따라서 서구

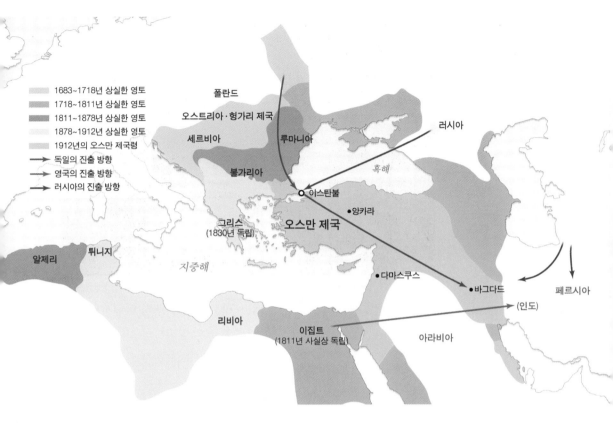

지도 범례:
- 1683~1718년 상실한 영토
- 1718~1811년 상실한 영토
- 1811~1878년 상실한 영토
- 1878~1912년 상실한 영토
- 1912년의 오스만 제국령
- → 독일의 진출 방향
- → 영국의 진출 방향
- → 러시아의 진출 방향

폴란드
오스트리아·헝가리 제국
세르비아
루마니아
러시아
불가리아
흑해
그리스 (1830년 독립)
오스만 제국
이스탄불
앙카라
알제리
튀니지
지중해
다마스쿠스
바그다드
페르시아
(인도)
리비아
이집트 (1811년 사실상 독립)
아라비아

열강은 오스만 제국 내에서 일어난 민족주의 운동을 적극 지원하여 제국을 해체시키려 했다. 그 결과 그리스는 독립했고, 세르비아는 자치를 얻었으며, 이집트를 중심으로 술탄에 반대하던 세력은 오스만 제국 내 아라비아 반도나 시리아 등으로 진출했다.

그런데 이집트를 중심으로 한 세력은 다른 세력과 그 성격이 사뭇 달랐다. 그리스나 세르비아는 제국으로부터 분리 독립하는 것이 목적이었지만, 이집트 세력은 독립뿐 아니라 이슬람 세계의 주도권까지 노리고 있었다. 당시 이집트는 오스만 제국보다 빠른 속도로 개혁을 진행하면서 세력을 확장했다. 그 과정에서 아라비아 반도와 시리아 지역은 물론 소아시아 반도까지 진출하기도 했다. 이는 오스만 제국의 발등에 떨

오스만 제국의 해체 과정
한때 동유럽과 북아프리카, 서아시아에 걸쳐 대제국을 형성했던 오스만 제국은 18세기 초부터 러시아와 오스트리아의 침략을 받으며 점차 쇠퇴해 갔다. 제국이 약해진 틈을 타 제국 내의 여러 민족들이 독립했으며, 영국과 러시아 그리고 독일 등 여러 나라의 침략을 받으며 더욱 약화되어 갔다.

탄지마트
오스만 제국에서 진행된 서구적 개혁을 말한다. 오스만 제국 역시 서구의 과학·군사 분야 등의 기술만 도입하려 했다. 하지만 이러한 움직임은 실패할 수밖에 없었다. 그래서 사회 전 분야에 걸친 개혁을 시도했으나, 보수파의 저항에 부딪혀야만 했다.

어진 불이었기에, 열강들이 자신을 노리고 있음을 뻔히 알면서도 러시아·영국·프로이센 등 유럽 강국에게 도움을 요청하여 이집트를 억제해야 했다. 이를 통해 이집트 세력을 견제할 수는 있었으나 유럽 강국들이 오스만 제국에 진출하는 것을 막을 수는 없었다.

계속되는 위기 속에서 오스만 제국의 지배층은 어쩔 수 없이 개혁을 선택해야 했다. 당시 개혁의 방안은 서구의 근대 문물을 적극적으로 받아들이는 것이었다. 결국 오스만 제국은 1839년부터 탄지마트라 부르는 개혁을 시작하여 1876년 헌법이 제정될 때까지 여러 영역에서 개혁을 진행했다. 개혁은 광범위한 법률 제정 및 군 조직의 대폭적인 개편, 그리고 교육 제도의 혁신, 중앙 집권적 행정 제도 수립 등의 내용으로 진행되었다. 이 개혁은 근대 사회의 기반인 군대·행정·법률·교육·우편 등의 분야로부터 시작하여 헌법 제정에까지 이르렀다. 1876년 헌법이 제정되고 양원제 국회와 입헌 군주국이 수립되면서 제도 개혁이라는 목표는 달성되었다. 하지만 제국의 지배자였던 술탄은 입헌 군주정을 받아들이기 쉽지 않았다.

입헌 체제가 불안한 가운데 오스만 제국 내 슬라브 계통의 사람들이 사는 지역에서 반란이 일어났고 이를 진압하는 과정에서 제국 내 국가들 사이에 전쟁이 발발했다. 유럽의 강국들은 때를 기다린 듯 이 전쟁에 개입하여 이권을 차지하려 했다. 전쟁이 끝나고 유럽 강국들은 오스만 제국에 여러 가지 무리한 요구들을 했는데 오스만 제국은 수용하지 않았다. 이것을 빌미로 러시아가 오스만 제국에 선전 포고를 하고 전쟁을 일으켰다. 이를 러시아·튀르크 전쟁(1877~1878)이라 한다. 전쟁은 러시아의 일방적 승리였다. 이 전쟁으로 오스만 제국 내 슬라브 민족이 많이 살던 국가들은 독립하거나 자치를 얻게 되었다.

정치적으로는 전쟁 패배의 책임이 개혁파에게 돌아갔다. 약 30여 년 동안 개혁을 진행했음에도 러시아에게 참패했기 때문에 그동안 참아 왔던 보수 세력들이 반기를 든 것이다. 술탄도 마찬가지였다. 보수파들의 지지를 얻은 술탄은 의회를 해산시켜 버렸다. 다시 술탄이 지배하는 시대로 회귀한 것이다.

술탄과 보수 세력의 반발로 개혁은 일시 중지되었다. 하지만 이미 개혁을 지지하는 세력이 많이 형성된 상황이었다. 특히 젊은 지식인과 청년 장교를 중심으로 근대적 개혁에 대한 열망은 시간이 흐를수록 확대되었다. 이들은 술탄제 폐지를 주장하며 조직을 만들어 활동하다가 술탄이 탄압하자 유럽으로 도피하여 그곳에서 혁명 운동을 확대했다. 이때 유럽 인들은 오스만 제국의 개혁을 위해 헌신하는 젊은이 모두를 청년 튀르크라 불렀다. 이들이 공식적으로 정당 활동을 시작한 것은 1908년이었다. 이후 청년 튀르크는 개혁 운동에 참여할 개인과 단체를 만들어 내는 일에 전력을 기울였다. 오스만 제국 곳곳에서 혁명 조직들이 등장했고, 그들을 하나로 묶어 내기 시작했다.

1908년, 오스만 제국은 다시 러시아와 발칸 반도에서 대립하게 되었다. 이전과 마찬가지로 술탄의 정부는 러시아에 적절하게 대응하지 못했다. 이에 청년 튀르크당 지도부가 입헌 군주정으로 복귀하고 헌법을 부활시킬 것을 요구했으나 술탄은 받아들이지 않았다. 결국 1908년 6월 12일 청년 튀르크당을 지지하는 군대가 반란을 일으켜 이스탄불로 향했다. 청년 튀르크당은 정권을 장악하고 헌법을 부활시켰다. 그리고 의회를 다시 만들고 의원 선거를 실시했다. 선거에서도 청년 튀르크당이 승리하여 정권을 장악하게 했다.

청년 튀르크당은 오스만 제국을 근대적 국가로 탈바꿈시켜 놓았지만 제1차 세계 대전에서 독일과 오스트리아 측에 가담하는 실수를 저질렀다. 그들은 발칸 반도를 회복하는 동시에 제국주의 국가들처럼 영토를 확대하고 싶은 욕망이 있었다. 즉 튀르크의 민족주의를 확대하고 싶었던 것이다. 하지만 독일·오스트리아·오스만을 포함한 동맹국 측은 패배했다. 결국 오스만 제국은 제1차 세계 대전을 끝으로 제국 내에 속해

청년 튀르크당의 혁명
1908년, 지식인들과 청년 장교들의 통일 진보 위원회가 튀르크의 재건과 미드하트 헌법의 부활을 주장하면서 봉기하여 정권을 장악했다.

있던 여러 민족들을 모두 독립시켜 주어야 했다. 이 시기에 오스만 제국은 이스탄불을 제외한 유럽 영토를 모두 상실했으며, 서아시아 지역에서도 튀르크 인들이 사는 지역만 간신히 지킬 수 있었다. 더불어 입헌 군주제도 폐지되어 1923년에 케말 파샤의 주도하에 터키 공화국이 되었다.

아라비아 민족주의가 나타나다

튀르크 족의 셀주크 왕조가 수립된 이래 오스만 제국에 이르기까지 아라비아 인들은 튀르크 족의 지배를 받아야 했다. 18세기부터 아라비아 인들 사이에 오스만 제국의 지배가 이슬람교의 순수함을 변질시켰다는 주장이 강하게 등장했다. 이슬람교의 순수함을 되찾기 위한 노력을 해야 한다는 운동이 아라비아 반도를 중심으로 전개되었는데, 이를 와하브 운동이라 한다. 19세기 들어 그들의 주장은 아라비아 민족의 단결을 촉구하는 아라비아 민족주의 운동으로 전개되어 종교 운동 성격에 정치 운동의 성격까지 포함하게 되었다.

1810년대, 이집트의 반란 세력이 시리아까지 세력을 확대하는 과정에서 와하브 운동은 위축되었다. 1830년대에 사우드가家에 의해 와하브 운동은 부활되어 왕국을 건설하기도 했으나 오스만 제국의 탄압을 받아 다시 약화되었다. 1902년, 이븐사우드가 와하브 운동을 재건하여 아라비아 반도에서 세력을 확장했다. 이를 통해 오스만 제국의 지배로부터 벗어날 수 있었다. 하지만 영국·프랑스 등의 서구 열강은 이 지역에 새로운 지배국으로 자리 잡았다. 서구 열강에 필요한 자원이 풍부했기 때문이다. 아라비아 지역은 다시 영국의 지배에 놓이게 되었으나 아라비아 민족주의 운동인 와하브 운동은 계속되었다. 1927년에는 영국으로부터 벗어나 독립국이 되었고, 1932년에 국명을 사우디아라비아 왕국으로 바꾸어 지금에 이르고 있다.

이와 같은 아라비아 지역의 민족주의 운동은 오늘날 이라크·시리아 등이 있는 비옥한 초승달 지역에도 영향을 끼쳤다. 아라비아 민족주의의 성장은 오스만 제국의 분열과 붕괴를 가속화시켰다. 특히 제1차 세계 대전 과정에서 연합국을 지원하여, 아라비아 족을 중심으로 한 국가 건설을 약속받아 전후 아라비아 반도와 비옥한 초승달 지역에 아라비아 족의 국가들이 탄생했다. 아라비아 반도 지역의 민족 국가들은 탄생 과정에서 서구 세력의 도움을 많이 받았다. 이로 인해 이 지역의 국가들은 친서방적 성향을 띠게 되었다.

04

인도의 근대화와 민족 운동

17세기 말부터 세력이 약화된 무굴 제국은 영국과 프랑스의 침략을 받으며 더 미약해졌다. 인도를 놓고 벌인 영국과 프랑스의 경쟁에서 영국이 승리한 후 인도는 영국의 지배하에 놓였다. 이에 인도인들은 세포이 항쟁을 통해 영국에 저항했으나 식민지로 전락하는 것을 막을 수는 없었다. 영국의 식민지가 된 후 인도인들은 근대화 운동과 민족 운동을 전개했다.

서구 제국주의의 그림자가 인도에 드리우다

19세기는 제국주의 국가들이 주도하던 시대였다. 제국주의 국가들은 자본주의의 발달 과정에서 형성된 막대한 자본을 가지고 있었다. 그들은 자국 시장에 이 자본을 투자하여 산업을 더욱 발전시키려 했지만 이미 더 이상 투자할 곳이 없는 포화 상태였다. 그래서 자본을 보다 안정적으로 투자할 수 있는 새로운 시장이 필요했다. 이를 해결하기 위해 국가의 군사력이 독점 자본과 손을 잡고 식민지를 건설했다. 그들의 목표는 중국이라는 거대한 시장이었고 그에 도착하기 위해 중간 기착지가 필요했다. 그곳 역시도 시장으로서 충분히 활용될 수 있는 곳이어야 했다. 제국주의 국가의 입맛에 딱 맞는 곳이 바로 인도였다.

마침 이 시기에 인도의 무굴 제국은 힌두·이슬람 간의 대립과, 각 지역 간의 갈등이 겹쳐 혼란한 때였다. 서구 제국주의 국가들은 이 틈을 놓치지 않고 인도에 침략하여 이권을 챙겨 갔다. 그중 대표적인 나라가 영국과 프랑스였는데 영국은 프랑스와 플라시에서 전투를 벌여 승리함으로써 인도에 대한 독점적 지배권을 가지게 되었다.

처음 영국은 인도 침략에 대한 욕심을 겉으로 드러내지 않기 위해 동인도 회사를 통한 간접 지배를 시도했다. 동인도 회사는 영국의 자본가들이 출자하고 정부가 군사적 후원을 하던 회사였다. 그런데 인도의 막

동인도 회사
유럽 각국이 인도 및 동남아시아와 무역하기 위하여 동인도에 세운 무역 독점 회사. 이 그림은 당시 영국 런던에 있던 동인도 회사 본사와 주변의 풍경을 모사한 것이다.

대한 시장성을 확인한 영국 정부는 인도를 직접 지배하는 방향으로 정책을 바꾸었다. 정책의 변화는 인도인들의 불만을 불러일으켰으나 오히려 영국은 이러한 인도인들의 반발로 발생한 충돌을 명분 삼아 인도를 식민지로 만들었다.

영국이 인도를 식민지로 만들 수 있었던 것은 영국의 강력한 무력 때문이기도 하지만 인도의 내부 분열 역시 무시 못 할 원인이었다. 무굴 제국이 쇠퇴하자 각 지방 정권들은 영국의 군사 지원을 이용하여 경쟁에서 승리하려 했다. 이는 영국이 인도를 보다 손쉽게 지배할 수 있게 해 주었고 인도의 지배를 장기화하는 방법으로도 사용되었다.

반영 운동이 인도의 식민지화를 막지 못했다

19세기 영국은 제국주의 국가들 중 가장 선두에 있었다. 영국은 인도 진출 초기에 막대한 자본과 기술력을 앞세워 경제적으로 침략을 시도했다. 인도는 영국의 자본과 군사력을 막아 낼 능력이 없었다. 결국 경제 운영권을 영국에 넘겨주어야 했다. 이에 따라 인도 시장에서 영국 공산품이 활개를 치며 인도의 산업이 무너지는 결과를 가져왔다.

영국과 동인도 회사는 더 많은 수익을 올리기 위해 상품만 파는 것에 그치지 않고 자본을 투자했다. 인도에서 상품을 직접 생산하기 위해 공장을 세웠고, 상품을 인도 전역으로 실어 나르기 위해 철도를 건설하고 철도 회사를 운영했다. 그런데 철도는 국가의 기간 시설이기 때문에 인도 정부가 건설해야 했다. 하지만 인도 정부는 철도를 건설하는 데 필요한 재정과 기술이 없었기에 영국으로부터 자본과 기술을 빌려야 했다. 국가와 국가 사이에 자본을 빌려 주는 행위나 그 자본을 차관이라 하는데 인도는 영국으로부터 차관을 빌려 철도를 건설한 것이다. 인도는 차관을 통해 철도 건설을 위한 재정은 마련했지만 철도를 건설하고 철도 회사를 운영할 능력은 없었다. 당시 서구 세력들은 인도에서 이권을 차지하고 싶어 했는데 철도 부설권은 막대한 이익이 나는 사업이었다. 영국이 이를 차지한 것은 당연한 일이었다.

이와 같은 일이 진행될수록 영국은 인도 정치에 더 많이 간섭하기 시작했다. 영국 정부는 좀 더 편리하게 통치하기 위하여 인도의 정치와 행정을 개편할 필요성을 느꼈다. 여기에 드는 비용은 인도인에게 무거운 세금을 매김으로써 해결하려 했고, 반대하는 세력이 등장하지 못하도록 인도인들의 정계 진출을 막았다. 그뿐만 아니라 인도인들의 분열을 부추기고 영국의 협력자로 만들기 위해 소수 인도인들을 교육시켜 영국의 이익을 위해 활동하도록 했다.

델리 공방전
영국에 맞선 세포이들이 델리를 점령한 후 봉기는 더욱 빠르게 확산되었다. 영국군은 다른 지역에 투입되었던 병력을 이동하느라 초기 대응이 늦었다. 더구나 세포이들의 강력한 저항에 부딪혀 델리를 탈환하는 데 많은 시간이 걸렸다. 이후 영국군은 곳곳에서 세포이들을 학살했다.

기차 여행을 하는 영국인과 인도인 하인
인도 내륙을 지나기 위해서는 기차를 이용할 수밖에 없었는데, 영국인들은 책을 읽거나 담배를 피우며 한가로운 시간을 보내고 인도인들은 그들의 뒤치다꺼리를 해야 했다. 이 그림은 단순히 기차 내 모습이 아니라 인도 사회의 전반적인 모습을 풍자한 것이다.

이러한 상황에서 인도인들은 영국에 거세게 저항했다. 최초의 반영 운동은 1857~1859년 사이에 일어난 세포이 항쟁이었다. 세포이는 영국의 동인도 회사가 인도에서 자신들과 영국의 자본을 지키기 위해 보유하고 있던 군대에 고용한 인도인 병사를 가리키는 말이다. 영국이 인도에 대한 지배를 강화하고 지배 영역을 확장하려는 욕심을 드러내자, 이에 반대하는 여러 지방 정권들이 들고일어났는데 동인도 회사의 차별 대우에 불만을 품고 있던 세포이들이 가담하면서 봉기는 더욱 확대되었다. 그러나 이 항쟁 역시 참여 세력들의 이해관계가 서로 엇갈렸기 때문에 내부 분열로 실패했다.

이를 계기로 영국은 인도에 대한 식민 통치를 강화했다. 반란의 책임을 무굴 제국 정부에 물어 황제를 폐위시키고 인도를 영국의 직할지로 삼았을 뿐만 아니라, 1877년에는 영국 왕인 빅토리아가 인도 여제의 칭호도 겸했다. 영국은 인도를

철도도 놔 주고, 돈도 빌려 줄게.

누어 좋고 매부 좋은 거야~

동인도회사

세포이 항쟁의 지도자 락슈미 바이(왼쪽)
인도의 작은 지방 정권의 여왕이었던 락슈미 바이는 세포이 항쟁 초기에 지도자로 활약했다.

세포이 항쟁 기록화(오른쪽)
영국인의 인종 차별과 식민지 지배에 대한 인도인들의 반영 감정이 세포이 항쟁을 통해 터져 나왔다. 이 항쟁은 계급과 직업, 종교를 넘어 거국적인 민족 운동으로 발전했다.

중심으로 인도와 이웃한 아프가니스탄·네팔·미얀마 등의 나라를 식민지로 편입시켰다.

민족 운동이 들불처럼 일어나다

인도가 영국의 식민지가 된 후 19세기 말에 이르러 인도의 민족 운동은 점점 대중에게로 퍼져 나갔다. 당시 인도인들은 영국 지배에서 벗어나는 길은 인도가 근대화되는 것이라 생각했기 때문에 민족 운동은 근대화 운동으로 나타났다. 이는 다른 아시아 각국에서 진행된 내용과 거의 같았다. 대표적인 것이 브라흐마 사마지 운동이었다. 이 운동은 처음에는 힌두교를 혁신하자는 종교 개혁 운동이었지만 종교를 개혁하기 위해서는 생활 방식도 바꾸어야 했기 때문에 나중에는 사회 개혁 운동으로 그 성격이 확대되었다. 특히 창설자 로이 외에도 타고르 같은 신지식인층은 전통적인 악습을 폐지하는 활동뿐만 아니라 이성과 인권을

중요하게 여기는 서구의 근대적 사상을 보급했다.

이렇게 민족 운동이 대중적으로 확산되고 새로운 의식을 가진 민족
주의자들이 늘어나자, 영국은 이를 무력화시키기 위해 인도인 자치 기
구인 인도 국민 회의를 마련했다(1885). 인도 국민 회의는 인도인의 대
표자가 모여 회의를 하고 의결하는 의회적 성격을 띤 조직이었지만 이
들의 결정은 영국 식민 정부에 아무런 영향을 미치지 못했다.

그러나 20세기에 들어 인도 내에서 민족주의가 확산되고, 민족주의
운동이 거세지자 인도 국민 회의는 반영 운동의 중심으로 성장하게
되었다. 인도 국민 회의가 반영 운동의 중심에 서게 된 것은 1905년
벵골 분할령 때문이었다. 벵골 주는 인도에서 큰 비중을 차지하고 있
는 주였고 인구도 많았다. 게다가 힌두교도들은 서벵골 지역에서 반
영 운동을 강력히 진행하고 있었다. 따라서 당시 인도의 총독은 벵골
을 무슬림이 많은 동쪽과 힌두교도가 많은 서쪽으로 나누어 서벵골을

인도 국민 회의
반영 운동을 약화시키기 위해
영국이 만든 조직이다. 초기에
는 영국의 통치에 협력하는 성
격을 띠었으나 벵골 분할령 이
후 인도인의 민족의식이 커지
면서 반영 운동의 중심지가 되
었다. 사진은 1885년 국민 회
의 창립 대회에 모인 각 지역
대표들의 모습이다.

벵골 분할령
벵골은 영국이 지배하던 지역이
었다. 하지만 민족의식이 높아
반영 운동도 활발했다. 그래서
영국은 힌두교도가 많은 서벵골
과 이슬람교도가 많은 동벵골을
분리하여 반영 운동 및 독립 운
동을 약화시키려 했다.

티베트

네팔   부탄

갠지스 강

서벵골(힌두교)   미얀마

동벵골(이슬람교)

콜카타

벵골 만

분할 전의 벵골 주
동벵골과 서벵골의 분할선

다른 주에 편입시키려 했다. 여기에는 서벵골 출신의 의원을 줄이고,
동벵골 무슬림의 협력을 얻음으로써 반영 운동을 약화시키려는 의도
가 숨어 있었다.

하지만 이러한 정책은 인도를 분열시키려는 책동에 불과했다. 인도
인들은 이 법령을 통해 영국이 벵골을 동서로 나누어 종교적 대립을
조장하고 그를 통해 민족주의 정서가 강한 벵골 주민을 분열시키려는
의도를 잘 알고 있었다. 이에 인도 국민 회의는 벵골 분할령에 반대하
고 식민 정부에 강력하게 항의했지만 벵골 분할령은 끝내 공포되고 말
았다.

인도 국민 회의는 이와 같은 조치에 국민적 저항을 결의하고 스와데시(국산품 애용) 운동과 보이콧(외국 상품 배척) 운동, 국민 교육 운동, 스와라지(자치) 운동 등을 실천 강령으로 채택했다. 이를 통해 인도인의 민족 운동은 크게 확대되었고, 영국은 한 발 물러설 수밖에 없었다. 결국 인도는 뱅골 분할령을 폐기시키고, 형식적이긴 했지만 자치권을 획득했다.

현대 아시아의 과제

01

중국의 근대화 운동과
중화 인민 공화국의 성립

20세기 들어 중국은 정치적 변화가 급격히 진행되었다. 전통 왕조인 청나라가 붕괴되고 공화국인 중화민국이 수립되었다. 하지만 군벌 세력에 의해 분열을 겪기도 했다. 중화민국을 이끌어 나가던 세력은 국민당이었지만 1921년에 공산당이 등장하여 국민당을 넘어서는 세력으로 성장하기 시작했다. 국민당과 공산당은 손을 잡고 군벌들을 제압하고 제국주의 일본에 맞서기도 했으나 두 당 사이의 정치적 갈등은 내란으로 이어졌고 마침내 공산당이 승리하여 중국은 중화 인민 공화국의 시대를 열었다.

군벌의 힘에 흔들리다

신해혁명이 발생할 즈음 청의 상황은 매우 좋지 못했다. 1908년 광서제와 서태후가 하루 차이를 두고 사망하고 광서제의 나이 어린 조카 푸이가 선통제로 즉위했다. 이 권력 교체기의 혼란 속에 그나마 있던 개혁 세력과 능력 있던 신하들은 정계에서 쫓겨나거나 사망했다. 청조는

위안스카이
위안스카이는 북양 군벌의 우
두머리로 쑨원으로부터 총통
자리를 빼앗았다. 그러나 총통
에 오른 후에는 황제에 즉위하
려다 실패했다.

무능하고 탐욕스러운 신하들로 들끓게 되었고 부정부패가 심각한 상황
이 더욱 심화되었다. 당시 청조가 태평천국 운동 때 신사층에게 향용이
라는 군사력을 갖게 하자 중국의 북변에 있던 세력가들은 청조로부터
독립하려는 경향을 가지게 되었다. 거대한 지배 영역을 가지고 있으면
서 군사력을 보유한 세력이 19세기 말에 다시 부활하게 되는데 이들을
군벌이라 한다. 당시 청조는 신해혁명을 진압할 군사력을 가지고 있지
못해서 군벌에게 도움을 요청해야 하는 상황이었다. 그런 군벌의 대표
적인 인물이 위안스카이였다.

반면 중화민국의 난징 정부는 혁명 세력이 갑자기 늘어나면서 혁명 중
심 세력과 군대 사이에 소통이 잘되지 않았고 혁명에 대해서도 의견이
달라 내부에 갈등이 생겼다. 또 차관 도입에 실패함으로써 재정이 부족
했고 열강들도 난징 정부를 인정하지 않았다. 이런 상황에서 위안스카이
의 압박은 난징 정부에 매우 부담스러운 일이었다. 난징 정부의 쑨원은
어쩔 수 없이 위안스카이와 협상을 하여 청 황제 퇴위, 공화제 실시, 난
징 천도, 위안스카이 총통 추대 등을 내용으로 한 밀약을 체결했다.

푸이

이제 새로운 시대~

위안 스카이

쑨원

…라기보다는 나의 시대가 온 거지.

일단은 양보…

밀약대로 위안스카이는 청 황제를 퇴위시키고 공화국을 선포하면서 쑨원으로부터 총통의 자리를 넘겨받았다. 이로써 청조는 문을 닫았고 중국은 위안스카이를 총통으로 하는 공화국이 되었다. 그러나 원래 봉건지주층이었던 데다가 군벌의 대표자였던 위안스카이는 근본적으로 민주화에는 관심이 없었다. 그는 쑨원과의 약속은 지키지 않은 채 오직 독재 권력을 확립하기 위해 노력했다.

이런 상황에서도 중화민국은 헌법을 제정하고 그에 따라 정치를 실시했고 정당들이 등장했다. 중국 동맹회 출신 사람들은 쑨원을 중심으로 국민당을 결성했다. 국민당은 선거에서 크게 승리하여 의회를 장악했다. 사실 신해혁명 세력은 선거에서 무난하게 승리할 것을 확신하고 있었기 때문에 위안스카이와 밀약을 할 수 있었던 것이다. 이 상황에서 위안스카이는 온갖 방법을 동원해 국민당을 와해시키려 했다. 그뿐만 아니라 국회의 반대를 무시하고 비밀리에 열강으로부터 거액의 차관을 도입하여 재정을 마련했다. 위안스카이는 국민당을 해산시키고 독재 체제를 확립한 후 황제 체제를 복원하여 황제에 즉위하기 위해 이와 같이 행동을 했다.

그러나 위안스카이의 제정 체제 복원 노력은 저항에 부딪히게 되는데, 쑨원을 중심으로 모인 혁명 세력들은 곳곳에서 위안스카이를 타도하기 위한 무력 봉기를 일으켰다. 또 위안스카이 진영 내부에서도 그에게 반대하는 세력이 나타나 위안스카이는 결국 제정 체제를 포기하고 혁명파와 타협을 시도하다가 병사했다. 그런데 위안스카이가 사망하자 이제는 오히려 각 지역에서 군벌들이 난립하는 상황으로 이어졌다.

군벌들에게 민족과 민중은 보이지 않았다

위안스카이의 사망은 그동안 그의 휘하에 있던 군벌들이 독립하는 계기가 되었다. 주로 중국의 북변에 위치한 군벌들은 봉건 관료·신사·봉건지주·자본가 등을 대표하는 세력이어서 민족과 민중을 생각하기보다는 자신의 권력과 이익에만 관심을 두었다. 군벌들은 남쪽 혁명 세력과 대치하고 있는 상황 속에서도 패권을 장악하기 위해 끊임없이 경쟁하고 있었다. 이들은 경쟁에서 살아남기 위해 제국주의 열강으로부터 많은 차관과 무기를 도입해야 했다. 따라서 군벌들의 외세 의존도는 나날이 높아 갈 수밖에 없었다. 또한 열강들의 지원을 얻기 위해서 자신들이 지배하는 영역에 있는 자원 개발권과 사용권 등을 넘겨주었다.

군벌은 전근대적 지배층으로서 자신들의 기득권을 유지 또는 확대하기 위한 활동을 했다. 이 시기 국민당은 민주화와 근대화를 이루기 위해서 중국 북변의 군벌을 반드시 타도해야 했다. 이들을 중국 사회에서 제거하는 일은 봉건 잔재를 없애는 일이었고, 그 주체가 중화민국의 국민들이었기에 이를 국민 혁명이라 하는데, 이것이 20세기 초 중국의 과제였다.

근대적 사고의 씨가 뿌려지다

1910년대 초, 위안스카이와 같은 세력들이 등장하여 과거로 돌아가고자 하는 복고의 바람이 불 때 중국 사회 밑바닥에서는 조용히 새로운 역사의 흐름이 진행되고 있었다. 그것은 바로 신문화 운동이다. 신문화 운동은 천두슈가 1915년에 《신청년》을 창간하고, 루쉰·리다자오·후스 등이 주도적 위치를 맡으면서 시작되었다. 《신청년》은 봉건 사회의 정신적 기반이었던 유교의 윤리와 사상을 철저히 비판하고 대가족 제도를 부정했으며 여성 해방 등을 주장했다. 또한 허세를 버리고 실용적으로 학문에 접근하여 지식을 보다 쉽게 전달하고자 말과 글을 일치시킨 백화 운동을 전개했다. 썩은 구사상을 버리고 신사고로 자각된 청년, 즉 새로운 청년만이 나라를 구할 수 있다고 역설했다.

처음에 신문화 운동은 비정치적 성향을 보였지만 그 활동 영역이 넓어지는 과정에서 러시아 혁명이나 조선의 3·1 운동 등과 같은 세계적 사건의 영향을 받았다. 신문화 운동은 베이징 대학을 중심으로 그 활동 영역을 넓혀 갔다. 특히 이 시기에는 미국·일본·유럽 등으로 유학을 갔다 돌아온 지식인들이 서구의 민주주의 사상과 과학 및 학문을 소개함으로써 운동의 내용이 더욱 알차졌다.

이러한 변화 때문에 민중은 제국주의 열강과 그들의 앞잡이가 되어 있는 군벌에 대해 분노와 증오를 품게 되었다. 결국 중국의 신문화 운동은 중국 민중에게 봉건 체제를 타파하고 근대적 사회를 건설하고자 하는 욕구를 가져다주었고, 이것이 현실에서는 국민 혁명으로 이어지게 되었다.

혁명의 분위기가 무르익다

제1차 세계 대전이 발발하자 일본은 독일에 선전 포고를 하고 전쟁에 참여했다. 일본은 독일이 가진 중국 내 이권을 차지하고자 했다. 이를 위해 일본은 전쟁 중에도 영국·프랑스·이탈리아 등의 나라들과 은밀히 교섭을 하여 이권에 대한 인정을 받았다. 그래서 일본은 당시 위안스카이가 주도하고 있었던 베이징 정부에 독일이 차지하고 있던 산둥 반도와 기타 이권을 넘겨야 한다는 21개 조항을 요구했다. 위안스카이는 제정 부활에 일본이 협조해 줄 것을 조건으로 이를 인정했다. 하지만 전쟁이 끝나기 전에 위안스카이는 사망했다.

전쟁 말기에 연합국의 요청으로 중국도 제1차 세계 대전에 참전하게

대중국 21개조 요구
일본의 요구 내용은 산둥 성의 독일 이권을 일본이 계승하게 해 줄 것, 뤼순·다롄의 조차 기한과 남만주 철도의 조차 기한을 연장해 줄 것, 일본과 중국의 합작 회사를 설립할 것, 중국 정부에 일본인 고문을 채용할 것 등이었다. 일본은 군사력을 앞세워 압박했고, 중국은 이를 수락할 수밖에 없었다.

되었다. 전쟁은 영국·프랑스·러시아가 중심이 된 나라들이 승리했고, 1919년 파리에서 강화 회의가 열렸다. 여기에 중국도 전승국으로 참석했다. 중국은 당시 미국 대통령 윌슨이 제시한 14개조 원칙에 희망을 걸며 주권을 회복하기 위해 일본의 21개조 요구의 무효를 포함한 5개 조항을 제시했지만 이 요구는 이미 일본과 밀약을 맺은 강대국에 의해 묵살되고 오히려 일본의 요구가 받아들여졌다.

이 굴욕적인 소식이 알려지자 베이징 시민들의 분노는 이루 말할 수 없었다. 이러한 분위기를 한데 모은 것은 신문화 운동의 중심지였던 베이징 대학의 학생들이었다. 베이징 대학의 학생들은 5월 4일 천안문 광장에 모여 반일 운동을 시작했다. 그리고 '21개조를 취소하라.', '매국노를 처벌하라.' 등의 깃발을 들고 시위 행진을 했다. 그러자 친일 관료들이 이 대열을 기습하여 학생들을 체포하고 시위를 무력 진압했다. 이에 격분한 학생들은 더욱 강하게 반일 투쟁을 전개했다. 6월 3일 베이징 학생 연합회가 전국의 시민·학생·노동자에게 공동 투쟁을 호소

5·4 운동
1919년 5월 4일, 일본의 무리한 요구에 반발한 중국 학생들이 일으킨 항일 운동을 5·4 운동이라고 한다. 반제국주의·반봉건주의 성격을 띠었으며 중국 신민주주의 혁명의 출발점으로 평가받는다.

하자 투쟁의 열기는 순식간에 전국 각지로 퍼져 동맹 휴학·철시·일본 상품 불매 운동이 전개되었다. 5·4 운동은 1년여 이상 전국적으로 진행되었다.

5·4 운동은 중국사에서 획기적인 사건이었다. 소수에 의한 과격한 혁명 운동이 아니라 지식인과 학생은 물론 일반 시민·상인·노동자 들의 자발적 참여로 추진된 비폭력 민중 운동이었으며 이후 전개되는 민중 혁명의 출발점이 되기도 했다. 5·4 운동은 전개 과정에서 초기의 반일 운동에서 벗어나, 제국주의 열강을 몰아내 국권을 회복하고 열강의 앞잡이인 군벌을 타도할 것을 목적으로 한 반봉건·반군벌·반제국주의 운동으로 확산되었다.

새로운 혁명의 구심점이 등장하다

1917년 11월, 러시아에서는 레닌이 이끄는 볼셰비키 혁명을 통해 세계 최초로 노동자·농민의 정권이 세워졌다. 이것이 바로 러시아 혁명이다. 새로운 노동자·농민 정권은 대내적으로는 사회주의 개혁에 들어갔고, 대외적으로는 민족 자결의 원칙에 입각하여 러시아의 영향력 아래 있던 민족과 국가의 완전한 독립을 인정하고 전쟁 중인 국가와는 전쟁 중단을 선언했다. 이것은 획기적인 사건이었다. 제국주의 시대인 이 시절 열강은 각기 자국의 영토를 늘리기 위해 혈안이 되어 있는 상태였는데, 러시아의 노동자·농민 정권은 이에 반대되는 입장을 밝혔던 것이다.

그뿐만 아니라 1919년 3월, 모스크바에 공산주의 국제단체인 코민테른*을 창설하고 세계 각국의 사회주의 및 공산당 세력에게 자신의 나라에서 그들의 역량을 확대할 수 있도록 지원했다. 특히 코민테른은 식민지 각국의 반제국주의 투쟁 및 독립 운동을 적극적으로 지원했다.

● **코민테른Comintern**
국제 공산주의자 회의Communist International의 약자로 제3 공산주의 인터내셔널부터를 코민테른이라 부른다. 1차와 2차 공산주의 인터내셔널은 유럽에서 진행되었으나 내부 문제와 제1차 세계 대전으로 소멸되었다. 러시아 혁명 이후 1919년 러시아에 중심을 두고 사회주의의 파급 및 확대를 목적으로 결성된 단체이다.

한편 농민·노동자가 절대 다수였던 아시아의 식민지국들에게
농민·노동자 중심의 국가를 건설하자는 주장은 획기적인
사상으로 다가왔다. 그 때문에 코민테른은 아시아 각국에서
진보적 지식인과 농민·노동자 사이에 크게 주목받았으며
독립 운동에 영향을 끼치기도 했다.

머지않아 중국 인민이 폭풍우처럼 일어나리라!

마오쩌둥

그것은 중국에서도 마찬가지였다. 1920년, 코민테른은
보이딘스키를 중국에 파견해 공산당 조직을 만들게 했다.
이때 호응한 사람들이 신문화 운동의 주역이었던 리다자오
와 천두슈였다. 이들은 뜻을 같이하는 사람들을 모아 다음 해
상하이에서 제1차 전국 대표자 대회를 개최하고 공산당 창립을
선언했다. 이때 참석한 사람은 13명이었는데 그 안에는 마오쩌둥
도 있었다.

당시 중국의 많은 지식인과 학생은 5·4 운동의 성공으로 의회 민주
주의를 통해 중국을 구할 수 있으리라 생각했다. 그러나 제국주의 열강
의 강력한 침략으로 좌절될 수밖에 없었다. 이로 인해 중국 사회는 의
회 민주주의에 대해 회의를 품기 시작했다. 이때 러시아 혁명의 성공으
로 노동자·농민 정권이 수립되었다는 소식을 듣게 되었다. 이것은 중
국의 지식인과 학생 들에게는 새로운 구원의 횃불이었다. 또 농민·노
동자에게도 사회주의 개혁은 지금껏 그들이 염원하던 사회로의 전환을
의미하는 것이었기 때문에 공산당에 가입하는 민중의 숫자는 매우 빠르
게 늘어났다. 그리하여 공산당은 창당 시에는 매우 미미한 존재였지만
불과 몇 년 사이에 중국의 정치를 움직이는 강력한 조직으로 성장했다.

국민당과 공산당이 손을 잡다

쑨원은 소수 혁명가와 지식인 그리고 군벌의 일부를 중심으로 혁명을
통해 중국의 독립과 근대화를 이루려고 했다. 하지만 그는 위안스카이

의 배신과 군벌 시대를 겪으면서 소수의 힘만으로는 혁명을 이룰 수 없다는 것을 깨닫게 되었다. 이러한 가운데 쑨원은 5·4 운동을 통해 민중의 거대한 힘을 발견했고 또 러시아 혁명의 성공에 깊은 감명을 받았다. 그리하여 민중을 통한 혁명의 완성이라는 전술을 선택하게 되었다. 특히 코민테른이 쑨원에게 지원을 약속하자 쑨원은 국민당을 대중적인 국민의 당으로 발전시킬 계획을 세웠다. 1924년, 쑨원은 코민테른의 지원을 받으며 국민당을 러시아 공산당을 모방한 당 조직으로 개편하면서 러시아와의 연합, 개인 자격을 조건으로 공산당원의 국민당 가입 허용, 노동자·농민 지원 등의 3대 정책을 결정했다. 중국 공산당은 국민당의 이러한 제안이 내키지는 않았지만 현실적인 한계를 받아들여 국민당의 요구대로 개인 자격의 국민당 가입을 실행함으로써 1924년 제1차 국공 합작이 이루어졌다. 양당이 동의한 제1차 국공 합작의 목표는 군벌을 타도하여 중국 내에서 전근대적이고 친제국주의적인 세력을 제거하는 것이었다.

공산당과 손을 잡은 쑨원은 코민테른으로부터 자금과 무기를 지원받을 수 있었고 국민당은 이를 장제스에 맡겨 군사력 강화를 도모했다. 이로써 국민당은 국민 혁명군으로 성장하여 군벌 타도를 위한 군사력을 갖게 되었다. 또 국민당은 공산당을 끌어들임으로써 광범위한 민중 세력을 지지 기반으로 삼을 수 있었다.

군벌들을 타도하다

1925년, 쑨원의 사망으로 국민당은 구심을 잃고 내부적으로 갈등을 겪게 되었다. 사실 제1차 국공 합작은 국민당과 공산당 내부에서 각각 반대의 목소리가 높았다. 그러나 당시 쑨원의 영향력은 이를 뛰어넘었다. 그런 쑨원이 사망하자 제1차 국공 합작은 위기에 빠질 수밖에 없었다.

특히 공산당원들이 개인 자격으로 국민당에 들어왔지만 그들은 여전히 공산당원이었으며, 상당수가 국민당의 중앙 위원을 차지했다. 이러한 변화에 위기를 느낀 국공 합작 반대 세력(우파)들은 국민당 내에서 공산당 배척을 선언했다. 반면 공산당 세력(좌파)은 국민당 가입의 목적이 국민당 조직을 이용하여 공산당의 세력을 확대하는 것이었기 때문에 당과 군관 학교 내에 공산당원을 늘려 가기 위한 노력을 지속적으로 하고 있었다. 이러한 움직임은 양 세력 간의 대립을 피할 수 없게 했다.

1926년, 국민당 전당 대회에서 공산당 출신의 중앙 위원이 과반수를 넘게 차지하자 좌우파 간의 대립은 더욱 날카로워졌다. 우파는 군관 학교의 장제스를 중심으로 결집했고 이 과정에서 장제스는 군권을 배경으로 국민당 내에서 빠른 속도로 성장했다. 국민당은 이렇게 내부적으로는 분열과 대립이 계속되었지만 군벌들을 타도하기 위한 북벌은 꾸준히 준비하고 있었다.

1926년 7월, 국민당은 드디어 장제스를 총사령관으로 하여 북벌을 단행했다. 북벌 과정에서 국민당과 공산당의 분열이라는 과정을 겪기도 했지만 국민당은 2년 5개월 만인 1928년 초에 군벌을 타도하고 북벌을 완수했다. 이처럼 짧은 시간에 성공적인 북벌을 이룰 수 있었던 것은 북벌군의 투철한 혁명 의지와 전투 의식 때문이기도 했지만, 군벌들의 압제와 착취에 시달리고 있던 노동자와 농민 들이 적극적으로 북벌군을 지원했기 때문이다.

장제스
장제스는 북벌을 단행하고 초대 총통에 취임하는 등 크게 활약했으나 중국 공산당에 패하면서 본토에서 밀려났다. 이후 산업과 교육 등을 육성하며 타이완을 발전시키기도 했지만 독재 정치를 했다는 비난도 받았다.

공산당과 국민당, 오래 함께할 수 없는 사이였다

국민당은 북벌을 진행하는 과정에서 보다 광범위한 지역으로 지지 세

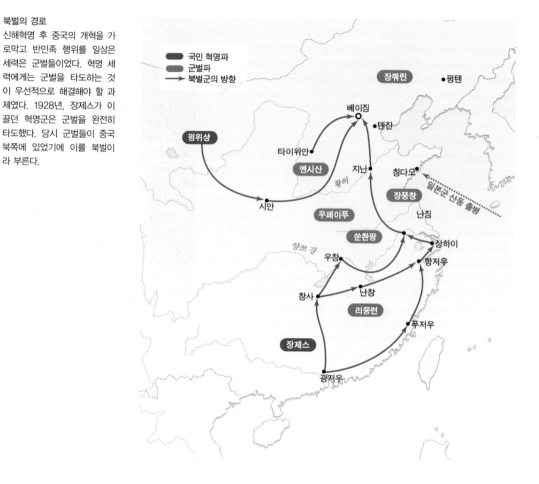

력을 확대해야 했다. 또 전투에 필요한 물자를 생산하기 위해 공업 지대를 장악할 필요도 느꼈다. 이 둘을 만족시킬 공간은 중공업 지대였다. 그 때문에 좌파의 주장에 따라 우한으로 수도를 옮겼다.

그런데 우한은 중공업 지대로 노동자의 수가 절대적으로 많은 지역이었다. 따라서 노동자 중심의 사고가 발달한 곳이었고 공산당의 영향력이 강한 공간이었다. 그래서 우한 정부 시대는 국민당 내에서 좌파 세력이 더욱 확대되었다. 좌파들은 노동자·농민을 일깨워 이들을 혁명 운동의 중심으로 삼았다. 이로 인해 상하이를 비롯한 전국 곳곳에서는 북벌군이 오기도 전에 공산당 지도하에 노동자·농민이 군벌을 몰아내고 노동자·농민 정권을 수립하기도 했다. 이러한 노동자·농민 들의 성장은 대도시의 은행가·상인·공장주 등의 자본가 계급에게는 매우 두려운 일이었다. 그들은 자신의 신변과 재산을 보호하기 위해 장제스에게 공산당과 결별할 것을 요구했다.

●조계지
조계지는 외국인들이 자유롭게 거주하고 교역과 상업 활동을 할 수 있도록 허가받은 지역을 말하며, 이 시기에 조계지는 대체로 치외 법권을 인정받았다.

또 공산당 계열의 북벌 군대는 열강이 청 정부나 군벌 정부로부터 인정받은 조계지●를 회수했다. 이 조계지는 제국주의 열강의 국민들이 자유롭게 거주하고 교역을 하던 공간이었다. 따라서 민족적 입장에서 보면 조계지를 회수하는 것은 당연한 것이다. 반면 조계지는 교역의 중심이기도 했기에 자본가에게 필요한 공간이었고 제국주의 열강에게도 필요한 공간이었다. 따라서 중국의 자본가와 제국주의 열강은 이러한 움직임에 반대했다. 지주와 자본가에 근거를 두고 있으며 강대국의 지원이 필요했던 국민당 정부는 공산당 계열의 활동을 경계하고 반대해야 했다.

좌파와 공산당이 우세를 보이던 우한 정부에서 우파 세력은 강한 위기감을 느끼고 있었다. 이 같은 국내외 상황은 장제스에게 선택을 요구하고 있었다. 결국 장제스는 지금껏 자신과 국민당을 지원해 준 노동자·농민·대중을 외면하고 1927년 4월, 상하이에서 반공 쿠데타를 감행했다. 자신의 휘하 병력을 동원하여 상하이의 노동 운동 조직을 해산하고 공산당원들을 체포했으며 반발하는 노동자는 무차별 사격을 가하여 살해했다.

장제스는 입지를 강화하기 위해 살아남은 군벌들과 타협을 하고 재벌들로부터 재정 지원을 받으며 난징에서 국민당 정부를 다시 수립했다. 한편 우한 정부는 열세를 만회하기 위해 노동자·농민 중심의 개혁을 더욱 강화했지만 국민당 내부 장성·장교 들의 반발과 이탈만 불러일으켰다. 이로써

우한 정부는 외부적으로는 난징 정부 및 남아 있던 군벌과 대결해야 했고, 내부적으로는 국민 혁명군의 이탈 등의 압박을 받아야 했다. 결국 우한 정부의 일부 세력은 장제스의 난징 국민당 정부와 손을 잡게 되었고, 남은 공산당 계열은 우한 정부를 이탈함으로써 4년 동안의 국공 합작은 끝나게 되었다(1927).

장제스 중심의 난징 국민당 정부는 민중과 민족을 버리다

장제스는 난징 정부를 수립한 후 국민 혁명군 총사령관과 국민당 주석에 취임해 국민당의 군사와 행정의 실권을 모두 장악하고 그에게 협력적인 군벌들과 손을 잡아 북벌을 완수했다(1928). 북벌 완수는 국민 혁명의 완성을 의미하는 것이다.

이제 남은 것은 잔존 군벌들의 세력을 제거하고 국민당 정부의 중국 지배를 확대하는 일이었다. 군벌들 중에는 세력을 유지하기 위해서 국민당 정부에 협력하는 자들이 있었다. 이들의 도움으로 북벌이라는 국민 혁명을 완수했지만, 국민당 정부는 중국 전역으로 지배력을 확대해야 했기에 군벌이라는 독립적 정치 세력을 반드시 없애야만 했다. 이를 위해 장제스는 군벌들의 병력을 줄이는 정책을 추진했다. 이에 맞서 군벌들은 연합군을 형성하여 국민당군과 전쟁을 벌였다. 다행히도 국민 혁명에 동의하는 민족주의적 군벌 장쉐량이 국민당을 도왔다. 그는 매우 강력한 군벌이었다. 따라서 국민당군의 전투력을 크게 강화시켜 주었고 이를 통해 군벌들을 진압할 수 있었다.

군벌들을 진압한 후 국민당 정부의 모든 권력은 장제스에게 집중되었다. 그러자 장제스의 권력 독점에 반대하는 세력들은 끝내 국민당 정부와 결별하고 새로운 임시 정부를 만들기까지 했다. 하지만 이런 상황이 오히려 장제스의 독재를 더욱 강화시키는 결과를 낳았다.

장제스가 수립한 난징 정부는 기본적으로 많은 약점을 가지고 있었다. 장제스는 정부를 세운 뒤 북벌을 달성하기 위해 군벌과 상해의 매판 자본가[*] 그리고 제국주의 열강의 도움을 받았다. 장제스는 그들의 요구에 영향을 받으며 난징 정부를 운영할 수밖에 없었다. 결국 국민당은 지지 기반인 노동자·농민·대중을 버리고 봉건지주·매판 자본가·제국주의 열강의 공통적 이해 범위 내에서 움직일 수밖에 없는 정부로 전락했다.

● 매판 자본가
매판 자본가란 외국 자본에 종속된 자본가를 말한다. 외국 자본을 도입하여 국내 노동자를 착취하고, 이를 통해 외국의 수익을 확대해 주는 과정에서 자신의 이익 또한 극대화한다.

민중의 지지가 힘이다

중국 공산당은 국공 분열 후 곳곳에서 무장 봉기를 시도했다. 특히 노동자가 많은 도시에서의 봉기가 성공적으로 이루어질 것이라 생각하여 도시 중심의 무장 봉기를 시도했는데 이것은 국민당군의 가혹한 토벌만 가져와 실패하고 말았다. 결국 이 시기에 전술적 변화가 필요했는데 도시 투쟁을 버리고 농촌을 중심으로 투쟁할 것을 요구한 사람이 바로 마오쩌둥이었다.

마오쩌둥
노동자·농민을 자기편으로 이끄는 데 노력을 기울이지 않았던 장제스와 달리 마오쩌둥은 농민의 잠재력을 믿고 농민 운동에 관심을 쏟으며 그들 곁으로 다가가려 했다. 이런 차이가 두 사람의 운명을 갈랐던 것인지도 모른다.

● 소비에트

소비에트라는 말은 평의회·대표자 회의를 의미하는 러시아 어로 각 사업장 및 직업의 대표들이 모여 특정 사안에 대해 논의·결정하는 조직을 말한다.

마오쩌둥은 농민과 광산 노동자 들로 구성된 병력을 이끌고 후난과 장시의 접경지대에 있는 징강산으로 들어가 소위 빨치산이라 불리는 유격 활동을 통해 해방구를 만들었다. 그리고 이 공간을 소비에트●로 운영했다. 이것이 바로 장시 소비에트다. 이후 마오쩌둥은 장시 소비에트로 찾아온 다른 동지들과 세력을 모아 홍군을 편성하여 중국 공산당의 정규군으로 육성하기 시작했다. 당시 장시 소비에트는 군사 조직과 당 조직을 일치시켜 운영했으며 엄격한 규율을 제정하여 홍군 병사들을 교육시켰다. 이를 통해 홍군 병사들이 생활 속에서 공산주의 사상을 익히게 했다.

이와 함께 마오쩌둥은 징강산 인근 지역을 해방구로 만들어 지주들이 가진 토지를 빼앗아 농민들에게 무상으로 나눠 주고 공동 생산하는

대장정

장제스와 국민당은 군벌을 타도하면서 경쟁 세력인 공산당도 공격했다. 북벌이 완수되자 공산당에 대한 대대적인 토벌이 시작되었고, 이를 피하기 위해 공산당은 본거지를 옮겨야 했다. 장정 중 쭌이에서 공산당 정치국 회의를 열었는데 이때 마오쩌둥이 지도권을 장악했으며, 1935년에는 항일 구국을 위한 선언을 발표하기도 했다.

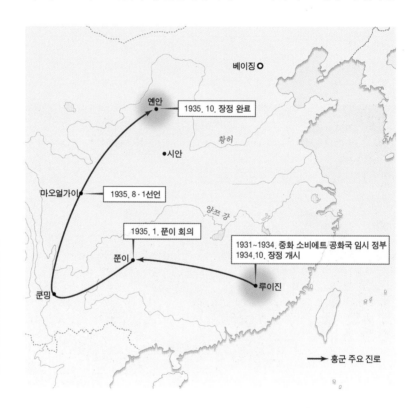

토지 혁명을 실시했다. 이것은 농민들을 투쟁의 대열에 참여시키기 위한 전략이었다. 이로써 장시 소비에트의 홍군은 점점 그 세력을 확대해 나갈 수 있었다. 특히 농촌을 중심으로 소비에트 정권을 수립하는 것이 공산당의 기본 전술로 채택되어 농촌 사회를 변화시켜 나갔다. 1927년부터 징강산에 들어가 근거지를 마련했던 공산당은 농촌 지역에 소비에트를 건설하면서 그 세력을 확대했고 1931년 말에는 중화 소비에트 공화국 임시 정부를 수립하기도 했다.

공산당 세력이 계속 확장되자 국민당군은 장시 소비에트 토벌을 감행했다. 국민당 정부는 1930년 말부터 1934년 10월까지 총 5차례에 걸쳐 공산당 지배 지역에 대한 포위·섬멸 작전을 감행했다. 결국 1934년 10월, 마오쩌둥은 장시 소비에트를 포기하고 서쪽으로 탈출할 수밖에 없었다. 중국 공산당과 군대는 국민당군의 공격을 피해 좀 더 안전한 지역을 찾아 1년여에 걸쳐 1만 2천여 킬로미터를 이동하게 되는데 이를 대장정이라 한다.

대장정을 시작했을 때에 비해 최종 도착지인 산시 성에 도착했을 때 홍군 병력은 크게 줄어 있었다. 그러나 이 대장정은 국민당군의 포위·섬멸 작전 속에서도 홍군의 핵심 인물들이 살아남았다는 점과 새로운 혁명의 근거지를 마련했다는 점, 마오쩌둥의 지도 노선이 확립되었다는 점에서 고무적이었다. 그 외에도 수많은 민중과 접촉해 공산당을 알리는 계기가 되었다는 점에서 그 의미는 매우 크다고 볼 수 있다. 대장정은 수적으로는 공산당을 약화시켰으나 사상적으로는 오히려 강화시켰다. 이를 통해 공산당은 혁명을 계속 진행시킬 수 있는 동력을 얻었다.

산을 넘는 홍군
중국 공산당이 대장정을 시작한 때는 1934년 10월이다. 그리고 겨울을 건너 다음 해까지 혹독한 시련을 겪었다. 이 시련을 이겨 내자 홍군에게 희망이 생겼다. 중국의 수많은 청년들이 이 대장정에 이끌려 공산당에 가입했다.

위기를 기회로 전환시키다

수세 국면에 놓여 있던 공산당은 일본의 중국 침략이 확대된 중일 전쟁(1937)을 계기로 다시 일어섰다. 일본의 중국 침략이 노골화된 것은 1931년 9월 18일 밤 일본 관동군이 남만주 철도를 폭파하고 선전 포고도 없이 중국을 공격한 것부터라고 볼 수 있다. 일본인들은 이 사건을 전쟁으로 인식시키지 않기 위해 만주 사변이라 부르기도 한다. 일본은 만주국을 건설하여 중국에 대한 침략을 강화해 나갔다. 그런데 이런 상황에서 난징의 국민당 정부는 공산당을 토벌하기 위해 일본에 타협과 양보로 일관했다. 일본의 침략에도 장제스의 국민당 정부는 공산당 토벌에 집중하여 공산당과 내전을 벌였다. 조금의 틈이라도 보이게 되면 공산당과 민중이 힘을 합쳐 국민당 정부에 도전할 것임을 장제스는 잘 알고 있었다.

그러나 장제스의 생각과 달리 일본의 침략은 중국 민중에게 생존의 위협으로 다가왔다. 중국 민중의 분노와 항일·구국 의식은 장제스의 국민당 정부가 감당할 수 없을 정도로 크게 확대되었다. 그럼에도 국민당이 여전히 공산당 토벌에 더 많은 역량을 투입하자 중국의 민중은 점점 국민당 정부에 등을 돌리게 되었다. 이는 장제스의 국민당 정부에는 매우 큰 부담이었고 공산당에는 절호의 기회였다. 국민의 여론은 내전을 중지하고 항일 전선에 총력을 기울이자는 것이었는데 이것은 공산당이 주장하는 바와 일치했다.

장제스가 공산당 토벌에 열을 올리고 있을 때, 공산당은 장제스가 일본과의 전쟁에 나서지 않는 부당성을 선전하여 국민당군 병사들과 중국 민중의 심리를 크게 흔들었다. 이런 상황을 감지한 장쉐량은 장제스에게 내전을 중지하고 공산당과 손을 잡아 항일 전선에

장제스

장쉐량

뛰어들 것을 건의했지만 장제스는 이를 거부했다. 결국 장쉐량은 장제스와 막료들을 감금한 뒤 내전 중지·항일 전쟁 공동 출병 등을 포함한 8개 항목의 요구안을 장제스가 수락하게끔 했다. 이 일을 시안 사건이라 하는데, 제2차 국공 합작(1937)이 이루어지는 계기가 되었다. 이 사건을 통해 양측은 항일이라는 하나의 명분으로 힘을 합쳐 일본과 전쟁을 벌이게 되었다.

병력의 규모 면이나 화력 면으로 볼 때 공산당의 홍군은 국민당군과 비교가 되지 않았다. 그 때문에 항일 전쟁의 주력 부대는 국민당군이었다. 공산당의 홍군은 국민당군과 연합하여 벌인 몇 차례의 전투를 제외하고는 독자적으로 대규모 전투를 벌이지 않았지만, 일본군의 점령 지역과 후방에서 유격전·교란·파괴 공작을 중심으로 항일 투쟁을 전개했다.

이후 홍군의 병력은 점점 증가했고 공산당을 지지하는 세력도 확대되었다. 이에 국민당 정부는 공산당의 활동을 제한하고 감시하는 것 외에 공산당이 만든 해방구에 대한 봉쇄를 단행했다. 이 과정에서 국민당군과 홍군 사이의 충돌도 속출했다. 특히 1941년, 이동 중인 홍군을 국민당군이 습격하여 궤멸시킨 사건이 발생했는데 이 일로 제2차 국공 합작은 유명무실하게 되었다.

최후의 일전에 돌입하다

1945년, 일본이 항복하면서 8년간 지속되어 온 중일 전쟁은 막을 내렸다. 그러나 이것은 전쟁의 종식이 아니라 새로운 전쟁의 시작을 의미했다. 그동안 항일이라는 명분 아래 표면적으로나마 협력을 해 왔던 국민당과 공산당이 이제 중국 전체의 주도권을 놓고 일전을 벌여야 했기 때문이다. 일본의 항복 이후, 일본이 점령하고 있던 지역을 차지하기 위해 공산당군과 국민당군은 치열한 쟁탈전을 벌였다.

충칭 천도

1937년, 국민당은 중일 전쟁이 시작되자 장기적 항전을 위해 충칭으로 수도를 옮겼다.

일본군 점령지의 배후에서 유격전을 펼쳤던 공산당군은, 전선을 형성하여 일본군과 전투를 벌여 왔던 국민당군에 비해 빠른 속도로 일본군을 제압하며 영토를 장악해 나가 화북 지방의 70퍼센트 이상을 차지했다. 한편 만주를 석권한 소련군은 일본군의 무기를 공산당군에게 넘겨주었는데 이로 인해 공산당군인 홍군의 세력이 막강해졌다.

반면 국민당은 후방 지역인 충칭에 정부를 두고 있었기 때문에 발 빠르게 대응할 수 없었다. 그러나 당시 미국은 중국의 항일 전쟁에 활력을 불어넣기 위해 국민당의 외교 입지를 강화해 주었고, 군사·경제적 지원에도 열성이었다. 이처럼 미국을 등에 업은 국민당군은 홍군을 거뜬히 격파할 수 있다고 생각했다.

국민당군과 공산당군 간의 긴장은 고조되었고 내전 발발의 기운은 높아만 갔다. 하지만 민중들은 내전을 강력히 반대했다. 이미 오랫동안 제국주의 열강들로부터 참을 수 없는 압박과 모독을 당하고 착취와 수탈에 신음해 왔던 데다가, 이제 막 일본과의 전쟁이 끝났는데 다시 내전을 벌일 수는 없다고 생각했기 때문이다.

결국 민중의 강력한 요구에 굴복하여 공산당과 국민당은 1946년 1월 정전 협정을 한 뒤 통일 정부 수립을 위한 정치 협상을 재개했고, 군소 정당이 모두 참석하여 통일 정부를 수립하기 위한 기본적인 안들을 채택했다. 이는 장제스나 마오쩌둥은 물론 각 정당의 총수들이 모두 확인하고 인정한 바다.

그러나 그해 3월 국민당은 전당 대회를 개최해 협상의 결과를 거부하고 오히려 반공을 주요 정책으로 가결하고 추진했다. 이런 상황 속에서 공산당은 그들이 장악한 지역에서 조세 감면과 일제 청산 운동을 전개하여 친일 부역자나 악질 지주를 처형했다.

까불면 우리 형한테 이를 거야!

내 뒤엔 인민이 있어!

국민당   공산당

그리고 그 재산을 몰수하여 토지를 무상으로 분배하는 토지 혁명을 진행하고 있었다.

토지 혁명은 민중으로부터 크게 환영받으며 급격히 확산되고 있었기 때문에 지주 세력을 기반으로 한 국민당 정부는 이를 그대로 보고만 있을 수 없었다. 게다가 이 시기는 전후 처리를 둘러싸고 소련과 서방측 사이에 대립이 표면화되어 미국이 대소 강경책을 드러내기 시작한 시기였다. 이에 따라 미국은 국민당에게 대대적인 원조를 제공하여 소련의 동아시아 진출을 막으려 했다. 미국의 지원에 힘을 얻은 국민당 정부는 더 이상 망설일 필요가 없었다. 그리하여 1946년 6월, 마침내 국민당의 공격으로 전면적인 내전이 시작되었다.

초반 1년간은 국민당군이 압도적으로 우세하여 1947년 3월에는 공산당의 근거지인 옌안까지 위협하기에 이르렀다. 내전이 발발하자 마오쩌둥은 인민의 지지를 얻기 위해 전략적으로 후퇴하여 지구전에 돌입했다. 홍군은 농촌 지역을 중심으로 민중을 사로잡아 그들을 든든한 지원 세력으로 만들었고, 국민당군의 병참선이 길어지게 만들어 병력을 분산시켜 놓았다.

시간이 지나자 홍군은 서서히 반격을 시도했다. 1948년에 이르러서 공산당은 만주 지역을 완전히 손에 넣었고, 1949년에 베이징과 톈진을 포함하여 대부분의 화북 지역을 장악하게 된다.

수세에 몰리기 시작하자 국민당은 외국에 원조를 요청했다. 그러나 어느 국가도 반응을 보이지 않았다. 궁지에 몰린 국민당은 장제스를 하야시키고 공산당에게 화의를 요청하여 상황을 극복하려 했다. 하지만 공산당은 국민당의 해체를 요구했기 때문에 화의 시도는 실패했다. 1949년 4월, 인민 해방군은 일제히 양쯔 강 이남으로 진출하기 시작했다. 인민 해방군은 국민당의 수도인 난징을 함락하고 국민당 정부가 이동하는 도시를 차례차례 점령해 나갔다. 중국 본토는 1949년 11월에

공산당군의 전략적 패배
공산당군은 일부러 국민당군이 도시와 교통로를 점령하게 두었는데, 이 때문에 국민당군의 병참선이 길어져 병력이 분산되어 힘을 모을 수 없었다. 마치 공산당군이 쉽게 요충지를 내준 것처럼 보이지만, 실제로는 전략적인 이득을 취한 것이다.

이르러 공산당이 대부분 차지했다. 이에 국민당 정부는 본토를 포기하고 타이완으로 갈 수밖에 없었다.

중화 인민 공화국, 선택의 갈림길에 서다

1921년, 13명으로 시작한 중국 공산당이 짧은 기간에 중국 본토를 장악하고 사회주의 정부를 건설할 수 있었던 원동력은 철저한 민중 중심의 사회 개혁을 그들의 정치 슬로건으로 삼았기 때문이다. 공산당은 당시 민중의 열망을 정확히 파악하고 사회주의 개혁을 통해 실현하려 했다. 그 결과 1949년 10월 1일, 중화 인민 공화국을 건설할 수 있었다.

중화 인민 공화국은 사회주의 국가 건설을 목표로 했다. 사회주의 국가는 노동자 계급이 권력을 장악하고 지배하는 국가이다. 중국에서는 사회주의 국가 수립에 농민이 매우 중요한 역할을 했기 때문에 농민 역

홍군 기념관
홍군과 관련이 있는 무기·의복·일상용품 등 당시를 증언하는 유물을 전시하고 있다. 중국 공산당은 대장정을 당 차원에서 선전하기 위해 이런 기념관을 여럿 지었다.

시 사회주의 국가의 주역으로 보았다. 따라서 중화 인민 공화국은 노동자와 농민을 위한 국가 운영 체제를 수립해야 하는 과제를 수행해야 했다. 사회주의 국가에서는 생산 활동에 필요한 도구, 예를 들어 토지·기계·공장 등과 같은 생산 수단을 공유하는 것을 중시한다. 이러한 국가 운영은 왕정 체제나 자본주의 체제에 익숙한 당시 사회에서는 매우 낯선 것이었다.

중화 인민 공화국이 가장 먼저 해결해야 할 문제는 토지 개혁과 경제 부흥, 그리고 사상 개조였다. 토지 개혁은 농민들의 희망을 실현시키는 일이었는데 모든 토지를 몰수하여 획일적으로 분배하는 방법보다는 세심한 정책을 통해 점진적으로 토지 개혁을 했다. 이 과정에서 농사를 짓는 사람이 토지를 소유한다는 경자유전이란 이상을 달성할 수는 있었지만 농민 빈곤을 해결하지는 못했다.

이를 해결하기 위해서는 농업 진흥책뿐만 아니라 공업화도 추진해야 했는데 이 과정에서 나타난 것이 집단화 정책이었다. 집단화 정책을 통해 각 지역은 필요한 물자를 스스로 생산하여 조달하는 방법, 즉 농업 및 공업 생산물을 자급자족하는 방법을 취했다. 이를 통해 생산력은 크게 발전했지만 공업 생산품의 질이 낮아지는 문제가 발생했다. 그리고 공업이 경공업 분야 이상으로 확대되지 않는 점도 문제였다.

결국 이를 극복하기 위해 마오쩌둥은 국가 주도의 중공업 발전 정책인 대약진 운동을 전개했다. 하지만 국가 주도의 인위적인 공업화 정책은 농촌과 도시 간의 문제를 확대시켰다. 즉 중화학 공업을 확대하려면 많은 노동력이 필요했는데 이때 필요한 노동력을 농촌에서 강제 이주시키는 방식으로 해결하려 했다. 그 결과 도시의 급격한 팽창이 이뤄졌고 도시의 소비 능력은 확대되었지만 이를 뒷받침할 만한 생산 능력은 따라가지 못했다. 그뿐만 아니라 농촌 지역에서는 노동력 부족 현상을 겪어야 했고 이는 도시의 식량 수요를 충족시키지 못하는 현상을 더욱 심화시켰다. 여기에 대기근까지 겹쳐 마오쩌둥의 정책은 실패로 돌아갔다.

대약진 운동이 뚜렷한 성과를 내지 못하자 마오쩌둥은 국가 주석의 자리를 내놓아야 했다. 실권을 넘겨받은 덩샤오핑과 류샤오치 등은 농업과 공업 분야에서 일부 자율적 경영과 자유 시장 등의 요소를 도입했다. 그 결과 경제가 회복되기 시작했고, 국가 운영에서 경제가 전면에 내세워졌다. 당연히 정치나 사상은 뒤로 밀리게 되었다. 이러한 분위기는 오히려 사회주의 국가 건설이라는 꿈을 가졌던 중국 사회에 위기감을 가져왔다.

마오쩌둥은 이러한 사회적 분위기를 활용해 자본주의 체제와의 투쟁과 사회주의 의식 강화를 주장하며 사회주의 교육 운동을 전개했다. 사회주의 교육 운동이란 부유층의 등장을 막고 민중의 단결을 강화하여 부정부패·사치·낭비 등을 없애고 과거 인민 해방군의 영웅적이고 모범적인 모습을 배워 새롭게 거듭나자는 것이다. 이것은 대약진 운동의 실패로 인해 사회주의를 개혁하자는 세력들이 나타나자 이를 막기 위한 방법이었다. 이와 같은 활동은 문화 혁명으로 확대되었는데 이 문화 혁명은 전국적으로 전개되어 대규모의 숙청으로 이어졌고 여러 갈등을 불러일으켰다. 결국 문화 혁명은 중국 사회에 불신·불안·공포를 가져왔고 사회 혼란이 지속되어 중국의 근대화에 많은 장해가 되기도 했다.

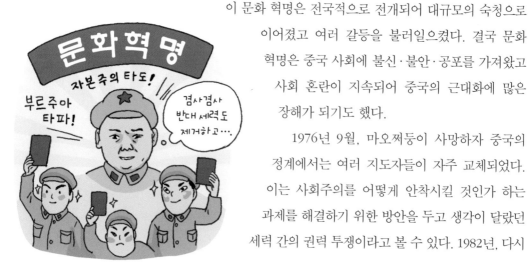

1976년 9월, 마오쩌둥이 사망하자 중국의 정계에서는 여러 지도자들이 자주 교체되었다. 이는 사회주의를 어떻게 안착시킬 것인가 하는 과제를 해결하기 위한 방안을 두고 생각이 달랐던 세력 간의 권력 투쟁이라고 볼 수 있다. 1982년, 다시 덩샤오핑이 등장하여 중국 공산당의 제1지도자로서 위치를 확립했다. 덩샤오핑은 사회주의의 현대화를 주장하며 마오쩌둥의 부단不斷 혁명론을 거부하고 실용·개방 정책 노선을 선택했다. 이러한 덩샤오핑의 정책적 기저는 현재의 중국에까지 이어지고 있다. 즉 자본주의적 경제 운영을 바탕으로 하되 사회주의 체제를 유지하는 방식을 선택한 것이다. 혹자는 이를 두고 중국이 사회주의를 포기한 것이라 이야기하기도 한다.

다른 한편 이렇게 생각해 볼 수도 있다. 서구에서 근대 사회의 출현을 15세기 르네상스로 본다. 근대 사회는 자본주의 체제를 지향하는 것이므로 자본주의가 고도로 발달한 지금까지 오는 데 600여 년이 걸린 것이다. 사회주의의 출현은 18세기 후반이다. 이제 200년이 조금 넘은 시간이다. 자본주의 체제는 경쟁자 없이 성장했지만 사회주의는 자본주의라는 막강한 경쟁자와 함께 변화하고 있다. 이러한 여러 상황을 고려할 때 사회주의는 실패한 것이 아니라 현재 진행 중일지도 모른다. 중국 역시 그런 실험을 하고 있는 것일 수도 있다.

흑묘백묘론

흑묘백묘론은 검은 고양이든 흰 고양이든 쥐만 잘 잡으면 된다는 주장으로, 자본주의든 공산주의든 상관없이 중국 인민을 잘살게 하면 그것이 제일이라는 의미를 담고 있다. 덩샤오핑의 경제 정책을 잘 표현한 말이다.

02

20세기 일본의 변화

조선을 식민지로 삼은 일본은 제1차 세계 대전 후 전승국임에도 불구하고 열강의 반대로 인해 그에 따른 이익을 확보하지 못했다. 이에 일본은 군대를 강화해 대륙 방면으로 식민지를 확대하려 했다. 특히 1929년 발생한 세계 공황으로 인해 이러한 경향은 더욱 강화되어 중국과 전쟁을 치르며 동남아시아까지 진출하기도 했다. 하지만 미국을 비롯한 열강의 반대에 부딪히자 1941년 태평양 전쟁을 일으켰다가 패했다. 그러나 일본은 한국 전쟁과 냉전 체제의 강화로 인해 정치·경제적으로 다시 부활할 수 있었다.

제1차 세계 대전으로 제국주의 길로 들어서다

1914년, 제1차 세계 대전이 발발했을 때 일본은 영국과 동맹을 맺은 상태였기 때문에 전쟁에 참여하게 됐고 아시아 지역에서 독일의 팽창을 억제하는 역할을 담당했다. 이는 일본에 기회였다. 일본은 자본주의 국가로 성장하기 위해 해외 식민지를 만들어야 했다. 그래서 제1차 세계 대전 중 중국 정부를 압박하여 독일이 차지했던 이권을 넘기는 것을 포함한 21개의 요구를 관철시켰다.

1918년, 제1차 세계 대전이 끝나고 파리에서 열린 강화 회의에 일본은 전승국으로 참여했다. 파리 회의에 참가한 전승국들은 오늘날 국제 연합의 전신인 국제 연맹을 결성하는 것과 또다시 세계 대전이 일어나지 않도록 군비를 축소할 것을 결정했다. 그런데 이 결정에 의해 개최된 워싱턴 회의(1921)에서는 전승국인 미국·영국·일본의 해군력을 5:5:3의 비율로 보유할 것과 일본이 전쟁 중 획득한 중국 내 이권을 반환할 것을 결정했다. 이는 전승국으로서 일본이 동등한 대우를 받지 못했다는 것을 의미했고, 이로 인해 일본 해군과 우익 단체들은 불만을 품게 되었다.

제1차 세계 대전 중 일본은 유럽이 아시아에서 했던 역할을 해야 했다. 유럽의 공업국들이 전쟁에 깊이 개입함으로써 아시아 시장을 돌볼 틈이 없었기 때문이다. 그래서 일본은 이 시기에 자국에서 생산한 물자

워싱턴 회의
제1차 세계 대전 후 군비 확장 문제가 대두되었다. 이를 해결하기 위해 미국·영국·프랑스·일본 등 9개 나라가 참여해 워싱턴에서 회의가 열렸다. 회의 결과 미국 대 영국 대 일본의 해군 보유 비율이 정해졌고, 영일 동맹은 폐기되었다.

를 아시아에 대량으로 수출하여 유례없는 호경기를 맞이했다. 그 결과 독점 자본가들은 막대한 이익을 챙겼고 산업은 급속히 발전했다.

그러나 산업이 발달한 만큼 농업 생산력이 발달한 것은 아니었고, 노동자들에게 필요한 생필품과 공업 원료 또한 원활하게 공급되지 못하자 물가가 급격히 오르는 현상이 나타났다. 결국 일본은 산미 증식 계획이라는 구호를 내걸고 조선으로부터 식량을 착취해 옴으로써 이 문제를 해결하려 했다. 이렇게 제1차 세계 대전이 끝난 후 일본은 전승국이라는 명예와 산업의 급격한 발달을 맛보기도 했지만, 내부적으로는 군부와 서민층의 불만이 고조되는 결과를 가져왔다.

군국주의를 선택하다

1923년, 간토 지방에서 대지진이 일어났다. 이로 인해 많은 공장과 가옥이 파괴되었으며 사망자는 10만 명이 넘었다. 일본 사회의 불안은 극도로 높아만 갔으며 경제는 엄청난 타격을 입었다. 게다가 이 시기는 전쟁으로 아시아 시장에서 물러나 있던 미국·영국 등과 같은 서구 열강이 다시 일본 시장으로 돌아오는 때와 맞물려 있었다. 대지진으로 인한 피해와 시장의 축소라는 악재로 일본 곳곳의 사업장들은 파산했고 이들 사업장에 돈을 빌려 준 은행들도 문을 닫기 시작했다. 1927년에는 지진으로 발생한 금융 위기에 대처하기 위한 법안을 처리하는 과정에서 부실 은행의 존재가 드러나 예금주들이 한꺼번에 예금을 인출하는 소동이 발생했다. 그로 인해 은행들이 잇달아 휴업하는 사태가 일어나 금융 공황에 빠지게 되었다. 일본은 지금껏 없었던 대불황에 직면하여 거리에는 실업자가 넘쳐 났다. 이런 상황에서 일본은 세계 대공황의 회오리

속으로 빨려 들어갔던 것이다.

이렇게 상황이 점점 더 악화되어 가는데도 재계와 유착 관계에 있었
던 정부는 별다른 대책을 마련하지 못했다. 이로 인해 국민들은 정부를
신뢰하지 않았고, 군부는 세력을 강화하려는 움직임을 보이고 있었다.
일본인들은 이러한 군부의 움직임에 지지를 보냈다.

태평양 전쟁을 일으키다

제1차 세계 대전 이후 세계의 경제와 정치의 중심으로 등장한 미국이
경제 공황에 빠졌고 이 여파로 전 세계가 함께 공황 상태에 놓이게 됐
다. 당시 서구 열강은 이러한 공황 상태를 식민지와 본국만 교역을 하
고 다른 국가들과는 경제 교류를 하지 않는 이른바 블록 경제 정책으로
해결하려 했다. 한편 세계 공황 이전부터 이미 공황 상태에 있었던 일
본은 서구 제국주의 국가의 블록 경제 정책으로 인해 축소된 시장을 식
민지를 확대하는 방법으로 해결하려 했다. 일본이 식민지로 욕심을 낸

나라 중에는 중국도 있었다. 일본은 러일 전쟁 이후 중국 내 러시아의 이권을 넘겨받았다. 그중에는 러시아의 조차지였던 랴오둥 반도도 있었다. 일본은 이 지역을 지키기 위해 군대를 파견했는데 이것이 관동군이다. 관동군은 랴오둥 반도나 만주 철도 등 대륙에서의 일본의 권익을 보호하는 역할뿐만 아니라 대륙 침략의 첨병 역할을 했다.

1931년, 관동군은 일본의 관리하에 있던 남만주 철도를 폭파하는 자작극, 이른바 만주 사변*을 일으키고는 책임을 중국에게 덮어씌운 뒤 이를 빌미로 대륙 침략을 감행했다. 일본은 만주를 차지하고 청 왕조 최후의 황제인 푸이를 형식적인 통치자로 내세워 만주국을 건설했다. 중국 측 항의로 국제 연맹은 조사단을 파견했고 조사단은 일본군에게 물러날 것을 권고했지만 일본은 국제 연맹을 탈퇴하는 것으로 대응했다.

당시 일본은 전례 없던 불황과 정치 부패로 국민들이 정치권에 굉장한 불만을 가졌고 그 대안으로 군부의 활동을 지지하고 있던 상황이었다. 이에 힘입은 군부는 대륙 침략을 확대해 나갔다. 1937년, 베이징 외곽에 있는 다리인 루거우차오에서 정확한 원인이 무엇인지 모를 발포 사건을 계기로 일본이 중국에 선제공격을 함으로써 중일 전쟁이 시작되었다.

당시 일본은 전쟁을 단기간에 끝낼 수 있다고 생각했다. 그러나 일본의 예상과 달리 미국이 중국의 편을 들고 나서자 전쟁은 장기화되었다. 미국은 성장하는 소련을 견제하기 위해 아시아 방면에서 자신들을 대신해서 소련을 견제할 전진 기지가 필요했다. 그때 중국의 국민당 정부를 선택하여 전폭적인 군사·경제적 지원을 했기 때문에 전쟁은 장기화될 수밖에 없었다.

한편 1939년, 독일이 폴란드를 침공함으로써 제2차 세계 대전이 일

말을 잘 들어야
착한 어린이
이무니다~

푸이

● 만주 사변
만주에는 러일 전쟁의 결과로 일본이 획득한 이권이 있었다. 그러나 중국의 국권 회복 운동 등으로 이권이 위협받자 일본은 전 만주를 점거할 계획을 세웠다. 이들은 류탸오후에서 만주 철도의 선로를 파괴하고 이를 중국 측 소행이라 트집 잡아 선전 포고도 없이 중국에 군사 행동을 개시했다.

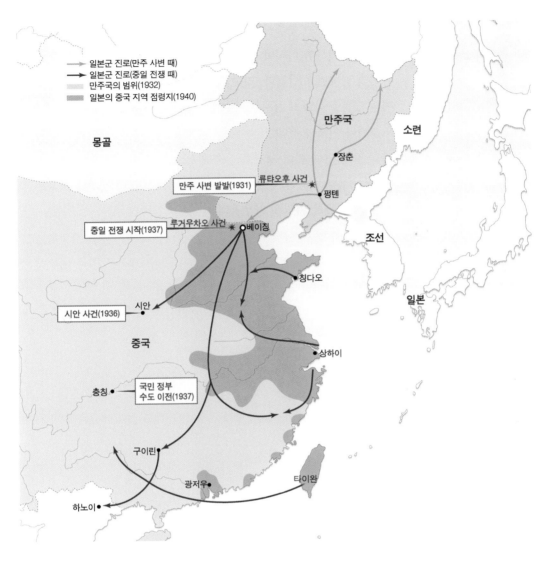

일본군 진로(만주 사변 때)
일본군 진로(중일 전쟁 때)
만주국의 범위(1932)
일본의 중국 지역 점령지(1940)

몽골

만주국

소련

장춘

만주 사변 발발(1931)　류탸오후 사건

펑톈

중일 전쟁 시작(1937)　루거우차오 사건

베이징

칭다오

조선

일본

시안 사건(1936)　시안

중국

상하이

충칭 ← 국민 정부
수도 이전(1937)

구이린

광저우

타이완

하노이

어났다. 일본은 당시 공황을 극복하기 위해서 초기에는 개입하지 않고
이 혼란을 이용하여 아시아 여러 나라를 식민지로 만들기 위한 전쟁을
지속했다. 하지만 이미 아시아 방면에 진출하여 이권을 장악한 영국·
프랑스·네덜란드와 같은 연합국 측 국가가 있었기 때문에 그들과 대립
할 수밖에 없었다. 그래서 일본은 그들과 맞서고 있던 독일·이탈리아

일본의 대륙 침략
일본은 자국의 발전을 위해 제
국주의 노선을 선택하여 조선을
식민지로 삼았다. 하지만 1929
년 세계가 대공황에 빠지면서
어려움을 겪자 이를 극복하기
위해 식민지 확대를 선택했다.
그 결과 대륙 침략을 감행해 중
국과 전쟁을 벌이게 되었다.

●추축국
추축국이란 주로 독일·이탈리아·일본의 3국을 가리키며 헝가리·루마니아·불가리아 등이 포함된다. 당시 이탈리아 정치 지도자인 무솔리니가 독일의 히틀러와 협정을 체결하는 과정에서 이탈리아와 독일이 유럽의 중심이고 축이라는 의미로 추축이란 말을 사용한 것에 기원한다.

진영에 가담하여 추축국●을 형성했다. 일본은 "아시아에서 서구 열강 세력을 배제하여 아시아의 독립을 촉구하고 일본을 맹주로 하는 공존 공영의 경제권을 만든다."라는 대동아 공영권을 주장함으로써 전쟁 참여의 명분을 삼았고 아시아 방면에서 동조자를 얻으려 했다.

그러나 이에 반감을 가진 미국·영국·프랑스 등의 나라가 일본의 팽창을 막기 위한 협력 체제를 구축했다. 그들은 먼저 일본의 물자 공급을 막기 위해 경제 봉쇄 정책을 시행했다. 그 때문에 일본은 전쟁에 필요한 석유 등의 자원을 확보할 수 없었다. 결국 일본은 이를 해결하기 위해 동남아시아 진출을 더욱 강화하는 한편, 경제 봉쇄를 강화하고 있던 미국을 공격하기로 결정했다. 1941년 12월, 일본은 미국 태평양 함대의 전진 기지인 하와이의 진주만을 폭격함으로써 미국과 전쟁을 시작했다. 이로써 미국은 유럽에 이어 태평양 지역에서도 적극적으로 전쟁에 개입하게 되었다.

태평양 전쟁
1941년, 일본이 미국의 진주만을 폭격하여 큰 피해를 입히면서 태평양 전쟁이 시작되었다. 이를 계기로 일본은 동남아시아 등으로 패권을 넓혔다. 하지만 미드웨이 해전에서 패하면서 주도권은 미국으로 넘어간다. 이후 미국은 원자 폭탄을 투하하는 등 공세를 가했고, 견디지 못한 일본은 항복하게 된다.

전후 세계 질서가 일본에게 유리하게 작용하다

일본은 진주만 폭격으로 미국의 해군력을 거의 초토화하는 성과를 거

두었다. 일본은 진주만을 폭격한 이후 불과 반년 만에 동남아시아와 남태평양 지역 거의 대부분을 손에 넣었다. 그러나 일본의 승기는 그리 오래가지 못했다.

미국은 진주만의 패배를 만회하는 데 힘을 기울였다. 1942년 6월, 미드웨이 해전에서 일본 해군을 격파한 미국은 전쟁에서 주도권을 되찾아 왔다. 태평양을 장악한 미국은 원활한 병력과 물자 수송을 기반으로 일본이 점령하고 있던 동남아시아 지역에 대한 공세를 강화했다. 미국과 연합국 세력은 동남아시아 지역을 차차 탈환했고, 1945년에 들어서는 일본 본토에 대한 공습을 본격화했다.

일본의 진주만 폭격
일본 연합 함대에서 발진한 일본 전투기들은 무방비 상태나 다름없던 진주만 미군 기지를 폭격했다. 수많은 전함과 비행기를 파괴한 이 공격으로 일본은 전쟁 초기 주도권을 잡았다.

폐허가 된 히로시마
1945년 8월 6일, 히로시마에 최초로 원자 폭탄이 투하됐다. 이 가공할 무기는 히로시마를 초토화했고 마지막까지 버티던 일본군의 저항을 끊는 촉매가 되었다. 사진 속 건물은 당시 원자 폭탄으로 파괴된 건물 중 유일하게 지금까지 남은 것으로, 현재는 평화 기념관으로 바뀌어 전쟁의 참상을 증언하고 있다.

소련의 참전
일본은 1941년 소련과 중립 조약을 체결했기 때문에 전쟁이 불리해지면 소련에 중재를 요청하여 강화 교섭을 진행하려 했으나 소련이 연합군에 가담하면서 무산됐다. 이런 상황 속에서 전쟁을 더 지속할 경우 본토마저 잃어버릴 위험이 있다고 생각한 일본은 결국 항복을 선택하게 된다.

미드웨이 해전 이후 전세는 일본에 불리하게 진행되었다. 특히 1945년 미군의 일본 본토에 대한 공습은 전쟁이 막바지로 다가서고 있다는 것을 의미하고 있었지만, 일본 군부는 이를 인정하지 않았고 국민들을 선동하여 전쟁을 계속했다. 그러나 1945년 5월 독일의 항복과, 두 차례에 걸친 원자 폭탄 피폭, 그리고 소련의 참전은 더 이상 일본이 전쟁을 계속할 수 없게 만들었다.

1945년 8월 15일, 일본 천황이 항복을 선언함으로써 전쟁은 끝났다. 그러나 일본의 항복이 일본을 최악의 상황으로 몰아가진 않았다. 연합국 총사령부는 전쟁의 책임을 물어 일본의 군부 정치 세력을 완전히 없앴지만, 1947년 일본국 헌법을 제정한 뒤에는 일본인에 의한 정부를 수립하게 했다. 연합국 총사령부는 일본 정부를 이용해 일본을 통치하면서도 최대한 마찰을 피하는 방법을 선택했다.

이러한 가운데 1950년, 일본에 새로운 상황이 전개되었다. 한국 전쟁이 발발한 것이다. 한국 전쟁을 실질적으로 전개해 나간 것은 미국과 소련이었다. 소련의 확장을 막기 위해 미국은 한국 전쟁에 매우 적극적이었다. 미국은 한국 전쟁을 수행하려면 원활한 물자 공급이 필요했기 때문에 일본을 군수 기지로 삼았다. 일본은 전쟁에 필요한 물자를 공급하는 과정에서 산업이 부흥하고 경기가 살아나게 되었다. 또 이 시기의 세계 경제도 제2차 세계 대전을 끝내고 호황기로 진입하고 있었기 때문에 일본의 해외 시장 진출은 더욱 용이했다.

그런가 하면 한국 전쟁이 진행되는 과정에서 미국은 일본을 독립시켜 아시아 방면에서 자유주의 진영의 방패로 삼아야겠다는 결심을 굳

미쓰이 군수 공장
한국 전쟁은 일본의 입장에서 천우신조였다. 참화는, 한쪽에게는 불행이지만 다른 한쪽에게는 기회를 제공했다. 그때까지 금지되었던 무기 공업이 부활하면서 일본 경제 역시 되살아나기 시작했다.

히게 되었다. 1951년, 제2차 세계 대전 전후 문제를 처리하기 위한 샌 프란시스코 강화 회의를 통해 일본은 연합국의 지배에서 벗어나 독자 적으로 국가를 운영하게 되었다.

냉전 시대가 일본의 고도 경제 성장을 돕다

일본은 독립한 이후 연 10퍼센트에 이르는 경제 성장률을 보이며 이제 까지 볼 수 없었던 고도성장을 이루었다. 전후 잿더미 상태에서 재출발 할 수밖에 없었는데도 1968년에는 세계 2위의 경제 대국이 되었다.

일본이 경제 대국으로 성장하는 데에는 높은 교육 수준, 근면한 국민 성, 뛰어난 기술력과 같은 내적인 요인이 기반이 되었지만 냉전 시대의 논리 역시 그에 못지않게 중요한 역할을 했다.

미국은 유럽에서 서독을 지원했던 것처럼 아시아에서도 일본을 지원 하여 아시아 지역에서 공산주의 진영의 확대를 억제하는 기지로 만들 고자 했다. 이를 위해 미국은 일본의 경제를 빨리 회복시켜 자유주의 시장으로 편입시키려고 했다.

또 군대를 보유하지 않겠다는 일본국 헌법과 미일 안보 조약 체결로 일본에 미군이 주둔하게 됨으로써 일본은 국방력 증진을 위한 비용을 거의 쓰지 않아도 되었다. 결국 이 부분이 다시 경제에 투자되면서 일 본의 경제는 더욱 발전할 수 있었다.

고도성장이 멈추고 우경화 경향이 확대되다

일본의 근대 자본주의 발전은 메이지 시대부터 시작되었다. 메이지 시 대의 경제 정책은 국가가 주도하는 방식이었다. 이로 인해 정치와 경제 가 서로 협력하며 일본이란 국가를 성장시켜 나갔다. 이러한 정경 유착 의 끝은 침략주의로 나타나기도 했다.

제2차 세계 대전이 끝난 후, 일본의 경제 복구와 성장 역시 미국의 원조를 확보한 정부가 주도했는데 이 시기에도 정경 유착은 여전했다. 정계와 경제계는 서로 특혜 주기와 후원해 주기를 통해 정계 장악과 재벌 확대를 이루어 나갔다. 그러나 정경 유착으로 인한 부정이 발각되면서 오랜 세월 집권당으로서 자리를 지키던 자민당 정권은 붕괴되었다. 그뿐만 아니라 1990년대 후반 세계 경제의 침체로 그동안 고도성장을 해왔던 일본 경제 역시 불황의 나락으로 빠져들었다. 여기에 산업체와 금융권이 파산함으로써 후유증은 더 깊어졌다.

이런 위기는 일본을 다시 우경화 현상으로 몰아가고 있다. 20세기 말부터 일본 자위대의 강화, 해외 파병을 위한 개헌 논의, 역사 교과서의 왜곡 등을 감행하는 것은 일본의 대표적인 우경화 현상이다.

03

20세기 서아시아
세계의 문제

20세기 서아시아 세계는 아라비아 인들을 중심으로 오스만 제국과 서구 열강의 지배로부터 벗어나기 위해 노력했다. 서구 열강은 제2차 세계 대전에서 승리를 얻기 위해 서아시아 지역에 아라비아 민족의 국가 건설과 유대 인 국가의 건설을 조건으로 각각 아라비아 인과 유대 인에게 도움을 요청했다. 그 결과 아라비아 민족 국가들과 유대 인의 이스라엘이 서아시아 세계에 건설되었다. 이 과정에서 아라비아 국가와 이스라엘 및 서구 국가 간의 갈등이 야기되어 현재까지 지속되고 있다.

연합국, 비도덕적인 비밀 조약을 맺다
제1차 세계 대전은 영국, 프랑스, 러시아 등 10여 개국이 참여한 연합국과 독일, 오스트리아·헝가리 제국, 불가리아, 오스만 제국을 잇는 동맹국 간의 전쟁이었다. 전쟁 중반 이후 불리한 전황에 빠진 영국과 프랑스는 우선 남부 전선의 오스만 제국을 제압하기 위해 1915년 12월

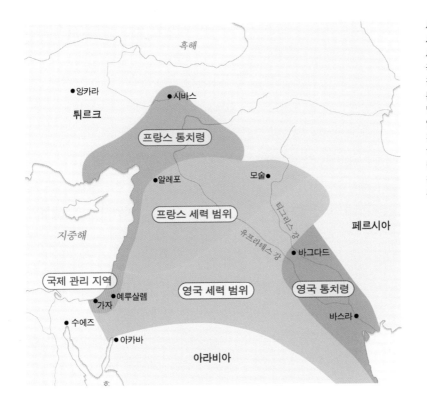

흑해

앙카라

시바스

튀르크

프랑스 통치령

알레포

모술

프랑스 세력 범위

지중해

티그리스 강

유프라테스 강

페르시아

바그다드

국제 관리 지역

영국 세력 범위

영국 통치령

예루살렘

가자

수에즈

바스라

아카바

아라비아

사이크스·피코 협정
사이크스·피코 협정은 제1차 세계 대전 중이던 1916년, 영국과 프랑스가 체결한 비밀 협정으로 오스만 제국의 영토를 분할하여 통치하자는 내용을 담고 있다. 그러나 이 협정에 앞서 영국은 아라비아 국가의 건국을 지지했을 뿐만 아니라, 1917년에는 유대 인의 국가 성립도 약속했다. 이 세 가지 입장은 서로 모순되는 것으로 많은 문제를 일으켰다.

후세인·맥마흔 서한으로 알려진 비밀 협상을 체결했다. 협상의 내용은 전후 아라비아 국가들의 독립을 보장해 주는 대가로 아라비아 국가들이 오스만 제국과 전쟁을 하기로 결정한 것이다. 이로써 연합국은 남부 전선에서 승세를 굳힐 수 있었다.

한편 연합국은 미국의 참전 유도와 독일에 대한 내부 혼란 및 정보 탐지 그리고 측면 공격을 위해 유대 인들의 지원을 필요로 했다. 당시 유대 인들은 미국의 경제를 장악하고 있었으며 독일에서는 과학자로서 전쟁에 필요한 신무기 개발 등에 참여하고 있었다. 이에 영국 외상 밸푸어는 1917년 영국의 은행 재벌이자 유대 인들의 시오니즘*을 재정적으로 지원해 주던 로드 차일드 공과 비밀리에 회동하여 소위 밸푸어 선언이라는 비밀 조약을 체결했다. 이 조약에서 영국은 유대 인이 전쟁에

● 시오니즘
유대 인들이 고대에 그들이 살았던 팔레스타인 지역에 유대 민족 국가를 건설하고자 하는 유대 민족주의 운동이다.

참여하는 대가로 팔레스타인에 유대 인의 민족 국가 건국을 약속해 주었다.

그런데 더 놀라운 사실은 영국과 프랑스가 앞의 두 비밀 조약 체결 시점의 중간 즈음에 해당하는 1916년 5월에 영국 대표 사이크스와 프랑스 대표 피코를 내세워 사이크스·피코 협정이라는 비밀 조약을 체결했다는 것이다. 이 조약의 내용은 전후 중동 지역의 분할에 관한 것으로, 프랑스는 시리아의 해안 지대와 그 북부를, 영국은 팔레스타인과 바그다드를 잇는 선의 남부 지역을 점령한다는 것이었다. 다시 말하면 팔레스타인이라는 한 지역에 대해서, 아라비아 인에게는 아라비아 국가의 독립을, 유대 인에게는 유대 민족 국가의 건국을 약속해 줬지만, 실상은 자기들이 그곳을 점령하여 지배하기로 합의했다는 것이다.

이런 상호 모순되는 3개의 비밀 조약은 강대국들이 세계 역사 속에서 정당한 역할에 충실하기보다는 자국의 이익을 극대화하려는 데 더 혈안이 되어 있음을 보여 준다. 이는 오늘날 중동 분쟁의 불씨를 가져온 결정적 계기가 되었다.

제1차 세계 대전으로 중동이 변화되다

제1차 세계 대전은 연합국의 승리로 끝나고 전후 처리를 위한 국제회의가 1919년 파리에서 개최되었다. 이 회의에서 미국 대통령 윌슨의 민족 자결주의가 기본 정신으로 제창되었다. 물론 당시의 민족 자결주의는 패전국의 식민지에만 적용되었다. 따라서 오스만 제국은 비튀르크 인 거주 영토를 모두 독립시켜야 했다. 이 덕분에 레바논·시리아·팔레스타인·요르단·이라크 등이 독립할 수 있었다. 또한 아라비아 반도에서는 와하브 운동을 건국 이념으로 삼은 사우디아라비아 등의 국가가 등장하여 오스만 제국은 소아시아 지역과 이스탄불 주변 지역에

어느 민족이라도 독자적으로…

물론 패전국 식민지에만 해당…

윌슨

민족 자결주의

한정된 소국가로 전락하고 말았다.

오스만 제국은 1922년 술탄 제도를 폐지
했고, 1923년에 공화국을 선포했으며, 1924
년에는 칼리프제 역시 폐지했다. 이는 이슬
람 국가의 원칙인 정치와 종교의 일치가 끝
났다는 것을 의미하는데, 칼리프 제도의 폐
지로 이슬람 세계의 단결과 통합은 매우 어
렵게 되었다.

한편 제1차 세계 대전 직후인 1919년 오
스만 제국의 지배로부터 벗어난 여러 나라
들도 영국과 프랑스의 신탁 통치 지역으로
전락하게 되었다. 레바논과 시리아는 프랑
스에, 팔레스타인과 요르단 및 이라크는 영
국에 맡겨졌다. 이때부터 중동의 여러 아라
비아 국가들은 유럽 열강의 지배 아래로 들

케말 파샤
케말 파샤는 터키 공화국의 초
대 대통령으로 터키의 제도 개
혁과 근대화에 앞장섰다. 터키
의회는 그의 공적을 높이 사 아
타튀르크(터키 인의 아버지)라
는 칭호를 선사했다.

어갔다. 아라비아의 여러 국가들이 유럽 열강의 노골적인 지배에서 벗
어날 수 있었던 때는 제2차 세계 대전이 끝난 후였다. 그러나 영국과
미국의 지원을 받아 건국된 유대 국가 이스라엘로 인해 이 지역은 전쟁
의 그림자로부터 벗어날 수 없게 되었다.

서구 열강의 탐욕이 피의 역사를 열다

제1차 세계 대전이 끝난 후 연합국 측은 오스만 제국으로부터 아라비
아 인을 독립시켜 주어야 했다. 또한 유대 인들에게도 유대 인의 국가
를 아라비아 지역, 특히 팔레스타인에 세워 주어야 했다. 그리고 이 지
역에서 자신들의 지배 영역도 확보해야 했다. 이 세 가지 조건은 서로
병립할 수 없는 것이었다.

결국 영국은 아라비아와의 약속을 어기고 팔레스타인 지역을 일단 자신들의 위임 통치 구역으로 두고 유대 인들에게 했던 약속을 지키려 했다. 영국에 배신당한 것을 안 아라비아 인들은 끈질긴 독립 운동과 격렬한 반영 투쟁을 전개했다. 1921년부터 아라비아 인들은 기나긴 피의 투쟁을 전개했지만 이 시기 유럽에 살던 유대 인들은 영국의 보호를 받으며 팔레스타인으로 이주하고 있었다. 특히 독일에 나치 정권이 들어서 유대 인 박해가 심해진 1930년대 중반 이후 유대 인의 이민은 폭발적으로 증가했다. 이로 인해 유대와 팔레스타인 두 민족 간의 싸움이 점점 심화되었다. 이러한 과정에서 1937년 아라비아 인의 대규모 폭동이 일어났고, 영국은 이 지역의 민족 분규에 효과적으로 대처하지 못하고 방관적인 입장을 취했다. 이러한 혼란은 제2차 세계 대전으로 인해 일시적 소강상태에 빠지기도 했지만 갈등이 해결된 것은 아니어서 전쟁 후 이 문제는 다시 불거져 나왔다.

제2차 세계 대전이 끝나고 다시 팔레스타인 상황을 떠맡게 된 영국은 이 문제를 국제 연합에 넘겨 버렸다. 국제 연합은 미국의 주도하에 팔레스타인에 조사단을 파견하여 해결 방안을 모색했고 연방안과 분할안을 국제 연합에 제출했다. 연방안은 제3세계 국가들이 중심이 되어 주장한 것으로, 2000년 이상 그 지역에 살고 있던 아라비아 인의 기득권과 이주한 유대 인의 현 상태를 모두 인정하고 연방제하에서 아라비아 인과 유대 인의 정치적 자치를 각각 허용하자는 안이었다. 이에 비해 분할안은 강대국들이 중심이 되어 주장한 것으로 팔레스타인을 둘로 나누어 아라비아와 유대라는 두 개의 국가로 각각 독립시키자는 안이었다. 그런데 이 경우 지중해 연안의 비옥하고 공업이 발달한 지역은 유대 인에게, 척박한 사막 지역은 아라비아 인에게 분할하도록 되어 있어 아라비아 인에게는 절대 불리한 안이었다.

자, 패스~

팔레스타인 문제

그게 패스냐? 슛이지!

아라비아 인들은 연방안에 대해 수용 의사를 표명했으나, 유대 인 및 시온주의자들이 분할안을 고집하면서 끈질긴 로비 활동을 전개했다. 이에 미국은 제3세계 국가에 대해 군사적 위협을 가하는 동시에 경제 원조를 약속하는 회유책을 썼다. 결국 1947년에 있었던 국제 연합 총회에서 분할안이 통과되었다. 아라비아 인의 불행한 미래를 가져온 이 결정에 막대한 영향력을 행사한 것은 미국이었고, 그 결과 아라비아 인들은 극단적인 반미주의 성향을 갖게 되었다.

이스라엘 뒤에는 언제나 미국이 있다

국제 연합으로부터 국가 수립을 인정받은 유대 인들은 영국과 미국의 지원을 받아 건국 작업에 착수했다. 그러나 오랜 세월 그 땅에서 살아온 토착 아라비아 인의 저항이 워낙 완강하여 큰 차질이 생겼다. 이에 이스라엘 정부는 테러 집단을 조직하고 아라비아 인들을 잔인한 방법으로 대량 학살하여 공포 분위기를 조성했다. 이 사건은 문명 세계에 커다란 충격을 주어 제2의 나치 학살 사건이라 불릴 정도였다. 이러한 기습적인 만행은 수차례에 걸쳐 자행되었고, 그 결과 100만 명에 가까운 아라비아 인들이 주변 국가로 도피할 수밖에 없었으며 이로 인해 팔레스타인 주변 국가에서는 소위 팔레스타인 난민 문제가 발생했다.

이러한 과정을 겪은 후 유대 인들은 1948년 이스라엘 건국을 선포했다. 이에 대해 이집트를 중심으로 한 아라비아 국가들이 즉각적으로 반발하여 전쟁에 돌입했다. 이것이 제1차 중동 전쟁이다. 그 이후 1956년 제2차 중동 전쟁, 1967년 소위 '6일 전쟁'으로 불리는 제3차 중동 전쟁, 1973년 제4차 중동 전쟁, 1982년 이스라엘의 레바논 침공 등 이스라엘은 항상 이 지역 분쟁의 주인공이었다.

이 전쟁들은 아라비아 국가 입장에서는 이스라엘에 빼앗긴 영토를 찾고자 하는 것이었고 고향으로 돌아가려는 팔레스타인 인의 피나는 투쟁이었지만, 이스라엘과 서방측은 자국의 이익을 위한 것이었다. 특히 미국은 이스라엘을 이용하여 아라비아 세계의 분열을 조장해야 영향력을 발휘할 수 있기 때문에 현재까지도 이스라엘에 정치·군사적 지원을 아끼지 않고 있다. 따라서 아라비아 인에게 이스라엘과 미국은 화해할 수 없는 적대국일 수밖에 없다.

그러나 걸프전 이후 중동에서 미국 주도의 질서가 성립되는 과정에서 아라비아 인들은 한 발 양보할 수밖에 없었다. 결국 군사적으로 대립하던 아라비아와 이스라엘은 평화 협정을 시작했다. 유엔 역시 "이스라엘이 점령하고 있는 아라비아 영토를 각 나라에 반환하는 대신 아라비아권은 이스라엘의 실체를 인정하라."라는 결의안을 냈다. 이에

팔레스타인 난민
1948년 제1차 중동 전쟁 후 수많은 팔레스타인 사람들이 고향을 떠날 수밖에 없었다. 이들은 가자의 해안가, 요르단 강의 동굴 등에서 생활하거나 난민 수용소에서 지냈는데 특히 여성과 어린이 들의 희생이 컸다. 기아와 질병, 비위생적인 환경 등은 이들의 행로에 고단한 짐이 되었다.

따라 1993년, PLO 아라파트 의장과 이스라엘 총리 라빈이 백악관에서 평화 협정을 맺었고, 팔레스타인 자치가 시작되었다.

하지만 이런 평화는 오래가지 못했다. 9·11 테러 사건과 그로 인한 아프가니스탄 전쟁 등으로 아라비아 측과 미국·이스라엘 간의 관계는 경색되었고, 현재까지도 세계 화약고 중 하나로 불릴 만큼 일촉즉발의 상황이 이어지고 있다.

04

인도의 독립과
인도 공화국의 성립

20세기에 들어서도 인도는 영국으로부터 독립하기 위해 강력한 민족주의 운동을 전개했다. 대표적인 인물이 간디와 네루였다. 간디와 네루를 비롯한 민족 운동가들의 노력과 민중의 힘이 합쳐져 영국으로부터 독립을 약속받았으나 영국의 배신으로 이를 달성할 수 없다가 제2차 세계 대전을 계기로 영국의 식민 지배로부터 벗어날 수 있었다. 하지만 인도의 두 축인 힌두 세력과 이슬람 세력의 갈등은 해소되지 않았다. 결국 인도는 이슬람교를 중심으로 한 파키스탄과 방글라데시, 힌두교를 중심으로 한 인도 공화국으로 분열되었다.

제1차 세계 대전이 인도 독립의 전환점이 되다

제1차 세계 대전이 발발하자 영국은 인도인들에게 독립을 약속하며 병력과 전비 지원을 요구했다. 인도인들은 영국에 협조적인 인도 국민 회의의 지도자들의 주장에 따라 영국을 지원하게 되었다. 그로 인해 약

네루(왼쪽)와 간디(오른쪽)
네루와 간디는 인도의 독립 운동을 이끈 중심인물이다. 하지만 사상적인 측면에서는 차이가 있다. 네루가 다소 급진적인 성향을 갖고 있었다면, 간디는 인간의 본질적인 정신을 강조하며 물질로부터 멀어져야 한다고 주장했다. 간디의 이런 생각이 비폭력·무저항·불복종주의를 낳았다.

120만 명의 인도인들이 전쟁터에 보내졌고, 막대한 전쟁 비용도 부담해야 했다. 그러나 전쟁이 끝나고 인도인들이 얻은 것은 형식적인 자치였다. 투표권도 가지게 되었고 공식적인 의회도 구성할 수 있었지만 여전히 인도의 최고 통치자는 영국인 총독이었다.

이즈음 인도의 영웅 간디가 인도 국민 회의를 통해 등장하여 완전 자치를 주장했다. 간디는 완전 자치를 확보하기 위한 행동 강령으로 비폭력·무저항·불복종주의를 권고했다. 간디의 이러한 주장은 고행을 생활로 받아들이고 있던 인도인들에게 큰 호소력을 발휘했다. 결과적으로 간디는 반영 독립 운동을 전 국민적 운동으로 발전시키는 데 크게 공헌했다. 인도인들은 간디를 힌두의 신으로 추앙하고 그의 주장을 철저히 따르며 반영 독립 운동을 전개했다.

인도 공화국이 성립하다
인도에서 다양한 방법으로 독립 운동이 전개되고 확대되어 갈 즈음

인도의 분리 독립과 국경 분쟁

인도는 영국으로부터 독립했으나 힌두교와 이슬람교의 통합은 이뤄 내지 못했다. 결국 힌두교 지역과 이슬람 지역이 각각 분열되어 인도 공화국과 파키스탄이 되었다. 파키스탄은 지역적으로 인도를 사이에 두고 서파키스탄과 동파키스탄으로 나뉘었는데 여러 갈등 끝에 동파키스탄은 방글라데시로 독립했다(1971).

카슈미르는 인도 지역 내에서 유일하게 이슬람교도가 대다수인 지역이다. 인도와 파키스탄은 이 지역의 영유권을 놓고 지금까지도 대립하고 있다.

한편 인도는 국경 문제로 중국과도 전쟁을 치러야 했다. 인도는 중국의 티베트 무력 점령을 탐탁지 않게 바라보았다. 티베트가 완충 지대로 남길 바랐기 때문이다. 더욱이 티베트의 달라이 라마가 인도로 망명함에 따라 갈등은 더욱 확대되었다. 양국의 영토 확장 욕구는 결국 무력 충돌에 이르게 되었다.

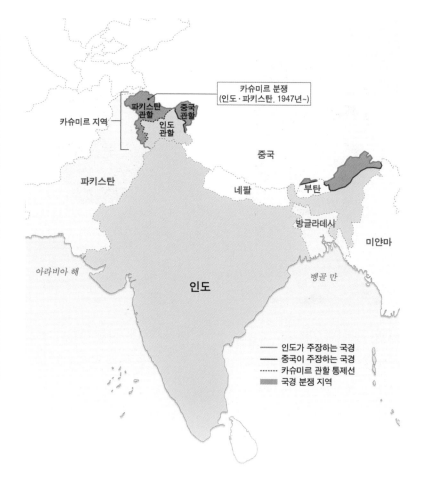

제2차 세계 대전이 발발했다. 대전이 확대되는 과정에서 일본이 버마(미얀마의 전 이름)를 석권하여 인도까지 위협하게 되었다. 이에 영국 수상 처칠은 인도의 완전한 자치를 인정한다는 조건으로 인도인에게 협조를 요청했다. 결국 인도는 이를 수용하여 제2차 세계 대전에 참전하게 되었고 전쟁이 연합국의 승리로 끝났기 때문에 1947년 영국으로부터 독립할 수 있었다.

다만 독립 후 독립 운동을 같이해 온 이슬람 세력과 힌두 세력이 통합된 정부를 수립하지는 못했다. 결국 이슬람 세력은 힌두 세력 중심의 인도로부터 독립하여 파키스탄과 방글라데시를 건국했다. 이는 20세기에도 이슬람과 힌두 세력 간의 갈등이 여전했기 때문인데, 여기에는 영국이 식민지의 분열을 조장했던 것이 중요한 원인으로 작용했다. 이들은 분리 독립 후에도 국경 문제로 여전히 갈등을 겪고 있다.

참고 문헌

· 김유철 외, 《고등학교 역사부도》, (주)천재교육, 2001.

· 김은숙 외, 《세계사 교과서》, (주)교학사, 2003.

· 김현구, 《일본 이야기》, 창작과비평사, 1996.

· 남경태, 《종횡무진 동양사》, 휴머니스트, 2015.

· 민두기 편, 《중국의 역사인식(상)·(하)》, 창작과비평사, 1985.

· 서연달 외, 《중국통사》, 청년사, 1989.

· 서진영, 《중국 혁명사》, 한울아카데미, 1992.

· 세계사수업연구모임 엮음, 《사진과 그림, 지도, 도표로 하는 세계사수업 1·2》, 전국역사교사모임, 2004.

· 小島晉治 외, 《중국 근현대사》, 지식산업사, 1988.

· 신승하, 《중국 근대사》, 한울아카데미, 1992.

· 신채식 외, 《고등학교 역사부도》, (주)보진재, 2002.

· 아이리스 장, 《난징대학살》, 도서출판 끌리오, 1999.

· 안정애 외, 《한권으로 보는 중국사 100장면》, 가람기획, 1993.

· 역사교육자협의회/최정자 옮김, 《100문 100답 중동·아프리카》, 비안, 1994.

· 오금성 외, 《고등학교 역사부도》, (주)금성출판사, 2002.

· 오금성 외, 《세계사》 교과서, (주)금성출판사, 2003.

· 오창훈 외, 《세계사》 교과서, (주)지학사, 2003.

· 이옥순, 《인도에는 카레가 없다》, 책세상, 1997.

· 이춘식, 《중국사 서설》, 교보문고,1991.

· 이케자와 나츠키 외, 《이라크의 작은 다리를 건너서》, 달궁, 2003.

· 이쿠타 사토시 외, 《교양인을 위한 일본사》, 청어람미디어, 2002.

· 이희수 외, 《이슬람》, 청아출판사, 2001.

· 이희수, 《터키사》, 대한교과서주식회사, 1993.

· 정병조, 《인도사》, 대한교과서주식회사, 1992.

· 정수일, 《고대문명 교류사》, 사계절, 2001.

- 정수일, 《이슬람 문명》, 창작과비평사, 2002.
- 조길태, 《인도사》, 민음사, 2000.
- 죤 W. 홀, 《선사부터 현대까지 일본사》, 역민사, 1986.
- 진순신, 《중국의 역사 3·4》, 한길사, 1995.
- 최완기 외, 《고등학교 역사부도》, (주)교학사, 2003.
- 최용규 외, 《고등학교 역사부도》, 도서출판 신유, 2001.
- 최한우, 《중앙아시아학 입문》, 도서출판 펴내기, 1997.
- 타케미쓰 마코토, 《3일 만에 읽는 일본사》, 성루문화사, 2000.
- 황인영, 《비즈니스에 바로 활용되는 일본사 여행》, 일본문화연구센터, 1995.

찾아보기

사_동양 편

사_동양 편